弘扬条约精神　深化友好合作

纪念《中日和平友好条约》缔结40周年国际学术研讨会文集

主　编　杨伯江
副主编　吕耀东　林　昶

世界知识出版社

弘扬条约精神，深化友好合作，推动中日关系长期健康稳定发展（代序）

谢伏瞻*

在《中日和平友好条约》缔结40周年这样一个重要时刻，由中国社会科学院主办、中国社科院日本研究所承办学术研讨会，汇集学界精英，重温条约精神，深化友好合作，意义尤其重大。我谨代表中国社会科学院对莅临会议的各位嘉宾表示热烈欢迎，并期待听到中日两国代表对改善和发展中日关系的真知灼见。

40年前，中日两国老一辈领导人顺应世界大势，排除重重困难，以高超的政治智慧与政治胆略，继实现邦交正常化六年后，缔结《中日和平友好条约》，开启了中日关系的新纪元。包括今天在场的各位朋友在内，多年来一大批中日友好人士为推动中日关系发展付出了艰辛努力，我愿借此机会，向长期以来为中日友好事业而不懈奔走的两国各界有识之士表示诚挚的敬意和感谢。历史会铭记每一位推动和平友好、人类进步事业的开创者。

中日两国继1972年实现邦交正常化，发表《中日联合声明》，1978年缔结《中日和平友好条约》后，又于1998年发表《中日关于建立致力于和平与发展的友好合作伙伴关系的联合宣言》，2008年发表《中日关于全面推进战略互惠关系的联合声明》。这四份纲领性文件，共同构成中日关系的政治基础，成为指导中日关系发展的原则方针。多年来，在四个政治文件基础上，中日双方共同努力，两国关系取得了长足发展。经贸合作日益深化，双边贸易额从缔约时约50亿美元增长到2017年的3000多亿美元，增长了60多倍。截至2017年7月，日

* 谢伏瞻，中国社会科学院院长。

本累计在华投资企业50745家，实际使用金额1067.6亿美元，占中国吸引外资总额的5.8%，在中国利用外资国别中排名第一。中日两国人员往来迅猛增加，从缔约时一年不足3万人次到2017年突破1000万人次，友好省县和友好城市增加到250多对。中日合作的累累硕果来之不易，凝聚了两国几代人的心血和智慧，需要倍加珍惜、精心呵护。

缔约40年来的中日关系，交流、协商与合作是主流，但困难、干扰与挑战也时隐时现、或大或小，始终存在。特别是进入21世纪以来，随着国际和地区格局的深刻演变、中日两国各自的发展变化，中日关系在合作机遇不断增加的同时，也面临更为严峻复杂的挑战，政治互信不足、国民感情下滑、矛盾分歧凸显，也影响到经贸关系和人文交流。

中国始终视日本为重要邻国，高度重视发展对日关系，坚持牢牢把握中日关系和平、友好、合作的大方向。即使在两国关系陷入“自邦交正常化以来最严峻局面”的那段时间，中方依然坚持维护中日关系发展大局。在双方共同努力下，2014年11月中日达成“四点原则共识”，在四个政治文件基础上，着重明确了新时期发展中日关系、妥善处理矛盾与分歧所必须遵循的基本原则。

2017年以来，中日关系呈现企稳向好势头，各领域交流合作逐步恢复。继实现外长互访、重启经济高层对话后，习近平主席近期应约同安倍晋三首相通电话。李克强总理应邀赴日出席中日韩领导人第七次会议，中国国务院总理在时隔八年后正式访问日本。中日两国签署防务部门海空联络机制备忘录，并于2018年6月8日启用这一机制，在东海危机管控方面迈出了重要一步。

中国古语有云：“本立而道生。”缔约40年来，中日关系的发展轨迹生动诠释了一个道理：国家之间“合则两利，斗则俱损”，邻国之间就更是如此。深化友好合作，促进互利共赢，始终是推动中日关系不断向前发展的根本路径。

纵观全球，当今世界正经历着新一轮大发展、大变革、大调整。中日关系处在承前启后的历史节点，面临重大发展机遇。形势要求我们登高望远，深刻认识发展中日合作的重要性比以往任何时候都更为突出，深刻认识恢复中日关系的良好发展不仅造福两国人民，而且惠及亚洲与世界。形势要求我们准确把握时代潮流，相互利用好对方发展的机遇，彼此相向而行，共同开启两国关系和平、友好、合作、共赢的新航程。

历史和现实都告诉我们，中日两国只有坚持共迎挑战，共负责任，才能为地区合作输入正能量；只有坚持共担使命，顺势而为，才能为世界发展作出新贡献；只有坚持共赢理念，相向而行，才能使双边关系行稳致远。在此，我就中日深化合作、共同发展、为亚洲与世界作出应有贡献，谈几点看法。

第一，共迎挑战，共负责任，以加快区域全面经济伙伴关系协定（RCEP）谈判、构建多边合作机制为引领，开创地区合作共赢新局面。

东亚地区是世界上最具发展活力与潜力的地区。在过去20年间，我们有效应对亚洲金融危机和国际金融危机冲击，特别是中国加入世贸组织之后，成为对外开放步伐最大、经济发展最快的国家，成为自由贸易的积极参与者和推动者，成为世界经济增长的重要引擎，为包括日本在内的东亚地区乃至世界经济发展提供了重要机遇。2017年，东亚地区对世界经济增长贡献率达到44%。

在各方共同努力下，亚洲区域合作正在稳步向前迈进。2018年5月，中日韩领导人会议时隔两年在日本东京重启。RCEP谈判稳步推进。7月27日，第23轮谈判顺利结束，在全部18个合作领域中，已有四个领域达成协议，到年底可望达成一揽子成果。东盟与中日韩“10+3”合作机制不断完善，合作领域日益拓展，成为亚洲地区架构最完善、成效最显著的多边合作机制，对促进地区和平稳定、发展繁荣发挥了重要作用。

当前，世界范围内保护主义、单边主义倾向抬头，对世界经济与全球治理构成重大挑战。中日作为亚洲举足轻重的国家，既是大国，又是近邻，对地区和平、稳定与繁荣有着重要影响，肩负庄严使命。中日有责任共同维护多边贸易体制，推进贸易自由化、便利化，反对保护主义、单边主义与霸凌主义，共同担当亚洲区域合作的“助推器”，加快推进RCEP谈判，构建开放型区域经济，推动全球经济一体化。

第二，共担使命，顺势而为，以开辟中日“一带一路”国际合作新空间为契机，推动构建亚洲命运共同体、人类命运共同体。

“天行有常”，“应之以治则吉”。当今世界，和平合作、开放融通、变革创新的潮流滚滚向前。与此同时，冷战思维、强权政治阴云不散，和平赤字、发展赤字、治理赤字，成为摆在全人类面前的严峻挑战。习近平主席指出：“人类生活在同一个地球村里，生活在历史和现实交会的同一个时空里，越来越成为你中有我、我中有你的命运共同体。”面对“百年未有之变局”，没有哪个国家能够置身事外，没有哪个国家能够独善其身。

建设持久和平、普遍安全、共同繁荣、开放包容和清洁美丽的世界，是人类社会的共同价值追求，汇聚了世界各国人民对和平、发展、繁荣向往的最大公约数。“一带一路”倡议以共商、共建、共享为基本原则，致力于打造不同文明和谐共融的利益共同体、责任共同体、命运共同体，是各国实现共同发展的有效合作平台。自2013年起，到2017年，中国与“一带一路”沿线国家和地区货物贸易额累计超过5万亿美元，对外直接投资超过700亿美元。中国企业推进建设了75个经贸合作区，上缴东道国税费22亿美元，创造21万个就业岗位。在国际舞台上，全球140多个国家和地区、80多个国际组织积极支持和参与“一带一路”建设。“一带一路”建设的辉煌成就，推动了全球发展合作机制化，赢得了国际社会的赞誉。

“一带一路”框架下，中日合作空间广阔，前景无限。中日两国互补性强，各有特点、各具优势，可以开展合作的领域众多。比如在产业投资领域，中日民间企业可以共同参与第三方工业园区等大型基础设施建设，如泰国的“东部经济走廊”项目等。在节能环保方面，中国可以借助日本在太阳能和风力发电等清洁能源上的技术和经验优势，日本也可以借助中国在成本、人力等方面的优势，在中国本土或第三方展开密切合作。这都有利于避免中日在第三方展开恶性竞争，同时可以发挥各自优势，降低开发成本，提高运营效率，实现多赢效果。

在物流领域，可以利用中国至欧洲铁路，进一步优化在华日企通关便利化项目。日本出口到欧洲的商品如果通过中欧班列运输，可比海运大幅提高效率。而实际上，日本大型物流企业——日本通运公司已经从2018年5月开始，利用中欧铁路提供联运服务，从而大大缩短了从日本至欧洲货运所需的时间，节约了运输成本。

从长远看，中日在“一带一路”框架下的合作要实现制度化，保持稳定性，就必须考虑在投融资方面展开深层次合作，比如日本是否可以考虑加入亚投行。在这个问题上，我赞同鸠山前首相曾经提出的观点，亚投行是推进“一带一路”倡议的重要机制性工具，日本可充分发挥在技术和发展经验方面的优势，早日加入亚投行，在“一带一路”建设中发挥更加重要的作用。

第三，相向而行，多措并举，以构建合作共赢的新型国家关系为目标，推动中日关系实现长期健康稳定发展。

“合作共赢”是中国倡导的新型国际关系的核心理念，也是新时期中日关系的总体导向。中日之间和平友好、合作共赢，不仅事关两国人民利益与福祉，也有利于亚洲和世界和平、稳定与繁荣。习近平主席曾多次就中日关系发表重要论述，强调“要保持中日关系长期健康稳定发展，必须着眼大局，把握方向”。

为此，中日之间，政治上要始终遵循四个政治文件的原则精神，信守共识与承诺。四个政治文件是发展中日关系、处理矛盾分歧的总规矩，是确保中日关系行稳致远的“压舱石”，只有忠实恪守、努力践行，中日关系才能走向成熟与理性，中日合作才能在各领域、各层面不断开花结果。两国应保持高层交往，推动各领域对话合作机制全面恢复；增进战略互信，落实好危机管控机制，加强防务部门定期交流，防止波折和反复。

经济上，中日互为主要经济贸易合作伙伴，两国间已形成全方位、多领域、多层次合作格局。要推动中日务实合作上一个新台阶，真正实现互利共赢，共同发展。

人员交往上，要进一步加大力度，夯实中日友好合作的民意基础。2015 年 5 月，习近平主席在中日友好交流大会上指出：“中日友好的根基在民间，中日关系的前途掌握在两国人民手里。”目前，每天有大约 3 万人往来于中日两国之间，我们应抓住缔约 40 周年等时间节点、双方先后主办奥运会等重要契机，进一步加强人员交流，增强合作动能，为中日关系实现长期健康稳定发展增添正能量。

要深化中日两国智库和科研机构间的交流合作。中国社会科学院与日本各界长期保持着友好交往关系。不久前，我会见了日本众议院大岛理森议长一行，双方就共同推动中日学术交流与合作达成一致意见。中国社会科学院是中国哲学社会科学研究的最高学术机构，也是国家级综合型高端智库。建院 41 年来，在经济、政治、文化、社会和生态建设等各个领域发挥着咨政建言、理论创新、社会服务等重要作用。日本在智库建设、政策咨询机制构建方面经验丰富，智库在战后日本各个发展阶段都发挥了重要作用。我们希望未来能进一步加深与日本高校、研究院所、智库机构的交流，通过共同研究、定期互访、联合举办研讨会等多种方式，开展更加丰富、系统、更具实效的学术合作，不断提升两国人文社科领域合作水平。

中国南宋著名词人辛弃疾有云：“青山遮不住，毕竟东流去。”历史的发展不以人的意志为转移，和平与发展是当今时代之主题。中日之间一衣带水、一苇可航，坚持和平友好合作是双方唯一正确的选择。我深信，只要我们坚守四个政治文件所代表的中日关系政治基础不动摇、坚持不断深化互利合作的努力不松劲，中日两国关系就一定能迎来良性互动、互利共赢、和平和谐、健康稳定的光明未来。

目　录

中日关系影响要素分析

新时代中日关系发展路径探索

合力开创下一个40年中日关系的新时代

戴秉国*

很高兴出席此次纪念《中日和平友好条约》缔结40周年国际学术研讨会，衷心祝会议取得圆满成功，为“弘扬条约精神，深化友好合作”贡献更多真知灼见。我虽已退休多年，但也想借此机会同大家分享一点我对中日关系的思考。

一　对条约签订40周年最好的纪念就是中日双方合力开创下一个40年中日关系的新时代

在我的外交生涯中，曾有一段时间涉足过中日关系，结交了不少日本朋友。交往过程中，有过相谈甚欢，也有过针锋相对，搞过公开对话，也有过秘密磋商，历经了两国关系的一段冷暖起伏。通过长期的对日工作，我对中日关系的重要性和敏感性深有感触，也越发体会到《中日和平友好条约》等四个政治文件对于中日关系是何等的宝贵和重要，越发坚定地认为，中日关系一定会好起来，一定能好下去，下一个40年一定会比这个40年更好。

为什么《中日和平友好条约》那么重要？我以为，首先，它以条约这种形式确认了1972年《中日联合声明》的各项原则，确定了和平共处、世代友好的大方向，为中日关系的全面发展奠定了政治和法律基础。其次，它再次明确了中日两国在相互关系中，用和平手段解决一切争端，而不诉诸武力和武力威胁的基本原则，把中日关系牢牢地锁定为和平的双边关系这一根本性质。最后，它重申了中日两国任何一方均无意在亚太地区谋求霸权，同时反对任何其

* 戴秉国，全国台湾研究会会长，前国务委员。

他国家或国家集团在本地区谋求霸权的努力，使中日关系超越了双边关系的范畴。过去40年的历史表明，中日关系稳则东亚安，我们不仅没有如同其他一些地区一样陷入这样那样的动荡，相反还延续了从20世纪50年代开启的东亚经济腾飞之路，共同创造了人类历史上不多见的经济奇迹，不仅为中日两国人民带来巨大福祉，同时维护和促进了整个地区乃至世界的和平发展繁荣。正如邓小平先生所说的那样，条约“不仅在事实上，而且在法律上、政治上，总结了我们过去的关系。更重要的是，从政治上更进一步肯定了我们两国友好关系要不断地发展”。《中日和平友好条约》和其他三个中日政治文件一起，共同构成了双边关系的政治基石，并深刻影响了亚洲和世界。今天，我们纪念缔约40周年，不能只是开点会、写点文章，做做重视条约的样子，而是要为推进中日关系“真抓实干”。为此，我以为，最重要的是：

第一，我们双方应该按照“条约必须信守”的国际法要求，重温并恪守条约精神。要切实把和平、友好、合作的要义发扬光大，确保两国关系的政治基础更加坚固，使两国关系能够在21世纪、22世纪、23世纪都健康稳定地发展下去，造福中日两国人民，造福亚洲和世界。两国关系的长期实践反复证明，只有各项条约内容和精神得到有效遵守，两国关系才能发展得比较顺利，反之就会遭受波折、损害和反复。

第二，把握世界形势发展变化的历史趋势，坚持中日关系的正确方向。变化是永恒不变的规律。当年，正是毛泽东、周恩来、邓小平等中国老一辈领导人和日本领导人高瞻远瞩，准确把握和平发展的历史潮流，深刻洞察国际形势的发展变化，克服重重困难，缔结《中日和平友好条约》，中日两国才实现了双边关系完全正常化。今天，我们所处的世界经历着百年未有之大变局，相信两国新一代领导人定能把两国老一代政治家开创的中日和平友好合作关系与时俱进地推进到一个新的、更加美好的时代，从而更好地造福两国人民和世界。我坚定地认为，像中日这样两个具有重要影响的毗邻而居的国家，除了和平友好合作，没有其他选项。

第三，共抓、共享发展机遇。大家知道，1978年签署条约时，中日间贸易额仅为40多亿美元，人员往来只有数万人。时至今日，两国贸易额已超过3000亿美元，人员往来超过1000万人次。两国的友好省县和城市从无到有，达到250多对。中日关系的发展历程就是两国利益纽带不断扩大和深化的过程。2018年是中国改革开放40周年，我们不会忘记，日本一直深度参与和支持中国改革开放。日本朋友也很清楚，日方在助推中国经济建设的同时，也有力促进了自身经济发展。未来中国还要进一步深化改革，开放的大门将开得更大，中日合作的机会多得很、大得很！双方务必要把握好机遇，走好合作共赢之路，做大做好共同利益的蛋糕，为两国人民提供更多福祉。

二　当下中日双方似需着重做好几件事情以落实条约精神

孔子说，“四十而不惑”。走过不惑之年的中日关系在经历了风雨波折后，正在逐渐走向成熟。我们也应当在认真回顾总结经验和教训的基础上，以更加成熟的心态、更加理性的态度来认识和对待两国关系。

我们高兴地看到，当前中日关系保持了积极改善的势头，两国高层交往得以恢复，已经重回正常发展的轨道。下阶段双方可能还有一系列重要的政治外交日程，面临改善发展的难得机遇。希望双方共同努力，相向而行，精心筹划今后一段时期的中日良性互动，为两国关系长期健康稳定发展打下良好基础。双方似可着重做好以下几件事，进一步落实条约精神：

一是下功夫解决好相互认知问题。我当年牵头同日方搞了多轮战略对话，重点想解决的就是相互认知、增加战略互信问题。那时的对话虽然过去十多年了，今天，我们仍然要说，中国“坚持和平发展道路，坚持互利共赢开放战略”。在对外交往中，我们始终坚持和平、友好、合作的原则和精神，绝不走称霸扩张的道路。我们始终把日本看作合作伙伴而不是对手，始终认为日本的和平发展对中国是机遇，始终欢迎日本参与中国的改革开放。相比之下，我们看到，尽管日本有越来越多的有识之士已认识到必须理性、冷静地处理对华关系，把重点转向协调合作上来，但实事求是地说，日本国内对中国的发展及战略意图似乎还有一些疑虑。我们不指望一下子都能够消除，但事实上这完全没有必要。今天，该是日本从上到下下决心丢掉疑虑和误解，放心、放手地同中国和平友好相处和发展互利合作的时候了。如果双方能够站得高、想得深、看得远，真正树立彼此的正确认知，并将其落实到具体政策和行动中，那么中日关系就可以做到政治、经济双轮驱动，平稳健康地向前发展。当然，为了正确解决彼此认知、定位问题，双方无疑应当持续地进行有效的战略对话，就那些制约两国关系和发展的深层次、战略性问题取得更多共识。

二是处理好敏感问题。中日两国既有历史感情纠葛，也有现实利益冲突，有些问题非常敏感，对两国关系极具“杀伤力”。在战后中日关系重建、改善和发展的过程中，双方曾经在历史、台湾等重大问题上遭遇严重困难和障碍，使两国各领域交往合作受到干扰。必须强调的是，越是在当前中日关系重回正轨的关键时期，双方越是应该增强危机意识，越是要注意妥善处理敏感问题，妥善管控矛盾分歧。双方共同定下的原则、规矩一定要遵守、照办，避免发生意外事态。根本而言，还是双方要始终着眼两国关系长远大局，而不受一时之利所惑、因一己之私所迷。

三是把务实合作搞上去。当前全球孤立主义和保护主义倾向加剧，国际多边贸易体系受到冲击和挑战，中日作为世界主要经济体和全球化的受益者，可以秉持合作共赢理念，共同维护自由贸易和多边贸易体制，推动建设开放型世界经济。双方可以加大创新合作力度，在更多领域和更高层次开展对接，实现两国务实合作提质升级。双方可以发挥互补优势，围绕“一带一路”倡议开展合作，共同开拓第三方市场，实现共赢和多赢。

四是把民意基础打牢。国家间搞好关系归根到底要落到人民之间的友好。即使是在社会思潮和价值观多元化的今天，民间友好也是中日关系的永恒主题。近年来，中日间人员往来规模不断增长，同时网络信息沟通更加便利，这给双方增进理解、改善民意提供了条件。中日文化有很深的渊源，有不少共通的价值理念。我们要继续发挥这些天然优势，进一步加强人文、地方、媒体、青少年等领域交流，特别是要开展更多引起民众内心深处文化共鸣的交流，拉近两国民众心理距离，以利于两国关系的长远发展。

三　看清世界大势有助于我们恪守条约精神，搞好中日关系

经过40年的长足发展，中日关系不仅成为对双方而言最重要的双边关系之一，而且日益具有重要的国际和地区性影响。这就要求我们既要立足双边，更要放眼世界，以地区和全球的视野审视中日关系，根据国际形势的发展变化，与时俱进地调整政策，引导中日关系向前发展。

当前我们面临的国际形势复杂多变，但依我看有几条主线还是很清晰的：

一是和平与发展仍然是时代主题。虽然小战不断，冲突不止，我们还不能

断言，世界大战已从人类生活中彻底排除出去，人们可以高枕无忧了，但是世界大战已经70多年没有打了，再发生世界大战恐怕也没那么容易了。面对地区和国际热点问题，对话和协商成为首选解决方案，诉诸武力和威胁越来越不得人心。即便本意用于战争的大量核武和军备，也在客观上抑制着某些势力的战争冲动。在和平的大环境下，民众的诉求是如何过上物质丰富、精神愉悦，有尊严、有幸福感的生活，如何实现国家、社会、民生的发展，这也成为世界上绝大多数执政者的努力方向。

二是世界多极化、经济全球化的大势不可逆转。随着冷战阴云的消散，大国关系继续呈现一超多强格局，超级大国美国和以日本、欧洲为代表的传统强国，以中国、俄罗斯、印度等为代表的发展中大国，既有竞争，更有合作。联合国等多边机制在国际事务中发挥着日益重要的作用，区域一体化蓬勃发展。有人逆潮流而动，在全球范围内发动贸易战，但这绝对扭转不了经济全球化的客观大势，反而会让更多人认识到自由贸易和多边体制的可贵，认清什么才是时代发展的潮流和方向。

三是人类社会的共同体意识在显著增强。得益于信息化社会带来的知识普及和交流互鉴，以人工智能、大数据、新能源和生物科技等为代表的创新科技层出不穷，新一轮科技革命呼之欲出，人类社会似乎正迎来跨越式发展的机会窗口。随着共同利益的不断增多，合作共赢理念替代零和博弈思维，人们对于结盟甚至是国家的概念都有所淡化，人类命运共同体理念受到越来越广泛的认同。实际上，国家间的联系与互动越来越密切，越来越频繁，越来越“你中有我、我中有你”“一荣俱荣、一损俱损”，世界在不断向“地球村”的方向发展。各国民众间的交流沟通也越来越多。世界形势的新发展、新变化，给中日关系的改善发展提供了新的机遇和空间。我们要做的就是顺应潮流，正确决策，抓住机遇，共同努力构筑一个符合时代要求，真正体现《中日和平友好条约》原则和精神的新型中日关系。能不能做到？我想，不容易，但一定要做到，我相信，也一定能做到。

面向未来，实现真正的日中友好

［日］鸠山由纪夫*

值此《日中和平友好条约》缔结40周年之际，能够受邀参加中国社会科学院主办的纪念研讨会并发表演讲，十分感谢。

2018年，李克强总理访日并同安倍晋三首相举行了会谈，使两国关系得以改善。很多人期待在2018年年内或许能够促成安倍首相访华、习近平主席访日。那么，日中关系的冰雪是否真正消融？如何使冰雪完全融化？值此之际，纵观世界局势，为了促成日本与中国结成真正的友谊，我们应该对改善日中关系展开深入讨论。

一 日中韩三国合作、构建东亚共同体

2017年11月末，我有幸与其他领导人一道同习近平主席进行了会谈，那时习近平主席讲到了中国的一句名言“一花独放不是春，百花齐放春满园”，以此表明他坚决消灭贫困的决心。这使我想到了《论语》的“人能弘道，非道弘人”，只有人才能不断扩宽理想之路。还有《论语》的“士不可以不弘毅，任重而道远”。追求崇高理想的士，心胸宽广，意志坚定。因为他对社会的责任重大，要走的道路也很长。在今年的博鳌亚洲论坛年会上，习近平主席在改革开放40周年之际，讲道：“历史，总是在一些特殊年份给人们以汲取智慧、继续前行的力量。”这是向世界表达了中国继续走改革开放道路的坚定决心。齐聚博鳌亚洲论坛的各国领导人，表示赞同习近平主席在开幕式主旨演讲中阐述的继续实行改革开放的宽广胸襟和坚定意志。究其原因，人、物、资

* 鸠山由纪夫，日本前首相。

金、信息的跨国境自由流动是时代的发展方向，全球化是当今世界不可抗拒的潮流。

正因为一切东西能够做到跨国来往，保障了我们生活的丰富多彩。但是，过度的全球化，一切事物都交由市场自由决定，新自由主义带来的是财富向跨国企业集中，导致少数超富裕阶层和多数贫困阶层的分化。而且，随着人口的自由迁徙，许多人都希望能够迁移到宜居的地区，比如在欧盟内部，人口向英国迁移，英国担心因此导致很多人失去工作，最终决定脱离欧盟。美国拥有众多跨国企业，是全球化的最大受益者，但全球化也对美国国内产业造成了巨大打击，美国人担心失业率攀升而在选举中选择了高喊“美国优先”的特朗普出任总统。由此可见，一些发达国家的反对全球化声音增强，民族主义日渐得势。如果各国都强调本国优先，最终很可能导致局势紧张并进而引发贸易战。

中美贸易战在现实中已经开始。对美国而言，对其造成最大贸易赤字的国家就是中国。特朗普总统为了减少美国对华的贸易赤字，以中国侵害美国企业的知识产权为由，首先对半导体、产业机器人、汽车等 818 个品种相当于 340 亿美元的中国产品追加征收 25% 的关税。对此，中国方面采取反制措施，对从美国进口的大豆、猪肉、威士忌、汽车等同样规模追加关税以示对抗。规模有可能进一步扩大到 500 亿美元。世界第一和第二大经济体的国家打起贸易战，所造成的影响必定会扩大到日本等世界各国。但在中美贸易战中，相比中国而言，对美国国民的生活造成了严重的影响。在我看来，特朗普总统是为了自己能够在中期选举中获得有利局面才发起贸易战的。因此，我希望中国政府能够冷静地处理此次贸易战。

在特朗普总统推崇的“美国优先”民族主义引发中美贸易战之际，如果习近平主席也同样对全世界采取民族主义政策的话，全球都将卷入深不见底的贸易战旋涡之中。习近平主席在博鳌亚洲论坛中宣布中国不会采取民族主义，会建立一个更加开放的中国，这对抑制全世界民族主义化有一定的效果。

在这样的世界格局大背景下，我觉得日本不应该拘泥于和美国签订跨太平洋战略经济伙伴协定（TPP），这将会助长财富一边倒地流向跨国企业，而应把重心转移到亚洲。首先应该倾注精力在和中国、韩国之间达成自由贸易协定（FTA）的构建，以三国为基础联合东盟十国、新西兰、澳大利亚、印度等 16 个国家，加快实现区域全面经济伙伴关系（RCEP）的缔结。

过度全球化导致贫富差距显著扩大。另外，反对这一趋势的民族主义的声势日渐强大，如果声势过了头的话，有可能导致国家间以贸易为首的摩擦扩大，并进而引发贸易战。我认为，周边国家间展开对话和形成一个协调共同体的区域主义，是解决过度全球化和民族主义过头的一个方法。东亚地区以中日韩三国为核心、构筑东亚共同体，能够为各方制定理想的贸易规则。

在欧洲，英国脱欧、希腊金融危机给整个欧盟都造成了重大影响，人们对共同体能否继续存在产生了疑惑，许多人甚至认为现在构建东亚共同体没有任何意义了。但持这种观点的人，显然忽视了之前战争频仍的欧洲在第二次世界大战之后欧盟各国之间再也没有发生过战争这一不争的事实。也就是说，欧盟是一个非战共同体。东亚应该构筑同样的非战共同体，构想组建东亚共同体绝不是一件毫无意义的事情。

这个东亚共同体不同于过去的关税同盟，不在共同体内外设立高关税壁垒。经济、贸易、金融的共同体化是比较容易通过商谈达成的，需要针对这些问题之外的教育、文化、体育、医疗、福祉、环境、能源以及安全保障等所有问题展开商谈，找出共同点进行合作，并互相认可不同地区的差异，进行相互帮助、发挥友爱精神是其关键。因此，在推动东亚共同体之际，自尊并尊重他人的友爱精神是必不可少的根本要素。

基于友爱理念运营共同体的话，共同体内部就不再行使武力，必然成为非战共同体。共同体如果以实现经济繁荣及达成和平、稳定发展为目标，参加国或区域以东亚为核心，同时也可以进行柔性的考量，将俄罗斯和蒙古国纳入其中，也欢迎美国加入。还有后面将谈到的，朝韩双方也能朝着历史性和解方向前进。怎样才能让朝鲜也加入共同体，而且还要促使其在共同体中发挥积极的作用，我相信通过日中韩三国合作，朝着实现构建东亚共同体方向努力，这将成为实现这一地区和平友好发展最为有意义的事情。

二　促进日中合作，建立相互信任

2018年5月，李克强总理访日，举行了日中韩领导人会议，长期处于不正常状态的日中关系重回正常轨道。我担任首相之时曾举行过两次日中韩领导人会议，我对举行时隔已久的三国领导人会议深感高兴，特别是李克强总理在任期内首次访日，起到缓和此前紧张关系的作用是不争的事实。李克强总理也多次提到共同推进东亚经济共同体建设，我深表赞同。不过，日中关系就真的重回正常轨道了吗？遗憾的是，我不这么认为。历史问题等必须解决的问题至今尚未解决，两国之中特别是日本，如果是以日中关系重回正常轨道为目标，那就必须努力将悬而未决的问题逐一加以解决。

我认为，日中关系重回正常轨道主要是基于经济的考量。从中国方面看，特朗普总统的“美国优先”政策要求减少对华贸易赤字，并对钢铁、铝材等征收高关税，贸易战才刚刚开始，或许日中共同抗衡、推动美国才是上策。日本方面，迫于许多大企业期待参加“一带一路”的压力，安倍首相的态度不得不发生转变，转而谋求与习近平主席提倡的“一带一路”构想展开合作。安倍首相和李克强总理之间达成共识，就“一带一路”构想开展合作，两国在第三方国家的基础设施建设方面展开合作，这一点是值得肯定的。

中日关系在本质上得到改善了吗？两国确实在经济合作关系方面向前迈进了，但很遗憾的是，政治方面至今一直未能得到解决。安倍首相一方面表示将加强同中国的经济合作，另一方面却在与那国岛、石垣岛、宫古岛等西南岛屿持续加强自卫队部署。不仅如此，还计划在冲绳本岛设立导弹防御基地。右手握手、左手握拳的做法，并不能带来真正的友谊。一段时间内安倍内阁致力于高调渲染中国威胁论，而在尖阁列岛（即中国钓鱼岛及其附属岛屿，下同，编者注）问题之外的军费增加及南海问题上，不能说日本对中国的担心已经消失。建设强大国家、奉行大日本主义的安倍首相，常常在不同场合宣称东亚安全局势日益严峻，试图以此为借口强化日美同盟和配备自卫队。我认为，持有这种想法是错误的。如果希望日中两国邦交实现真正意义上的正常化，那么就应该在如增强西南岛屿的自卫队配备问题上改弦更张。而且，尖阁列岛问题应该以史为鉴，暂时搁置争议。

另外，如前所述，去年 11 月末，我有幸出席了“2017 从都国际论坛”，并与各国领导人及习近平国家主席进行了交流。在这次会谈中，习近平主席发言讲道，中国成为大国也不会谋求霸权，中华民族的血液中没有侵略他人、称霸世界的基因，万里长城也是为了防御而修筑的，期待与周边各国和平共处。他还说，地球是人类赖以生存的行星，我们要树立人类命运共同体意识。我认为，习近平主席提倡的“一带一路”构想便是这一思想中的一环，通过“一带一路”构想援助欧亚大陆发展中国家进行基础设施建设，必将带动经济发展，实现地区的和平。

与此同时，我还认为日本应该参与“一带一路”构想并开展合作。因为古代丝绸之路的东端是韩国和日本，“一带一路”构想作为新时代的丝绸之路也应该囊括韩国和日本，更希望能有便于日本参与合作的环境。

我很荣幸能够成为亚洲基础设施投资银行（AIIB）的国际顾问，这是推进“一带一路”构想的机构之一。自2016年1月成立以来，现在有87个国家和地区加入，但日本和美国尚未加入。我曾就此询问过财务省的官员，他的疑虑是没有一个常设理事会很难做到公平的融资，还有待进一步观察。6月在孟买召开的亚投行理事会的建议会上，我转达了这位官员的话。金立群行长就日本政府的态度明确指出，亚投行被三个银行评级机构认定为AAA信用评级，融资方面更是无可挑剔的评级。如果日本政府依旧停留在以往的认识阶段，无论经过多久时间都无法加入亚投行，他们也不会强求。

实际上，日本在看美国的脸色，和美国保持一致的步调。美国特朗普总统对亚投行的态度发生改变。金行长对特朗普总统转而不反对亚投行的态度给予积极的评价，并说“即便美国没有参加亚投行，也欢迎美国企业参与亚投行项目”。结果是只剩下日本被晾在一边了，我想应该立即作出决断加入亚投行。日本能否加入亚投行，这就要看日本是不是真正地想改善日中关系。

总体上看，我相信日中合作能够带来双赢的结果。特别是近年来中国的融资能力十分强大，中国的资金和日本的技术相辅相成，能够相互在经济上带来巨大的利益。

举一个具体的事例：我参观了连接香港、澳门、珠海50公里长的世界上最长的跨海大桥。该项目的工程负责人说，多亏了日本高水平的地下隧道盾构技术才使得工程顺利完成。

不知道是日本的幸事还是日本的不幸，我们最早地迎来了老龄化时代，也正因如此，我们比其他国家更早地对构建老龄化社会的体系进行了完善。中国经历了严格的独生子女政策，今后将比日本以更快的速度迎来老龄化社会。因此，中国在构建护理等养老体系之时，日本的经验应该能够发挥借鉴作用。

与此同时，日本进入人口减少的时代，国内生产总值增长乏力。在日本看来，继续开放的中国对日本企业肯定拥有巨大的投资魅力。日本赞同“一带一路”构想，并加入亚投行，那么和中国在新兴发展中国家的基础设施建设方面开展合作，我相信双方都能从中获益，日本的企业得以扩大市场，中国则获得日本在技术方面的帮助。

我真心地希望，日中两国能以史为鉴、面向未来、相互友爱，即深化相互尊重、相互理解、相互帮助的合作关系。而且，在政治问题难以顺利推进之时，更应该充实民间外交。2018 年是《日中和平友好条约》缔结 40 周年，很多民间团体从文化、艺术、经济、学术、技术等方面深化交流，促进建立相互信任的关系，我相信这是十分重要的。

三　朝鲜半岛的和平

最后，我想就同日中关系有着紧密联系的朝鲜问题进行阐述。我在 2018 年 2 月到访华盛顿之时，“流鼻血”军事行动喧嚣一时，美国讨论了对朝实施“流鼻血”式作战的可行性。我记得我在出访之前，就讲到这样的计划是绝对不能被实施的。凑巧也是在召开平昌冬奥会之前。朝鲜的金正恩委员长在新年致辞中，讲到将向平昌冬奥会派出奥运代表团，以冬奥会为契机，南北朝鲜开始转而走向接近。

当时的日本政府和媒体，不知是不是发自内心，都主张朝鲜是不值得信任的国家，认为最重要的是应该施加最大限度的压力迫使其弃核、解决人质绑架问题。的确，到 2017 年为止朝鲜进行了多次核试验及洲际弹道导弹试射，从日本上空屡次飞过弹道导弹，使得日本社会舆论普遍认为应该对朝施压。

但是，日本政府为何总是揪住朝鲜的核与导弹试验不放呢？全然不从朝鲜的立场考虑问题。朝鲜战争并未结束，美国在核武器、导弹等方面具有压倒性优势，为了能够与美国签订对等的条约，显然朝鲜人会认为朝鲜也必须拥有核与导弹。而且，朝鲜在 2017 年 11 月末的弹道导弹“火星 15”发射成功后，就认为具备迫使美国放弃先发制人的能力，并形成了能够与美国进行对等交涉的大环境。金正恩委员长一反常态，宣布完全放弃核武，举行北南首脑会谈，转而谋求实现朝美领导人会晤。

加速这种转变的人物是韩国总统文在寅、美国总统特朗普。他们都顶住了各自国内的鹰派压力，感谢他们为实现首脑会谈作出的英明决断。另外，还要对习近平主席从侧面促成表示由衷的敬意。朝鲜半岛实现无核化需要相当长的时间，绝不是一次会谈就能大功告成的。不仅是朝鲜，还有朝鲜半岛整体的无核化，相互之间不进行让步就无法向前推进。这就需要我们以坚定的毅力一步步向前推进。无论面对何种情况，不能在和平道路上开倒车。现在是大家摸索通过对话解决问题之际，安倍首相的对话时代已经结束的说法确实令人感到可笑，这只能导致日本被排除出局外。本来日本是对朝鲜半岛局势负有重大责任的国家，应该为今后朝鲜半岛朝着和平方向与中国、韩国合作发挥积极的作用。举个例子说明，2018 年在平昌举行了冬奥会，两年后将在东京举办夏季奥运会，再过两年将在北京举行冬奥会。东北亚在四年里举办三次奥运会，以此为契机，日中韩之间应该促成某种形式的会谈，或许这是一次能够通过体育运动与朝鲜之间形成相互信任关系的绝好机会。

目前，东亚正处于重大的历史转折时期。如果能够实现朝鲜半岛的和平，东亚的国际安全环境将发生重大变化，亚洲的冷战残存结构就能迎来终结，韩国的驻韩美军缩减、撤退，日本集中于冲绳的美军数量也有可能大幅削减。美国削减、撤退在东亚地区的军事力量，则中国的军事力量也会作出调整。日中之间结成真正的友谊，那么在东亚形成共同体就不单单是一个梦想了。

武力绝对无法达成真正的和平。朝着真正和平迈进的努力，不仅仅是结束战争状态，还要将贫困和纷争扼杀在萌芽之中，才能迎来积极和平的时代。因此，必须要有自尊并尊重他人的友爱精神。这种友爱早在春秋时期墨子的兼爱思想中已有体现，也是《论语》中的“仁”和“恕”。“仁”指的是“夫仁者，己欲立而立人，己欲达而达人”，“恕”指的是“己所不欲，勿施于人”。概括起来讲，自己想立足、通达于社会，所以帮助别人立足、通达于社会，而自己不希望被人如此对待，自己也不要如此待人。如果能做到这些，就能实现世界的和平。所以，日中为何不能一起合作在世界上广推“仁”与“恕”的思想呢？只有日本人和中国人才能做这件事。

我们现在正站在历史的新起点上，以此与各位共勉！

继往开来，日中关系“从竞争走向协调”

［日］横井裕*

我很荣幸应邀出席由中国社会科学院主办的“弘扬条约精神，深化友好合作——纪念《中日和平友好条约》缔结40周年国际学术研讨会”，同时对研讨会的成功召开表示热烈的祝贺。值此条约缔结40周年之际，日中双方各领域专家能够齐聚一堂，进行坦率交流，可以说是意义重大。谨向提供这一宝贵机会的中国社会科学院致以诚挚的感谢。

2017年8月，我也应邀参加了中国社会科学院主办的纪念日中邦交正常化45周年研讨会，并在会上做了致辞。我当时说，日中关系经历了严峻时期，“走上了缓慢改善的上坡路”，但当时这一历程还不稳定。然而，现如今，在日中双方的共同努力之下，这一历程已经被夯实，正如2018年5月李克强总理在访日时所说的那样，如今的日中关系已经重回正常发展的轨道。

在这一年里，实现了日中外长时隔九年的互访，以及有史以来日本首相同中国国家主席的首次电话会谈。中国国务院总理时隔八年对日本进行正式访问。其间，双方还签署了日中海空联络机制、《日中社会保障协定》等十份合作文件，取得了非常丰硕的成果。7月，大岛众议院议长时隔六年应中国全国人大委员长之邀访问中国，并当面邀请栗战书委员长访日。

从2017年到2018年，像这种“时隔多年”“史上首次”的日中间政要往来及协议还有很多，相信今后这些都将成为定期性活动，并得到切实的落实，使日中之间的沟通变得更加密切。

在此，我们想探讨一下从条约缔结到现在的40年里到底发生了哪些变化，以及哪些没有变化。最大的变化应该说是中国经济的巨大发展。2018年也是

---

* 横井裕，日本驻中国特命全权大使。

中国改革开放起步的40周年。众所周知，40年前，邓小平副总理为出席《日中和平友好条约》批准书互换仪式亲赴日本，在视察日本炼钢厂和新干线之后，他说“我知道什么是现代化了”，从中得到了对中国改革开放的启发。但是，现如今对于日本人来说时代变了，这是一个当看到无现金经济在中国普及，人工智能和无人机等最先进技术不断进入中国人日常生活中的现实后饱受心理冲击的时代。40年间，我国对中国的改革开放一贯给予大力支持和支援，今天的中国和日本分别是世界第二、第三大经济体，在国际社会中承担着重大作用和责任。

另外，相比40年前没有发生变化的是，日中两国一衣带水、搬不走的邻国位置，以及两国人民对和平友好的祈愿。与此同时，有可能对日中关系造成影响的敏感问题也依旧存在。

在这里，最为重要的是不忘签订《日中友好和平条约》的初心。条约的第一条写道，应在各项原则的基础上，发展两国间持久的和平友好关系。当时的福田赳夫首相在条约签订后指出，条约不仅可以在长远的未来巩固和发展两国关系，更期待其能够为亚洲乃至世界和平与稳定作出贡献。而今，我们正是应该秉持这个精神，进一步推动日中关系发展。

面对进入新时代的中国，应该如何构建符合新时代的日中关系？日本方面希望 以“从竞争走向协调”为关键词，发展日中关系。

安倍首相本人在李克强总理访日期间，曾表示如下决心，即在加深日中间的交流、进一步加强相互了解、加深相互信任的同时，转入从竞争走向协调的时代。我认为，协调时代需要日中两国相互间正确理解，学习对方的优点。

再来看一下实际情况，中国的赴日游客数量在2017年创下了736万人的最高纪录，而且这一数字可望在2018年得到进一步提升。我希望到访过日本的每一位中国人，都能成为宣传大使，将在日期间的所见所闻告诉给家人和朋友。同样，我本人也会争取多去中国各地走走，再把中国的多姿多彩，尤其是创新领域的前沿信息介绍给日本国内。

为了建设以协调为基调的崭新日中关系，我想应当完成安倍首相提出的三步走设想，即期待能够实现李克强总理访日、安倍首相年内访华、习近平主席访日。其中作为第一步的李克强总理访日，已经在双方的努力下，取得了圆满成功。日前，驻华日本大使馆正在全力筹备第二步的安倍首相年内访华。安倍首相曾在2006年有过“破冰之旅”的实际成果。为在李克强总理访日成果的基础上使此访成为跃升日中关系之行，我将全力以赴。希望在座各位能够为了安倍首相访华获得丰硕成果而多提宝贵意见。同时，也期待习近平主席访日在2019年成行。

出席此次国际研讨会的各位都是日中两国各领域的精英专家。期待大家能够为日中关系的进一步发展展开热烈交流。衷心预祝研讨会取得圆满成功。

为了和平与友好

武　寅*

在《中日和平友好条约》缔结40周年之际，重温条约的宗旨和义务，表明了中日两国要继续遵守条约精神的决心。

《中日和平友好条约》，顾名思义，表达了两层意思：一是要和平，二是要友好。和平，随着时代的发展和国际形势的演变，对它的捍卫会有不同的侧重点和表达方式。当前的侧重点主要在于维护世界形势的稳定。因为稳定是和平的防火墙，任何全局性的动荡不稳，最终都是对和平的威胁。

当前，最大的不稳定因素，就是波及全球的贸易战。美国用单边保护主义和本国利益至上的大棒，不分青红皂白，搅得天下大乱。借用孔子的一句话来形容，就是“礼崩乐坏”。既有的国际规则和国际秩序，遭到了恰恰是来自其创建者本身的严重挑战。帝国主义时代虽然早已过去，但是霸权主义、强权政治却改头换面，以新的形式继续横行世界，严重影响着国际形势的稳定。

只要损害到美国的利益，国际法可以被抛在脑后，一个又一个国际组织和多边协议不再被承认。无论你关系多么铁，都可能成为打击对象。加拿大、日本、欧盟这些铁杆盟友，一面被加征关税，一面被要求制裁伊朗。甚至还要求所有国家在2018年11月4日之前都不许再从伊朗购买石油。对伊朗的封杀，不仅使世界原油市场价格应声上涨，而且使美伊关系的恶化成为又一个延伸性不稳定因素。美国还把矛头直接指向了世贸组织，试图以国内立法方式来规避规则约束。

世贸组织的规则约束，是要求世界各国都接受美国的标准。该组织是当今世界最重要的多边贸易组织，也是当前国际秩序的重要支柱之一，与世界各国

---

* 武寅，中国社会科学院前副院长。

的经济利益密切相关。世贸组织的不足，可以通过改革加以完善，但是世贸组织的作用却非任何双边贸易协定所能替代。美国的做法使世贸组织遭到了诞生以来最沉重的打击。

贸易战使贸易摩擦升级，信用丧失，世界形势增添着越来越多的不确定性。7 月召开的 G20 财长会议给出的评估是，“短期和中期经济成长下行风险已经增大”，金融脆弱性增加，贸易和地缘政治紧张升高，全球经济失衡、不平等，等等。尤其值得警惕的是，美国为了一己利益，反复无常，一面大搞单边主义，损害他国利益，一面又去搞各个击破，包括与欧盟谈判零关税；给国内受害产业发放补贴等；甚至拉开架势，掺杂政治与地区安全因素，以增加博弈的筹码，这无疑进一步推升了地区与全球形势的复杂与不稳，使贸易战乱上加乱。

人们还清楚地记得 20 世纪 20 年代末 30 年代初席卷资本主义世界的经济大危机，特别是其巨大的破坏力给全球带来的灾难性后果，给人们留下了深刻的教训。历史的教训不应该忘记。今天，无论是中国还是日本，都已经身不由己地被卷进了贸易战的旋涡，又都在为捍卫自由贸易、多边主义和国际规则而积极努力着。中日两国都已经成为全球经济和安全不可分割的组成部分。40 年前缔结的《中日和平友好条约》，面对新的国际形势和安全课题，已经具有了新的时代意义。反对一切形式的霸权主义，维护地区与世界的和平与稳定，是该条约最鲜明的时代主题。

当前，国际形势正处于大动荡、大调整时期，归根结底，经济全球化、世界多极化、文明多元化是国际形势不可阻挡的大趋势。中日两国要顺应时代潮流，与世界上所有不愿意搞单边保护主义、霸权主义的力量共同努力，最大限度地阻止和减少贸易战及各种不负责任的做法对全球经济和安全的破坏，最大限度地消除世界和平与稳定面临的各种威胁，肩负起条约赋予我们的、维护世界和平应尽的时代责任。

《中日和平友好条约》的第二层意思是友好。友好就双边关系而言，是比和平更高层次的承诺。因为友好并不是国与国之间关系的天然状态，它需要付出更多的主观努力才能够得到。条约为什么只提和平还不够，还要提属于更高层次的友好呢？这是不是画蛇添足，太奢侈了呢？回答是，不但不是奢侈，而且恰恰体现了这一条约的深远用意。

日本和中国这两个国家，作为被半个世纪以来刻骨铭心的战争捆绑在一起的战争发动者与受害者，作为一衣带水的近邻，作为东亚两强，无论从以上哪一个视角去定义和审视，都可以看出，中日两国之间的关系不是一般的双边关系。无论是为了双方各自的国家利益，还是为了地区和平与世界稳定，都需要中日两国的关系有一个更高的站位，即不仅要和平，而且要友好。

友好既不是奢侈品，也不是单纯的蜜月期。友好的核心，说到底，是双方的战略互信。有了这种互信，双方就会多一些理解，少一些误解；多一些安全感，少一些焦虑感；多一些平常心，少一些戒备心。双方的感觉，就能够达到一种轻松、自然的状态。这样的双边关系，就不仅仅是和平的，而且是友好的。

那么，怎样才能在中日两国之间构建起战略互信呢？可以从以下三个方面着手。

一是保持高层互访。高层互访是构建战略互信的有效途径。中国有句老话，叫作远亲不如近邻。为什么呢？因为近邻之间彼此利害攸关，无论近邻持什么样的立场和态度，对自己的影响都是首当其冲的。所以，近邻之间保持经常性的来往是非常重要的。反之，如果不走动，即使亲戚也会变得疏远，还不如近邻了。两个邻国之间的关系也是如此。

高层互访的最大好处，就是直通车效应。特别是双边关系出现问题的时候，高层互访可以省去很多层次和环节，减少许多猜疑和非难，最直接、最准确、最快捷地达到增信释疑、推进双边关系的效果。因此，高层互访绝不仅仅是关系顺利时增进感情的必要表达，更是关系不顺时建立互信的最好途径。而且，越是不顺时，越能显出这一途径的必要性和有效性。不顺时的高层互访，形式可以灵活多样，但层次一定要保证是高层。这个已经被历史的经验反复证明的有效途径，应该得到更好的运用。

二是换位思考。换位思考是构建战略互信的必要手段。只有通过换位思考，才能更准确地了解对方，减少误判，增进互信。要进行换位思考，首先需要弄懂对方的“位”是什么，要加深关于对方的研究，了解对方的真实情况是什么，真实想法是什么，特别是有哪些和我们不一样的特点以及容易引起误会的地方，真正做到知己知彼，从客观实际出发，而不是以己度人，主观臆断，盲目决策。

三是凝聚共识。凝聚共识是构建战略互信的重要支撑。没有共识就没有互信。凝聚共识就是找出双方利益的最大公约数，从中提炼并最终形成战略层面的共识。它要求双方准确地判断国内外形势和自己所在的位置。明确自己的目标、利益和底线是什么，以及与对方利益的最大公约数在哪里。找到了最大公约数，就有了共识的基础，在此基础上求同存异，切磋凝聚成战略互信。所谓共识，关键是理念。比如，双方是否认同以相互尊重、平等互利、合作共赢为最大的共识。如果不认同，想要以霸权主义、强权政治为信条，那自然没有互信可言。如果认同，那就要以此来规制自己的行为，在这一共识的框架内，彼此互信，可以有竞争，但不是零和；可以有高下，但不是居高临下；可以有强弱，但不是以强凌弱。双方要坚信，和平与友好是《中日和平友好条约》赋予中日两国的共同责任。为了地区和世界的和平与安宁，中日两国责无旁贷。

中日两国的历史跨越与未来关系准则

——从《中日和平友好条约》缔结历程思考其现实意义

高　洪*

1972 年中日实现邦交正常化，两国的政治、经济、社会文化等方面关系得到迅速提升。为了确保两国关系在求同存异基础上按照《中日联合声明》原则精神进一步发展，双方依照战争结束后签订和平条约的国际惯例着手进行和平条约谈判。1978 年 8 月 12 日《中日和平友好条约》在北京签字，10 月 22—29 日邓小平副总理赴东京出席条约批准书互换仪式，条约正式生效。中日两国克服了种种困难障碍，时隔六年终于在政治上复交后以法律形式建立起和平友好关系。《中日和平友好条约》对指导未来中日关系仍具有极为重要和深邃久远的现实意义。

一　中日缔约完成了前所未有的历史跨越

中日两国一衣带水，仅有文字可考的交通往来历史就长达两千多年。其间，既有官方、民间的友好交流，也发生过激烈的战争冲突。然而，无论是古代中华文明对日本列岛的浸润影响，还是近代日本跻身帝国主义列强后对中国的侵略压迫，两国之间很少处在实力相当的平等地位，更无近代国家关系意义上的平等条约可言。对此，1978 年 8 月 12 日代表中国在《中日和平友好条约》上签字的中国国务院副总理兼外交部部长黄华，事后深刻地指出：这个条约是两千年中日关系史上第一个真正平等的和平友好条约，是基于中日关系

* 高洪，全国政协委员、中国社会科学院日本研究所研究员、博士生导师。原文发表于《日本学刊》，收录本书时做了修改。

的历史经验与教训作出的总结，是真正反映两国人民意愿、维护两国人民根本利益的条约。[①] 该条约具有重要的历史跨越性质和意义，使之不仅成为中日四个政治文件之一，更因其前所未有地确定了两国和平而非战争、友好而非对抗地彼此睦邻、携手发展而彪炳史册。条约的缔结过程为处理今天的中日关系留下了若干经验，条约的原则精神也成为规范未来两国关系的准则。

（一）中日关于“先复交、再缔约”的“两步走”共识

毋庸讳言，《中日和平友好条约》谈判经历了十分艰难的历史过程，这几乎是条约谈判亲历者在回忆中的一个“共识”。[②] 同时，这种谈判的艰难性也表现为《中日联合声明》所规定的“反霸条款”，很难在《中日和平友好条约》中落到实处。按照通常的国际惯例，经历战争的国家之间，在战争结束后恢复正常的外交关系与缔结相关的和平条约原本是相互关联，甚至是一并解决的问题。然而，当时国际局势的复杂局面，促使双方领导人选择了“先复交、再缔约”的“两步走”战略。

出于历史原因和现实需要，中国政府十分重视对日关系。缔结《中日和平友好条约》，是中方在完成两国复交前就明确提出的政治主张。1972 年 7 月，日本公明党委员长竹入义胜以田中角荣首相“密使”身份访华，周恩来总理在会见中明确提出了“中日两国恢复邦交以后再缔结《中华人民共和国和日本国和平友好条约》”的想法，并征询对方意见，“我们两国实现正常化是不是分作两个步骤。第一个步骤，田中先生和大平先生到北京来，我们一起发表一个‘联合声明’，或者叫作‘联合宣言’，名称好办。总之发表声明是为了建交，互换大使，互相正式承认。第二个步骤是搞一个和约，但也不是简单的和约，而是搞一个‘和平友好条约’，要比简单的和约前进一步，这样可使全世界人民看了以后放心”。[③] 日方在此次访华中通过自民党日中协会，表示初步同意的方案，也是“先以发表联合声明的形式恢复邦交，然后再缔结和平条约”。对此，周总理表示：“这个方案和我们的意见基本一致。”[④] 尔后，

---

① 徐敦信：《〈中日和平友好条约〉从法律上巩固政治基础》，《人民日报》2005 年 4 月 28 日。转引自吴寄南：《试论中日重构战略互信的路径选择》，《日本学刊》2013 年第 4 期，第 4 页。

② 参见刘德有：《风雨几星霜》，北京：生活·读书·新知三联书店，2018 年，第 445 页。

③ 转引自张香山：《中日缔结和平友好条约前后》，《日本学刊》1998 年第 4 期，第 1 页。

④ 转引自胡鸣：《田中访华与“竹入笔记”的考证》，《中日关系史研究》2012 年第 4 期。

中国方面着手将缔约事宜尽快提上日程。日本方面也同中国相向而行，在复交后的第二年3月，日本首任驻华大使小川平四郎赴任时带来的田中首相致周总理的一封亲笔信中也明确提出："在当前的日中关系中，有根据《日中联合声明》第九条签订各种实务协定以及（第八条——引者注）缔结《日中和平友好条约》的谈判问题，我愿意通过这些磋商，扎实地扩大和巩固日中关系的基础。"①

（二）日本政府出尔反尔使条约谈判陷入僵局

按道理讲，既然中日两国1972年9月29日签署并发表的《中日联合声明》第八条已经明文规定"同意进行以缔结和平友好条约为目的的谈判"，在此基础上进行条约谈判自然是顺理成章的事情。而且，中国领导人对《中日和平友好条约》的具体内容早就有过充分考虑。根据张香山回忆，早在1974年11月中日两国副外长在东京第一次就和平友好条约问题交换意见之前，周总理已经指示外交部，"《中日和平友好条约》要以《中日联合声明》为基础来写。《中日联合声明》前一半是讲历史的，这已经是实现了的，是肯定了的；第五条是讲赔偿问题的，也已解决，可以不提了。留下的是第六条，即和平共处五项原则和《联合国宪章》关于两国政府以和平手段解决一切争端，绝不诉诸武力和武力威胁。第七条是中日友好不排他和霸权的问题"②。显然，对中国来讲，中日之间不仅仅是缔结和约，而且是要"缔结和平友好条约"，借此确保双方友好合作关系能建立在牢固的政治基础上而长期、稳定地发展。不过，从1974年开启的条约谈判却是一波三折。其中原因，既有各自国内政局不断发生重大变化造成的延宕因素③，更有日本政府面对苏联压力，在同中国缔结和平友好条约问题上裹足不前的因素。

1973年底田中角荣首相因涉嫌洛克希德案辞职，三木武夫上台组阁，虽然在口头上仍主张缔约，实际上却试图从1972年立场上后退，"反霸条款"面临被架空和泛化的危险。这种情况直接影响到两国谈判的进程，双方为消除

① 转引自倪健中主编：《百年恩仇：两个东亚大国现代化比较的丙子报告》，北京：中国社会出版社，1996年，第613—614页。

② 参见张香山：《中日缔结和平友好条约前后》，《日本学刊》1998年第4期，第2页。

③ 这一期间，中日谈判的决策者和执行者几经转换。中方先后有毛泽东、周恩来、华国锋、邓小平等领导人和姬鹏飞、乔冠华、黄华等三任外交部长；日方有田中角荣、三木武夫、福田赳夫等三届首相和大平正芳、木村俊夫、宫泽喜一、小坂善太郎、鸠山威一郎、园田直等六任外务大臣。

误判或说服对方，发生过无数次接触甚至交锋，交涉举步维艰。例如，1975年9月，在出席联合国大会期间，日本外务大臣宫泽喜一直接向中国外交部部长乔冠华表明四点原则：“（1）不仅要在亚洲、太平洋地区，而且要在世界各地反对霸权；（2）反对霸权不是针对某个第三国的；（3）反对霸权并不意味着日中采取联合行动；（4）不得与联合国宪章的精神发生矛盾。”① 同时还表示：“关于我说的四点看法，估计中国方面不会有什么意见，但你我之间的会谈，是今后条约谈判的重要基础，所以，我还是要提出来再确认一下。”对此，乔冠华部长十分严肃地回应道：“坦率地说，关于霸权问题的解释是贵方提出来的。在我们看来，这本来是不应该发生的问题，也没有专门解释的必要。……反对霸权也可以说是我们共同的观点。如果对此作出各自的解释，日本有日本的观点，中国有中国的观点，那就把原来双方的共同点变成支离破碎的东西了。”宫泽马上解释说：“我是说，中国有中国的外交政策，日本有日本的外交政策。双方都反对霸权，结果是一致的，但各自的立场不同。”乔冠华随即反驳道，在具体的外交政策上，当然是你有你的政策，我有我的政策。但是，在《中日联合声明》《中美上海公报》中有许多内容是双方的共同点，如和平共处五项原则和《联合国宪章》的原则等。在这些问题上，不能说日本有日本的看法、中国有中国的看法。我们和美国有许多分歧，但是在《中美上海公报》中有双方的共同点。如果在共同点上还要各做各的解释，那就不称其为共同点了。②

（三）双方政局变化使条约谈判出现新的转机

1976年底，三木武夫首相被迫辞职。进入1977年，福田赳夫首相组建的日本新政府表现出推动对华缔结和平条约的积极姿态。同时，中美关系朝着建交方向发展③，使福田赳夫首相身边的台湾帮感到大势已去，阻挠与中国签约的理由不攻自破，福田政府利用公明党委员长竹入义胜访华之机开始修正三木

① 参见田桓主编：《战后中日关系史年表（1945—1993）》，北京：中国社会科学出版社，1994年，第394页。

② 参见王泰平：《中日关系的光和影》，合肥，安徽人民出版社，2018年，第182页。

③ 1978年5月福田赳夫访美，卡特总统明确表示：“美国对日中关系的紧张感到高兴……对美国来说反对霸权不成为问题。”转引自刘德有：《中日和平友好条约的缔结与中日关系的新发展》，《日本学刊》2008年第4期，第11页。

政府提出的"宫泽四原则"。1978年2月，中日开始新一轮《中日和平友好条约》谈判，园田直外务大臣抱着"不签约就切腹"的决心来华交涉[①]，得到中国方面的积极回应，谈判出现了好的转机。

中国于1976年10月粉碎"四人帮"之后，经过一个阶段的拨乱反正，中央于1977年7月决定恢复邓小平被撤销的全部职务，主持中央工作并分管外交，继续贯彻毛主席和周总理的对日外交战略安排。富有政治智慧的邓小平历来坚持把"霸权条款"写入条约。早在1975年乔冠华与宫泽喜一会谈前不久，当时主持中央工作的邓小平副总理就对新井宝雄为团长的日中记者会友好访华团说过：现在中日两国关系的焦点就是和平友好条约，我们是希望早日签订的。关键在于是否写进反霸权条款……我们总是把反对霸权当作一个原则，不能让步，因为它有实质的政治内容。把它写进去，不仅是应该的，也是必要的。[②] 乔冠华与宫泽喜一会谈后不久，邓小平又会见了小坂善太郎率领的访华团，在客人提出能否设想在霸权主义这个词的含义上加些解释时指出：不能从联合声明后退，任何解释实际上都是后退。[③] 复出后的邓小平副主席在1977年9月10日会见来华访问的日中友好议员联盟议长滨野清吾时，敏锐地抓住福田赳夫在施政演说中表示要推动缔结日中友好条约的动向，举重若轻地说：既然福田首相声明要搞这件事，我们期待他在这方面作出贡献。其实这样的事只要一秒钟就解决了，不要很多时间。所谓一秒钟，就是两个字"签订"。[④] 1975年4月16日，邓小平会见日本创价学会会长池田大作，通过他就霸权问题做福田政府的工作，邓小平表示：中日两国之间只是贸易和人员往来还不够，还要有政治基础，反霸就是政治基础，所以我们很重视这个问题。希望日本政府拿出勇气，作出决断。邓小平还一针见血地指出："条约中写入反对霸权，含义有两点。一是中日两国都不在亚太地区称霸。我们愿意用这一条限制我们自己。至于日本，由于有历史的渊源，写上这一条，对日本改善同亚太地区国家关系是有益的、必要的。二是反对任何国家或国家集团在这一地区谋求霸

① 有关园田直外务大臣抱着必死的决心来华谈判《中日和平友好条约》的记述，既有园田本人的表态，也有园田本人事后的印证。参见刘德有：《风雨几星霜》，第459页。

② 中共中央文献研究室编：《邓小平年谱（1975—1997）》，北京：中央文献出版社，2004年，第71页。

③ 同上书，第110页。

④ 同上书，第199页。

权，日本反对在条约中写入反霸条款，是因为怕得罪美苏两个超级大国。其实，反霸条款是美国人写进《中美上海公报》的，所以，说得清楚一点，是怕得罪苏联。难道中国人民、日本人民还愿意和高兴苏联在亚太地区谋求霸权吗？”①

（四）邓小平务实外交促成《中日和平友好条约》签署

邓小平的政治决断为两国缔结和平友好条约谈判注入了新的动力。同时，日本方面也加快了谈判步伐，园田直在福田首相批准打开局面的前提下，商量确定了日方让步方案的底线为：“第一，将反霸条款写入条约，但同时另立一条，写明‘本条约不影响缔约各方同第三国关系的立场’；第二，条约在列入反霸条款的同时，申明‘两缔约国无损害第三国利益的意图’。”1978 年 8 月 7 日，日方在谈判中同意把反霸条款全文写入条约正文，只是提出把这一原则的范围扩大到世界任何地区，以淡化其针对性。同时，日方还希望将我方提出的“不是针对第三国”的表述，改为“不影响缔约各方同第三国关系的立场”。邓小平认为日方的表达“很简洁，符合我们的原意”，遂当即拍板同意。②

邓小平的这一意见为中日外长多轮谈判定了基调。8 月初，中方作出了又一次重大努力并告知日方：中方原则同意日方提出在反霸条款上加入“本条约不影响缔约各方同第三国关系的立场”的内容，还同意在反霸条款上增加“其他任何地区”的字样。8 月 12 日晚，《中日和平友好条约》签字仪式在人民大会堂安徽厅举行，黄华和园田直分别代表本国政府在条约上签字。四天后，中国全国人大常委会审议批准了该条约。日本众、参两院也先后于 10 月 16 日和 18 日顺利批准了该条约。

二　缔约谈判过程中积累的成功经验

缔结《中日和平友好条约》，是继实现中日邦交正常化之后两国关系史上的又一件大事。条约的主要内容可概括为以下两点：一是以法律形式确认了《中日联合声明》中的各项原则，为中日关系的全面发展奠定了政治基础；二是双方都承诺不在亚太地区或其他地区谋求霸权，也反对任何其他国家或国家

① 『聖教新聞』1975 年 4 月 19 日。

② 参见王泰平：《中日关系的光和影》，第 196 页。

集团谋求霸权。笔者认为，当时的国际局势与国家关系发展时点等是缔约成功的重要前提条件，但最为重要的成因是两国领导人的政治勇气和智慧，加上外交事务部门坚持不懈的努力，才最终实现了《中日和平友好条约》的缔结。缔约谈判留给后世处理中日关系一笔精神财富，尤其是中国领导人为之付出的智慧值得借鉴。这些成功的经验主要包括四个方面：

第一，外交需要放眼长远、求同存异。邓小平主导的缔结《中日和平友好条约》谈判与周恩来主持的中日邦交正常化谈判异曲同工，堪称中国外交史上相互呼应的经典案例。这两场谈判的共同点是，既着眼长远的宏大战略目标，又兼顾双方利益和主张，通过求大同存小异达成主要目标。据张香山回忆，在起草和平友好条约声明时，进行了真正平等的协商。遇到困难且不能避开的问题时，则采取互谅、互让和必要的宽容态度，从而使问题得到解决。① 换言之，谈判中既要确保自身利益，也要照顾对方的关切与诉求，由此才能在确保“反霸”这个重大战略目标的前提下，取得互利、双赢的效果。

第二，不回避矛盾，运用智慧解决难题。② 中日之间横亘着历史认识问题、钓鱼岛主权争端、台湾问题等涉及原则底线的复杂敏感的矛盾。唯有将原则性与灵活性相结合，才能在谈判中处理好这些矛盾。实际上，在谈判交涉过程中，中方始终坚持正确区分历史是非，强调台湾问题是中国的内政，是中国的核心利益所在，为全体中国人民所关心，要求日方以实际行动体现坚持“一个中国”政策、不支持“台独”、只同台湾进行民间和地区性往来的承诺。关于钓鱼岛主权争端，众所周知的是邓小平在答日本记者问时富有政治智慧的妙语。③ 看似即兴发挥的连珠妙语，实际上来自邓小平的深思熟虑。根据文献

---

① 参见张香山：《中日缔结和平友好条约前后》，《日本学刊》1998年第4期，第7页。

② 傅高义在《邓小平时代》中说：“经过八个多月的谈判后，邓小平为何突然决定打破外交僵局，同意日本把语气缓和的条款写入条约？一方面是由于邓确实急于搞现代化……希望尽快加强与日本和美国这两个重要大国之间的关系。”（参见傅高义：《邓小平时代》，冯克利译，北京：生活·读书·新知三联书店，2013年，第294页）这一分析未必完全准确，但也可以从中观察到中国领导人着眼大目标、灵活处理现实问题的政治智慧。

③ 面对日本记者关于“尖阁列岛”归属的提问，邓小平说：在实现中日邦交正常化和这次谈中日和平友好条约的时候，我们双方都约定不涉及这一问题。倒是有些人想在这个问题上挑一些刺，来阻碍中日关系的发展。我认为两国政府把这个问题避开是比较明智的。这样的问题放一下不要紧，放十年也没有关系。我们这代人智慧不够，这个问题谈不拢，我们下一代人总比我们聪明，总会找到一个大家都能接受的方式来解决这个问题。”参见中共中央文献研究室编：《邓小平年谱（1975—1997）》，第411—412页。

记载，早在数月之前，即条约签订的1978年8月10日，中国领导人邓小平在与日本外务大臣园田直会谈时就明确说过：中日之间并不是没有任何问题，比如钓鱼岛问题、大陆架问题。这样的问题，现在不要牵进去，可以摆在一边，以后从容地讨论，慢慢地商量一个双方都可以接受的办法。我们这一代找不到办法，下一代、再下一代会找到办法的。①

第三，坚持求真务实，以政治勇气突破障碍。面对日本畏惧苏联的军事、政治压力有可能导致中日谈判受阻的困局，邓小平深刻分析了苏联色厉内荏的一面，认定苏联最为担心的是中美日联合抗苏的局面，拿不出报复日本的有效办法。因此，他作出大胆预言，一旦日本同意签约，苏联也无可奈何，"它能用什么东西来报复?"② 事实证明，当苏联得知中日签约势在必行时确实无计可施，只好降低调门，转而拉拢日本，挑拨中日关系。事后，邓小平在会见日中记者会友好访华团时告诫大家，从外交角度是不可能解决缔约问题的，需要从政治角度考虑才能解决，从中日两国人民长远利益考虑就很容易解决。

第四，发挥民间作用，官民并举实现外交目标。战后中日关系发展的一个重要特点是以民促官，两国人民的友好是中日友好的根基所在。《中日和平友好条约》历来得到日本社会中友好民间人士和团体的支持。作为推动两国民间友好的中坚力量，他们多年来为实现日中邦交正常化、缔结《中日和平友好条约》、增进各领域交流与合作做了大量扎实的工作。③ 和平友好条约也惠及民间，条约签订后中日关系飞速发展，两国在各个领域的交流和合作，从广度和深度而言都是两千年以来中日关系史上任何时期无法比拟的。

三　条约为新时代发展中日关系树立了法律规范

莎士比亚讲过一句名言：一切过往，皆为序章。今天重温两国缔结《中日和平友好条约》的历史过程，还有一层深刻含义——条约为新时代中日关系发展树立了法律规范。关于这一点，中日两国政治领导人以及有识之士历来十分清楚。当年邓小平为条约批准书换文访日时就曾强调："中日和平友好条

---

① 中共中央文献研究室编：《邓小平年谱（1975—1997）》，第355页。

② 参见王泰平：《中日关系的光和影》，第194—195页。

③ 参见唐家璇：《劲雨煦风》，北京：世界知识出版社，2009年，第37页。

约缔结了，但我们的任务并没有因此而告终，我们要做的事情还很多，任重道远。我们愿意同各位一起，再接再厉，为在中日和平友好条约的各项原则的基础上进一步发展两国的睦邻友好关系和各方面的交流，为两国世世代代友好下去而共同努力。"[①] 2007年12月28日，日本首相福田康夫来到北京开启"迎春之旅"，在国务委员唐家璇的陪同下到北京大学发表了题为《共同开创未来》的演讲，其中也强调"日中关系除了和平友好之外，别无其他选择"，缔结《日中和平友好条约》时的这一理念已经超越了时空，作为日中友好的基石散发着活力。[②]

对未来的中日关系而言，《中日和平友好条约》的规范作用，主要体现为以下三点：首先，"和平友好"是两国关系发展的永恒主题。中国希望日本继续走和平发展道路，同时自身也必将坚定不渝地走和平发展道路。中国文化自古以来就孕育着"和为贵"的基因，"己所不欲，勿施于人"是中华文化的信条。中国是奉行独立自主外交政策的社会主义国家，和平共处五项原则是中国外交政策的根本原则。胡锦涛主席在早稻田大学做演讲时就指出："始终不渝走和平发展道路，这是中国政府和人民作出的战略抉择。这个战略抉择，立足中国国情，顺应时代潮流，体现了中国对内政策与对外政策的统一、中国人民根本利益与各国人民共同利益的统一，是实现中华民族伟大复兴的必由之路。"[③] 日本战略派对中国的不信任甚至恐惧不会轻易消失，甚至按照英国华威大学教授克里斯托弗·休斯的判断，"日本决策者判断中国意图的能力正在逐渐减弱，对自己通过政治、经济接触塑造中国的能力失去信心"，因此出现了日本的"不确定的战略意图和'怨恨的现实主义'"。[④] 但是，发展两国关系的确需要日本消除"中国发展了，自己就会变弱"的零和博弈心态，消除"中国发展后，必然要向日本挑战"的误判与顾虑，真正认识到在历史问题上，中国强调牢记历史并不是要延续仇恨，而是要以史为鉴、面向未来，珍爱和平、维护和平，让中日两国人民世世代代友好下去。

其次，中国永远不会称霸。中日两国旗帜鲜明地将"反霸条款"写入和

---

① 《邓小平年谱（1975—1997）》，第408页。

② 转引自唐家璇：《劲雨煦风》，第54—55页。

③ 胡锦涛：《在日本早稻田大学的演讲》，《人民日报》2008年5月9日。

④ 参见克里斯托弗·休斯：《"怨恨的现实主义"与日本制衡中国崛起》，《国际政治科学》2016年第4期，第94—95页。

平友好条约，是对两国自身的约束，共同承担不谋求霸权的义务，同时反对任何其他国家或国家集团谋求霸权。这在当时有力地推动了日本人民开展的反霸权主义斗争，在今天则通过自我约束给亚太地区的和平与稳定增添了新的内涵。邓小平曾说过："反对霸权主义是中日和平友好条约的核心。"① 此后中国几届领导集体也反复强调，中国现在不称霸，将来强大了也不称霸。② 习近平在十九大报告中也讲道："中国奉行防御性的国防政策。中国发展不对任何国家构成威胁。中国无论发展到什么程度，永远不称霸，永远不搞扩张。" 随着政治多极化和经济全球化趋势的发展，霸权主义和强权政治越来越不得人心，包括中国在内的任何大国都要受到客观条件的制约，不称霸不单是中国真诚的愿望，也是顺应时代潮流的必然结果。

最后，要维护条约尊严，确保两国关系行稳致远。《中日和平友好条约》为中日友好合作关系的全面发展奠定了政治基础和法律基础，其中包含两重含义。一方面，该条约前言明确指出，中日"联合声明是两国间和平友好关系的基础，联合声明所表明的各项原则应予严格遵守"，从而使《中日联合声明》与《中日和平友好条约》形成一个完整的体系。另一方面，《中日和平友好条约》分别由中国全国人大常委会和日本国会众参两院审议、批准，将复交后快速发展的中日关系纳入各自法制体系。可以说，是否从法律的高度认识条约的作用，恰恰是检验是否真心发展中日关系的试金石。诚如刘江永所言："中日两国应遵守的国际规则和国际法基础究竟是什么？中方立场十分清楚，就是《中日和平友好条约》等中日两国政府发布或接受的各项相关文件和国际协议。但是，日本政府却不时地把 1951 年 9 月 8 日签署的《旧金山和约》作为处理中日关系问题的法律依据。"③

此外，从国际法发展的视角来讲，条约既是《联合国宪章》与和平共处五项原则的具体体现，也为国际条约谈判与缔结提供了一个成功范例。一般来说，广义的条约除了以"条约"为名的协议外，还包括公约、宪章、盟约、

① 《中国当代外交史》，人民网，http：//hm. people. com. cn/GB/42280/196868/12102230. html [2018 - 04 - 24]。

② 前国务委员戴秉国指出："中国坚定不移地走和平发展道路，这种选择不是已经走到头了，而是一个永无止境、持续不断完善，且需要国际社会理解、支持与合作的事情。" 参见戴秉国：《中国坚定不移走和平发展道路》，《国际问题研究》2011 年第 6 期。

③ 参见刘江永：《论新时代中日关系的法律基础》，《东瀛观察》2018 年第 7 期。

规约、协定、议定书、换文、最后决定书、联合宣言等，而狭义的条约则指以“条约”为名的国际协议，如同盟条约、边界条约、通商航海条约等双边或多边法律文书。[①] 显然，《中日和平友好条约》是两个国际法主体间缔结的协议，按照条约的法律性质而言，中日坚持将“反对霸权”写入条约，无疑是对国际秩序与规则的补充和更新，也因此带有“造法性条约”意义上的创新性质，同时也包含“契约性条约”所带有的具体权利义务关系。任何用中国并不承认、接受的《旧金山和约》取代或置换《中日和平友好条约》的企图，都是对中日关系大局的干扰和破坏，其结果也只能造成认识上混乱和两国关系的倒退。

最近，随着中日关系的恢复与改善，日本主流派里也有人发出相对理性的声音。曾担任过外务大臣的自民党副总裁高村正彦指出：“日本也认为，越是有问题越需要交流，希望能够从大局观念出发逐步建立信赖关系。……领土问题向来是热议话题，但要防止对舆论煽动性的炒作，双方坐下来谈，首脑坐下来谈，共同创造解决问题的政治基础。”关于与中国的积极合作，高村表示“一带一路”建设及亚投行（AIIB）合作方面，“日本不要做挑刺的诘问，而是要做朋友方式的建议”。[②] 值得欣慰的是，中日两国关于《中日和平友好条约》的新共识也正在形成。2018年初，日本东京大学教授高原明生在接受《21世纪经济报道》记者专访时即指出：“总的来说中日双方的关系还需要进一步改善，在《中日和平友好条约》缔结40周年之际，我认为中日双方应该在妥善处理涉及两国敏感问题的基础上建立新的关系……未来中日关系应该在四个方面深化合作，即进一步增进两国的国民相互了解，消除误解；在中日经贸方面进一步增强合作；搁置争议，共同开发东海；最后是通过双方的影响力，改善与增强东亚的安全局势。”[③]

上述言论显示出，随着中日国力的相对变化以及局势的急剧变动，中日在应对全球挑战方面的认识基础在逐渐扩大，日本政界与学界中知华友华的力量

---

① 按照国际法理论，“造法性条约”与“契约性条约”分别指“创设新的国际法原则、规则和制度或修改原有的国际法原则、规则和制度的条约”和“依照原有的国际法规则规范缔约国间某些具体的权利义务关系的条约”。

② 高村正彦「国交正常化45年　日中関係を展望する」、『外交』46号、2017年、9—11頁。

③ 高原明生：《“一带一路”开辟中日经济合作新空间》，《21世纪经济报道》2018年4月29日，http://money.163.com/18/0429/08/DGHVR5F600258105.html[2018-04-29]。

在缓慢积累。2018年5月10日，国务院总理李克强在访日期间会见日本参与条约缔结进程的代表人士及亲属，再次传达出中国尊重《中日和平友好条约》、发展两国和平友好关系的真诚愿望，这也是本文的宗旨——40年前，两国老一辈领导人高瞻远瞩作出战略决断，缔结《中日和平友好条约》，以法律形式确认了《中日联合声明》的各项原则，将其上升为必须严格遵循的法律条文，确立了中日世代友好、和平共处的大方向；40年后的今天，我们应继续以条约为引领，拿出更大决心，付出更多努力，妥善处理矛盾和分歧，增进互信，凝聚共识，共同推动中日关系再起航，保障两国关系行稳致远。

重温中日四个政治文件各项原则的重大意义

——《中日和平友好条约》缔结40周年的哲学思考

刘江永*

2018年是《中日和平友好条约》缔结40周年，也是中日第三个政治文件《中日关于建立致力于和平与发展的友好合作伙伴关系的联合宣言》发表20周年、中日第四个政治文件《中日关于全面推进战略互惠关系的联合声明》签署10周年。

从这个意义上讲，温故知新，共创未来，应该把中日四个政治文件作为一个整体加以重温和纪念，作为未来中日关系前行的指针。同时，在中日缔约40年后的今天，我们也要面对形势变化，立足当前，面向未来，共同思考中日关系面临的复杂局面和问题所在，为两国关系在改善的道路上行稳致远而共同努力。

一　中日两国能否全面合力前行

2018年以来，中日两国在以《中日和平友好条约》缔结40周年为契机改善双边关系的道路上，正在合力前行。这主要体现在三个层面：一是两国领导人互动合力前行，二是两国外交部门合力前行，三是两国各界人士及媒体合力前行。

其重要标志之一，是2018年5月6日至11日中国总理李克强成功访日。同年7月27日，日本众议长大岛理森访华时表示："李克强总理不久前成功访

* 刘江永，清华大学国际关系研究院教授、博士生导师。

问日本，同安倍晋三首相举行成果丰硕的会谈，推动日中关系重回正常发展轨道。日方愿本着日中四个政治文件原则，根据以史为鉴、面向未来的精神推进两国关系发展。双方有责任将这一精神传承给下一代。日方愿同中方加强立法机构等各领域交流，共同推动两国关系稳定发展。”① 这是日方发出的一个十分积极的信号。

值得注意的是，过去基本上是中方领导人在会见日本领导人时强调，两国要恪守中日四个政治文件各项原则，以史为鉴，面向未来，确保中日关系健康发展。但是，自安倍晋三首相执政以来则很少听到日方领导人做同样的表态。迄今，尽管安倍首相对《中日和平友好条约》予以了抽象肯定，但似乎还没有听到过他表示愿意本着中日四个政治文件各项原则发展两国关系。这必然会引起人们的各种猜测。因此，大岛理森议长的上述表态具有十分重要的意义，从中似可看出日本外务省官员付出的积极努力。笔者衷心希望，安倍首相访华期间也能表示，今后日方将恪守中日四个政治文件各项原则，积极推进两国关系的改善和发展。

然而，今后中日两国能否全面合力前行，在正常发展轨道上行稳致远？目前仍不能不打一个问号。这是因为，中日关系正常发展的轨道是有规定性的，这就是中日四个政治文件的各项原则。如果脱离了轨道，中日关系就可能停滞不前，甚至脱轨倾覆。另外，迄今中日两国政府对中日四个政治文件各项原则的理解或解读未必一致，甚至还有彼此对立的部分。我们不能简单地把中日关系遇到的困难，用所谓“权力转移理论”做解释，将其归咎于因中日力量对比变化引起日方的不适应，而应揭示真正的主要问题所在。

二　和约进入“不惑之年”的中日两国应开展“知的外交”

孔子曰，“四十而不惑”。大意是说，人生到 40 岁经历了许多，因而具备了正确的判断能力，不会因无知而困惑。2018 年是《中日和平友好条约》缔结 40 周年，中日关系似乎也应进入“不惑之年”。

然而，国际关系比人生要复杂得多。尽管中日四个政治文件早已确立起维

① 《李克强会见日本众议长大岛理森》，2018 年 7 月 24 日，http：//www. xinhua net. com/ politics/ 2018 - 07/24/c_ 1123171476. htm[2018 - 08 - 02]。

护和发展两国关系的各项原则，但是文件一多，时间一久，别说两国民众，甚至连两国年轻的外交人员也未必全面了解其主要内容究竟是什么。中日两国互为近邻，文字相同，天生具有文化亲近感，但有时也会望文生义，产生“想当然”的误会、误解。而由于无知、误解、误会而引发人际关系、民族关系、国际关系紧张、恶化甚至发生冲突悲剧的案例，在历史上屡见不鲜。有些事件甚至影响了历史的轨迹。因此，要把握好中日合力前行的大方向，中日两国从“不惑之年”开始开展“知的外交”实有必要。中国古典《礼记·学记》云：学然后知不足，此话不假。笔者还要加一句话：知然后不妄言，不妄为。

（一）所谓“知的外交”，首先要真正知道中日关系重大问题的事实及是非曲直。其中包括1937年在卢沟桥和南京究竟发生了什么

日本前首相村山富市、海部俊树、鸠山由纪夫、福田康夫曾先后访问过南京，参观了“侵华日军南京大屠杀遇难同胞纪念馆”，这就是践行“知的外交”。2018年6月24日福田康夫到访南京后表示：“纪念馆展览对于当时的历史内容，是用一种比较正确的事实来记载。……我认为，日本人要对过去的事实有所掌握。希望今后会有更多的日本人去参观纪念馆。我们今后要在了解事实的基础上，增进日中之间的彼此交流。”① 2017年，村山富市表示：“我们不应该只纪念邦交正常化，对日中两国来说，更应该去了解从卢沟桥事变到邦交正常化这段时间里发生了什么，去了解中国人民经历了多少苦难。像去年访问美国珍珠港一样，如果安倍首相访问中国，理所当然应该去访问当年侵华日军给中国人民造成巨大灾难的场所。”② 从目前看来，安倍首相似乎还缺乏这种“知的勇气”。日本一些受到右翼思想影响的人正是由于无知而对前往南京的日本前首相进行谩骂和人身攻击。这反而说明，对中日两国来说“知的外交”确有必要。

关于钓鱼岛归属问题，不用说日本民众，即便是日本外交官一般也只知道政府表态的口径，即所谓“日本政府的立场是，尖阁列岛（即我钓鱼岛及其附属岛屿，作者注）无论从历史上还是国际法上看都是日本的固有领土……

① 《福田康夫参观南京大屠杀遇难纪念馆：记载正确之事实》，https：//sh. qihoo. com/9bffef91ee9f28cbb？ cota = 1&refer_ scene = so_ 1&sign = 360_ e39369d1［2018 - 08 - 02］。

② 《村山富市：安倍若访华 理所当然该去南京大屠杀纪念馆》，《人民日报》2017年12月13日。

现在日本进行实效统治……中国则是1971年之后才主张是本国的领土的”①。这种单方面解释反映出，日方不敢正视钓鱼岛从明清时期就是中国的固有领土的事实；不知道早在1894年甲午战争之前的20年内日本海军省已认定钓鱼岛列岛是中国台湾东北岛屿的证据；不愿承认《波茨坦公告》和《开罗宣言》对日本战后领土归属的法律效力，而《旧金山和约》对中国来说毫无法律效力，如果日方企图强加给中方将是非法的、无效的；并且不了解日本外务省在历史上首次发表声明主张“尖阁诸岛”领有权是1972年3月8日（此前27年琉球群岛尚不属于日本管辖），比中国外交部发表关于钓鱼岛主权的声明晚两个月零八天。

因此，尽管日方口头难以改变既定立场，但作为中方仍有必要对日本开展“知的外交”，不断说明钓鱼岛归属的事实真相，防止日方自欺欺人的不实之词进一步泛滥。在中日人文交流和公共外交中，针对日本教科书关于钓鱼岛问题的错误记述，需进行长期全面的“消毒式”再教育。否则，不能排除今后中日两国不为此付出血的代价。

（二）就中日四个政治文件各项原则而言，要知道何谓原则

中日两国使用的汉字相同，辞意相近，但有微妙的差异。中文里的“原则”比日语里的“原则”语气和约束力更强。例如，中国《辞海》关于原则的解释是“观察问题、处理问题的准则”②。中国《现代汉语词典》对原则的解释有两种含义：一是指“说话或行事所依据的法则或标准”；二是指“总的方面；大体上”，指非具体细节。③ 中日四个政治文件中所述各项原则显然是指前者而非后者。日本《新明解国语辞典》对原则一词的解释则为“（大部分の場合にあてはまる）基本的な法則（規則）”④。即，在大部分场合适用的基本法则或规则。其中似乎含有特殊情况可以例外的解释余地。而英语中关于原则（principle）的主要解释是指：原理、准则、道义、道德标准等。例如，英国《牛津词典》的解释是：第一，“a moral rule or a strong belief that influences

① 宮元雄二二これから、中国とどう付き合うか』、日本経済新聞社、2011年、75頁。

② 辞海编辑委员会编：《辞海（第六版缩印本）》，上海：上海辞书出版社，2010年，第151页。

③ 中国社会科学院语言研究所词典编辑室编：《现代汉语词典（第7版）》，北京：商务印书馆，2016年，第1611页。

④ 参见金田一京助等：《新明解国语辞典》，北京：世界图书出版公司，1999年，第341、342页。

your actions”。即，一种影响你行为的道德标准或坚定信念。第二，“a law, a rule or a theory”。即，一种法则、规则或理论。第三，“a belief that is accepted as a reason for acting or thinking in a particular way”。即，以特定方式行动或思考的动因和信仰。[①] 笔者认为，中英文关于原则的释义更为接近。作为中日四个政治文件中的原则，与一般意义上的原则相比，应该更具有国际法渊源所特有的约束力和严肃性。

从哲学思维的角度看，对于彼此承诺遵守的“原则”，中文的解释具有某种“绝对主义”的色彩，而日语的解释则具有某种“相对主义”的意味。所谓绝对主义，是把事物以及人们对事物的认识绝对化的思维方式。特点是只承认其绝对性，否认其相对性。认为存在着某种绝对事实，即独立于人类认识之外之物，而不承认一切过程都有始有终，不承认绝对之中存在着相对。绝对地肯定一切或否定一切，认为某一认识是一成不变的、永恒无误的真理。所谓相对主义，是认为人们的观点没有绝对的对与错，只有因立场不同、条件差异而相互对立的哲学学说。该学说主要应用在涉及道德准则的场合，因为在相对的思维模式下，价值观和伦理学只能发挥有限的作用。

按一般的理解，绝对就是无条件的、不容怀疑的、无保留的，而相对就是有条件的、有限制的、暂时的。这种思维原理方面的差异，又会对人们的言行产生潜移默化的影响。日本人既有诚实守信的一面，也有面从腹非、逢场作戏的一面。日语中有一句话：“嘘も方便”，即说谎也是一招儿。日本前驻华大使中江要介曾直言：“外交的世界就是相互欺骗，这么说可能有点不像话，但我既说了不少谎话，也被骗过，听人说过谎。”[②] 那么，对日本而言，所谓外交原则是否也是一种欺人的谎言呢？其实也不尽然。遵守承诺在日本也是一种美德，日本也有“信为万事之本”之说，当年田中角荣就给周恩来写下过这句话，只不过往往因人而异、因事而异罢了。总之，日本有一种不言自明的相对化倾向。

（三）要知道中日四个政治文件各项原则究竟是什么？

概括起来讲有15项原则：（1）日方深刻反省侵略历史的原则；（2）日方

① http://fanyi.baidu.com/?aldtype=85&keyfrom=alading#en/zh/principle[2018-08-02]。

② 中江要介『日中外交の証言』、蒼天社出版、2008年、164頁。

遵守“一个中国”与《波茨坦公报》的原则；（3）日方只同台湾维持民间和地区往来的原则；（4）和平共处互不使用武力原则；（5）不称霸与反霸权原则；（6）睦邻友好增进交往原则；（7）平等互利长期稳定合作原则；（8）长期和平友好合作原则；（9）求同存异友好协商原则；（10）增进政治互信原则；（11）建立致力于和平与发展的友好合作伙伴关系原则；（12）全面发展战略互惠关系互不构成威胁原则；（13）促进地区和平稳定发展原则；（14）反对核扩散原则；（15）开放、透明和包容的原则。

这15项原则相互关联，相辅相成，构成一个整体。其中，第1至第5项原则是中日双边关系的基础和前提；第6至第10项原则是中日两国关系的目标与保障；第11至15项是中日在地区、多边与全球合作的立场与取向。

三　中日四个政治文件各项原则的主要内容

上述15项原则，在中日四个政治文件中可以找到具体的表述。

（一）1972年《中日联合声明》关于中日邦交正常化的原则

1. 日方深刻反省历史的原则

日本方面痛感日本国过去由于战争给中国人民造成的重大损害的责任，表示深刻的反省。

2. 日方承认一个中国和遵守《波茨坦公告》的原则

日本国政府承认中华人民共和国政府是中国的唯一合法政府。中华人民共和国政府重申：台湾是中华人民共和国领土不可分割的一部分。日本国政府充分理解和尊重中国政府的这一立场，并坚持遵循波茨坦公告第八条的立场。

3. 和平共处原则

中华人民共和国政府和日本国政府同意在互相尊重主权和领土完整、互不侵犯、互不干涉内政、平等互利、和平共处各项原则的基础上，建立两国间持久的和平友好关系。根据上述原则和联合国宪章的原则，两国政府确认，在相互关系中，用和平手段解决一切争端，而不诉诸武力和武力威胁。

4. 反霸权不称霸原则

中日邦交正常化，不是针对第三国的。两国任何一方都不应在亚洲和太平洋地区谋求霸权，每一方都反对任何其他国家或国家集团建立这种霸权的努力。

（二）1978年《中日和平友好条约》确认联合声明的各项原则

1975年6月12日，身患绝症的周恩来总理在北京医院最后一次会见的日本来宾是藤山爱一郎。当时周总理强调："中日和平友好条约，最重要的是这个条约为将来定下来前进的方向。……中国极为重视将反霸条款写进条约的内容。中国的历史经验是受尽了列强的霸权的蹂躏，作为中国无论如何不能在反霸权的原则上让步……中国只要求将中日联合声明中两国共同承认的第六项和第七项原样写进条约，日方只要答应这一点，中国再无其他特别的要求。"① 《中日联合声明》第六条讲的是相互不诉诸武力和武力威胁；第七条讲的是不称霸和反霸权。经过中日双方艰苦的谈判，周总理的遗愿最终得以实现。《中日联合声明》的这两项重要内容写入了《中日和平友好条约》的第一条和第二条，成为该条约的核心内容。

1. 遵守《中日联合声明》的原则（前言）

条约确认《中日联合声明》是两国间和平友好关系的基础，联合声明所表明的各项原则应予严格遵守；确认联合国宪章的原则应予充分尊重。

2. 持久和平与互不使用武力原则（第一条）

缔约双方应在互相尊重主权和领土完整、互不侵犯、互不干涉内政、平等互利、和平共处各项原则的基础上，发展两国间持久的和平友好关系。根据上述各项原则和联合国宪章的原则，缔约双方确认，在相互关系中，用和平手段解决一切争端，而不诉诸武力和武力威胁。（重申了《中日联合声明》第六条的内容）

3. 不称霸与反霸权原则（第二条）

缔约双方表明：任何一方都不应在亚洲和太平洋地区或其他任何地区谋求霸权，并反对任何其他国家或国家集团建立这种霸权的努力。（重申了《中日联合声明》第七条的内容）

4. 睦邻友好增进交往原则（第三条）

缔约双方将本着睦邻友好的精神，按照平等互利和互不干涉内政的原则，为进一步发展两国之间的经济关系和文化关系，促进两国人民的往来而努力。

---

① 转引自刘德有：《时光之旅——我经历的中日关系》，北京：商务印书馆，1999年，第528页。

（三）1998年《中日联合宣言》确立关系定位原则

1. 相互遵守和平共处五项原则

双方确认，互相尊重主权和领土完整、互不侵犯、互不干涉内政、平等互利、和平共处以及《联合国宪章》的准则是处理国与国之间关系的基本准则。

2. 建立致力于和平与发展的友好合作伙伴关系原则

中日建立致力于和平与发展的友好合作伙伴关系，将使两国关系进入新的发展阶段。这不仅需要两国政府，而且需要两国人民的广泛参与和不懈努力。双方坚信，两国人民携起手来，共同贯彻和发扬本宣言的精神，不仅有助于两国人民实现世代友好，而且将对亚太地区和世界和平与发展作出重要贡献。

3. 正确认识历史、日方深刻反省侵略历史的原则

双方认为，正视过去以及正确认识历史，是发展中日关系的重要基础。日方表示，遵守1972年的中日联合声明和1995年8月15日内阁总理大臣的谈话，痛感由于过去对中国的侵略给中国人民带来巨大灾难和损害的责任，对此表示深刻反省。中方希望日本汲取历史教训，坚持和平发展道路。在此基础上，两国发展长久友好关系。

4. 平等互利、长期稳定合作原则

双方认为，在平等互利基础上，建立长期稳定的经贸合作关系，进一步拓展在高新科技、信息、环保、农业、基础设施等领域的合作。双方积极评价两国安全对话为增进相互了解发挥的有益作用，一致认为应进一步加强这一对话机制。

5. 日方只同台湾地区维持民间和地区往来原则

日方继续遵守日本在《中日联合声明》中表明的关于台湾问题的立场，重申中国只有一个。日本将继续只同台湾地区维持民间和地区性往来。

6. 求同存异友好协商原则

双方一致同意根据《中日联合声明》及《中日和平友好条约》的各项原则，本着求同存异的精神，最大限度地扩大共同利益，缩小分歧，通过友好协商，妥善处理两国间现存的和今后可能出现的问题、分歧和争议，避免因此干扰和阻碍两国友好关系的发展。

7. 反对核扩散原则

双方主张，彻底销毁核武器，反对任何形式的核武器的扩散。呼吁有关国家停止一切核试验和核军备竞赛，以利于亚洲地区和世界的和平与稳定。

8. 促进地区和平稳定发展原则

双方重申，维护地区和平、促进地区发展是两国坚定不移的基本方针，双方不在本地区谋求霸权，不行使武力或以武力相威胁，主张以和平手段解决一切纠纷。双方认为，亚太地区主要国家之间的稳定关系对本地区的和平与稳定十分重要，双方将积极参与东盟地区论坛等地区内各种多边活动并开展协调与合作，支持一切有利于增进了解、加强信任的措施。

（四）2008年《中日联合声明》确认长期和平友好合作原则

1. 长期和平友好合作原则

双方一致认为，中日关系对两国都是最重要的双边关系之一。两国对亚太地区和世界和平、稳定与发展有着重要影响，肩负着庄严责任。长期和平友好合作是双方唯一选择。双方决心全面推进中日战略互惠关系，实现中日两国和平共处、世代友好、互利合作、共同发展的崇高目标。

2. 恪守中日三个政治文件原则

双方重申，1972年9月29日发表的《中日联合声明》、1978年8月12日签署的《中日和平友好条约》及1998年11月26日发表的《中日联合宣言》构成中日关系稳定发展和开创未来的政治基础，确认继续恪守三个文件的各项原则。日方重申，继续坚持在《日中联合声明》中就台湾问题表明的立场。

3. 全面发展战略互惠关系、互不构成威胁原则

双方决心正视历史、面向未来，不断开创中日战略互惠关系新局面。双方确认，两国互为合作伙伴，互不构成威胁。双方重申，相互支持对方的和平发展。双方坚持通过协商和谈判解决两国间的问题。

4. 增进政治互信原则

增进政治安全互信对构筑中日战略互惠关系具有重要意义。建立两国领导人定期互访机制，原则上隔年互访，在多边场合频繁举行会晤。加强政府、议会、政党间的交流和战略对话机制。加强安全保障领域的高层互访，促进多层次对话与交流，不断加深对在长期交流中共同培育、共同拥有的文化的理解。促进人文交流，增进国民友好感情。

5. 开放、透明和包容的原则

共同努力，使东海成为和平、合作、友好之海。共同致力于维护东北亚地区的和平与稳定。共同推动六方会谈进程。双方一致认为，日朝关系正常化对

东北亚地区的和平与稳定具有重要意义。本着开放、透明和包容的原则，促进东亚区域合作，共同推动建设和平、繁荣、稳定和开放的亚洲。

四　中方为何强调恪守四个政治文件的原则而日方为何因人而异

近年来，中国领导人在各种场合会晤日本领导人都会强调要遵守中日四个政治文件的各项原则，而日方则似乎在有意回避。其中原因何在，值得研究。

（一）近年来中方格外强调要遵守中日四个政治文件各项原则的主要原因

十年来的中日关系进程显示，只要中日两国严格遵守中日之间四个政治文件各项原则，两国关系就迅速改善，顺利发展，相反则出现倒退和恶化。中方真诚希望中日两国政府能不受国内局势和国际风云变幻的影响而推动两国关系健康发展。然而，日方往往由于执政党特别是首相易人，以及国际形势变化等原因而未能完全遵守中日四个政治文件各项原则。这最突出的表现在以下三个问题上：

1. 关于深刻反省侵略历史的原则，并未得到日本某些领导人的遵守。

这主要表现在日本政要参拜靖国神社和日本修改教科书问题等。日本一些政要坚持错误的历史观、战争观，总想否定 1995 年村山富市首相谈话和 1998 年《中日联合宣言》中确认的相关原则。

2. 关于遵守“一个中国”与《波茨坦公告》原则，并未得到日本政府的一贯遵守。

这主要表现在日本一些政要及外务省官员实际上从战后国际法渊源角度背离了田中角荣、大平正芳的对华政策基调，企图以《旧金山和约》取代《波茨坦公告》作为战后中日关系的法律基础，为日本占有钓鱼岛制造“法理依据”，在台湾问题上从改换机构名称到提升官方来往等，不断寻求突破、升级。

3. 关于遵守和平共处、互不使用武力原则，日方的动向令人担忧。

例如，日方以“中国威胁论”为借口，针对中国制定防卫计划大纲，增强海空力量，建立水陆机动团，加强在西南诸岛方向的军事部署和日美联合军演，推动美国把钓鱼岛列岛纳入《日美安全条约》第五条适用范围，在国际上编织牵制中国的军事安全合作网。这些实际上有违中日长期和平友好合作原则、增进政治互信原则、睦邻友好增进交往原则、求同存异友好协商原则、建立致力于和平与发展的友好合作伙伴关系原则、全面发展战略互惠关系互不构成威胁原则，以及反霸权与不称霸原则。

（二）既然中日两国政府发表了四个政治文件，日方却为何不予严格遵守？主要有五方面因素使然

其一，中日在谈判两国政治文件内容的过程中，双方立场、目的未必完全一致，日本国内意见不一，存在反对派。最典型的就是自民党内有两条对华路线较量：原有田中派、大平派积极推进中日关系，而原有的岸信介派则倾向于支持台湾，在历史问题上代表日本右翼的主张。这两条路线的较量，也必然反映在日本外务省的人事安排与政策倾向变化上。因此，中日双方对政治文件内容的解读有时就可能出现不同，而日本国内右翼势力的代表人物上台就可能无视或推翻前任政府的承诺而另搞一套，中日政治关系也必然随之倒退。曾经参与起草中日政治文件的一些日本外务省官员，有时也处境尴尬或被边缘化。

例如，1972年9月，时任日本首相田中角荣、外相大平正芳在自民党内“台湾帮”的反对声中访华，实现了中日邦交正常化。在台湾问题上，他们虽然没有明确表示承认台湾是中国不可分割的一部分，但承诺日本将遵守《波茨坦公告》第八条的立场。而日本政界的“台湾帮”代表人物岸信介、佐藤荣作等人，以及外务省内的亲美势力则仍强调按《旧金山和约》处理台湾问题及钓鱼岛问题，鼓吹“台湾归属未定”，拒绝根据《开罗宣言》和《波茨坦公告》解决战后日本领土划分问题。其结果必然导致中日邦交迟迟难以正常化。

不过，作为岸信介派的政治传人也有例外。例如，40年前作出缔结《中日和平友好条约》决断的日本首相福田赳夫就是一例。这与当时日本国内支持缔约的呼声及美国卡特政府的态度有关。21世纪以来，正是由于日本政治右倾化，自民党内主流派系被原岸信介派所控，才导致田中、大平对华路线夭折。另外，在历史观、战争观、中国观方面，安倍晋三与福田康夫也有不小差异。所以，尽管中日邦交正常化已40多年，却又出现中日关系脱离正常发展轨道的不正常现象。

又如，1998 年，时任日本首相小渊惠三内阁同中方发表的《中日联合宣言》表示，遵守 1972 年的《中日联合声明》和 1995 年 8 月 15 日内阁总理大臣的谈话，痛感由于过去对中国的侵略给中国人民带来巨大灾难和损害的责任，对此表示深刻反省。而伴随日本政治右倾化的发展，日本右翼势力从一开始就反对上述内容，一旦掌权就闭口不谈这些中日关系政治原则，以各种言行顽强地表现自己特定的历史观、战争观。结果必然影响中日政治互信关系的建立，恶化两国关系气氛，甚至影响两国领导人的交往。中日两国政府本来已经确立的“致力于和平与发展的友好合作伙伴关系”不得不降调，改为日本安倍内阁可以接受的“战略互惠关系”。在国际关系日益伙伴化的世界潮流中，中日两国目前还不是伙伴关系，落后于中国同许多国家关系的定位。即使今明两年中日两国首脑恢复交往，中日关系有可能保持在正常发展轨道上前行，但尚难提升到战略合作伙伴关系的高度。

其二，国际形势与两国力量对比变化产生的影响。1972 年中日邦交正常化、1978 年中日缔结和平友好条约时，中日两国都面对来自苏联的军事威胁与外交压力，而美国为形成中美日对抗苏联的战略格局而支持中日接近。而冷战后，苏联解体，尽管美俄对抗、日俄矛盾难以解决，但已不存在苏联威胁，美国在东亚地区把中国作为头号对手，在钓鱼岛问题上更倾向于军事上支持日本，从中日对立中渔利。20 世纪 70 年代，在经济实力方面中弱日强，而 2010 年中国经济规模超过日本，成为世界第二大国，目前 GDP 规模按美元计算已相当于两个半日本。

20 世纪 70—80 年代，日本出于自身经济技术优势地位和在中日经济合作中获得实际利益的动因，都是日本对中国改革开放和经济建设采取较为积极的政策。这一时期，日本对中国的 ODA 政府资金合作进展顺利，日本政府和民间的贡献功不可没。而 21 世纪以来中日经济发展增速不平衡日益明显，在第三方市场的竞争加剧。日本社会对华竞争心理上升，戒备心理增强，而合作意愿下降，援助意愿消失。

特别值得注意的是，日本外交特别是对华政策往往是追随美国的对华政策，中日关系也经常受到中美关系的影响，无论从积极或消极的角度看都是如此，至今未变。安倍内阁对华政策似乎也不例外。2017 年美国总统特朗普执政后，中美首脑交往效果良好，于是日本也开始跟紧改善同中国的关系，努力恢复中日首脑交往。但是，自2018年3月特朗普政府宣布对中国商品征收500亿美元关税，并实施投资限制以来，日本十分关注中美贸易战前景及对日影响。如果中美贸易战长期化，美国要求日本共同对华采取强硬措施，日本对华政策会否出现倒退，仍值得关注。据报道，2018年8月25日，日本政府决定和美国保持一致，在招标中排除中国的华为、中兴公司设备。此事若属实，必将对改善中的中日关系造成负面影响。

其三，国际海洋规则的建立，使钓鱼岛的战略价值与双方达成搁置争议的20世纪70年代有所不同。70年代在讨论《联合国海洋法公约》时，中日对钓鱼岛可能涉及直径达400海里以上的专属经济区的海洋权益或许还缺乏概念，主要从政治上和战略上考虑问题，因此比较容易达成暂时搁置争议的共识或默契。但自1996年中日两国加入《联合国海洋法公约》起，双方围绕钓鱼岛是否曾达成搁置争议共识的矛盾则开始凸显。而从那时成长起来的日本政要和外交官必然有意无意地受到错误的影响，在钓鱼岛问题上武断地否认中日存在领土归属认知存在争议，一口咬定没有同中方就搁置钓鱼岛争议达成共识，误以为有美国的支持就可以跟中国叫板，甚至政府决定“购岛”，实现所谓“国有化”。其结果导致在钓鱼岛问题上，中日之间求同存异友好协商原则得不到具体贯彻。日本防卫省、海上保安厅、外务省等关注更多的是中国在海洋战略、海军建设背景下的钓鱼岛活动，而对钓鱼岛归属这一根本问题的研究则比较匮乏。这不是日本研究能力的问题，而是由于事实证据和国际法解释从根本上对日本不利。

其四，在钓鱼岛问题上，中日之间长期出现的外交对话空白，如今已被钓鱼岛领海内两国公务船对峙所取代。加之国际形势和中日两国力量对比的变化，中日双方和平共处互不使用武力原则似乎早已被日本防卫省抛在脑后。近年来，日本《防卫白皮书》越来越突出渲染“中国威胁论”。2018年版《防卫白皮书》不仅称中国海军舰艇扩大包括“尖阁诸岛周边”的活动范围，在日本周边空域采取“单方面行动升级”，中国无人机“侵犯日本领空”，甚至把中国“一带一路”说成中国海军也会随之向外扩张。日方一些学者往往强调中国要避免使用“实力”改变现状，而日本在军事方面则以钓鱼岛为重点不断针对中国增强“实力”。这在未来日本新的防卫计划大纲中可能表现得更为明显。

五　中日外交哲学思维错位有待调整和改善

中日两国关系错综复杂，作为政治家要处理好两国关系，必须具有哲学思维。懂哲学，决策就不会走极端，就能化险为夷。作为问题的提出，笔者认为，中日矛盾剪不断理还乱的原因之一，是中日外交哲学思维错位。当然，这个命题是否成立，还需各方深入探讨，仅此抛砖引玉。如果这个命题成立，经过探讨或许可以找到中日两国建立新型国际关系的“心路径”。

（一）何为中日外交哲学思维错位?

如前所述，中日两国对何为“原则”的理解有所不同。21 世纪以来，中方对中日四个政治文件各项原则的认知和遵守具有“绝对化”倾向，而日方则呈现“相对化”倾向。另外，中方对钓鱼岛领土主权归属的处理具有“相对化”倾向，而日方则呈现“绝对化”倾向。这就是中日两国的外交哲学思维错位。

具体而言，中方自身严格遵守并敦促日方同样遵守中日四个政治文件的各项原则，在钓鱼岛问题上一方面坚持拥有主权的坚定立场，另一方面为了维护两国关系大局而表示可以搁置争议，共同开发。在历史观问题上，也是强调以史为鉴，面向未来，铭记历史不是要延续仇恨，而日方则相反，对外交中的承诺或确立的原则往往采取相对主义或实用主义的态度，在钓鱼岛问题上则是从外交、海保、军事、教育、媒体等方面全面采取绝对主义的对抗态势。日方这种思维逻辑和做法，最终可能使中日关系整体的非对抗性受到钓鱼岛问题局部对抗性的干扰或损害。

这种中日外交哲学思维的错位，必然造成中日难以建立政治互信。因为无论中国领导人如何讲中日四个文件的原则应当得到遵守，而日本领导人有时仍会置若罔闻，我行我素。而另一方面，在钓鱼岛主权归属认知争议出现“外交对话空白”的情况下，原本属于外交问题的这一对华的“空白”，则被准军事的现场对峙所填补。基于这种陷入僵局的局部对抗而制定军事战略，便可能成为未来中日冲突的重大隐患及导火索。一旦这样局部的对抗性矛盾以公开对抗的形式表现出来，局势就可能失控，甚至导致中日关系全局的性质转化为敌对关系。

在中日两国政治交往中，中方往往倾向于谈大的原则问题，宜粗不宜细，而日方则往往在一些具体和细节问题上较真儿。这有点儿像中国大写意的国画碰上了日本的工笔画。然而，作为"知的外交"，既要讲原则也要讲细节，真正通过事实与诚意打开对方的心结。在这方面，中国对日外交特别是公共外交仍有改善的必要和余地。从哲学角度看，如果为了人为营造一种改善关系的气氛或委曲求全地实现关系改善，尽管可能一时"有效"，但缺乏可持续性。只有在原则问题上有针对性地摆事实、讲道理，把所谓的"敏感问题"掰开了，揉碎了，实事求是地讲清楚，才能赢得对方大多数的尊重，建立中日心心相印的友好关系。

（二）中日应如何调整外交哲学思维错位?

为避免上述不利局面的出现，中日两国面临的现实问题之一，是如何调整这种外交哲学思维错位，在求同存异的基础上争取求同化异，排除前行道路上的隐患。

中国历来是坚持原则的国家，不可能在原则问题上像日方那样采取相对主义或实用主义的态度，但中方需要认清中日之间关于"原则"一词理解的差异，不能过度相信只靠中日之间现有或新的政治文件就可确保两国关系健康发展。另外，钓鱼岛列岛是中国台湾省的附属岛屿，如果日方坚持绝对主义立场，不承认中日存在领土归属认知争议，不承认中日双方曾经就搁置争议达成共识，中方也有理由采取和日方同样强硬的绝对化做法。当然，作为中国还有另一种比较理想的选择，就是和日方共同努力，通过中日关系整体的非对抗性，化解领土争议局部的对抗性，使钓鱼岛归属认知争议回归外交对话轨道，通过开展"知的外交"改善两国国民感情，防止最终兵戎相见。

那么，日方是否可以做些调整呢？应该可以。因为遵守国际条约是《日本国宪法》第98条的规定，日本应该可以成为一个遵守国际规则的诚实守信国家。事实上，20世纪70年代日本的田中角荣内阁、福田赳夫内阁都曾将钓鱼岛问题"相对化"处理。即，他们承认日中双方立场不同，但服从中日两国复交和缔约大局，认同暂时搁置争议。从这个意义上讲，未来中日关系的顺利发展，或许可以从钓鱼岛问题处理方式的"相对化"入手，共同探索解决问题的新出路。中日友好是根本，"本立而道生"。日本的民族性从本质上讲习惯于相对主义的处世方式，日本的外交官很有智慧和能力，中日关系的发展离不开他们的积极贡献。关键在于日本政治家特别是领导人需要有哲学头脑。

所谓钓鱼岛问题处理方式的“相对化”是指：第一，中日双方越是强调该等岛屿是本国的固有领土，就越不能不正视钓鱼岛领土主权归属认知矛盾的客观存在；第二，这种矛盾具有局部对抗性，但必须加以管控，不能使其影响中日关系大局和整体关系的非对抗性；第三，对于这一矛盾要通过外交渠道对话协商解决，而不诉诸武力和武力威胁；第四，在钓鱼岛海域中日双方公务船同时存在的情况下，避免使用“入侵”“侵犯”等刺激对方民族感情的“绝对化”用语和措辞，建立规避冲突、防止对抗升级的海空相关行为准则；第五，排除国内极端民族主义和外部国际因素的干扰，通过和平合作实现多种形式的共同开发。这完全符合《中日和平友好条约》的原则精神与实事求是的科学态度。

日本前首相鸠山由纪夫提出，在新形势下，日中两国可以就搁置领土争议达成新共识。这也是使钓鱼岛主权归属认知争议“相对化”的一种处理方式。

日本前驻华大使宫本雄二也曾指出：“对于日本来说，在法律上不存在‘领土问题’。这是政府的立场，但对方国家主张是本国领土，作为‘领土问题’提出来，这分明就是‘外交问题’。这种实际情况就起因于日中两国之间围绕尖阁诸岛的领土有主张的不同。”① 这里，宫本大使试图采取一种比较客观的描述。他深知中日之间存在的三大问题是台湾问题、围绕领土的问题和历史观问题。笔者认为，中方同样可以强调，根据战后国际法规定，钓鱼岛连同台湾归还中国，不存在任何问题，但战后中日两国海上边界尚未经法律划定也是事实。既然钓鱼岛问题是中日之间的“外交问题”，就应该通过外交渠道化解和解决。遗憾的是，实际情况并非如此。

宫本大使认为：“如果日中因此而通过行使实力贯彻本国主张，就可能发生冲突，那未免太愚蠢了。”他主张：“日中两国都不应只从本国的视野，而应从如何为亚太地区和平发展的大目标服务的角度看问题。”“最重要的是日中双方根据《日中和平友好条约》，彼此承诺日中之间的任何争端都通过和平手段，对话解决……即使日中两国主张相悖，各自坚持自己的立场，也不能让个案损害两国关系的基本面。为避免这种局面发生，有必要尽早加强对话渠道和平息事态的机制。日中两国政府和领导人千万不能忘记曾经庄严承诺要使东

① 宫本雄二『これから、中国とどう付き合うか』、日本経済新聞社、2011 年、75 頁。

海成为‘和平、友好、合作之海’的事实。”①

笔者认为，宫本先生的上述见解符合使钓鱼岛问题“相对化”的思路，代表了日本有识之士的看法，可以得到中方的认可。但令人担忧的是，这种理性的主张在日本内部未必能够形成共识。这恐怕才是问题的症结所在。因为日本防卫省另有一套现实主义的安全战略思维。其实，在安全保障方面，中日两国也需要具有哲学的思考，不能谋求单边安全的“绝对化”，而亟须树立共同、综合、合作、可持续安全的新安全观，以取代传统权力政治和地缘战略思维的影响，通过建立新的对话平台，妥善处理中日之间的钓鱼岛领土归属认知争议。

（三）温故知新方能继往开来，和约中的反霸条款依然重要

中日四个政治文件各项原则，是两国老一代领导人和外交部门共同努力并以文件形式确立的两国关系的言行准则，具有十分重要的现实意义和深远的历史意义。

当前及今后，中日关系能否在正常发展的轨道上继续前行，并不取决于中日是否发表第五个政治文件，而取决于中日两国对现有四个政治文件各项原则是否熟知和能否诚实地遵守。中方一再强调遵守中日四个文件各项原则，不仅是为防止中日关系跌入对立冲突的深渊，也是为了推进中日关系在正常发展的轨道上行稳致远。

在当前形势下，中日两国重温中日四个政治文件各项原则并努力将其落到实处，对继续推进中日关系改善，乃至未来40年的中日关系都是至关重要的。其中，作为《中日和平友好条约》的核心内容主要有两点：一是和平共处，互不诉诸武力和武力威胁；二是不称霸反霸权。

1978年8月10日，邓小平会见日本外相园田直时指出：“中日和平友好条约的重要性在于反霸权。反霸条款是不针对第三国的，但是谁搞霸权就反对谁。首先是中日两国自身，如果日本谋求霸权，日本自身就必须反对日本；如果中国谋求霸权中国自身就必须反对中国。……在条约中写入反霸条款，对中国自身也是一个约束。中国现在没有资格称霸。将来中国实现四个现代化之

① 宮本雄二『これから、中国とどう付き合うか』、日本経済新聞社、2011年、81—82頁。

后，也永远属于第三世界，不会谋求霸权。”①

在中日缔结和平友好条约的谈判过程中，谈到不称霸原则时，园田外相表示：“并不是由于宪法第九条而使日本外交受到束缚。这一第九条才是反霸权的最高体现，才是人类最初的彻底的和平外交。”② 谈到反霸权时，园田表示，对日本来说，“无论是苏联、是美国，反对任何国家的霸权行为，国民也会认同。如果是真正的日中友好，反对霸权，国民也会认同。……请放心，日方关于反霸权完全没有变化”③。

尽管40年来国际形势和中日两国国内形势发生了巨大变化，但《中日和平友好条约》和上面这些话对于新时期的中日两国来说，仍然具有重要的现实意义。40年前，正是由于中方承诺不称霸，在改革开放和现代化建设的进程中才得到日本官方和民间的大力支持。伴随中国的发展壮大，中国重申不谋求霸权，对共建“一带一路”和实现“人类命运共同体”，依然是十分必要的。正是由于《中日和平友好条约》确立了反霸原则，日本遵守战后和平宪法，中日两国之间才建立起政治互信。福田赳夫曾经把《中日和平友好条约》比喻为架设在中日之间的一座铁桥，而这座铁桥的桥墩之一或许就是《日本国宪法》。正因如此，安倍内阁推动日本修宪的前景才格外引人关注。

2018年8月31日，中国国务委员兼外交部部长王毅会见来访的日本自民党干事长二阶俊博时表示，2018年正值中日和平友好条约缔结40周年，是一个承前启后的重要节点。双方一要回到原点。回顾当年两国领导人如何处理历史和台湾问题，实现中日关系的正常化，维护好两国关系健康发展的政治基础。二要不忘初心。牢记重建两国人民友好的重要使命，发展两国间持久和平友好关系。三要重温诺言。遵循无论日本还是中国都不在地区谋求霸权的宣示，而且共同反对任何其他国家建立这种霸权。无论是军事、经济还是话语霸权，在21世纪的今天，都不符合时代潮流。四要与时俱进。积极拓展在节能

---

① 「園田大臣と鄧小平副総理との会談（条約関係）」第1635号、極秘、大至急（限定配布）、往電第1630号に関し」、石井明、朱建栄、添谷芳秀、林曉光編『記録と考証 日中国交正常化　日中平和友好条約締結締結交渉』、岩波書店、2003年、184頁。

② 「日中平和友好条約交渉（第一回大臣会談）」、石井明、朱建栄、添谷芳秀、林暁光編『記録と考証 日中国交正常化　日中平和友好条約締結交渉』、岩波書店、2003年、158頁。

③ 「園田大臣と鄧小平副総理との会談（条約関係）」第1635号、極秘、大至急（限定配布），往電第1630号に関し」、石井明、朱建栄、添谷芳秀、林暁光編『記録と考証 日中国交正常化　日中平和友好条約締結交渉』、岩波書店、2003年、186頁。

环保、创新等领域的合作，共同推进东亚经济共同体建设。[①] 这是近年来中国外长首次重提中日两国都不称霸和反霸权，既表明了40年来中方严格遵守《中日和平友好条约》的政策连贯性，也是于同年10月访华的日本首相安倍晋三发出的重要信息，具有十分重要的现实意义。

目前，特朗普政府推行单边主义、贸易保护主义，甚至扬言退出世贸组织，实际上就是在谋求建立美国的国际贸易霸权。包括美国在内，此举激起了一片反对之声。日本作为高度依赖世界出口市场的国家，与中国在维护自由贸易体系方面有共同利益、价值趋向与合作潜力。中日两国应根据中日之间一致认同的开放、透明和包容的原则，推进双边和地区合作，共同参与全球治理。任何企图与霸权主义同流合污、助纣为虐的做法都将自食其果。

提及不称霸与反霸权，许多日本人或许都会联想到1924年11月28日孙中山在日本神户所做的最后一次演讲，题为《大亚洲主义》。当时孙中山曾告诫日本："你们日本民族既得到了欧洲的霸道文化，又有亚洲王道文化的本质，从今以后对于世界文化的前途，究竟是做西方霸道的鹰犬，或是做东方王道的干城，就在你们日本国民去详审慎择。"[②] 着眼未来40年的中日关系，日本似乎又站到了一个新的十字路口。

① 参见《王毅会见日本自民党干事长二阶俊博 送给日方四句话》，人民网，2018年8月31日，http：//world. people. com. cn/n1/2018/0831/c1002 - 30264153. html[2018 - 09 - 01]。

② 孙中山：《对神户商业会议所等团体的演说》，1924年11月28日，《孙中山全集》第11卷，北京：中华书局，1986年，第409页。

牢记“日中邦交正常化倡言”精神，保持不变的和平友好之路

［日］寺崎广嗣*

谈到《日中和平友好条约》的缔结，不禁令人回想起1972年9月日中邦交正常化的历史。事实上，日中邦交关系正常化的谈判异常艰难，中国政府和日本政府都选择了公明党作为谈判窗口。周恩来总理对创价学会第三代会长，也是公明党的创始人池田大作先生1968年提出的“日中邦交正常化”也给予了高度评价。

众所周知，战后日本因为冷战的关系对中国采取了敌视政策，日中关系处于全面停滞的状态。即便是在这种情况之下，周总理从20世纪60年代开始就关注日本创价学会。中日友好协会前会长孙平化先生曾经回忆道：“据我所知，从60年代初开始，敬爱的周总理就非常重视创价学会。周总理发出指示，要创造和创价学会接触的机会。”

在日中关系处于敌对状态的情况下，池田会长于1968年在出席一次有两万名学生参加的学会会议时，提出了日中邦交正常化倡言，并将这一倡言发表在杂志上。池田先生提出了两个重要观点：一是日本对中国应该给予理解。他分析了当时的中国处于孤立状况，为了亚洲和世界的和平，必须让中国成为国际社会的一员，和其他国家进行平等公正对话，要停止遏制中国的做法。二是明确日本所起到的作用。他从历史、传统和地理位置的角度指出，日本在这方面能够发挥最大的作用，日本不应该向左，也不应该向右，应该采取中庸主义，以全人类共同繁荣作为理想。

* 寺崎广嗣，日本创价学会副会长。

日本应发挥的作用具体体现在以下三点：其一，承认中国政府。为了消除中国的孤立状况，日本要采取的具体策略之一就是承认中华人民共和国。日中两国的首脑应该确认要实现和平，并且以此为底线来解决具体的问题。其二，是解决中国的联合国合法席位问题。池田先生希望中国加入联合国。将占全球人口1/4的中国排除在联合国之外，这是联合国的严重不足。其三，促进中日之间的相互交流，包括贸易、经济、文化各方面的交流。日本不应该再如战前那样，片面追求市场的扩大和利润的增长，而应该以相互繁荣为原则，为两国平等的繁荣和民生水平的提高发挥作用。日本的媒体对于池田倡言进行了大幅报道，三天之后，中国的《参考消息》刊登了题为《池田大作主张日本停止反华政策，与中国建交》的文章。

池田会长的日中邦交正常化倡言，是基于什么样的观念所提出来的呢？我认为，池田会长的中国观包括以下三点：其一，尚文主义的哲学。所谓尚文，用英文来说是所谓的软实力。如果说到尚武主义，那就是指的硬实力。池田会长认为，中国根本的哲学是尚文主义。1984年，池田先生在北京大学演讲时说道："如果从宏观角度审视中国历史的话，中国比起尚武更重视尚文。这是相对而言的，没有哪一个国家纯粹尚武，我们要看哪一个是主流。在中国，除了非常罕见的时期，一直以尚文的传统推动中国历史的前进。"

其二，以人为本的历史观。对于池田会长而言，理解中国实际上就要理解历史如何影响中国人的世界观。有两种截然不同的历史观：一种主观的历史观认为，人的主观意识推动历史的前进；另一种客观的历史观（也是欧洲黑格尔式的历史观）则认为，历史独立于人的主观意识，遵从客观的规律。1984年，池田会长在复旦大学演讲时说道："历史追问的是人类的命运，历史叙述并不外在于人，而是内在于人，说得更直接一点，历史就是自己的历史。"

其三，文化施恩的国家。池田会长一直认为，中国给日本带来了文化，有恩于日本。日本自古代开始就受到中华文明的影响，包括对日本的文化带来决定影响的佛教也是从中国传到日本的。"知恩图报"，就根源于佛教。池田会长认为，无论是个人还是国家，在全球化时代都不能孤立存在。只要存活于世，就会受到无数人和无数国家的恩惠。"恩"，实际上是人和社会相互支撑发展的精神表达，也是人性的精髓所在。他还认为，对于当今世界而言，生命的连续性和相关性非常重要，而且他坚信所有人都能相互依存，这样的洞察能够带来共生社会的智慧。

2018年是《中日和平友好条约》缔结40周年。创价学会和中国的相关各位一起推动日中两国文化交流的历史也是40年。创价学会与中国交流的基础就是50年之前池田大作会长倡议的实现邦交正常化的理念和精神，这一理念和精神一直传承到今天。只有在两国民众直接交流的基础之上，才能诞生友好和信任关系。即便是在近几年日中关系紧张的情况下，两国民众之间的交流也没有被中止。创价学会愿意一直成为中国真正的友人。

最后，有两点期望：第一，升级“共同”理念。池田会长在展望今后日中关系的焦点时，倡导构建以和平共处和为了人类共同利益来开展行动的新型伙伴关系。作为其构想内容的一部分，他提议由两国共同主导建立东亚环境合作机构。这一升级能够创造更多的共同利益，同时为此大家作出共同努力，为地区和平发展作出贡献。这与习近平主席所提出的“人类命运共同体”理念也是相通的。第二，青年之间的纽带。从中长期角度来看，两国进一步发掘可以开展合作的领域十分重要。这是一项长期工作，需要由两国青年合作完成。还要为日中两国青年的共同行动积极创造机会。为此，搭建深化学术的平台就显得尤为重要。1974年周恩来总理会见池田会长有一句嘱咐，希望能够加强两国青年之间的交流，我们愿意继承这一事业。特别是，愿意与中国社会科学院进一步加强友好关系，与各位为了50年、100周年的日中和平和友好作出贡献！

中日经贸合作40年：既往、现状与未来

张季风*

2018年是《中日和平友好条约》缔结40周年，是中日关系史上的重要年份。经过40多年的磨合，中日经贸关系已构筑了坚实的基础，形成了互惠互补、互利共赢的良好局面。中日经贸关系是中日关系的重要组成部分，更是中日关系的基础。在政治关系紧张时，经贸合作是“压舱石”，在政治关系比较顺利时，经贸合作则是“推进器”。当前，中日关系逐步改善，但同时美国大搞贸易保护主义和单边主义对中国发起贸易战，经济全球化受到挑战，在这种关键而且复杂的时刻，加强中日经贸合作更具有重要的现实意义。

一 中日经贸关系40年回顾

（一）不同时期的中日经贸关系概观

本文虽然重点是探讨《中日和平友好条约》缔结40年以来的中日经贸关系，但也有必要对战后以来的中日经济关系加以梳理。笔者认为，战后以来中日经贸合作可以1972年中日复交为分界线，分为两个大的时期。1972年之前的特点是“民间贸易为主、半官半民”，1972年以后由于邦交正常化的实现，双方有了正常的外交关系，政府开始发挥主导作用，从此中日双边经贸合作进入了“政府主导、官民并举”时期。而1972年以后中日经贸合作又可分为四个阶段：

第一阶段（1972—1978年）为双边贸易合作规模扩大期。这一时期的第一个特点是双边经贸合作仅限于单一的贸易往来，另一个特点是与此前相比双

* 张季风，中国社会科学院日本研究所副所长、研究员，博士生导师。

边贸易增长速度加快，规模迅速扩大。1972年中日复交后，中日经济交往由民间贸易阶段转向了“政府主导、官民并举”的时期，政府从幕后走到前台，发挥主导作用。从1972年到1978年，在中日政治环境好转及《中日贸易协议》的签订等有利因素的推动下，中日贸易进入了扩张期。中日贸易额由1972年的10.38亿美元迅速增至1978年的48.23亿美元，增幅高达4倍多。在技术贸易方面，从1972年到1978年，我国从日本引进了37项成套设备，其中的35项成套设备，价值金额为10.29亿美元，另外的两项设备价值金额为700亿日元。这些先进设备的引进极大地促进了我国当时的“四化”建设事业。在这一时期，中日两国经过共同努力，逐渐形成了一套影响此后近30年的经贸交往机制。①

第二阶段（1979—2000年）为全面经贸合作期。这一时期的特点是以1978年《中日和平友好条约》的签订为契机，中日关系进入蜜月期，经济合作发展为贸易、日本对华直接投资和政府资金合作（对华ODA）的全面合作。1978年中国共产党召开十一届三中全会，吹响改革开放的进军号。此后，我国开始实施对外开放政策，经济进入高速增长的快车道。在新的历史条件下，中日经贸关系也进入全面发展时期。特别是90年代初期，随着中国社会主义市场经济的展开，中日经贸交往机制也从“政府主导、官民并举”逐渐走向市场主导的轨道。随着经济全球化的深入，中日经贸合作也逐步融入其中。两国经济合作领域逐渐由以单一的货物贸易为主扩大到了技术贸易、直接投资、资金合作、能源合作等领域。

第三阶段（2001—2009年）为经贸合作深化期。这一时期的特点是，以中国加入世贸组织为契机，经济全面开放，中日经济合作与经济全球化融为一体。在WTO与中国达成的共识文件中，明确规定了确保经济政策的透明性、提供国民待遇、取消统制价格等内容，包含下调关税税率、服务产业自由化等日本企业高度关注的项目。这成为促使以日本为代表的世界各国的企业进军中国的重要动力。这一时期，以纺织服装、家用电器、日用小商品等劳动密集型产业为基础，大量外资涌入被称为“世界工厂”的中国。而且，随着流通、金融、通信、房地产等服务产业领域的市场逐步开放，加上中国消费者购买能力扩大，进军中国的内销型日资企业急剧增加。拥有庞大人口规模的中国市场

① 参见程永明、石其宝：《中日经贸关系60年》，天津：天津社会科学院出版社，2006年。

越发表现出活力，这对日本企业来说，魅力巨大。

第四阶段（2010年至今）为经贸关系转型期。其特点是从合作走向竞合，水平分工合作扩大，除了以市场为主导的贸易投资之外，还增加了财政、金融等主权领域的合作以及区域经济一体化，如FTA、EPA、RCEP等新的合作内容。2010年中国的经济规模超越日本，成为世界第二大经济体。同年中国对外贸易超过德国成为全球第二大贸易国，贸易规模达到2.9729万亿美元，而日本的贸易总额约为1.4622万亿美元，排名世界第四。巨大的落差，使日本难以接受，这是这一时期中日经贸合作进入转型期的重要背景。经济关系与政治关系越来越多地交织在一起，相互影响日益深刻是这一时期的重要特点。

（二）双边贸易

中日邦交实现正常化的1972年中日贸易额仅为10亿美元，此后逐年增加，1978年缔结《中日和平友好条约》以后，随着中国改革开放的不断深入，中日贸易又上了新台阶。1978年中日贸易额达到48.2亿美元，到1981年超过100亿美元，到1991年又突破了200亿美元，达到228.09亿美元。[①] 2002年超过1000亿美元，2006年突破2000亿美元大关，2011年突破3000美元大关，达到3429.9亿美元，在这期间我国分别于2007年和2009年成为日本第一大贸易伙伴和第一大出口市场。2012年以后虽然出现连续五年负增长，双边贸易总额在2016年曾降至2748亿美元，2017年转为正增长，恢复到3000亿美元以上。中日双边贸易的发展呈现以下特点：

第一，中国对日出口产品结构不断优化，从垂直分工模式逐渐向水平分工模式转化。同时我们也应当看到，中国对日出口中工业制品的比重虽然在增加，但纺织、服装及轻工等初级制成品、刚性产品居多；机电产品也在上升，但技术含量高、附加价值高的产品、弹性产品较少。另外，中日双边贸易中，相当部分属于中间产品，这说明我国仍处于生产中心地位，尚未像美国那样成为日本的最终消费市场，而且在整个贸易活动中，只是在加工、生产或组装环节等劳动密集型领域赚取一些相对低廉的人工费用。

第二，日本对华技术贸易在中国的技术引进中占重要地位，日本在我国技术进口贸易中基本排在前三位，更多是排在前两位。从技术转移的领域来看，

① 《海关统计》每年第12期，其他没有特殊标明的中日贸易数据，均来自此文献。

90年代中期以前，在家电、石油化工及钢铁等行业较多，90年代后期开始扩展到汽车、IT等领域。进入20世纪以后，中日两国在生产供应链、价值链方面的合作越来越紧密。

第三，在中日之间的贸易中，公司内贸易和转口贸易占很大的比重。从中国对外贸易的总体状况来看，贸易额的50%以上是由外资企业创造的。在华日资企业生产的产品有46%左右返销日本或出口欧美等国际市场。中日贸易是双赢的，但占有技术优势和资本优势的日方是更大的赢家。

（三）相互投资

1. 日本对华直接投资

中国是日本对外投资的重要市场。日本对华直接投资始于1979年，截至2017年底，日本对华投资累计项目数为51006个，实际到位金额1018.8亿美元。[①] 统计显示，在华日资企业大部分都获得了丰厚的投资回报，有力地支持了日本经济复苏和增长，也对中国经济的发展作出了贡献。2013年以后日本对华直接投资进入低潮期，自2013年已连续四年出现负增长，2017年转为正增长。

日本对华直接投资经历了四次高峰期：第一个高峰是20世纪80年代初中期对经济特区的投资；第二个高峰出现于90年代中期，1992年邓小平南行讲话之后，投资波及整个沿海一带；第三个高峰出现在2005年，其背景是中国加入WTO以后全方位对外开放，加之申奥成功和西部大开发战略的实施，激发了日企的投资热情；第四次高峰出现在2012年，这次投资高峰主要是对头几年低潮的反弹，现又进入回落期。四次投资高潮各有不同特点：第一次高潮投资规模不大，增速也比较缓慢；第二次高潮投资规模增大，速度加快；第三次、第四次投资高潮期间，不仅是投资额剧增，而且更重要的是经营方式和投资类型发生了重大变化。从经营方式上看，从“合资时代”转变为以设立日本独资企业为主导并且开始建立投资公司的“企业集团经营时代”。从投资类型上看，随着中国改革开放的不断深入，特别是中国加入世贸组织之后，日本跨国公司在中国的投资开始向生产以外的研究开发、国内销售、售后服务等全

① 参见张季风主编：《日本经济蓝皮书：日本经济与中日经贸关系研究报告（2018）》，北京：社会科学文献出版社，2018年。

方位方向发展，即“市场获得型投资”。

2. 中国对日直接投资

中国企业对日投资总量并不大，近年来出现大幅增长。投资开始于改革开放之初的1979年11月，北京友谊商业服务公司与东京丸一商事株式会社合资在东京开办“京和股份有限公司”。这不仅是中国企业对日投资的开始，也是中国改革开放后在海外开办的第一家合资经营公司，以后中国企业的对日投资随着中日经贸合作的不断发展开始逐渐增多。但直到1999年，我国企业对日投资主要以办事机构为主，投资规模不大。1999年以来，我国开始实行“走出去”战略，许多企业也开始扩大对日直接投资，逐步扭转过去日本对华的单向投资局面。截至2017年底，我对日直接投资累计总额达35.14亿美元(不含金融类)。我国对日直接投资主要以并购当地企业为主，投资项目涉及软件、机械、电子等领域，有实力的中国企业更看重日本市场和研发环境，近年来服务业和商业成为主要投资领域。随着中国企业“走出去”步伐加快，日本先进技术和管理经验与中国市场资源优势更加紧密地结合，并产生了实实在在的发展利益。

（四）日本对华政府开发援助

日本对华政府开发援助（ODA），包括对华日元贷款、无偿援助和技术合作三大部分，其中日元贷款即有偿资金援助所占比例最大，约占91.6%，无偿资金援助约占4.2%，技术合作金额约占4.2%。1979年12月，日本首相大平正芳访华，正式承诺日本政府向中国提供日元贷款，以此拉开了日本对华政府开发援助的序幕。截至2007年12月，日本政府累计向中国政府承诺提供日元贷款协议金额33165亿日元，用于255个项目的建设。我国共接受日本无偿援助累计1398亿日元，用于141个项目的建设。以日元贷款为中心的日本对华ODA，构成了中日经贸关系的重要组成部分。日本政府提供的ODA一方面支援了中国的改革开放事业和经济建设，增进了国民感情，另一方面也为日本企业进入中国市场提供了更多机会，促进了双方的贸易合作。

但是，由于日本右翼势力和一些媒体的恶意炒作，使日本对华ODA这一对中日两国带来双赢的好事变得伤痕累累，在一段时间内居然成为中日关系中的“问题”。2008年，中日有关部门经过谈判，结束了近30年的日元贷款，使其做到了“善始善终”。

二　中日经贸关系的基本特点

综观中日经贸合作走过的历程，尽管也出现一些波折，也出现过矛盾与摩擦，但主流是好的，无论是双边贸易还是双边投资以及政府间资金合作都取得了健康发展。在长期的发展过程中形成许多特点，最显著的特点就是中日经贸合作的互补性与互惠互利性，当然双边经济关系也受到政治关系的影响。

（一）中日经贸关系的互补性

中日各自自然禀赋和生产禀赋上的差异，决定了两国在技术、资金、劳动力成本、市场容量等方面存在各自的比较优势。由于比较优势的不同，中日之间在产业结构和贸易结构等方面均存在一定的互补性，而互补性又成为双边经贸依赖关系的基础。

日本经济早已进入成熟阶段，有雄厚的资金和先进的技术，但缺少资源和市场，劳动力成本、生产成本高；而中国正处于发展和上升阶段，拥有丰富的劳动力和相对比较丰富的资源，特别是拥有广阔的市场，但缺少资金技术和先进的管理经验。尽管日本经历了长期低迷，但在资金、人才和技术等促进经济发展的基本要素方面优势并没有丧失。世界金融大国、债权大国的地位并没有发生变化，拥有个人金融资产1800万亿日元，外汇储备1.2万亿美元，海外净资产高达350万亿日元。[①] 而且，日本拥有从应用技术到高端技术的各种层次的先进技术，制造业技术以及管理技术在世界上仍处于领先地位。改革开放后的中国发生了巨大的变化，但总体看，中国尚处于工业化中后期发展阶段，与日本相比，中国还有一定的差距。

由于产业结构和贸易结构方面的差距，使得中日之间存在着更多的互补性，只是在少数领域存在竞争。从制成品的生产流程方面看，中国与日本也只在中低端零件生产以及组装等低附加价值领域存在某些竞争关系，而在上游的研发以及下游的销售、售后服务等高附加价值领域中国与日本的差距仍然很大。中国企业的创新能力还比较弱，主要产品的核心技术，在知识产权方面仍较多依赖包括日资企业在内的跨国公司；在国际市场销售方面，尚未形成自身

① 2016年数据。

的销售网络，售后服务也有待提高。而日本以综合商社和跨国公司为中心早已形成了全球性的销售网络，中国企业尚处于“借船出海”阶段。

近十几年来，中日之间的竞争领域有所增加，但是在经济全球化的大背景下，资源在全球范围内得到合理配置。总体来看，在国际生产网络中，日本仍处于供应链条的上游，而中国仍处于供应链条的中游和下游，也就是说，中日之间的互补性仍然存在。

（二）中日经贸关系的互惠互利性

中日两国经贸合作的健康发展，给中日双方都带来了巨大利益，互惠与双赢促进了中日两国经贸合作的健康发展，进而加深了两国经贸关系的依赖程度。长期以来，日本一直是中国最重要的出口市场之一。

对日贸易的不断扩大，促进了中国的改革开放事业和整个国民经济的高速增长。而日中贸易增长率远远高于日美贸易增长和整个日本对外贸易的增长。可以说，日中贸易拉动了日本对外贸易，对华贸易带动了日本的投资，“中国特需”和“中国爆买”对日本经济复苏的巨大拉动作用已成为不争的事实。

日本对华直接投资的扩大，不仅为中国带来资金，也带来了先进的技术和现代化管理经验，提升了中国产品的技术含量和产品质量，提高了中国产品的国际竞争力。中国大量引进日本技术设备促进了自身产业装备的现代化和技术进步，而日本对中国的技术输出，则延长了日本产品技术的生命周期，获得了丰厚的利益。日本在中国大量投资设厂，一方面给日本国内过剩资金找到了良好的出路，获得了丰厚的回报，促进了日本的产业结构升级，另一方面也提高了中国的就业率和居民收入。目前，在华日资（包括中日合资）2万多家企业的直接就业人员已经超过300万人，与这些企业相关的配套、服务、流通企业就业人员更达到1000万人。

在经济全球化的今天，中日之间双边的经贸交往已经与世界经济和区域经济融为一体。在长期的贸易活动中，形成了“日—中—美欧”之间的三角贸易结构。即中国从日本进口高端技术和关键零部件，在中国进行组装后，再销往美国、欧洲和日本最终消费市场。这带来了双重效果：其一是日本通过中国“迂回”扩大对美、对欧贸易；其二是我国也在同日本的合作中扩大了对美、对欧出口。可以说，现在的中日经贸关系已经远远超越了两国的范围，对双边乃至多边经济合作都将产生波及效应。

事实上，中国质优价廉的大众消费品大量出口日本，对缓解日本经济萧条和社会稳定起到了重要作用。20世纪90年代以来日本经济长期低迷，特别是1998年以后失业率不断攀升，失业人口曾超过300多万人，致使低收入者和无收入者急剧增加。中国的廉价商品进入日本市场，大大减轻了无收入者和低收入者的生活压力，对他们渡过难关起到积极作用，进而间接拉动了日本经济的复苏。

（三）政经关系的相互影响

在国际关系中，经济关系与政治关系向来是相互影响和相互依存的。特别是经济全球化、IT化的浪潮中，政治关系对经济关系影响越来越大，当政治关系陷入极端对立的局面，经济关系对政治关系的影响就显得十分苍白和无力。拿中日关系来说，随着中国综合国力的上升和对日经济依存度的相对下降，就很容易从“政冷经热”过渡到“政冷经温”，当政治关系进一步恶化时，自然就陷入了“政经双冷”的困境。经济合作主要由市场这只“看不见的手”主导，但政治关系对中日经济关系的制约作用不容忽视。

到目前为止，中日关系的发展可分为如下几个阶段：20世纪70年代至90年代中期，虽然也有小摩擦，但政治关系与经济关系基本是同步发展，处于“政经双热”状态；90年代后期至2009年，政治关系比较紧张，但经济关系仍保持旺盛的发展势头，处于“政冷经热”状态；以2010年中国GDP总量超过日本和“钓鱼岛撞船事件”为拐点，中日经贸关系进入转型期，而2012年9月“购岛”闹剧之后，政治关系与经济关系同步恶化，陷入了“政经双冷”的困境。

目前，中日政治关系正在逐步改善、趋稳向好，在这种利好因素驱动下，2017年后中日经济关系强势恢复，“政温经暖”的局面开始显露。但是，今后中日政治关系还可能出现反复，如何克服政治关系恶化对经贸合作的消极影响，仍然是我们随时都有可能面临的挑战。

三　中日经贸合作的现状与展望

（一）中日经济关系的现状

2017年以来，中日关系不断改善，2018年5月李克强总理成功访日，中日双方签订了10个协议、备忘录。随着双边政治关系的改善，经济关系也迅速恢复。如前所述，2017年双边经济关系就已明显回暖，贸易和投资双双转为正增长。2018年1—7月，中日贸易总额增长4.3%，日本对华直接投资增长3.6%，仍然呈持续复苏的势头。[①] 另外，中国企业对日本的投资额也保持一定的增长，在电子制造、金融服务、信息科技等领域对日本投资力度不断加大。

值得关注的是，近年来中国赴日旅游人数和消费金额增长速度很快，2015年猛增到499.5万人，2016年增至637.3万人，2017年增至735.6万人，2018年1—7月达到493.6万人，同比增长21.5%。2018年，由于日本的旅游业具有完备的配套系统，能够提供较高水平的服务，可以预计全年超过800万人已无悬念。今后中国赴日旅游人数还会持续增加，来自中国的旅游市场对于日本的重要性将会进一步扩大。但是日本来华旅游人数增长缓慢，近年来，每年都徘徊在250万人左右。日本来华旅游人数减少的原因也有很多，主要原因在于收入增长缓慢和日元贬值，次要原因是中日关系恶化以及中国大气污染严重等。今后随着日本经济的复苏以及中日关系的改善，日本来华旅游的人数还会有所增加。

（二）中日经济关系展望

中国已经进入新时代，在“构筑人类命运共同体”的大背景下，中日经贸关系可能总体趋好。从国际环境看，尽管美国大搞贸易保护主义，发起对中国的贸易战，但逆全球化不可能成为主流，世界经济复苏的方向不会逆转。从中国方面看，社会主要矛盾发生变化，中国在满足人民日益增长的美好生活需求和解决经济发展不平衡不充分的过程中，需要吸收包括日本在内的世界各国的经验。中国在解决不平衡不充分发展的过程中，将转变经济增长模式，增长动力由要素驱动转为创新驱动，从重视数量转向重视质量、节能环保、生态建设，短期内以“三去一降一补”为主要内容的供给侧结构改革仍将继续进行，由此可以推断中日经贸合作模式也会发生转变，将在更重视质量、节能环保、保护生态方面的合作进一步加强，在这些领域中日双方存在明显的互补性。

估计2018—2019年中日经贸关系可望出现全面改善和恢复；2020—2035年中日之间合作与竞争并存，水平合作将大幅度增长；2035—2050年中日经济合作会更加成熟，全面进入水平合作阶段。

十九大报告在实现“五位一体”“四个全面”战略总布局中，强调中国要

① 参见中国海关总署：《2018年7月进出口商品主要国别（地区）总值表（人民币值）》，http://www.customs.gov.cn/customs/302249/302274/302275/1957974/index.html[2018-08-08]。

加速发展现代制造业，强调在互联网、大数据、人工智能与实体经济的融合。今后中日之间的产业与技术合作大有可为，日本的工业4.0战略与中国的“制造业2025计划”若能实现对接，将会大大提升两国在产业领域的合作。日本拥有较高的研究开发水平及核心零部件生产能力，中日合作空间巨大。

另外，鉴于金融和财政合作对双方均有战略意义，未来中日财金领域的合作可望出现较大发展。20世纪90年代后期以来，中日之间开始进行金融合作和财政合作，这标志着两国的经济合作开始进入主权范围的深层合作阶段。特别是人民币与日元的直接交易，使两国之间的经济往来减少了兑换美元带来的不必要的成本，同时也可促进人民币国际化水平。中日互购国债也有利于双方规避外汇储备过度依赖美元所产生的汇率风险。未来，随着中国经济的发展和中国经济实力的不断壮大，人民币的国际化不断扩大，中日两国在财政金融领域的合作也必将出现突破性的发展。

“一带一路”倡议已得到沿线国家和地区的积极响应，中欧班列已实现常规运行，AIIB也早已开始运行。“一带一路”建设一直向日本企业敞开大门，欢迎日本企业参与，中日合作共同开拓第三国市场的前景广阔。中国和日本在“一带一路”建设方面虽然存在竞争关系，但合作是主流。中日各自具有不同的比较优势，日本在生产设计以及技术研发方面占有优势，而中国则在人力资源以及机械组装等方面拥有优势，中日可以充分发挥双方的比较优势，为“一带一路”沿线国家提供物美价廉的公共产品。但是，值得关注的是，日本主导的CPTPP已经达成协议，日美澳印共同参与的所谓“开放的印太战略”也正在推进，存在与“一带一路”对冲的可能。同时，也应当看到，在各种力量博弈的过程中，也可能形成推动中日韩FTA以及RCEP谈判成功的动力，促使谈判取得实质性进展。

总之，目前中日经济关系已经走出长期低迷的泥潭，而2018年是一个重要的契机，中日关系的改善可能出现突破性进展，中日双方应抓住这一机遇，巩固中日经贸合作来之不易的成果，使中日经济关系更上一层楼。中共十九大规划了中国新时代未来30年美好的发展前景，中华民族伟大复兴的中国梦的实现指日可待。不论日方愿意与否，都不可能放弃和离开魅力越来越大的中国市场，中国要解决发展不平衡不充分的社会主要矛盾也需要得到日本的支持。无论国际局势发生怎样的变化，中日两国互为重要经贸合作伙伴的格局不会发生根本性变化，双方合作的潜力和空间巨大。中日经济依存度很高，“你中有我，我中有你”“和则两利，斗则俱伤”。可以预见，在今后的新时代中日竞争会有所扩大，甚至会发生经济摩擦，但中日经贸合作总体向好的方向不会改变。

40年来中日关系的历史反思

吕耀东*

中国与日本的关系在中国对外关系中居于重要的地位，这不仅是因为日本是中国的近邻和世界第三大经济体，更是因为两国有着非同一般的关系。近代，日本作为先行现代化的国家，实行对外扩张侵略，侵略中国；日本战败后，在冷战中作为美国的盟国与新生的中国对立，中美关系有所改善后，中日才实现邦交正常化。改革开放后，在中国的对外关系中，发展与日本的关系一直处于重要地位。特别是日本作为发达国家，对中国的经济发展有着特殊的重要性，日本是中国引进外资和发展加工出口产业的重要依托。但是，出于历史的原因、领土争端和战略利益差别，中日关系的发展受到制约。特别是在中国综合实力迅速提升的情况下，日本对中国的战略警惕和利益竞争增强，日本政府加强了与美国的同盟合作，试图对中国进行遏制。在此情况下，中日关系止步不前，甚至出现后退。

回顾改革开放40年来中日关系的发展，总的来说是从走向正常化到不断扩大与深化，从双边走向地区与国际的过程，由此，两国间的共同利益大大增加。但出于复杂的原因，两国关系的发展并不顺畅，随着利益交织的加深和力量对比的转变，深层次的矛盾凸显。

展望未来，面对两国综合实力对比的重大转变，即中国越来越远超日本，两国间的关系将会出现不平衡结构下的重大调整。在这个进程中，如何把握中日关系趋向稳定、和平的大局，构建新力量结构下的新合作关系，共同推动命运共同体的建设，不仅需要中国，同时也需要日本更新观念，趋利避害，推动两国关系的发展。

---

* 吕耀东，中国社会科学院日本研究所外交研究室主任、研究员，博士生导师。

一　中日关系的阶段性特征

改革开放以来，中日关系经历了 20 世纪 70 年代末到 80 年代的平稳发展阶段、20 世纪 90 年代的曲折发展阶段和 21 世纪的反思与调控阶段。

（一）邦交正常化后的平稳发展阶段

冷战后期，国际格局变化导致相关各国调整外交政策，中美日等国以不同以往的国家间关系应对亚太变局。① 中日两国对双边关系和东北亚安全局势做出准确辨识和判断后，共同确定了“中日和平友好”的大方向。特别是《中日和平友好条约》为中日建立新型友好合作关系起了定向作用。

以 1978 年召开的中共十一届三中全会为标志，中国进入了改革开放时代，中国对外关系全面发展。从维护世界和平、促进发展的现实出发，在总结历史经验教训的基础上，中国的外交政策于 20 世纪 80 年代初进行了重大调整。邓小平对时代特征和总体国际形势作出了新的科学判断，得出和平与发展是世界的两大主题的结论，中国外交理念因此实现了两大重要转变：一是改变了战争不可避免的估计，认为争取长时期的和平是可能的，为此中国把维持世界和平与促进人类进步作为自己外交活动的根本目标。二是调整了“一条线”战略，不同任何大国结盟或建立战略关系，不支持任何一方反对另一方，赋予独立自主的和平外交政策以新内容。中国不以社会制度和意识形态的异同论亲疏。这一外交政策的重要调整，适应了时代的发展要求，为中国现代化建设创造了极为有利的和平国际环境，加大了中国的对外开放、对外交流的范围和力度。

1978 年 8 月 12 日，中日签署了《中日和平友好条约》。10 月 23 日，邓小平在东京参加条约批准书互换仪式，和平友好条约正式生效。中日两国和平共处、世代友好的大方向第一次以法律形式确立下来。经两国立法机关审议和批准的《中日和平友好条约》，使 1972 年《中日联合声明》所规定的两国关系准则以条约的形式得到了体现和发展，开辟了中日两国合作的新时期，进一步确定中日友好合作的大方向。《中日和平友好条约》的签订，具有重大的现实

① 岡部達味『中国外交六十年』、『東亜』、2009 年 2 月。

意义和深远的历史意义。它是1972年《中日联合声明》的继续和发展，是两国睦邻友好关系发展到一个新阶段的重要标志，开辟了两国长期友好合作的新时期。从此，两国在政治、经济、文化、科技等领域的交流更加广泛地展开。同时，这一条约的缔结，也对维护亚洲和太平洋地区的和平与安全产生了积极影响。

中国的改革开放政策，使得中日两国良性互动频繁，特别是《中日和平友好条约》的签订，为中日两国在政治、经济、环境、技术、社会文化等方面的合作确立了基调和原则。《中日和平友好条约》的签订无论对中国还是日本来说，无疑都是一个新的起点，推动了中日友好合作事业的发展。《中日和平友好条约》生效后，两国领导人频频互访，出现了官民并举、相辅相成、形式多样、内容广泛的新局面。特别是中日双方决定召开高级官员定期协商会议，这是中日友好合作关系史上的一个创举，标志着两国友好关系的发展达到一个新的高度。

（二）冷战后的曲折发展阶段

20世纪90年代冷战结束后，当年促进中日复交的国际环境和双边动因减少，曾被搁置和“超越”的双边矛盾开始重新上升和激化。中日政治关系出现起伏不定、曲折多变的现象。显然，中日关系已进入了对于两国既往关系的评价阶段。

1992年，尽管江泽民总书记和日本天皇实现了互访，也未从根本上消除中日关系因“历史问题”产生的阴影。1994年，日本邀请台湾当局要人访日，提升对台实质关系。1995年，在世界反法西斯战争胜利50周年之际，日本部分政要、右翼势力不但不反省历史，反而肆无忌惮地否认和美化侵略战争。虽然日本首相村山富市发表了“反省历史，巩固和平”的“8·15讲话”，然而，1996年的《日美联合宣言》显示，日美将致力于强化控制和干预东亚安全局势的军事同盟体制。这些动向严重恶化了中日政治和安全互信，动摇了1972年以来中日关系的政治基础。尽管双边互动过程难以完全避免“情绪的因素”，但如何理性评估新时期中日关系和化解彼此的分歧，已经成为中日双边互动的重要任务。

在中日两国互动取得不断发展的基础上，1998年11月25日，中国国家主席江泽民对日本进行国事访问。这是中国国家元首——国家主席首次访问日本，具有重要历史意义。双方在回顾、总结、评价中日关系的发展状况后，发表了《中日联合宣言》和《联合新闻公报》，首次确认中日关系是“对两国均为重要的双边关系之一”，并宣布建立“致力于和平与发展的友好合作伙伴关系”。

在《中日联合宣言》中，中日“双方认为，正视过去以及正确认识历史，是发展中日关系的重要基础。日方表示，遵守 1972 年的《中日联合声明》和 1995 年 8 月 15 日内阁总理大臣的谈话，痛感由于过去对中国的侵略给中国人民带来巨大灾难和损害的责任，对此表示深刻反省。中方希望日本汲取历史教训，坚持和平发展道路。在此基础上，两国发展长久友好关系”。日方重申中国只有一个，将继续只同台湾维持民间和地区性往来。宣言积极评价两国安全对话为增进相互了解发挥的有益作用，认为加强两国之间的人员往来，对增进相互理解、加强相互信任十分重要。为此确认，两国领导人每年交替互访，在北京和东京建立中日政府间热线电话，加强两国各个层次和级别，特别是肩负两国未来发展重任的青少年之间的交流。[①]《中日联合宣言》强调，中日双方将本着求同存异的精神，最大限度地扩大共同利益，缩小分歧，通过友好协商，妥善处理两国间现存的和今后可能出现的问题、分歧和争议，避免因此干扰和阻碍两国友好关系的发展。双方充分认识到，中日建立致力于和平与发展的友好合作伙伴关系，不仅需要两国政府，而且需要两国人民的广泛参与和不懈努力。可以说，1998 年的《中日联合宣言》是对两国关系的重新评价和总结，是中日双边互动的结晶，它为新世纪中日友好合作关系确立了行动指南。

（三）进入 21 世纪的调整阶段

进入 21 世纪初期，中日两国战略分歧日益增强，两国关系前景充满不确定性。小泉纯一郎首相屡屡参拜靖国神社等问题，严重破坏了中日关系的正常发展。

进入 21 世纪，小泉内阁对 1972 年以来历届内阁对华政策进行了颠覆性破坏，首相参拜供奉甲级战犯的靖国神社及历史教科书等问题，导致中日双边互动停滞不前。针对中日两国出现严重的“政冷”局面，中日只能通过 APEC 会议、亚非首脑会议、“10 + 3”首脑会议、中日韩首脑会谈等一系列的多边场

① 参见李建民：《冷战后的中日关系史（1989—2006）》，北京：中国经济出版社，2007 年，第 198 页。

合进行双边接触。2005年4月23日，在印度尼西亚（雅加达）亚非首脑会议上，胡锦涛主席在与小泉纯一郎首相举行会晤时，提出了扭转中日关系困难局面的五点主张：要严格遵守中日三个政治文件精神；坚持以史为鉴，面向未来；要正确处理台湾问题；坚持通过对话，平等协商，妥善处理中日间分歧；进一步扩大双方在广泛领域的交流与合作。中日首脑会晤就通过对话解决各种悬而未决的问题达成了一致意见。双方都认识到进一步的冲突对任何一方都没有益处。然而，要修复这种中日关系，不仅困难重重，而且将需要脚踏实地的漫长努力。①

2007年和2008年，福田康夫首相与胡锦涛主席实现互访，确立了中日第四个政治文件——《中日关于全面推进战略互惠关系的联合声明》的产生。双方就中日关系是各自最重要的双边关系之一达成了共识。两国决心全面推进“战略互惠关系”，实现两国的和平共处、世代友好、互利合作和共同发展的崇高目标。双方确认，将继续恪守《中日联合声明》《中日和平友好条约》和《中日联合宣言》等各项原则，以史为鉴，面向未来，今后不断加深相互理解，构筑相互信赖关系，扩大合作，创造亚太地区乃至全世界的美好未来。中日“双方相互视为合作伙伴，不是威胁”②。

然而，2012年日本政府非法对钓鱼岛进行“国有化”后，中日关系的脆弱性再次显现，加之安倍晋三首相再次参拜靖国神社等历史修正主义言行，严重破坏了中日关系的正常发展，两国首脑互访再次断绝。中国从地区和平稳定的大局出发，努力缓和中日关系。通过APEC会议、亚非首脑会议、中日韩首脑会谈和“10+3”首脑会议等一系列多边场合努力化解中日矛盾。中日两国力求在构建战略互惠关系方面扩大共识和合作领域，渐进地缓和和推动中日双边关系。2014年11月7日，通过《中日四点原则共识》逐步重启政治、外交和安全对话，努力构建政治互信。

2015年11月，中日韩首脑峰会期间，中日两国首脑已经就恢复并加深双边的经贸合作达成协议。双方同意尽快恢复中断了四年多之久的中日高层经济对话会议。因为强化两国的经济合作，有利于构建东亚的经济新秩序，促进两国的产业与技术的深度合作，扩大相互投资，尽早走出经济低迷的状态。

---

① 日本共同社2005年4月23日电。

② 日本共同社2008年5月7日电。

总体上来讲，日本仍表示将坚持发展中日战略互惠关系的大局，从目前局面看，中日双边互动已进入一个新的战略调控期。鉴于日本政府仍然有继续发展中日战略互惠关系的意愿，中国政府从维护地区和平稳定大局角度缓和中日关系，并在日方承诺坚持中日“四个政治文件”精神的前提下，达成“四点原则共识”，双方同意利用各种多双边渠道逐步重启政治、外交和安全对话，努力构建政治互信。

二　中日关系的结构性特征

改革开放以来，中日关系从经济的层面讲，两国之间互补性强，相互依存日益增强。尽管日本依靠对华贸易支撑经济的局面日益明显，但在日本某些保守政治势力看来，中国国力的增长已对其实力地位构成现实挑战，不利于日本政治大国目标的实现。对他们来说，中日经济相互依存，可能给日本提供一个颇有前途的竞争者，也许还是一个战略竞争者。显然，中日两国潜在的战略冲突依然存在，同处东亚的中日之间的矛盾具有结构性特征。

美国学者温特认为：“如果互动对一方的结果取决于其他各方的选择，行为体就处于相互依存状态。虽然相互依存常常用来解释合作，但是它不仅仅局限于合作关系。”① 中日双边互动的阶段性特征，就是基于两国相互依存的深化。美国学者罗伯特·基欧汉和约瑟夫·奈认为，相互依存是指国际社会中不同角色之间互动的影响和制约关系，这种互动的影响和制约关系可以是对称的或不对称的，其程度取决于角色对外的“敏感性”和“脆弱性”的大小。其中，“敏感性涉及在某种政策框架内所作反应的程度，即某国发生的变化导致另一国有代价的变化的速度有多快，所付代价有多少”。“脆弱性可以定义为行为体因外部事件所强加的代价而受损失的程度，甚至包括政策变化后的情况。”② 相互依存理论是以国家之间、以世界政治经济关系的相互影响和相互制约为研究内容的，它包括国家间多层次、多方面的互动模式，并产生明显的

① ［美］亚历山大·温特：《国际政治的社会理论》，秦亚青译，上海：上海人民出版社，2000 年，第 431 页。

② ［美］罗伯特·基欧汉、约瑟夫·奈：《权力与相互依赖》，林茂辉等译，北京：中国公安大学出版社，1991 年，第 12—13、14、27 页。

相互敏感性和脆弱性。[①]

从中日关系的敏感性和脆弱性来看，两国间潜在的摩擦因素可归纳为六大领域：历史、台湾、安全、领土、经济及日美同盟对华针对性问题。这些问题既各有其缘由及解决方式，又“牵一发而动全身”。如围绕历史是非的争执总是引发感情冲突，而感情冲突又会给政治交往和安全对话带来负面的舆论压力，各种矛盾盘根错节、恶性循环。[②] 这样的发展现状，反映了中日两国相互依存的“敏感性”和“脆弱性”。可以说，国家间“相互依存”的分析方法能够较好地解释中日关系的发展现状，特别是相互依存理论中的“敏感性”和“脆弱性”，对于分析中日两国互动中存在的问题具有比较好的解释力。

一般来讲，国际关系中的相互依存主要表现为国家经济关系之中。但是，随着“相互依赖”程度的增强，“它可以是经济方面的，也可以是社会或政治方面的”[③]。而且，还有重大利害关系涉及其中，集中表现为“敏感性相互依赖”和“脆弱性相互依赖”。可以说，目前中日相互依存的“敏感性”和“脆弱性”，不仅局限于经济领域，而且突出表现在“社会或政治方面”。

从经济层面来看，“日本几乎所有的农产品和矿物质都依靠进口。而在资源供给方面越依赖海外，就越难以采取独立的对外政策，这样的国家不得不竭力回避与资源供给国发生冲突，与尽可能多的国家保持稳定的友好关系”[④]。可以说，《中日和平友好条约》的签订，就是日本采取“等距离外交”或“全方位外交”的成果之一。但是，在冷战结束后，中日间相互依存就开始不完全以“互利”的形式出现，随着相互依赖向“复合”层面发展，双方的摩擦和冲突频繁发生，逐步升级。

从相互依存的政治及安全层次来看，冷战的结束使中日两国的“安全相互依赖”和“政治相互依赖”作用下降，全球化浪潮使中日双边的“生态相互依赖”和“经济相互依赖”相对上升，出现中日关系“政冷经热”的特殊现象。“这表示在一个问题领域（如经济领域）相互依存程度的提高可能不会

① 参见倪世雄等：《当代西方国际关系理论》，上海：复旦大学出版社，2001 年，第 337 页。

② 参见《21 世纪初中日关系的新特点》，中国网，http：//www. china. com. cn/chinese/2002/Apr/1352 10. htm［2018 - 07 - 19］。

③ ［美］罗伯特·基欧汉、约瑟夫·奈：《权力与相互依赖》，第 13 页。

④ 佐藤英夫『对外政策』、東京大学出版会、1989 年、20 頁。

对其他领域（如安全领域）产生外溢效用。”①

中日在冷战后期“相互依存”掩盖下的历史、台湾地区、钓鱼岛领土主权及东海海洋权益等“敏感性”问题浮出水面，两国政策互动中的摩擦和冲突不断出现。比如，日本政府在“东海海洋权益问题”上采取的对华强硬政策，同时触及敏感的“钓鱼岛领土主权问题”，这是以破坏东北亚区域安全为代价的，表现出了中日“脆弱性相互依赖”的负面效应。日方严重背离了中日“四个政治文件”，动摇了中日政治互信的基础。为了降低自己的“脆弱性”，而提高对手国对本国的“脆弱性”，日本政府力求以强化日美军事同盟的方式来化解中日“脆弱性相互依赖”的负面效应，并减少因此付出的“安全代价”。

可以说，日本在对华政策上的倒退，是以破坏中日和平友好为代价的。这种动向破坏了中日双边政策互动的良性机制，导致中日两国的摩擦和冲突不断增加，加重了两国关系的“脆弱性”。

三　中日双边政策调控的重要性

随着中日相互依存程度的深化，也形成两国战略竞争的微妙变化，导致双方在政治和安全层面的摩擦时有发生，未来中日关系还有可能会因为双方的结构性矛盾而恶化。正是基于化解这样的可能性，中日积极探讨两国未来的双边关系的定位，避免因历史、台湾、领土及海洋权益等因素形成的摩擦和冲突，降低中日及亚太地区政治与安全的不稳定风险。

在双边互动过程中，一国对外政策的变动可能引起另一国的“敏感性”反应，并可能因此付出代价或形成损失，这种“脆弱性”只能在双边政策良性互动过程中得以化解。

中日复交是两国在国家安全战略和发展利益上互利合作的产物。这种基于合作之上的互动，促进了两国相互依存程度的不断深化。中日相互依存深化到一定程度而触及“敏感问题”和民族感情时，摩擦和冲突就在所难免。从这一现实出发，未来中日双边互动的情境可能出现“和则两利，斗则两伤”“和而不同”等种种情境。这种种情境是主客观之间的可能性判断，中日总是处

① ［美］亚历山大·温特：《国际政治的社会理论》，第 432 页。

于直接面对这样情境的相互影响之中。为了尽量争取“和”、避免“斗”，中日两国应通过积极的双边互动及“政策调控”，维护中日战略互惠关系。

首先，应维护和发扬中日经济政策互动的“稳定性”。随着全球化程度的不断加强，“彼此之间交换程度很高的相互依赖的各国将经历或是服从于高度相互依赖所导致的普遍脆弱性”①。因而，避免摩擦和冲突，维护和发扬中日经济政策的良性互动至关重要。归根结底，中日关系将取决于两国的政治经济发展状况和对外战略选择。中日综合国力变化引发新的矛盾和摩擦，并未改变双方相互依存日益加深的客观存在。21世纪初期，中日经济关系依然保持着强劲的发展势头，中日两国互为重要的合作伙伴。近年来，中日两国在经济层面的合作仍然持续着一贯的良性政策互动关系。目前，日本的经济复苏和发展越来越离不开“中国特需”的贡献，摆脱世界性金融危机还需要中日共同合作，这种现实多少舒缓了日本社会对于中国“崛起”的过度敏感心理。只要两国能够抱着战略互惠的诚意，目前的摩擦和矛盾不会从根本上改变中日相互依存的发展态势。

其次，应充分认识中日关系“不确定性”的长期性和复杂性，致力于通过建立双边良性互动的渠道，逐步化解中日外交困境。中国和平崛起和日本的政治大国战略在时间上的重叠和内容上的分歧使两国的战略定位发生强烈碰撞。② 中日关系的“不确定性”是客观存在的，是由错综复杂的国际、国内因素所决定的。因而某一方不合时宜地追求“政热”，往往事倍功半，因为双边关系不是以单边的主观意志决定的。况且“经热”并不能必然带来政治关系和谐。相反，由于资源稀缺性和市场有限性的客观存在，甚至会带来摩擦与冲突。“经济上的相互依存产生了可供利用和操纵的脆弱性。”③ 如中日俄罗斯远东石油管道竞争和东海海洋权益纠纷就是例证。不同历史时期，相互合作和依存的内涵不同，但中日相互依存的形式并没有变化。中日可以通过广泛的经济合作来防止两国关系恶化的可能，以双边政策良性互动的形式解决彼此的分歧与矛盾。

---

① ［美］肯尼思·华尔兹：《国际政治理论》，信强译，上海：上海人民出版社，2003年，第193页。

② 参见仇华飞：《当代国际体系转变中的中国对外战略》，《同济大学学报（社会科学）》2009年第2期。

③ ［美］罗伯特·吉尔平：《国际关系政治经济学》，杨宇光译，北京：经济科学出版社，1989年，第30页。

再次，日本尤其需要摆脱“非对称性”心态的束缚。相互依存论认为，不能把相互依存单纯地理解为相互合作，相互依存不完全等同于相互之间的均衡或关系上的平等，有对称与不对称、平等与不平等之别。① “因为在非对称‘结构型相互依存’中，一方国家的经济动向，可对他方国家产生很大影响，反之却不可能。”② 在 20 世纪 80 年代的“自信过剩”时期，日本总是以一种“强势”心态看待中国，认为中国作为发展中国家对日本具有很强的依赖性，中国的经济发展有求于日本，并企图以这种不对称性来维持对华的单向强制力。随着中国综合国力和国家声望的日益提升，中日两国发展趋势出现相对均衡化的趋向，日本开始担心中国国力增强势必会削弱日本在国际社会的影响力，便在日中政策互动中造成摩擦和冲突，这就形成了影响中日两国双边良性互动的“单向度”因素。日本“政治大国”的政治诉求，使其不愿看到中国的强盛。随着日本谋求政治大国步伐的加快，加之其外交理念仍未摆脱冷战思维的束缚，日本对中国的发展心存戒备，于是企图通过渲染“中国威胁论”来制约中国的经济发展和国际地位的提高。

中日两国相互依存的发展是双边互动的结果。“相互依存的水平越高，相互作用的量越大。”③ 近年来，日本逐渐认识到，“日本经济的复苏在很大程度上有赖于中国经济的发展”④。“中国威胁论”转向“中国机遇论”，认为“日中关系的恶化，不仅不利于日本，同时也不利于中国”⑤，开始接受中日相互依存日益深化的现实。日本有识之士曾指出：“占世界经济百分之十以上的日本面对日趋相互依存的世界，如果不努力使国际环境向着协调方向发展，促进本国的安全保障是不可能的。”⑥ 所以，日本必须排除不合时宜的“依附论”，放弃把中日相互依存的非对称性固定化的心态，促进中日双边互动的均衡与良性发展。顺应全球化的发展，适应相互依存的现实，与中国等周边国家和平相

① 参见金应忠、倪世雄等：《国际关系理论比较研究》，北京：中国社会科学出版社，1992 年，第 335 页。

② ［日］山本吉宣：《国际相互依存》，桑月译，北京：经济日报出版社，1989 年，第 49 页。

③ ［美］詹姆斯·多尔蒂、小罗伯特·普法尔茨格拉夫：《争论中的国际关系理论》，北京：世界知识出版社，1987 年，第 148 页。

④ ［日］安倍晋三：《致美丽的祖国》，文艺春秋社，2006 年，第 151 页。

⑤ ［日］五百旗头真：《战后日本外交史（1945—2005）》，吴万虹译，北京：世界知识出版社，2007 年，第 19 页。

⑥ 佐藤英夫『対外政策』、167 頁。

处，共图发展，应该是日本的最佳战略选择。以往日本在历史、台湾地区、钓鱼岛领土主权及东海海洋权益等敏感性问题上的某些举动，有违中日“四个政治文件”的精神，常常导致中日关系陷入“不确定性”的怪圈，无法顺应区域一体化的潮流。所以，日本回到中日“四个政治文件”的精神上来，是两国关系减少“政冷”、实现双边良性互动的基础条件。就中国而言，要向国内外阐明中日相互依存的“互补性”和两国合作的“战略互惠性”，进一步表明中国“和平与发展”的战略理念，化解日本渲染“中国威胁论”的消极影响，促进中日相互依存的良性发展，在推动中日关系方面掌握主动权。总之，随着中日相互依存程度的深化，“继往开来”将成为中日两国双边互动的总体向度。

四　中日关系的缓和及走向

中日双方均视两国关系为最重要的双边关系之一。在中日“四个政治文件”和“四点原则共识”的引领下，两国在经济、文化、人员往来等领域取得一定发展。但中日关系仍然处在一个关键时期。如何把握机遇，有效化解两国战略分歧，寻求共同利益，保持双边良性互动的持续性，还需要两国不断推动中日战略互惠关系的发展。

中国一贯维护中日关系大局，坚持中日“四个政治文件”发展双边关系。中方本着努力扩大两国关系积极面，抑制消极面，确保两国关系稳定改善的态度，明确指出中日关系存在的问题和努力缓和双边关系的建设性意向，希望日方能够拿出实际行动，全面落实中日“四点原则共识”，诚心诚意发展双边关系。① 2018 年 5 月 4 日，习近平主席应约同安倍首相通电话时指出，一段时期以来，日本方面在对华关系上持续释放正面信息并采取积极举措，中方对此表示肯定。今年是《中日和平友好条约》缔结 40 周年，中日关系处在承前启后的重要节点。双方要重温和平友好条约精神，恪守中日“四个政治文件”各项原则，落实“四点原则共识”，信守承诺，按规矩办事，管控好矛盾和分歧，确保中日关系重回正轨并得到新的发展。希望日方同中方一道，着眼大局和长远，作出符合两国根本利益、有利于地区发展的选择，确保两国关系始终

① 参见《习近平会见日本首相安倍晋三》，中华人民共和国外交部网页，http：//www. fmprc. gov. cn/web/wjdt_674879/gjldrhd_674881/t1394821. shtml［2018－06－21］。

沿着正确方向前进。安倍表示，日方高度重视发展对华关系，愿以《日中和平友好条约》缔结 40 周年为契机，推动两国关系全面改善和发展。[①]

中方以中日关系大局出发，将缓和两国关系付诸实际行动。李克强总理于 2018 年 5 月 8 日至 11 日访日，为中日关系重回正轨迈出关键一步。李克强总理在《朝日新闻》上发表题为《让中日和平友好事业再起航》的署名文章，在日本社会引起了广泛关注。李总理指出，中日分别作为世界第二、第三大经济体和亚洲最大的两个经济体，如果双边关系始终在正确轨道上健康稳定发展，不仅能给两国人民带来更多福祉，也会为东北亚地区乃至世界的和平稳定与发展繁荣带来更大助力。[②] 李总理特别强调了中日关系事关地区及世界的和平稳定和发展的重要性，表明了中国对日政策的战略高度及新理念。李克强在出席日本经济界等举行的欢迎活动时表示，中日两国是世界主要经济大国，有责任反对保护主义，维护自由贸易，强调两国应携手为世界经济发展做贡献。同时，两国在广泛领域拥有共同利益，希望将中国的"一带一路"经济带构想与日本的经济增长战略结合起来，并呼吁日本就"一带一路"构想给予合作，以此加深两国在第三国的基础设施建设等方面的合作。安倍首相回应称，日中关系从竞争进入了协调时代。希望具体推进民间企业在亚洲的基建开发。愿推动日中关系进入新的阶段。[③]

中日政府首脑会谈就两国加强重点领域合作，推动两国关系改善发展达成共识。双方签署了涉及经贸合作、文化交流等领域的多份合作协议、备忘录。作为此次中日会谈的重要成果，两国签署了《关于加强服务贸易合作的备忘录》和《关于中日第三方市场合作的备忘录》，积极推动两国在服务领域和第三方市场的合作。作为两国加强金融领域合作的重要举措，中方决定同日方商签本币互换协议，并宣布给予日方 2000 亿元人民币合格境外机构投资者（RQFII）额度。安倍首相在会谈后称，在《日中和平友好条约》缔结 40 周年之际，希望以李总理此次访日为契机，推动站在新起点上的日中关系更加深入发展。日本各界也期待通过李克强总理访日，推动双方各领域交流合作，推动两国关系回到正确轨道

---

① 参见《习近平应约同日本首相安倍晋三通电话》，中华人民共和国外交部网页，http://www.fmprc.gov.cn/web/zyxw/t1556764.shtml [2018－05－06]。

② 李克強「中日平和友好事業の再出航を」、『朝日新聞』2018 年 5 月 8 日。

③ 参见《李克强呼吁日中两国携手反对保护主义》，共同社，2018 年 5 月 10 日，https://china.kyodonews.net/news/2018/05/1e017fc96b25.html [2018－5－12]。

上来。可以说，安倍政府调整对华政策的正面取向，让中方看到日方释放缓和日中关系的姿态。李克强总理访日并向日方表明：中日关系稳定发展，符合双方共同利益，也有利于地区稳定和世界繁荣。两国应共同落实好此访领导人达成的重要共识，积极推动双方在贸易、投资、服务贸易等领域开展广泛深入合作。[①]

当然，安倍转而强调缓和日中关系的向好取向，是对近年来日本政府“两面下注”的对华政策的策略调整。中日关系业已存在的问题随时可能凸显和尖锐化，两国关系仍然存在反复的可能性。中日两国间依然存在不可预测的不确定性，实现中日战略互惠关系之路仍将曲折坎坷，很难断言日本政府在发展对华关系上可以做到不犹豫、不退步。正如中国外交部部长王毅在2018年3月的“两会”记者招待会上所言：“希望日方能够政治上讲信用，行动上守规矩，切实维护好两国关系的政治基础，并且把‘互为合作伙伴、互不构成威胁’的政治共识真正落到实处。”[②] 王毅部长还在4月下旬访日时对日本自民党干事长二阶俊博表示，八年来重启中日经济高层对话，已迈出了使中日关系重返正常轨道的一步，重要的是保持这一势头，需要努力避免两国关系不再倒退。[③] 李克强总理访日期间强调：“我们要铭记历史，汲取深刻教训。以互信为本，悉心维护双方达成的共识，夯实政治基础。视对方发展为机遇，将互不构成威胁的理念转化为具体政策和行动，推动中日关系重回正常轨道，努力实现两国关系长期健康稳定发展，避免再出现大的波折和反复。”[④]

可见，坚持中日“四个政治文件”和“四点原则共识”，是两国积极探讨两国未来双边关系的定位，目的是避免因历史、领土、海洋权益等因素形成中日在政治和安全层面的摩擦和冲突，降低中日及亚太地区政治和经济不稳定的风险。目前日本对华政策存在着一定变数和不确定性。鉴于日本政府仍然主张推进中日战略互惠关系的姿态，能否通过中日对话与磋商，缓和分歧与矛盾，累积政治互信，仍将是考验日方能否维护中日两国关系和平、稳定与发展的试金石。

---

① 参见冀勇：《改善中日关系的重要契机》，《法制日报》2018年5月11日。

② 《外交部长王毅就中国外交政策和对外关系回答中外记者提问》，中华人民共和国外交部网页，http://www.fmprc.gov.cn/web/wjbzhd/t1540582.shtml[2018-03-19]。

③ 参见《王毅与日自民党干事长会谈，强调要避免日中关系倒退》，共同社，2018年7月17日，https://china.kyodonews.net/news/2018/04/7ceb2045d468.html[2018-05-01]。

④ 《李克强在纪念中日和平友好条约缔结40周年招待会上的演讲（全文）》，中国政府网，http://www.gov.cn/premier/2018-05/11/content_5290000.htm[2018-05-16]。

中日关系的新向度

——以福田康夫前首相对华外交遗产为中心

胡令远*

冷战后的小泉、安倍与福田内阁有一个共同点，即都非常重视构成两国关系之底流的精神和价值理念领域。特别是福田前首相对小泉和安倍的“价值本位”外交进行了反驳，并从“回归古典”着手，力图通过重构中日两国的精神、价值大厦，使中日关系不仅仅是一种利益、利害关系的存在，而且是建立在双方共同理解、追求并能够互相接受的价值阈值的基础之上。这样，中日关系才可能从根本上克服其脆弱性的一面，从而走得更远。而中日两国在第四个政治文件中就此所达成的共识，即为实现这一目标的“新向度”。无疑这是福田前首相对华外交的重要精神遗产。

一

2018年适值《中日和平友好条约》签署40周年，中国社会科学院日本研究所举办了主题为“弘扬条约精神、深化友好合作——纪念《中日和平友好条约》缔结40周年”的国际学术研讨会。研讨会围绕中日间四个政治文件特别是《中日和平友好条约》在战后中日关系史上的地位、作用，以及对未来中日关系发展的影响，做了深入探讨。而作为中日关系基础的四个政治文件，其中的前述“条约”，以及《中日关于全面推进战略互惠关系的联合声明》，是由福田赳夫与福田康夫父子两代首相经手完成，这也是饶有意味的。后者在

* 胡令远，复旦大学日本研究中心主任、教授，博士生导师。

继承前者的基础上，又有新的拓展。对此进行深入研讨，也应该是一种很好的纪念方式。

2008年5月胡锦涛主席访问日本时，与当时的福田康夫首相共同签署了《中日关于全面推进战略互惠关系的联合声明》。众所周知，这是战后一个甲子中日之间所签署的第四个政治文件。作为21世纪中日关系的指针，其重要的历史意义自不待言。而对其与前三个政治文件的关联，学界尚未做深入的抉发与解读。本文试图对此抛砖引玉，做一探讨。同时，也作为对《中日和平友好条约》缔结40周年的一种纪念。

从中日关系的演变来看，以两国首脑共同签字的方式确认中日间建立“战略性”关系，无疑是一种历史性突破。与此同时，特别值得关注的是，在构成两国关系之底流的精神、价值理念方面也实现了具有历史意义的重大突破。在这里，我想指出的并非是文件中诸如使国家权益之争的东海成为“和平、合作、友好之海”背后所体现的国际关系理念，也不是曾遭受日本长期蹂躏的中国对其战后所走过的发展道路给予“积极评价”，而且“愿意看到日本在国际事务中发挥更大的建设性作用”等所蕴含的某种超越历史恩怨的道德精神，而是自近代以来渐行渐远的宛若呈平行线发展的中日两国的精神主脉，现在终于有了真正积极意义上的历史性“交会”。而这一历史性“交会”，则伴生了中日关系的一个新的向度，从而使中日关系的脆弱性从根本上得到缓解。

这一新的向度，是指中日两国在利益、利害关系之外，在形而上的精神、价值理念等深层要素方面所达成的共识。也即在上述第四个政治文件中的如下表述：中日两国“为进一步理解和追求国际社会公认的基本和普遍价值进行紧密合作，不断加深对在长期交流中共同培育、共同拥有的文化的理解”。显然，这一表述的第二层意思是指中日双边关系中的文化传统，而第一层意思的具体内涵非常丰富。其中，无疑也包括了现在占据世界主要话语权的所谓“民主主义、法治、人权”等西方意义上的“普遍价值”——为了叙述的便利起见，并从对中日关系之意义的角度，我们姑且把第一层意思截屏并限定在这一范畴。如果按照这样的理解，那么这两层意思对中日关系来说，则表现为相对的“异”与“同”。即后者是共同拥有的，而前者是有巨大差异的。但无论是“同”还是“异”，能在今天达成这样的共识，都经历了曲折的道路。也即在共构中日间精神、价值理念大厦和在更多的维度上构建中日关系方面能取得如此成果，实属来之不易。其间，福田康夫前首相在其任内无疑对此作出了独特的贡献。

二

这一中日关系的新向度，可以说是通过“回归古典”来推进的。为了便于理解这一过程及其历史意义，我们有必要简略回顾一下中日两国政府间所缔结的正式条约中的相关内容。

众所周知，签订于1871年的《中日修好条规》是近代以来其实也是有史以来中日两国间所签订的第一份正式条约。当时尽管对签订这一条约的目的中日各有不同，但就条约本身，与此前两国分别被迫与西方列强签订的不平等条约相比，自是不同，因为它毕竟反映的是本国的意志。文本表述则特别强调了两国“素敦友谊，历有年所，兹欲同修旧好，益国邦交”[①]。

但嗣后日本却效法西方列强，更走上军国主义道路，给中国人民带来深重灾难。但在这一过程中，即便在日俄战争后中日两国关于满洲的有关条约里，乃至在日本提出灭亡中国的“二十一条”中，其文本中也不乏中日两国所谓“素敦友谊”“希望日益巩固两国现存的友好善邻关系”[②]之类表述——这固然是一种外交辞令，且具讽刺意义，但中日关系的固有传统，从中仍可得到印证。战后，在美国的主导下，1952年日本与台湾当局签署了所谓“和平条约”。其开宗明义的第一句话即为“鉴于两国由于历史文化及领土邻近而产生之相互睦邻愿望；了解两国之密切合作对于增进其共同福利以及维持世界和平与安全，均属重要”[③]云云。而直到1972年田中角荣首相与周恩来总理在北京共同签署了《中日联合声明》，中日关系才真正展开了崭新的历史篇章。

相关的表述在上述“联合声明”中为：“中日两国是一衣带水的邻邦，有着悠久的传统友好的历史。”[④]而于40年前即1978年签订的《中日和平友好条约》，内容简洁，主要是以条约的形式对《中日联合声明》所表述的基本原

---

① 参见王芸生编著：《六十年来中国与日本》第一卷，北京：生活·读书·新知三联书店，2005年，第45页。

② 竹内実編集『日中国交基本文献集』上巻、蒼蒼社、1993年、133頁。

③ 田桓主编：《战后中日关系文献集》，北京：中国社会科学出版社，1996年，第125页。

④ 日本驻华大使馆编：《日中关系重要文献集》，2005年，第3页。

则进行确认。它指出："在北京发表联合声明以来，两国政府和人民之间的友好关系在新的基础上获得很大发展……缔约双方将本着睦邻友好的精神，按照平等互利和互不干涉内政的原则，为进一步发展两国之间的经济关系和文化关系，促进两国人民的往来而努力。"① 在江泽民主席 1998 年访日时，两国共同发表的"联合宣言"则指出："双方满意地回顾了中日邦交正常化以来两国在政治、经济、文化、人员往来等各个领域取得的长足发展……不断巩固和发展中日友好合作符合两国人民的根本利益，也将对亚太地区和世界的和平与发展作出积极贡献。"双方一致认为："中日两国有着两千多年的友好交往历史和共同的文化背景，弘扬友好传统，进一步发展互利合作是两国人民的共同愿望。"双方确认要进一步"加强两国各个层次和级别特别是肩负两国未来发展重任的青少年之间的交流"。②

综观以上所有的相关表述可知，无论是在什么时代，中日两国的"时空共有性"一直为两国在正式条约的层面上被强调。即中日两国不仅仅是空间意义上的"近邻"，而且更是时间意义上的具有"悠久的友好交往传统"的邻国。换言之，正是这两点，使中日两国的关系不仅具有天然便利的"物质性"基础，同时还具有与此相关联的"精神性"因子这样的双重基础。而古典的回归，正是以这一基础为立足点或者说为原点的。

以上是在时间和空间之交织意义上的中日关系的基础，那么与此密切关联的，两国在深层的精神、价值理念方面的情形又是怎样的呢？我们可以通过福田首相的"曲阜文化之旅"得到验证。

众所周知，在 2006 年的岁尾，福田首相开始了他访问中国的"迎春之旅"。在北京与中国领导人的一系列会谈，到日资企业集中、合作前景广阔的天津考察，皆为本次访问的题中应有之义。但其后的曲阜之行，却引起了人们的特别关注。据当地媒体报道："12 月 30 日上午，曲阜孔庙庄严肃穆，弦乐低回，日本首相福田康夫偕夫人福田贵代子到这里参观孔庙，祭拜儒家思想的先祖孔子……在大成殿前，他兴致勃勃地观看了精心排练的祭孔古乐舞表演，向孔子像鞠躬致礼……还现场吟诵《论语》中的名句：'己所不欲，勿施于人'……'礼之用，和为贵'。讲解人重点介绍了孔子思想中的'礼''仁'

① 日本驻华大使馆编：《日中关系重要文献集》，2005 年，第 7 页。
② 同上书，第 17 页。

‘中庸’等内容。当听到孔子的思想以‘仁’为核心，‘仁者爱人’时，福田康夫连连点头称是。”在谈到参观孔庙的印象和感受时，福田康夫说：“我来到孔子故乡曲阜，来到儒家文化的起点，很激动，也很高兴。诞生于2500年前的孔子思想，在当今世界依然有很大影响力……是日中两国文化的共同点。我到这里来，就是要亲眼看到和确认这个共同点。现在，我的愿望终于实现了。”① 当时的日本国驻上海总领事隈丸优次先生对福田首相的这一文化之旅评论说：“孔子在日本也很受欢迎，中日双边关系有一点与其他的双边关系不同，那就是来源共同性，福田首相这次参观孔庙，不仅有促进双方文化交流的含义，同时也是要去确认这种共同性。”②

福田首相所要确认的中日关系中的这种“共同点”和隈丸总领事所说的“来源共同性”，使人们想起在公元3世纪（一说5世纪）初，《论语》即传至扶桑。自此，孔夫子就与日本结下不解之缘。在日本从蒙昧走向近代文明的几个关键时期，如日本历史上著名的圣德太子进行的“推古朝改革”及其后的“大化改新”，儒家思想都发挥了重要作用。圣德太子制定的《十七条宪法》的第一条，即有“以和为贵”，而《冠位十二阶》，则更直接以儒家德目如“德、仁、礼、信、义、智”为名称。到了江户时代，儒学更成为官方的意识形态。孔子也由此受到尊崇：在大宝元年（公元701年），文武天皇亲临大学寮举行祭祀孔子的“释尊”仪式；768年，称德天皇还模仿中国唐朝的做法，“敕号”孔子为“文宣王”。然而，时至近代，中国国势颓萎，日本转而学习西方，孔子由此在日本也颇受了些委屈。黄遵宪《日本杂事诗·孔子庙》描述明治时期的景况云：“昌平庙貌尚崔巍，列郡胶庠半劫灰。几辈龂龂守残缺，捧经抱器拜门来。”③ 又同书《儒者》篇云：“五经高阁竟如删，太学诸生守兔园。犹有穷儒衣缝掖，著书扫叶老名山。”不可谓不凄凉，但依然可见艰辛中儒家思想的薪火相传。因为文化的东西是没有那么容易“诀别”或剥离的，即便将时空转换到战后，作为意识形态体系的儒学虽说已不复存在，但正如美国学者赖肖尔所指出的：“当代日本人显然不是德川时代他们的祖先那种

① 转引自王茂盛：《东方圣城迎来日本首相福田康夫》，2007年12月30日，http：/www.sina.com.cn［2018－07－23］。

② 转引自王兴栋：《日本驻沪总领事：福田本想更早来待得更久》，解放网－新闻晚报，2007年12月28日。

③ 実藤恵秀など編『黄遵憲日本雑事詩』、平凡社、1968年、148頁、103頁。

意义的儒教徒，但儒教的伦理价值观念仍然浸透着他们的思想。儒教可能比其他任何传统的宗教和哲学影响都大。”① 因而，他认为：“从某种意义上说，几乎所有日本人都是儒教徒。”这种说法或许有些夸张，但儒学在日本现代生活中影响力的巨大存在却也是不争的事实。前引福田首相在曲阜的感想，也可以作为佐证。

但是，自近代以来，在日本，自福泽喻吉倡导“脱亚入欧”至今；在中国，从“五四运动”到文化大革命——两国都曾将摆脱儒家思想作为或实现国家独立，或追求国家进步、富强的思想意识之前提。不同的是：日本从此日益将普通意义上的西方的价值理念、思想意识奉为圭臬，并在这一意义上成为在东亚的“西方国家”，而中国则从马克思主义那里寻求社会变革和进步的原理和精神动力。换言之，在儒家思想赖以产生和存续的中国自不待言，即便是如前引赖肖尔所说的儒家思想在日本的情形——于社会伦理道德、人际关系等方面，儒家思想仍是一种无法取代的至深至广的强韧存在。但无论是在中国，还是在日本，其在国家政治生活层面的意义，则非复往昔可比。因为作为国家的思想意识形态体系，它已经为他者所取代。而且，中国和日本走的是完全不同的道路——反映在主流精神意识上，如前所言，总体上看宛如沿着不同轨道前进而呈现的两条平行线。然而，在实际上，在不同的历史时期，两者则往往会以不同的理由而“交会”。譬如当年日本侵略中国时，一方面疯狂地进行屠杀和掠夺，一方面又强行通过“皇民化”方式，对中国人实行精神奴役。而其所标榜的亚洲人“共存共荣”的大亚细亚主义，也不过是在思想意识上强调日本统治亚洲的意志而已。及至战后，中国成为社会主义国家，日本则作为西方的一员充当在东亚的冷战桥头堡，从而在意识形态上处于两相对立的状态。其后日本虽有所谓“重回亚洲”之说，在经济上也确实曾发挥过亚洲经济发展领头雁的作用，但在精神层面的情形，中日之间并未有多大改变。也即两国的精神主脉，与其说是“交会”，不如说是“交锋”。换言之，此前的“交会”常态：或充斥着日本的恶意，或倾注了双方的敌意。

综上所述，沿着这样的“同”与“异”的脉络，我们既看到了中日两国之间存在着悠久的文化交流传统，也看到自近代以来中日两国在精神领域发生的变化，以及伴随这种变化所发生的差异和龃龉。正是在这样的背景下，在

① ［美］埃德温·奥·赖肖尔：《当代日本人》，北京：商务印书馆，1992年，第175—176页。

21世纪之初，福田首相以现职日本国总理大臣之尊，通过亲赴曲阜“朝圣”的文化之旅——这在两千多年的中日交流史上是破天荒第一遭——对两国文化的共同点加以确认，不言而喻具有深刻的象征意义：即一度在精神意识上分道扬镳的中日两国，现在产生了重新确认曾经拥有的、主要以儒家思想为载体的东亚文明的“来源共同性”的冲动。福田此举的意蕴何在？理所当然地不仅引起舆论的广泛关注，也使人们对此深长思之。

问题的权威答案应该是“夫子自道”——福田在北京大学的演讲中，谈到他的曲阜之行的目的时强调：“日中两国不单单是一种仅由利益、利害关系联结起来的存在。日中两国是具有悠久的交流之历史的邻国，共有相互的文化和传统，共有在其中相互所由成立的基盘。譬如日本开始走向近代国家的‘明治维新’这一说法，其来源即可在中国的古典中所求得。另外，通过2018年的‘文化·体育交流年’所展开的诸多的交流活动所产生的双方强烈的共感，不正是因为在两国之间有着共同的基础嘛!”同时，福田接着指出：“两国共同追求人权、法治、民主主义这样的普遍价值，也是重要的。另一方面，我认为对于深深地蕴藏于日中两国中的共同的基础、价值给予思考也是非常重要的。怀抱着这样的想法，同时也怀着让两国国民想到日中间的特殊关系——这样的心情，我这次将访问曲阜。”①

在这里，福田的中心意思是：中日两国的关系不应该只是建立在利益和利害的基础上，还必须在精神、价值领域的深层次上有一种契合。只有这样，中日关系才是健全的、牢固的。而要达此目的，首先要充分利用中日间本就存在的、曾经共同拥有的“精神财富”——这主要表现为即便在现在也还有着强大生命力的以孔子为代表的儒家思想。同时，也不要回避现在占据世界主流话语权的诸如“民主、法治、人权”等价值理念，而且两国应该共同去追求。即以上两个方面不应偏废，在重构中日间的精神、价值大厦时，它们互相构成重要的存在前提。

福田不仅“演说”，而且身体力行。与前述中日间在意识形态、价值理念等精神领域充斥着“恶意”“敌意”不同，福田以上的思想从根本上说充满着作为一位政治家的真诚和善意，因而也很快获得中国的回应。继福田的“迎

① 福田康夫：《共同创造未来》，2007年12月8日，http：//www.mofa.go.jp/mofaj/press/enzntsu/19/efuk_1228.mail[2018-07-23]。

春之旅”，数月后胡锦涛主席又开始了访日的“暖春之旅”。胡主席还专程赴日本古都奈良，参观了象征中日文化交流源远流长的法隆寺和唐招提寺。而从前引他与福田首相共同签署的《中日关于全面推进战略互惠关系的联合声明》中的表述——中日两国“为进一步理解和追求国际社会公认的基本和普遍价值进行紧密合作，不断加强在长期交流中共同培育、共同拥有的文化的理解”，不难看出，其基本精神与前引福田首相在北大演讲中的主旨是相一致的。也即就此所达成的共识，已经提升为国家意志。所谓中日关系的新向度，由此也得以正式形成。

三

那么，这一中日关系的新向度产生的真正原因何在呢？我认为这既源自事物发展的内在逻辑，也是时势使然，更与福田首相所秉持的政治、外交理念——“新福田主义”密切相关。而在形式上，它首先表现为对所谓“价值观外交”的有力反驳。

推动历史性变化的无疑是历史自身。众所周知，近年随着中国的发展进入快车道，亚洲特别是东亚的格局正迎来亘古未有的情形。就中日两国而言，在实力的消长方面，根据2016年的统计，双方国内生产总值的对比，已由1990年的1:9，下降到2006年的1:1.8，意味着中国在经济总量上超过日本，已经并非遥远的事情。也就是说，亚洲历史上从未出现过的中日两强并立、双雄对峙的局面即将成为客观现实。

古人云“风起于青蘋之末”，又曰“一叶知秋”。不言而喻，一向有忧患意识传统、对外部变化素来十分敏感的日本政治家，对此是了然于胸的。如何应对这种新的情势，就日本而言，从观念到现实，都面临重要而紧迫的战略抉择。

回过头来看，近年从小泉纯一郎到安倍晋三，再到福田康夫，他们在战略取向上，有一点可以说非常一致而有异于此前的大多数日本政治家，这就是他们都非常重视在精神、价值理念层面的对华外交，而且已经将此提升到战略高度，乃至成为日本外交的“新基轴”或“支柱”。因为小泉、安倍知道在经济上不仅无法也无力阻止中国的崛起，而且日本还要赖此复苏和发展自己的经济，所以即便是在小泉当政时中日政治关系跌入了冰点，两国的经贸关系依然保持了很高的“热度”。而在安全、军事领域，他们一仍旧贯，依赖传统的“日美基轴”。不过小泉走得更远更极端，表现出再明显不过的以此制衡中国崛起的战略意图。其借助台海危机和反恐等所通过的一系列法案，即为他的这一企图的具体化。

也即面对东亚格局的历史性变化，日本在经济、军事等方面并没有多少牌可以阻止或改变这一变化及其方向。因而在政治和外交上，小泉与安倍自以为找到了中国的“软肋”或“命门”，祭出了所谓“价值本位”的对华外交方针，并与欧美的新保守主义相呼应，借以形成对中国的“软围堵”，从而达到阻遏中国崛起的目的。

譬如，在小泉任内的2002年，由其外交咨询机构所提交的《21世纪日本外交基本战略——新时代、新视野、新外交》研究报告中，有所谓“为了亚洲的长期稳定，一贯推进自由与民主主义，维护人权，积极参与人道支援活动，是亚洲先进民主主义国家日本的义务及国家利益”。不言而喻，其在亚洲的最大价值观外交对象国即为中国。小泉还在多个亚洲国际会议的场合针对中国反复宣扬以上主旨，如在2005年的吉隆坡东亚峰会上，他坚持要将所谓民主主义、自由和人权写入会议共同宣言，并特别强调以上的所谓“普遍价值”在东亚共同体建设中的重要性，意图借此在道德上贬低、在政治上牵制中国。不仅如此，他还在精神层面通过刺激两国国民感情，借以激发狭隘的民族主义，以便制造中日关系的深层困局。但是由于他顽固坚持参拜靖国神社而在亚洲引起公愤，所以在其任内，价值观外交并未能真正展开。

而其力挺的后任者安倍晋三，虽然迫于国内压力上台不久即首访中国，实现了“破冰之旅”，使中日关系得到一定缓和，但由于其所秉持的右倾保守理念，特别是他热衷于所谓美日澳印“价值观联盟”；而他的搭档、当时的外交大臣麻生太郎则极力推行意在围堵中国的“自由与繁荣之弧”——使日本的“价值观外交”一时甚嚣尘上，从而给中日关系蒙上了阴影，使人不能不对安倍政权抱有深深的疑虑，而担心刚刚好转的中日关系在某一天发生逆转也并非杞忧。

即便从结果来看，无论是小泉还是安倍，他们所推行的“价值本位”外交，最终皆归于失败。也即他们应对中国崛起的这一方略，从根本上来说是失策的。这主要缘于以下两种原因。

第一，在于他们自身。并不是说因为日本并非所谓“自由、民主、人权”之类具有“普遍意义”的西方价值理念的原创者，也即非“知识产权”持有者，就不具备推行这些价值理念的天然资格，而是从一开始，小泉、安倍等就把它作为对付中国崛起的外交工具来使用。换言之，它本来就缺乏与生俱来的推广这些价值理念的那种使命感，因而充其量也就是一种外交之“术”。而缺乏以“道”为基底的“术”，其功用是非常有限的。另外，推销这些人类的“普遍价值”者本身应该具有高尚的道德水准是人们的常识，但当日本面对亚洲，特别是其东亚近邻时，无论是历史的还是道德的，它又有多大的感召力呢？

第二，对于中国和中华文明，小泉特别是作为战后出生的第一位日本首相安倍这样的新生代政治家，其实缺乏真正的“历史感”。对中国这样一个具有五千年文明历史而且又与日本的文明进程有着密切关系的国家，现在由日本来向其推动“价值观外交”，显然不仅底气不足，而且并没有真正在深层次上了解中国及其文明的精髓。作为一个历史悠久的东方大国，中国任何社会性的改革都需要一个艰难的过程，这与日本、与欧美都是迥异的。同时，具有五千年历史的中国，尽管其间遭受过诸多重大危机，但这一文明从未中断过。究其根源，在于中华文明具有自我调节的内在功能。对此缺乏认识的上述日本政治家，怀着一种明显的敌意，用另外一种文明的价值体系为圭臬，对中华文明进行“价值判断”，借以谋取日本在两国关系上的“道德制高点”和外交上的“道德优势”，并达到对中国进行“软围堵”的目的。这不仅不合常理和逻辑，结果也必然是徒劳的。而最早对此进行强烈反驳的，恰恰是对中国文明、对中日关系怀有深切的历史感和真切理解的日本政治家——安倍的继任福田康夫首相。

四

不言而喻，对于东亚格局所发生的重大变化，福田首相已敏锐地感到历史的天平已向中国倾斜。而两强并立的生存之道，不可能在零和，也不在简单的双赢，而是根据中日两国的实际，通过“深化”和“广域”合作，以求最终的真正意义上的“双赢”。而这对于日本的，尤其重要。

所谓中日两国的实际，是指在经济关系方面，长期以来彼此合作密切，只要根据双方需要，在合作领域上加以调整即可。譬如现在合作的重点在环境、能源方面。而在安全、军事领域总体上相安无事。而进一步互相增加透明度、加强交流等，应是今后的课题。另外，东海等棘手问题也已有进展。所以，真正的挑战在于中日间深层次的问题，即对中日关系的影响越来越重大的精神、价值理念层面所存在的巨大差距。前已言及，福田首相与小泉、安倍一样，都十分重视两国间这一层面的问题，只是他的理念与所取态度，与其前两任恰成鲜明的对照。

福田的做法，如前所言，他首先在容易引起共鸣的两国的“共同点”上做文章，即通过“回归古典”的方法，如亲赴曲阜去确认中日文化的“来源共同性”，以期重新唤起两国国民对曾经共同拥有的精神家园的历史记忆。因为历史、文化的同源性或共同性所具有的天然亲和力，特别是在同一区域的国家中，无疑可以增强彼此精神上的一体感和连带感。而福田的“曲阜之行”，实质上是去寻求中日两国在精神领域互动的原点，并期待其成为重构中日间精神大厦、深化中日关系的原动力。

在此基础上，对于中日关系的最薄弱处，也即“相异点”——两国在国家体制、意识形态、价值观念等方面存在着巨大的差异，福田不仅不回避，而且利用在北京大学演讲的机会，公开提出中日两国“共同追求人权、法治、民主主义是重要的”。就我的理解，这并不涉及与此相关的政治体制，而主要是在精神意识层面，也即福田认为中日两国应该就包括上述所谓“普遍价值”在内的、各自的价值观念，展开深入的交流，而不是采取回避或“超越”的态度。通过这样的工作和持续不懈的努力，以期在价值理念等精神领域形成一个双方能够接受和共同追求的“阈值”。而这一过程，与其说是为了开拓中日关系的一个新的维度，不如说是为了促成中日两国在精神、价值领域不断得以接近的新的“向量”。

这样，通过以上“同”“异”两个方面的努力，可以共构起中日间精神、价值理念大厦的基础。而立足于这一基础之上的中日关系，无疑可以比只是由利益、利害构成的两国关系步伐更稳固，从而可以走得更远。而且，也为中日两国的广域合作，譬如对于东亚共同体的建构，也具有特别的意义。推而广之，在福田要将太平洋变为内海的亚太乃至世界舞台上，中日都可借助这一基础，进行密切合作。如此，无论东亚格局发生怎样的变化，中日都将会实现真正意义上的双赢。

福田的构想，可以说与中国不谋而合。因为就中国而言，实际上在构建和谐社会、和谐世界和人类命运共同体的过程中，除了秉持立足于中华文明之上的价值理念，如何应对作为当今世界主流话语的西方价值观，诸如民主、自由、法治、人权等，本就是题中应有之义。而对不同的文明、相异的价值理念，习近平主席在中共十九大报告、温家宝前总理在哈佛大学的演讲，我想集中代表了中国的态度："要尊重世界文明多样性，以文明交流超越文明隔阂、文明互鉴超越文明冲突、文明共存超越文明优越。"① "不同民族的文化千姿百态，其合理内核往往是相同的，总能为人类所承传。各民族的文明都是人类智慧的成果，对人类进步作出了贡献，应该彼此尊重。人类因无知或偏见引起的冲突，有时比因利益引起的冲突更可怕。我们主张以平等包容的精神，努力寻找双方的共同点，开展广泛的文明对话和深入的文化交流。"②

福田首相之所以能够如此，与他所信奉的，即在其就职演说中所表示的建设"和平、合作国家日本"的外交理念是密不可分的，实际上是这一理念在中日关系上的具体化，从中我们仍然可以看到通过"心与心"的交流，日本与亚洲各国成为伙伴和兄弟的"福田主义"的投影，也显示了"新福田主义"的核心价值。

战后，不乏对中日关系有着深刻理解、因而也十分重视两国关系的日本政治家，譬如像中曾根康弘前首相这样的人物。但他对中日关系的重视与应对，我认为也还只是停留在"器"即"器用"层面，本质上还停留在技术和工具层面。而福田首相的外交理念和实践都证明，他已超越了这一具有操作性特征的工具层面，从而由"器"升华为"道"的境界。这主要体现在他不仅不将中日关系囿于利益、利害一隅，而是在更深的层面本质地把握中日关系的精神内涵，并且指出了打通中日间精神隧道、共构新的价值大厦的"新向量"。他在中日关系史上所留下的这一宝贵的精神遗产，将会产生深远的影响，并为历史所铭记。

---

① 《习近平在中国共产党第十九次全国代表大会上的报告》，北京：人民出版社，2017年，第59页。

② 温家宝：《把目光投向中国》，2003年12月10日，http：/gb. cri. cn/321/2003/12/11/14/142@17837. htm[2018－07－23]。

坚守友好条约初衷，促进中日合作发展

曲德林*

在中日关系总体上趋于改善和好转的势头上，我们进入了2018年这个中日两国缔结《中日和平友好条约》的时间节点。在世界政治形势剧烈变化、经济形势动荡的新时期，如何抓住中日关系改善的势头和两国关系友好发展的机遇，在具体领域上达到实质性的合作并展现出中日关系健康和稳定发展的新趋势，应该是中日双方共同努力的方向和工作的重点。

一 重温条约精神，坚持签约初衷，共担历史使命

40年前的8月12日《中日和平友好条约》在北京举行签字仪式，华国锋、邓小平和廖承志等国家领导人出席签字仪式，外交部部长黄华和日本外务大臣园田直分别代表两国政府在条约上签字。[①] 记得当年10月23日，邓小平副总理应日本政府邀请，出席了在东京举行的中日和平友好条约批准书的交换仪式。我是当年10月作为东京工业大学UNISCO的研究生班的留学生刚到东京。在小平同志的22日到29日的访问期间，接见了中国驻日本大使馆的外交人员，我也有幸参加了小平同志接见外交人员的活动，小平同志和我们一起合影留念，至今那些情景还留在我的美好记忆中。

2018年5月李克强总理访日时，指出“中日和平友好条约以法律的形式确认了《中日联合声明》的各项原则，为中日关系确立了政治基础和法律规范，指明了正确的方向”。他还指出：“中日四个政治文件是中日关系健康发

---

* 曲德林，清华大学日本研究中心教授。

① 参见《1978年邓小平访问日本学到了什么?》，《半月谈》2008年11月23日。

展必须牢牢坚持的指针和遵循。”[①] 因此，我们可以说《中日和平友好条约》是四个政治文件的政治基础和法律规范。《中日和平友好条约》不长，共有五项条款。但意义就在于中日两国的和平友好关系用法律形式固定下来，表明了中日两国人民要世世代代友好下去的信念、诉求和初衷。条款虽然内容不多，但条约明确了中日关系的基本原则，已经成为构建和发展中日关系的政治基础。

40年前的国际形势处于美苏两大阵营对抗的冷战时期。1972年中日两国实现了邦交正常化，之后经历了漫长的和平友好条约的交涉和谈判的时期。1976年邓小平同志第三次复出，国内外形势发生了巨大的变化，周总理和小平同志都认为要及时调整中国的对内对外政策。小平同志指出，签署中日和平友好条约的步子应该更快一些。必须从政治角度，用长远的眼光来看中日关系。他强调，加强中日两国人民友好，是符合我们两国人民的根本利益的，它不是百年大计，而是千年大计、万年大计。有些问题可能成为尽快缔结和平友好条约的障碍。如钓鱼岛的领土归属问题，应搁置争议，留给后人去解决。对日本政府来讲，当时的国际形势也有利于尽快推动中日和平友好条约的签订。因为70年代末苏联在世界范围内推行霸权主义政策，引起了各国的不满和警惕。当时中苏关系破裂，而中美关系有了实质性的进展。在1972年尼克松总统访华之后，1975年福特总统又来访中国，中美建交的形势变得越来越成熟，由于中美关系的改善与发展，也必然会促使日本政府调整它的对华政策。

对中国而言，经历了文化大革命的十年浩劫，中国的经济和社会发展蒙受了重大的损失。粉碎“四人帮”之后，中国进入了新的历史时期。小平同志复出后，特别是在国内开展的真理标准的大讨论之后，中国共产党重新确立了实事求是的思想路线，党的工作重心转移到了经济建设上来。小平同志提出中国要扩大与发达国家的交流合作，利用资本主义国家的先进科学技术和管理经验，为我国的经济建设服务。

40年前小平同志访日，参加中日和平友好条约批准书交换仪式，实现了战后中国领导人的首次访日，足以反映小平同志对中日两国友好的珍视。10月份访日的时间节点，也正值中共十一届三中全会召开前夕，作为中国改革、

---

① 李克强：《在纪念中日和平友好条约缔结40周年招待会上的演讲》，新华网，http：//www.xinhuanet. com//politics/leaders/2018－05//11/c_1122814986. hmt。

开放的总设计师，他把访日定位为中国现代化发展大战略中的取经之旅。他指出，为了实现现代化“要有正确的政策，就是要善于学习，要以现在国际先进的技术、先进的管理方法作为我们发展的起点。首先承认我们的落后，老老实实承认落后就有希望。再就是善于学习。这次到日本来，就是也向日本请教。我们向一切发达国家请教。向第三世界穷朋友中的好经验请教。相信本着这样的态度、政策、方针，我们是有希望的”①。

回顾40年前签约的历史，我们由衷地感谢中日两国老一代政治家高瞻远瞩、审时度势的气魄，他们为中日友好的航船开辟了正确的航线。中日双方在和平共处五项原则的基础上，明确了发展两国间持久的和平友好关系的基本内容。按照条约的精神，在相互关系中，用和平的手段解决一切争端，而不诉诸武力和武力威胁；双方本着睦邻友好的精神，按照平等互利互不干涉内政的原则，为进一步发展两国之间的经济关系和文化关系，促进两国人民的往来而努力。这些是我们不应忘却的初衷。

40年来中日关系经历了曲折复杂的变化过程，走过了沟沟坎坎不寻常之路。1972年9月中日邦交正常化以来，经历了六年之久的“先复交，再缔约”两步走的历程。针对“反霸条款”问题，双方谈判出现僵局，直到1976年中日双方政局的变化，谈判才出现转机。小平同志主持工作后，促成了条约这一正式法律文件的签署，为中日关系的发展打下了坚实的政治基础。② 此后十年间，中日关系达到了历史上最好的发展时期。1989年苏联解体，美苏冷战格局结束。日本经济的泡沫崩溃。美国的全球战略改变，开始把中国作为亚太地区的主要竞争对手，扶持日本遏制中国。加上中国经济改革开放之后的高速增长，出现中日两强并列的格局。中日在历史问题、台湾问题以及贸易和安全领域的矛盾多发，条约的精神面临挑战。为应对中日之间的争端和分歧，签约20年后的1998年11月，江泽民主席访日，双方发表了《中日关于建立致力于和平与发展的友好合作伙伴关系的联合宣言》，成为中日关系的第三个政治文件。《宣言》为中日关系的航船把握了航向，特别是对台湾问题做了进一步的规范。③ 由于中日关系存在着结构性特征，钓鱼岛、台湾和历史问题等“三

① 转引自《1978年邓小平访日开创中国国家领导人访日先河》，人民网－日本频道，http：//japan.people.com.cn/n/2014/0818/c35467－25485407.html[2018－07－28]。

② 参见张香山：《中日缔结和平友好条约的前后》，《日本学刊》1998年第4期。

③ 参见杨伯江：《从理性思维谋求中日关系的跨世纪发展》，《现代国际关系》1999年第9期。

大结构性问题”不时在国际、国内形势的变化下凸显，成为制约中日关系发展的干扰和挑战。21世纪初，日本首相小泉纯一郎顽固参拜靖国神社，两国领导人互访中断，中日关系再次陷于政治僵局。而在这一时期，世界范围内非传统安全问题凸显，能源、环境和气候变化等全球性问题成人类应对的新挑战。2006年10月小泉下台，继任首相安倍访华开启“破冰之旅”。签约30年后的2008年5月，胡锦涛主席访日，与福田康夫首相一起再一次定位中日关系航船的航向，签署了《中日关于全面推进战略互惠关系的联合声明》，成为中日关系的第四个政治文件。此后，日本民主党掌权之后，特别是2012年日方宣布钓鱼岛“国有化”之后，引发了中日关系全面恶化。然而，在条约的共同政治基础之下，中日两国都认为中日关系是最重要的双边关系，都应管控分歧和摩擦，改善和规范双边关系。2014年11月两国达成“四点原则共识”，“确认将遵守中日四个政治文件各项原则和精神，继续发展中日战略互惠关系。……重启政治、外交和安全对话，努力构建政治互信”。40年来中日关系的发展历程深刻证明了中日和平友好条约是中日关系的政治基础和法律规范。要保证中日关系的航船航线正确，在不同的历史时期要通过和平协商解决双方的分歧和矛盾。中日四个政治文件和四点共识就是航船的定位仪，使航船沿着正确的目标前行。在当今世界处于大发展、大变革、大调整的形势之下，特别是美国特朗普掌权以来，大搞美国优先，实行贸易保护的单边主义政策。中日和其他主要经济体都承受到压力，蒙受损失。在这种形势之下，中日之间共同利益上升，合作需求变大。抓住机遇推动两国关系的改善与发展，成为双方的共识。不忘签约的初衷，促进中日之间的深度合作，让中日友好的航船行稳致远，应该成为中日两国共同努力的方向。

二 面对新形势，坚持友好大方向，共担历史使命

40年后的今天，国际形势的大变革，必然引起相关政策的大调整，最终会带来全球经济和社会的大发展。从2017年开始，中日两国关系走上了回暖之路。安倍首相对中国“一带一路”倡议的态度从坐视到呼应，反映了日本政府重视对华关系的积极态度。2018年5月9日李克强总理访日时，安倍首相讲“40年前，两国老一辈政治家展现了远见和智慧，缔结了《日中和平友

好条约》。条约第一条就是发展两国间持久的和平友好关系。条约像指南针一样，引领我们克服各种困难，不断前行。李克强总理此访实现了两国关系重回正确轨道。在新的起点再次起航。李克强总理指出："中日四个政治文件是中日关系必须牢牢坚持的指针和遵循。总结经验，政治上以史为鉴，面向未来。经济上着眼于两国发展和民生改善。把中日务实合作提高到新的层次，更好地实现互利共赢。人文领域要加强交流，拉近民心距离，夯实民意基础，壮大推动中日关系发展的积极力量。"他还特别强调："中日两国要履行责任，共担历史使命。中日作为世界主要经济体，针对保护主义、单边主义抬头的倾向，有责任共同维护多边贸易体制，推进贸易和投资自由化和便利化，维护世界经济来之不易的向好局面。"日媒对李克强总理此次访日受到特别待遇做了报道，安倍首相全程陪同李克强总理的访日行程，并一直把他送到登机舷梯口，握手告别，足以显示中日两国领导人对和平友好的珍视。①

2018 年是中国改革开放40 周年。从国内形势看，改革开放40 年，中国的综合国力发生了巨大的变化。1978 年中国 GDP2683 亿美元，世界排名第 15 位，2010 年超过日本，成为世界第二大经济体，2018 年中国 GDP131186. 9 亿美元。然而国内某些舆论的导向，过度自信。实际上反映一个国家的实际发展水平，目前最准确的指标还是人均收入水平，目前中国的人均 GDP9376. 97 美元，排名第 72 位，而日本的人均 GDP40063. 26 美元，排名第 24 位。美国人均 61687. 41 美元，排名第八。发达国家均在人均 4 万美元以上。

40 年前中日和平友好条约签约换文时，小平同志访日时抱着学习的精神而来，是向日本请教，是向一切发达国家请教的态度。40 年后的今天，我们仍然是发展中国家、新兴经济体，日本仍然是发达国家、先进经济体。凡是去过日本的国人，对日本的环境优美、干净整洁、社会治理的水平、医学健康水平、国民素质水平，都是相当称道的。特别是科学研究水平，创新能力技术水准方面也是领跑者。从我们国家的整个经济发展角度和创新能力方面来看还是一个追赶者。对一个国家来讲，贵有自知之明，韬光养晦、低调处事应该是要永远提倡的精神风范。新时代我们更坚持改革开放的准确定位，正像习近平主席所讲的，要顺应历史大势，坚持合作共赢，创新引领，包容普惠。坚持多边

① 参见《李克强访日有何"特别"：安倍全程陪同，日媒全程跟踪报道》，中国政府网，2018 年 5 月 12 日，http：//www. gov. cn/xinwen/2018 -05/12/content_ 5290561. htm[2018 -07 -29]。

主义，为构建新型国际关系，构建人类命运共同体发挥建设作用。①

我在日本学习和工作十多年，对日本的认识也经历了更加客观和全面的过程。20世纪90年代初，日本房地产泡沫开始破裂，具有危机意识的日本人和媒体宣扬日本是“失去的20年”。随着2010年开始中国GDP超过日本后，不少国人也开始以第二经济大国自居。实事求是地说，不仅我们的人均GDP和日本还差得很远，而且我们在科学技术发展水平和技术进步方面，和日本也有很大差距。日本经历90年代的大萧条后，低调发展了20年，致力于创新能力的提升和产业结构的转型。近几年日本在创新领域的成果令人瞩目。在2015年全球创新企业TOP100中，美国占35家，日本占40家，超越了美国。在新技术领域，美日的领先优势突出，日本位列全球第三。除此之外，我们通常讲日本人傻认真，带有贬义。实际上，正是日本人的认真造就了“匠人精神”，日本的产品以精细完美著称，社会安定而不浮躁。日本是亚洲唯一的发达国家，社会治理和文明水平，得到去日本访问的普通中国百姓的交口称赞。我们客观地分析日本，在创新和高科技领域向他们学习，开展扎实务实的合作，以日本的创新技术优势，加上中国的广袤市场和产业基础，完全可以开创中日经济技术合作的新局面。从教育交流和合作来说，提高赴日留学人员的层次，推进高技术领域的合作研究，会起到双赢的效果。正如李克强总理所讲：“只要我们遵循条约精神，坚持和平友好的大方向，拿出远见、勇气和智慧，一定能够推动中日两国和平友好的航船再起航，而且行稳致远，共同开创中日关系新的未来。”

三　落实实质性合作，共创中日合作的新时代

当前，中日应该在共同维护以规则为基础的多边贸易体制、反对单边主义方面，积极开展实质性合作。

（一）在人才培养和创新研究上发力，为新时代培养领军人才

2018年是我国改革开放40周年。中国的改革开放总设计师邓小平同志拨

① 参见《习近平在金砖国家工商论坛上的讲话》，央视网，2018年7月28日，http：//news.cctv.com/2018/07/26/ARTIT1zbjWdd4Bnb3M2cPWej180726.shtml［2018-07-29］。

乱反正，首先恢复大学招生、研究生招生，扩大向发达国家派遣留学生开启了改革开放的大幕。1978 年《中日和平友好条约》的签订，为中日两国在政治、经济、教育和科技等诸方面的交流奠定了基础。1979 年和 1980 年双方分别签订了《中日文化交流协定》和《中日科学技术合作协定》，开启了派遣留学生和科技、教育和文化交流的热潮。教育部作为归口单位从 1979 年开始先后向日本派遣了五批本科生和逐年派遣研究生、进修生和访问学者。改革开放是从抓人才开始启动的。实事求是地说，这些举措，为国家的发展培养了大批人才。据统计，国内的两院院士 80% 以上有海外留学经历。就日本而言，据不完全统计，在日本公立和私立大学里任教的华裔副教授职称以上人数达 500 人以上。可以说，日本政府和社会对我国的人才培养是有贡献的。

面向新时代，实现中华民族的伟大复兴离不开人才。因此，新时代的人才培养和创新研究应该成为中日合作新的发力点。日本的基础研究是相当领先的。截至 2016 年，日本获得诺贝尔奖人数已达 25 人，除欧美诸国外，日本是获奖人数最多的国家。建议在人才培养和创新研究上应该和日本的高水平大学与机构进行合作，诸如东大、京大等知名学府和理化研究所等高水平的研究机关，以培养中日两国原创性的创新领军人才，共同应对 21 世纪的挑战。

（二）针对两国面临的共同社会问题——健康和老龄化问题进行交流与合作

日本先于中国 30 年进入老龄化社会。① 由于人口寿命的延长，少子化、老高龄化成为全球性的问题。老龄化带来劳动人口的减少，给经济和社会的发展带来相当大的影响。中国老龄化的增长趋势快，并呈现出未富先老和未备先老的特征。医疗和退休金缺口问题突出，加上城乡差别大，失能、半失能和失智老人数量多，成为养老问题的难点。养老、教育和医疗问题，是当今中国的最大民生问题。按照新时代一切从人民的利益和需要出发的宗旨，习近平总书记在中国共产党十九大报告中特别指出，“积极应对人口老龄化，构建养老、孝老、敬老的政策体系和社会环境”。政策体系建设涉及社会保障体系和社会服务体系的构筑问题，需要整体思维和顶层设计。

① 参见曲德林：《中日应对老龄化社会政策比较》，载《中国应对老龄化社会路径与未来国际学术会议论文集》，2018 年 6 月，第 182 页。

日本是一个高度老龄化的国家，涉及养老的法律和政策体系比较健全。我国可以借鉴日本的经验和教训，特别是单独险种介护险的建立、缴费标准和老人护理的评估体系和标准、介护的内容及人才培养、养老设施的管理和运营等内容均有借鉴意义。另外，退休金的精算、缴费和管理，老龄者再就业的法规以及服务系统的完善和人才培养，对完善我国的政策体系和涉老服务环境都有积极的作用。中日两国在老龄化产业中有关大数据、互联网、服务机械人的开发与应用，也是中日产学研合作的重要内容。在应对老龄化的挑战中，中日两国的合作大有作为。

（三）聚焦减少温室气体排放，解决全球气候变暖的全球性课题，在能源环境政策和节能减排提高能源效率上开展中日产学研的深度合作

近年来，由于温室气体排放引发的海平面上升、全球气候异常等问题成为全球性共同面临的挑战。这些问题与各国的能源结构和能源战略有关。[①] 减低化石燃料的使用比例，加大使用清洁能源包括太阳能、风能、水力、天然气、可燃冰、核能等，是可以有效减少二氧化碳排放、控制全球气候变暖的有效举措。日本在2011年东日本大地震之后，福岛核事故的影响仍然存在，后核危机时代日本能源战略的走向及对全球的影响的研究，也是值得研究和合作的课题。特别是当今特朗普总统退出气候协定的单边主义的做法，给全球带来负面的影响。中日在这方面的合作，共同应对人类面临的挑战，将惠及两国人民、造福于世界。

日本在节能减排和能源利用效率上的技术水平和研发能力，与我国在广泛的领域内具有合作的潜力。中国目前是温室气体排放最多的国家，在能源结构和环境治理方面也有相当多的研究课题，中日的合作将会达到双赢的效果。

总之，2018年中日两国关系的改善和发展面临着重要的机遇。从具体领域和项目着手，落实深度合作，通过交流和合作加深两国人民的相互理解和友好感情，让新时代中日合作结出更加丰硕的成果，造福于两国人民。

① 参见郑文文、曲德林编著：《中日能源战略现状与分析》，北京：清华大学出版社，2015年。

中日关系中的自我约束与集体身份建构

程　蕴*

2018 年是《中日和平友好条约》签订 40 周年，也是《中日联合宣言》发表 20 周年、《中日关于全面推进战略互惠关系的联合声明》发表 10 周年。以上三个文件与 1972 年中日邦交正常化时发表的《中日联合声明》一道，并称为中日间的“四个政治文件”，是规范和发展两国关系的指南。

然而，自复交以来，中日关系就一直跌宕起伏，并未因这些政治文件的签署而得以平稳发展。究其原因，除了两国间的历史认识和领土纠纷等问题未能得到有效管控外，还在于两国对地区及世界发展趋势的认知从未取得过完全一致。而由此导致的相互间信任缺失，使政治文件中所设计的两国关系未来发展蓝图无从实现。那么，如何使中日关系跳出时好时坏的怪圈，确保“四个政治文件”中已经清楚写明了的相关规范和双边关系发展方向能够得到切实遵守呢？本文将总结复交 46 年来的经验教训，从集体身份建构（即共同体意识的形成）的角度，分析中日关系发展的历程，并为今后发展提出相应的建议。

一　构建“安全共同体”的雏形与自我约束缺失

在国际政治中，安全问题一直是国家利益的核心所在，也是制约国家间关系发展的首要因素。近代以来，由于日本对中国进行了长期的侵略以及冷战中意识形态的对立，中日间的安全问题尤为突出。因此，中日两国政治家在复交之初就开始探索新的模式以缓解乃至解决中日间所面临的“安全困境”。这就是构建中日“安全共同体”的雏形。它在本质上要求国家放弃在追求安全问

* 程蕴，南开大学日本研究院讲师。

题上的单边利己行为，将共有规范的约束作为实现彼此安全的主要途径。通过分析1972年签署的《中日联合声明》和1978年签署的《中日和平友好条约》，我们可以提取出当时中日间摸索构建“安全共同体”的最初规范。

（1）对侵略历史进行反省，正视历史。（《中日联合声明》）

（2）中华人民共和国是中国的唯一合法政府，台湾是中华人民共和国领土不可分割的一部分。（《中日联合声明》）

（3）相互尊重主权和领土完整、互不侵犯、互不干涉内政、平等互利、和平共处。用和平手段解决一切争端，不诉诸武力和武力威胁（《中日联合声明》《中日和平友好条约》）

（4）中日两国任何一方都不在亚洲和太平洋地区谋求霸权，每一方都反对任何其他国家或国家集团建立这种霸权的努力。（《中日联合声明》《中日和平友好条约》）

正视历史不仅在于情感方面，而是要求日本认识到采取狭隘的利己主义方式追求自私的国家安全利益甚至不惜牺牲他国的安全，最终并不能带来自身的安全与和平。而在台湾问题上的表态，则表明了日方对于中国核心安全利益的尊重。和平共处五项原则和不以武力解决争端，不仅表明了中日对于彼此核心利益及差异性的相互尊重，也意味着两国在利益交叉地带处理纷争时，放弃依靠实力解决问题的单边行为。最后的反霸条款，在当时的历史背景下虽然具有共同遏制苏联霸权的意图，但其意义并非仅在于此。它意味着中日两国共同约定在构建未来地区安全架构时，不以霸权稳定论作为理论依据和实现方式，而是探索一种远离权力胁迫的“安全共同体”模式。

需要指出的是，中日间在构建“安全共同体”方面一直未能将相应原则以机制的方式具体化。这虽然增加了彼此在实际运用中的灵活性，但也导致了双方对这些共有原则的不同理解。即使在崇尚友好的20世纪80年代，中日关系也依旧被历史问题和台湾问题所困扰。但值得庆幸的是，日本在这些问题爆发后总体上采取了一种自我约束的姿态，倾听了来自中国的意见，使中日间的友好互信氛围未遭到严重破坏。在双方互信得以维持的情况下，虽然在复交之初中日间并未处理好所有的传统安全问题（如钓鱼岛问题），但两国间在这些问题上互谅互让，极力避免了矛盾的激化。

冷战结束后，苏联作为中日两国曾经的潜在共同威胁消失了，中日间意识形态的差异性再次凸显。在日本国内，1989年后日本国民的对华亲近感急剧下跌，而“中国威胁论”也趁此获得了舆论空间。当“保革对立”的国内政治格局彻底瓦解后，日本国内在安全问题上原有的自我约束机制也不复存在，这进而加速了整个国家从构建“安全共同体”立场上的后退。在对华关系上，日本开始更多地依赖同盟这一现实主义的权力因素来确保自身安全，即使这种做法已经伤害到了中国在台湾地区的核心利益。

面对严重的安全压力，中国试图淡化冷战时期遗留下来的权力政治思维和意识形态对抗，构建大国间“伙伴关系”以及“新安全观”等思想被相继提出，它们成为中国政府在新形势下构建“安全共同体”的指导方向。1998 年《中日联合宣言》的发表，就体现了中国弱化分歧扩大共同利益的努力。“宣言”在继承了之前两个政治文件所阐述各项原则的基础上，在全球、地区、双边三个层次上阐明了中日两国政府所取得的共识，明确了两国致力于构建和平与发展的友好合作伙伴关系的新目标。虽然对于日本来说，中日间的伙伴关系并不意味着日美同盟重要性的下降，但由于亚洲地区的同盟体系尚不完备，所以多元化的安全结构仍是其外交政策的重要选项。

然而，问题的关键是，日本在多大程度上能够实现自我约束，进而为地区安全共同体的构建开辟道路。《中日联合宣言》的核心思想是“本着求同存异的精神，最大限度地扩大共同利益，缩小分歧”。但后来的事实表明，虽然中日间的共同利益，尤其是经济相互依存在不断增长，但求同存异却一直处于被忽略的状态。强调差异性则无助于缩小分歧，反而会进一步激励国家采取自助的方式解决安全问题。当日本国内不断破坏战后形成的自我约束机制，借美国发动的反恐战争以实现海外派兵时，当小泉纯一郎无视受害国的反对反复参拜靖国神社时，中日合作构建双边乃至地区安全共同体的前途已经非常渺茫。

亚历山大·温特（Alexander Wendt）认为：“自我约束推动建立安全共同体，减少国家在把照顾自己的部分责任交托给他者时的担心。”① 因此，当日本决定依靠日美同盟不断在安全问题上强化自身在亚太乃至全球的影响力时，它就必然面临一个不断崛起的中国。这是现实主义权力制衡思想的死循环。而这种思维模式一旦固化乃至形成一种文化，那它本身也会成为一种自我实现的预言。在日本国内，政治、军事大国化的思潮与“中国威胁论”从来都是相辅相成的。

① 亚历山大·温特：《国际政治的社会理论》，秦亚青译，上海：上海世纪出版集团，2014 年，第 350 页。

当自我约束的国内机制被逐渐侵蚀，推动其采取自我约束政策的国际机制尚未建立，那么两国在政治文件中所达成的涉及安全问题各项条款就很难被遵守。

二　中日合作过程中的“利益共同体”构建

如果仅从传统安全方面来考察复交以来中日关系的演变，那么得出的结论并不容乐观。然而，中日关系的复杂之处就在于两国在经济领域存在着极大的互补性，在文化领域拥有共同的历史背景。这为两国在东亚地区构建集体身份提供了重要的支撑力。虽然仅凭这些并不足以让日本放弃“西方大国”和“日美同盟”等重要身份认同，但地区集体身份确立并内化后，却可在一定程度上淡化日本的同盟立场。

以经济相互依存为基础，建构中日两国在地区层次上的集体身份认同最早可以追溯到20世纪90年代后期。1998年的《中日联合宣言》已经对双方在本地区的基本责任做过简单阐述。但作为东亚国家一员，日本对这一身份内涵的界定始终存在疑虑。在东亚自由贸易区的构建过程中，与中国倡导东盟发挥主导作用、推动实现区域经济一体化的积极态度相反，日本起初因顾及美国的反对而对东亚一体化倡议无动于衷，后又为抵消中国在本地区的影响力而力主扩大东亚自由贸易区的参加国范围，并力邀美国参加。① 随着地缘政治经济范围的一再扩大（从东亚到亚太，再到现在的印太），日本实质上在很大程度上稀释了“地区国家”这一集体身份的内涵，并将其与同盟立场做了最大限度的统一。这反映了日本将经济问题政治化的偏好。米雷娅·索利斯（Mireya Solis）指出，在东亚地区的FTA谈判问题上，日本政府长期以来处于一种左右为难的境地：是响应经济部门的要求推进同中国的FTA谈判，还是参考政治家的意见将争夺地区主导权作为首要目标。显然，从长期的趋势来看，在处理与中国的关系问题上，“政经分离”的倾向逐渐退化，对外经济政策政治化的倾向日益明显。②

---

① 参见赵宏伟：《东亚区域一体化进程中的中日关系》，《世界经济与政治》2010年第9期，第21—35页。

② ミレヤ・ソリース、バーバラ・スターリングス、片田さおり編『アジア太平洋のFTA競争』、勁草書房、2010年、239頁。

如果在政治层面彼此间的异质性被不断强化，那么政治立场优先的姿态就会剥夺经济相互依存所带来的相互间的好感和信任。中日关系不时表现出来的“政冷经热”现象，已经清楚地反映了这一结果。因此，在缺乏基本政治共识的情况下，仅依靠经济方面的紧密联系和文化上的亲近性，不足以形成稳固的集体身份认同，进而也难以形成长久的互信与互惠。2008年签署的《中日关于全面推进战略互惠关系的联合声明》，就旨在弥补两国关系在长远战略上缺乏共识的短板。在声明中，中日双方再次确认“两国互为合作伙伴，互不构成威胁”并对彼此的发展历程做了如下正面评价：

中国自改革开放以来取得的发展给包括日本在内的国际社会带来了巨大机遇，日方对此表示积极评价。中国愿为构建持久和平、共同繁荣的世界作出贡献，日方对此表示支持。

日本在战后60多年来，坚持走作为和平国家的道路，通过和平手段为世界和平与稳定作出贡献，中方对此表示积极评价。双方同意就联合国改革问题加强对话与沟通，努力增加共识。中方表示重视日本在联合国的地位和作用，愿意看到日本在国际事务中发挥更大的建设性作用。

这意味着日本政府承诺在战略层面上否定“中国威胁论”，不以现实主义式的以权力界定利益的方式来看待中国的崛起，而是从“利益共同体”的角度出发将中国实力的增长视为本国发展的机遇。而中国也正面评价了日本战后发展的历程，肯定了其国际影响力的增强（实质上也在一定程度上包括其实现政治大国的目标）有利于世界的和平与稳定。中日两国的伙伴意识虽然并没有突出具体的区域身份，但它表明了两国在国际社会中的“共同体”意识，强化了集体身份的认同。

与以往摸索构建共同体的方式不同，在《中日关于全面推进战略互惠关系的联合声明》中，两国首次尝试构建具体的跨国机制来促进和保证相关原则及规范的实施。虽然与欧洲国家间的机制相比中日间的跨国机制仍处于初始阶段，但在日本国内的自我约束机制日渐消亡的情况下，采用跨国机制确保相关原则规范的遵守，无疑具有非常重要的意义。

当然，中日间的跨国机制仍需进一步的发展，最主要的问题在于缺乏可行的危机管控手段。当两国间的正常沟通渠道无法阻止单边行动的实施时，作为一种象征性的惩罚，对话渠道本身往往会被切断。虽然这种切断具有威慑作用，在中日经济相互依存不断加深的情况下，它能激发日本各界的有识之士采取积极行动避免两国关系的过度恶化，在一定程度上起到了国内自我约束的作用，但它所具有的负面作用也不容忽视。随着中日间交流机制的切断，两国间的“共同体意识”会不可避免地产生倒退，经济界所流传的“中国风险”也会成为两国经贸关系进一步深化的阻力。

至此，中日关系似乎陷入了一个无限循环的怪圈。在某个时间段两国政治家都表现出对和平友好、互利共赢的向往，都认识到“共同体意识”及建构集体身份的重要性，但由于双方都无法确信对方具有充分的自我约束力，所以在相互怀疑的背景下，增强实力的现实主义选项仍是两国政治家所不愿放弃的。如何避免己方的善意被对方的机会主义行为所利用，似乎已不是仅在双边层面上就能够妥善解决的问题了。

三　规则博弈下的中日关系与集体身份的建构

建构主义认为，人类关系的结构主要是由观念分配而非物质力量所决定的。然而，观念的改变却并不容易。中日首脑间所达成的政治文件受多重政治因素的影响，在实施效果上往往具有不确定性。而两国人员尤其是青少年的交往虽能增进相互了解，但并不会自动形成具有跨国性质的“认知共同体”。规范、规则的制定本身并不困难，难的是如何保证其得到有效的执行，并被相关行为体所内化。

温特认为内化可分为三个等级：在第一等级下，行为体知道规范是什么，但只是在受到外力胁迫的情况下才服从规范；在第二等级下，行为体服从规范是由于他们认为这样做符合其外生给定的利益；在第三等级下，行为体的服从是基于他们认为规范具有合法性。[①] 中日间的双边规范制定可以脱离现实主义的权力制衡思维，但在既无外力胁迫又无充足利益诱导的情况下，规范的合法性自然无法得到保证。于是，中日两国都不约而同地将自身所偏好的规范置于更广阔的地区乃至全球层面上，以期获得更大的影响力，从而对对方的行为形成更加有效的制约。这就是2013年以来中日间你来我往的规则博弈。

2013年2月安倍在美国战略与国际问题研究中心发表演讲宣称，日本要

① 参见亚历山大·温特：《国际政治的社会理论》，第261—272页。

做亚太、印太地区规则的制定者（promoter），海洋等全球公共物品的守护者，以及各民主国家有力的同盟者。[①] 其后日本正式决定参加TPP谈判，并力图将TPP所代表的高标准贸易规则作为未来全球通商秩序的标杆。与此同时，日本政府开始强调“印太”这一新的地缘政治概念。虽然正式的“印太战略”到2016年8月的第六次非洲发展会议上才由安倍提出。但在自身国力不足的情况下，如何在“印太”地区实现本国所偏好的秩序已经在日本战略界进行了充分的讨论。由日本国际问题研究所牵头的课题“印度太平洋时代的日本外交”就是其代表。该课题的研究结果认为，面对本地区的两个权力中心——中国和美国，日本需要联合地区内的“摇摆国家”或“中等强国”来表达他们共同的规则偏好，这样就能免受权力的侵害，将中美两国尤其是中国的行动约束在可控的范围内。[②]

同样，中国在2013年也提出了自己的“一带一路”构想。这个旨在通过“共商、共建、共享”来实现共同发展的倡议，在很长时间内被日本政府看作TPP或“印太战略”的对立面。然而，中国推行“一带一路”、构建人类“命运共同体”的出发点，是建立在全人类公认的价值之上的。虽然涉及政府与市场的关系、市场经济的形态乃至对民主的理解，中日两国都有着各自的看法，但是这更多地是由两国的发展阶段、身处环境不同所造成的。“一带一路”本身是对既有国际秩序的改善而非推翻。结合自身的发展经验，中国为发展中国家提供了更适合的发展方案和基础设施建设等公共产品。但也正因为如此，对于中国来说，“一带一路”的顺利推进能够快速扩大中国的影响力，使更多国家尤其是发展中国家认同中国对现存秩序的改良方案，进而也能对推行现实主义外交的日本形成国际制约。

然而，我们不能因此就悲观地断定中日关系已进入了不可调和的对抗阶段。事实上，中日间的双边互动结构更多地呈现为一种“弹性结构”。它包含了从对抗到合作的诸多可能性。虽然双方在看待与对方的关系时都不免透过现实主义的滤镜来考虑问题，但两国领导人都在极力避免“大国政治的悲剧”，这也成为两国关系“斗而不破”的保障。

---

① 安倍晋三「日本は戻ってきました」、『日本の決意』、新潮社、2014年、14頁。

② 日本国際問題研究所『インド太平洋時代の日本外交―スイング・ステーツへの対応―』、2015年3月、2—8頁。

从积极的方面看，中日两国的规则秩序观也并非针锋相对、壁垒分明，而是存在着极大的相容性。日本的区域集体身份建构最清晰地反映在 TPP 谈判中的所谓“高水平贸易规则”中，它不仅涉及降低关税和非关税壁垒，还包括在知识产权保护、劳工权利标准、环境问题、国有企业改革与竞争等一系列有关国内法律法规与国际接轨的问题。这些标准的源泉来自 20 世纪 80 年代形成的“华盛顿共识”，而它的对立面就是指责中国的所谓的“国家资本主义”。这显然是对中国市场经济的曲解。林毅夫指出，发展中国家在经济发展的过程中，政府需要着力解决外部性问题和协调问题，以更好地帮助企业进行产业升级，但这并非是要夸大政府的作用。只有保证市场在资源配置中发挥核心作用，政府的参与才是真正有效的。也就是说，一个国家发展战略的制定，要与这一国家当时拥有的资源禀赋密切相关。因此，在经济发展的每一个阶段发达国家并非是发展中国家的现成标杆，这需要发展中国家实时根据自身资源禀赋的相对变化而确认自身的比较优势，进而根据比较优势去制定相应的产业发展政策。①

当然，在实际操作中，政府可能会因过度干预造成市场扭曲，所以中国致力于进一步深化改革，并没有将 TPP 所设定的规则标准看作是未来发展的对立面。虽然当前中国所处的发展阶段很难立刻适应这些标准所设定的要求，但中国已在上海、广东、天津、福建等地建设了自由贸易试验区（FTZ），以最大限度地鼓励各地发挥自身优势大胆探索，为中国的进一步深化改革充当探路先锋。需要指出的是，中国的这种“单方融入”并不能简单地被看作 TPP 的应对策略。在特朗普政府退出 TPP、该协议前景面临诸多不确定性时，中国反而进一步加快了自身的改革步伐。可见在未来世界贸易规则的发展方向问题上，中日间的差异仅是阶段性的。这也是当前两国在面临贸易保护主义问题上共同维护自由贸易秩序的基础。

中日两国试图建构的第二类集体身份内涵，在中国的话语体系中表述为“命运共同体”，在日本的话语体系中表述为“自由主义的世界秩序”。虽然两者都拥有一种全球主义的指向，但是在构建途径上，中国致力于优先构建与相关地区间的“命运共同体”，日本致力于优先推行“自由、开放的印太战略”，

---

① 参见林毅夫：《新结构经济学：反思经济发展与政策的理论框架》，苏剑译，北京：北京大学出版社，2014 年，第 9—16 页。

所以它们本身也具有阶段性的区域“集体身份”塑造的意义。在表层话语的运用上，中日两国都致力于维护“和平、发展、公平、正义、民主、自由”的全人类共同价值，但在实际运用中，赋予这些词汇的内涵是有所不同的。中国强调在坚守主权原则的基础上对话协商，实现包容性和解，并在“一带一路”倡议之下完成互联互通的战略对接，进而实现合作共赢与共同发展。而日本在“印太战略”中所鼓吹的共同价值，更像是对宣扬“中国威胁论”的一种伪装。虽然日本战略界也试图淡化该战略中单纯应对中国崛起的成分①，但在塑造“集体身份认同”的过程中，有意在相关国家间营造面临共同威胁的氛围，显然有益于日本政策的推行。然而，即使如此，中日两国对国际秩序的理解也并非不可调和，在中国与周边国家的争端有所降温，以及保持了长期友好关系的中东、非洲地区，日本以唤起“中国威胁”来推行自身偏好秩序的方式并无显著成效。在这种情况下，中日合作开发第三方市场乃至共同维护地区和平的行动就可以卓有成效地展开。

2016 年底特朗普的胜选使 TPP 遭遇了重大挫折，也使日本政府开始重新审视中国的“一带一路”倡议。而从 2017 年以来，日本政府频频就改善日中关系释放出积极信号。5 月，自民党干事长二阶俊博出席了在北京举行的“一带一路”国际合作高峰论坛，并向中国国家主席习近平转交日本首相安倍晋三的亲笔信。6 月，安倍又在东京都举行的国际会议上发表演讲，首次公开对“一带一路”倡议表明了合作态度。11 月，在越南岘港举行的 APEC 峰会上，两国领导人又就尽快落实两国在“一带一路”框架内的合作达成一致。② 2018 年，李克强总理访日，中日双方进一步在金融、IT、介护等具体方面就开展双边合作达成了一致，共同表明了维护和推进自由经济贸易体制的意愿，并同意两国民间企业在“一带一路”框架下共同合作开发第三国市场。这些事实无不表明，中日两国虽然在规则制定方面存在着争夺主导权的冲动，但在观念和认识上并非针锋相对，而是充满了彼此相互渗透融合的可能性。这也为两国在区域范围内构建最大公约数的集体身份认同奠定了基础。

当然，集体身份的最终建构，还需要自我约束的不断完善。朱莉亚·摩斯

① 参见田中明彦「自由で開かれたインド太平洋戦略」、『外交』2018 年、第 47 号、36—37 頁。

② 参见杨伯江：《安倍“超长期执政”背景下日本战略走向与中日关系——2017—2018 年日本形势回顾与展望》，杨伯江主编：《日本蓝皮书：日本研究报告（2018）》，北京：社会科学文献出版社，2018 年，第 24—29 页。

和罗伯特·基欧汉认为，当今世界进入了“竞争性多边主义”的时代。[①] 这提醒我们中日关系在本质上已不再仅仅是一种双边互动的形式，而更多地体现为一种多边互动的结果。在国内自我约束机制日渐失效的情况下，处理好中日关系，需要在地区乃至全球层面上构建更加良好的国际环境以形成有效的国际制约。当然，其目的并非孤立日本，而是旨在消解现实主义式的“权力制衡”“威胁制衡”等负能量思想的泛滥，努力构建一种互利共赢的共同体文化。当这一共同体文化成为大势所趋时，再通过跨国交流构建“认知共同体”，方能重建日本国内的自我约束机制。也只有在这种情况下，中日间政治文件中所阐述的两国关系规范才能得到有效的遵守，中日集体身份的构建也才能最终实现。

① Julia C. Morse and Robert O. Keohane, Contested multilateralism, *Rev Int Organ*, 2014. 9, pp. 385 - 387.

中日关系发展的历史哲学向度

阎德学*

中日两国双边交往史之久远，堪称国际关系史上之最，无论是从秦始皇派徐福东渡日本的公元前219年，还是从东汉光武帝赐予“汉委奴国王”紫绶金印的公元57年算起，两国都有两千余年的交往历史了。世界史上除了中国与现存的周边国家，像朝鲜半岛、中南半岛、南亚等部分国家以外，几乎找不到保持两千余年至今犹存的一对国家了。斯塔夫里阿诺斯通过《全球通史》来表达一种信念：研究历史不是为了把历史当作一种文化装饰品，而是将其作为了解和改变社会的一种工具。因此，我们完全可以通过大历史的视角，归纳出中日关系的历史哲学规律这一大判断，进而强调“以史为鉴”，应该是以中日两国的历史哲学规律为鉴，而不仅仅是以近代百年侵略和反侵略的战争史为鉴。

一　两种不同的世界观：历史宿命的国家主义与古为今用的天下主义

以明治维新为历史分界线，在此之前，日本主要“借用”中国的文化资源，建构出独特的日本文明。同时，为了不被中华文明同化，日本也努力使外来优势文化适应本土的文化传统和国情民风，这种努力也表现在明治维新以后对欧美文化的摄取和修正上。最终，日本人创造了大和民族本位的天皇信仰，并发展成为天皇信仰的日本国家主义，用来抵御对于中国和欧美优势文化的自卑感和危机心理。

---

* 阎德学，华东师范大学周边研究中心研究员，国际关系博士。原载《华东师范大学学报（哲学社会科学版）》，收录本书时做了修改。

古代日本，国家认同是通过氏族政治的路径，把众多零散的部落和氏族统一为大和民族，在更高的政治层面实现了民族与国家的重合，大和王成为国家元首，也成为全国各氏族部落的最高氏神，并得到神道话语体系的支撑，成为“现人神”。在认同程序上，先是通过对现人神天皇的认同来整合民族共同体，再通过统一的民族认同来达到对国家的最后认同。通过天皇把民族与国家结合在一起，这样一来，对内的“民族主义”与对外的“国家主义”就构成硬币的一体两面，“民族主义”使“国家主义”获得合理性，对国家发挥着认同与忠诚的作用，而“国家主义”又让“民族主义”获得政治上的表现，并在“国家主义”的外壳下获得高度发展。① 从大化改新到明治维新的1000多年间，尽管天皇多数只有名义上的政治权力，但现人神的观念却让“万世一系”的君主世袭制得以保持，而且每当日本发生危难或者对外扩张时，天皇就会将岛内分散的政治力量快速凝聚起来，一致对外迎接挑战，日本国民也会主动为国牺牲，也由此中断了对于大一统国家的想象力和亲和力。②

明治维新后日本确立了近代天皇制，通过《大日本帝国宪法》赋予天皇至高无上的世俗权力。“为国家的繁荣尽力，也就是为天皇的荣盛服务；为天皇尽忠，也就是爱国，就是谋求国家昌盛。没有忠君就没有爱国，没有爱国也就没有忠君，一切爱国都要贯穿忠君的至情，一切忠君都要伴有爱国的热诚。固然外国也有爱国精神，然而这种爱国与我国的不同，我国的爱国是与忠君同一根源的，是与敬神崇祖完全一致的。”③ 结果是，“神国日本”的神话加剧了其对外政策的恶性膨胀，近代天皇制被军国主义利用，对内搞军事独裁，对外发动侵略扩张，一味强调日本民族对于世界的使命，使其陷入危险的自我陶醉之中。④ 当日本对中国和英帝国发动全面挑战，又对美国发动太平洋战争时，“神国日本”也就开始破灭了。

正是由于天皇信仰，日本的民族主义得以彰显，国家主义得到强化，同时也被近代军国主义所利用。“二战”结束后，日本确立了象征天皇制，天皇的

① 参见武心波：《“天皇制”与日本近代“民族国家”的建构》，《日本学刊》2007年第3期，第25—26页。

② 参见森岛通夫：《透视日本兴与衰的怪圈》，北京：中国财政经济出版社，2000年，第38—39页。

③ 松尾章一：《日本法西斯史论》，法政大学出版局，1977年，第91、119、128页。

④ 参见洼田忍：《简论日中友好共存与共同发展——从主体性的角度进行探讨》，《第二次青年论坛：文化创造中日共同发展之路》，北京：世界知识出版社，1998年，第22页。

神性被否认，但仍是国家和国民团结的象征。仅就天皇的政治作用而言，新宪法和历史上的“十七条宪法”存在惊人的相续性，天皇在两部宪法下都只是名义上的统治者，政治中立但神圣不可侵犯，日本也由此得以维持“万世永存，万世一系”。可以说，日本建立天皇制，有其固有的神道信仰传统和政治哲学思想，但更多的是应对外来威胁的政治需求。

中国传统的世界秩序观是“天下大同”的天下主义，实现这一目标的方法是以文教化、德治天下，最终达到文化意义上的世界统合。因为文化统合即便在西方学者看来，也“最不激烈”（least radical）或是“最为保守”（most conservative）。[①] 中国人相信以天下民众为关怀对象的天下主义“放之四海而皆准”，是中国式的普遍主义，通过以文教化、文化统合的治世方式最终将实现“天下文明”。

首先，中华文明的演进方式决定了“天下一家”的“大一统”思想是正统观念，中国人坚信以优秀的中华文化来教化影响夷狄，最终可达到华夷无别、遐迩一体的最高境界。因为“中国人的态度，常常是反身向着内看的”[②]，就如《大学》所说的“壹是皆以修身为本”，所以中国自古以来的政治哲学，直至今天，其关注点仍然主要集中于内部。而日本则以明治维新为界，更多的是向外关注，只是关注对象由中国转向了欧美。

其次，中国在历史上一直把“以文教化”“德治天下”作为对外关系的行为准则和理想模式。“王道”政治哲学的终极目标是提倡文明的认同和道德感召力的培植，使周边国家受到核心文化向心力的吸引，建立起“天下大同”的和谐社会。中国上古三代塑造了“德化天下”的神话，实现了天下一统的秩序，为后代树立了“文教德化”的文治典范。中国的“王”大不同于现人神的日本天皇，是“替天行道”的君主，其职责对内是修齐治平、文教德化，对外是修德怀远。东亚朝贡体系以及郑和船队七下西洋的事例，反映的是“德化天下”的外交实践与和平主义的天下秩序观。这与日本明治初年提出的“耀皇威于海外”的世界观有着本质区别，与充满血腥与暴力的“大东亚共荣圈”更是天壤之别。

---

① 参见余英时：《余英时文集·第十二卷》，南宁：广西师范大学出版社，2014 年，第 58 页。
② 钱穆：《中国文化史导论》，北京：商务印书馆，1995 年，第 14 页。

最后，中国古人关于战争与和平的看法主要是“和为贵”“慎战”和“礼战”。① 孔子的“礼之用，和为贵”、孟子的“仁人无敌于天下”、荀子的“仁者爱人”等儒家思想，墨子的“非攻”、老子的“无为而治”，以及孙子兵法追求的慎战思想等，共同奠定了中国政治和军事哲学的非暴力取向，中国人耻于以武力攫取经济利益。② 所以，“在中华帝国历史上的许多时期，无论是对人所共知的周边地区发动军事入侵，还是以更大的野心企图将中国的政治、经济和军事实力扩展到比现在周边地区更远的地方，都常常遇到有儒教思想的文职官员和皇室谋士的抵制”③。而近代日本的战争哲学则是“扩张国权”“宣扬国威”等，直接与“战争”“战绩”联系起来，坚信“战争富国、战争会给日本带来莫大的国益”。

不过，近代的亚洲国家在民族主义和世界主义之间始终面临着“启蒙”与“救亡”之争的思想困境。中国同日本一样，在西方的压力下被强行编入新世界秩序之中，一方面要应付外在的西方强权，获得独立主权，另一方面又要与内在的天下主义脱离，承认万国并峙的世界新秩序。受“天下主义”民族基因的影响，中国不仅很容易从争取国家独立一下子跨越到追求大国精神，而且很容易因为大国地位的丧失而激起强烈的情绪反弹。④ 所以，不应忽视近代百年屈辱造成中国人的“知耻”意识，以及由此引发“知耻近乎勇”的革命精神，“救亡图存”是近代中国历史的基本主题。

二　忧患意识的两大结果：从变革走向侵略与由变革导致改朝换代

日本近代启蒙思想家中江兆民说过：“日本没有哲学”，“没有哲学的人民，不论做什么事情，都没有深沉和远大的抱负，而不免流于浅薄；没有独创的哲学会降低一个国家的品格和地位”。⑤ 虽说日本缺少深厚的哲学土壤，却

① 参见李少军：《国际战略报告》，北京：中国社会科学出版社，2005 年，第 532 页。

② 参见宫玉振：《中国战略文化解析》，北京：军事科学出版社，2002 年，第 85 页。

③ 迈克尔·斯温、阿什利·特利斯：《中国大战略》，北京：新华出版社，2001 年，第 30 页。

④ 参见葛兆光：《谁的思想史？为谁写的思想史？——近年来日本学界对日本近代思想史的研究及其启示》，《中国社会科学》2004 年第 3 期，第 61 页。

⑤ 中江兆民：《日本哲学思想全书》第四卷，平凡社，1957 年，第 242 页。

充满民族危机意识和应对内外危机的行动哲学。通观日本历史，其政治精英们有着与生俱来的强烈危机意识，每当日本民族和国家面临危机时，其敏感的危机意识神经总会被深深触动，并随之产生剧烈反应，在国内多以变革的名义予以应对，同时会把过剩的变革能量转移到对外扩张上。日本民族称得上是被危机意识驱动的民族。

关于日本超乎寻常的危机意识根源有几大要素：一是地理环境的先天不足与资源短缺，随着近代化步伐的加快和人口的增加，经济上对外依赖程度越来越大，自然就会产生生存危机。二是自然灾害特别是日均四次以上的地震造成的生存和心理上的危机。三是地缘政治上的安全压力，如白江口战役之后对唐王朝的恐惧、蒙古帝国的两次入侵、近代美国“黑船来航”的叩关以及沙俄帝国的虎视眈眈等，都给日本造成有形或无形的威胁。① 不过，日本古代对中国文化产生的自卑感以及近代恐惧沦为欧美强国的殖民地，却有危机过剩之感。

为了应对危机，日本对内选择主动变革来化解危机。7 世纪，面对强大的、文化上优越的隋唐王朝，日本滋生出强烈的防御性民族主义情绪，以圣德太子为首的政治精英主动变革，建立古代天皇制，用“万世一系”的天皇制思想防范中国改朝换代的“易姓革命”，使其免受任何革命的冲击。可以说，以儒家文化为官方意识形态的日本天皇制，只是防范中国政治哲学的制度安排，不是用来挑战中华文化的优势地位。就像近代日本水户学代表人物会泽正志斋所说：日本没有易姓革命发生，皇统连绵不绝，而其他国家没有，甚至胜过中国；日本和基督教国家不同，是尊重现实道德、注重“生前之伦理”的国家，而这一伦理就是通过天皇一人向神明祈祷实现的，天皇报答天恩而祈愿，就是日本祭政一致的政治之始。②

近代日本对外“脱亚入欧”，不惜降低民族自尊，学习欧美先进的技术和制度。为了对抗西方列强尤其是对抗俄帝国的扩张，日本政府甚至于 1871 年与清政府签订第一个对等条约《日清修好条规》。可是，当日本发现清政府迟迟没有推动近代化，自身安全没有保障，认为只有成为列强的一员，其安全才能得到保障，于是日本开始了强硬的对外路线。③ 在追求强权的过程中，日本

① 参见贾志明：《略论日本民族的危机意识》，《沈阳大学学报》2010 年第 5 期，第 69—71 页。
② 参见金井淳、小泽富夫主编：《日本思想论争史》，北京：北京大学出版社，2014 年，第 216 页。
③ 参见井上寿一：《日本外交史讲义》，岩波书店，2003 年，第 19—20 页。

不断进行机会主义式的国家战略调整，学会了帝国主义的手段，通过依强抗强、恃强欺弱的联盟战略来征服或遏制敌手，先后形成日英同盟、日英美法四国条约、日德意同盟和日美同盟，获得了巨大的战略利益。

中国知识分子素有本位上的忧患意识，面对外来危机，常以对内改革的方式加以应对，很少对外发动战争，但忧患意识的过剩能量，往往使得国内的变革以改朝换代的方式收场。

在费正清看来，“古老的东方文明则充斥着顽固的惰性。传统模式的迟滞与稳固、资源与文化的自给自足使近代中国对西方文明表现出顽强的抵触与排斥，更做不出相应的反应，因而阻碍了中国近代化的进程”[①]。中华文明缺乏内在的动力去突破传统的框架，所以只能在巨大的冲击下，被迫对西方作出反应，这就是费正清著名的“冲击—反应”模式。当19世纪中国遇到西方文明的巨大冲击，作出的回应是逐渐引进“永久性变化”要素，同时背弃传统的“周期性变化”模式，走上现代化道路。所以“冲击—反应”模式在一定意义上是有说服力的。[②] 费正清对中国近代史的观察有其独到之处，他或许比很多中国人更了解中国的历史。不过，其理论回避了帝国主义的对华侵略，仍旧没有跳出西方中心论的大框架。按照“冲击—反应”的理论，中国理应在19世纪实现近代化的转型，结果却是日本成功实现了转型。在西方史学家和中国学者的批评中，费正清部分纠正了对中国历史的观点，承认西方对中国近代化的影响是有限的，中国自身的内在生命力和原动力才是主要的。

自鸦片战争开始，中国受西方列强压迫凌辱的时间早于日本，但中国知识分子忧患意识的爆发时间却比日本晚了近一个世纪。中国传统知识分子的忧患意识包括忧道、忧天、忧民、忧国、忧天下等，但最主要的有两点：一是民众忧虑国君无能少德而导致国家衰亡，二是统治者忧虑民众造反。可是，中国长期形成的文化优越感和地域中心观念，加之土地辽阔、物产丰富，中央王朝执政者和民众普遍养成无忧无虑的心态，认为“中国既安，四夷自服”的大好局面可以永久维持下去，所以在鸦片战争之前，中国近代的民族忧患意识没有产生。[③] 受到鸦片战争的巨大冲击，中国知识分子的忧患意识有所发展，但一

① 费正清等：《东亚文明：传统与变革》，天津：天津人民出版社，1992年，第432页。

② 参见王新谦：《对费正清中国史观的理性考察》，《史学月刊》2003年第3期，第14页。

③ 参见胡玉海：《论中国近代民族忧患意识的产生与升华》，《社会科学辑刊》1999年第4期，第107—108页。

开始只是从物质层面思考应对危机，直到甲午战争完败，经过康有为的疾呼、梁启超的警告和谭嗣同的鲜血之后，才真正形成近代中国的民族忧患意识，也就是梁启超在《瓜分危言》一文中提出的中国领土被瓜分的“有形瓜分”，和中国的主权完整以及经济文化利益被瓜分的“无形瓜分”。

反观日本，甲午战争之前的日本知识分子，包括著名启蒙思想家福泽谕吉在内，一致支持政府发动侵朝侵华战争，膨胀着对外侵略扩张的意识，甚至为日本政府的侵略扩张政策摇旗呐喊、推波助澜，最终酿成国家的悲剧。中国知识分子的忧患意识发展虽然缓慢艰难，但始终是围绕着中国的富强和民族独立、摆脱外来侵略与欺凌而深化发展的，直到今天，也没人提出对外侵略扩张的设想。这正是中日两国知识分子危机和忧患意识最根本的区别。①

三　东亚秩序的两种建构：“天朝礼治体系”与“大东亚秩序”

自公元前3世纪至19世纪末，朝贡关系是中国处理对外关系的重要方式，在东亚地区实行了两千余年，是与条约体系、殖民体系并称的世界主要国际关系模式之一。

朝贡制度作为一个学术概念，是经过费正清的系统诠释和发展后，才成为研究东亚外交史的核心概念。在费正清看来，中国的外交关系是将国内政治秩序和社会秩序的原则向外示范的过程。以中国为中心的等级制外交关系分为三大圈：第一是汉字圈，由朝鲜、越南、琉球群岛等最邻近的且文化相同的几个属国组成，日本有时也属于此圈；第二是亚洲内陆圈，由种族和文化上异于中国的亚洲内陆游牧或半游牧民族等属国和部落构成；第三是外圈，一般由南亚、欧洲等关山阻绝、远隔重洋的“外夷”组成。朝贡制度的成功之处，在于它与中华帝国的各种制度和社会生活融为一体，但同时它既稳定又脆弱，最后被条约制度替代。② 朝贡制度是费正清研究中国近代史的根本论点，风靡欧美学界。

与西方本位的朝贡体系视角不同，香港学者黄枝连提出了“天朝礼治体

① 参见陈景彦：《19世纪中日知识分子危机意识比较研究》，《东北亚论坛》2004年第4期，第91—93页。

② 参见陶文钊编选：《费正清集》，林海、符致兴等译，天津：天津人民出版社，1991年。

系”学说，发出了中国学界的声音。他认为：“在19世纪以前，即西方文化、西方国家、西方殖民帝国主义兴起之前，这里有一个突出的区域秩序，是以中国封建王朝（所谓‘天朝’）为中心而以礼仪、礼义、礼治及礼治主义为其运作形式；对中国和它的周边国家（地区）之间、周边国家之间的双边和多边关系，起着维系与稳定的作用，故称之为‘天朝礼治体系’。”① 可以说，天朝礼治体系能够涵盖“中国同朝鲜、安南、日本、琉球、暹罗以及更广泛的亚太区域的关系”，乃至“陆上丝路和海上丝路”的一种国际关系的形态，是国际关系领域的一个新概念。

日本学者则使用“华夷秩序”来阐释朝贡关系，认为“这种东亚所特有的国际秩序，是以‘中华帝国’为中心，周围夷狄各国接受册封，后者向前者朝贡，前者羁縻后者。这种关系，在渊源上是汉帝国内部皇帝与诸侯的上下关系，在汉皇帝同夷狄君主之间关系上的投影，而且来自结合儒教王道思想而设想出来的独特的国际秩序观念”②。由此，“华夷秩序”这一概念广为研究者所接受。20世纪90年代，东京大学滨下武志等提出“亚洲经济圈”理论，从亚洲近代史特别是中国近代经济史的角度对“西方中心论”提出强有力的挑战，在日本学界激起广泛关注与争论。滨下武志指出，过去对亚洲史的研究都是把亚洲与近代欧洲的接触视为亚洲近代的开始，于是欧洲成为主动的角色，而亚洲则是被动的角色。唯有将关注从欧洲转向亚洲，从亚洲出发进行思考，才能真正从一个有机的整体来把握亚洲，进而寻求亚洲历史内在的联结纽带和亚洲发展的原动力。以中国为核心的与亚洲全境密切联系的朝贡关系，以及在此基础上形成的朝贡贸易关系，是亚洲独有的唯一的历史体系。③

其实，日本学者之所以能够提出基于亚洲视角的华夷秩序和对朝贡体系的理解，与近代以来日本华夷思想的变迁有着内在的历史逻辑，日本思想家们根据国际形势的变化在一步步解构着华夷思想，同时在构想着日本主体的东亚秩序理论。

“明清鼎革”是东亚历史上的一个重大事件，异族王朝大清帝国入主中

---

① 黄枝连：《天朝礼治体系研究》（上卷）、《亚洲的华夏秩序——中国与亚洲国家关系形态论》，北京：中国人民大学出版社，1995年，前言第2页。

② 信夫清三郎等编：《日本外交史》上册，北京：商务印书馆，1980年，第12—13页。

③ 参见朱荫贵：《朝贡贸易体系与亚洲经济圈——评滨下武志教授的〈近代中国的国际契机〉》，《历史研究》1999年第2期，第154—156页。

原，极大打击了中国周边国家对于中华文明的自信，也引发了日本文化自觉与主体性的形成。一开始，日本为了克服相对于中华文化的自卑心理，做了种种理论上的思辨工作，像林罗山宣称日本是君子之国、熊泽蕃山提出“东夷”日本最优秀、山鹿素行提出建立一个以日本为中华的世界秩序。江户中期的徂徕学派提出了“国家主义”的原型，相信“天命”降临日本。[①] 幕末维新的本居宣长极力宣扬“国学主义”，从理论上解构朝贡制度的儒家思想内核，提倡恢复日本古人的“真心”，广传天照大神和天皇的“真道”于日本。[②] 佐藤信渊被称为“大东亚共荣圈”思想的“先驱”，因为他提出日本是“大地最初形成之国，系世界万国之根本也。故能经纬其根本之时，全世界均为其郡县，万国之君长，皆成其臣仆”[③]。

福泽谕吉则从文明开化论的立场，以“脱亚入欧”论为标志，彻底否定中华文明，全盘肯定西洋文明。在福泽看来，“现代世界的文明情况，要以欧洲各国和美国为最文明的国家，土耳其、中国、日本等亚洲国家为半开化的国家，而非洲和澳洲的国家算是野蛮的国家”。[④]“我国虽处东亚，然国中早有脱亚入欧之民意。不幸毗邻二国——中国、高丽，……今彼二国于我，有百碍而无一利，此乃我国之大不幸也。唯今之计，我当决断，与其坐待彼等昌明，共兴亚洲，莫若早脱其列，携手西洋诸国。”[⑤] 对于当时的国际关系，福泽认为：“现今的世界，可称为贸易和战争的世界。……战争是独立国家伸张权利的手段，而贸易是发扬国家光辉的表现。”[⑥] 甲午战争爆发后，他组织“报国会”筹措军费，为战争摇旗呐喊，宣称甲午海战是“义战”，是“文明对野蛮的战争”，他还建言献策，提出日军“可直入支那国境，先占盛京、吉林、黑龙江三省，归于我版图”。[⑦] 以甲午战争为标志，以中国为核心的“华夷秩序”被日本彻底打破，“天朝上国”在亚洲的中心地位被日本彻底摧毁。

可以说，以文明国家与野蛮国家这种二元对立的世界结构来规定日本与中

---

① 参见苅部直、片冈龙编：《日本思想史入门》，郭连友等译，北京：外语教学与研究出版社，第131页。

② 同上书，第153页。

③ 井上清：《日本军国主义》第2册，姜晚成译，北京：商务印书馆，1985年，第7页。

④ 福泽谕吉：《文明论概略》，北京：商务印书馆，1959年，第9页。

⑤ 福泽谕吉：《福泽谕吉全集》，第10卷、第240页。

⑥ 福泽谕吉：《文明论概略》，第175页。

⑦ 福泽谕吉：《福泽谕吉全集》，第14卷，第500—501页。

国、朝鲜等亚洲国家的关系，是福泽谕吉为日本设计的东方主义构图，承袭了黑格尔“东洋”概念的逻辑，构成了帝国主义殖民体系的核心理论和正当性逻辑的基础。面对欧洲霸权，从1931年的“九一八”事变开始，直到1945年战败投降，日本成为国际政治游戏的主要制衡力量之一，谋求建立以日本为盟主的“东亚”地域概念，从“满洲国”到“东亚协同体”，又将“南方”也作为不可缺少的领域附加于己，最后形成“大东亚”秩序，也即所谓的“大东亚共荣圈”。① 日本提出的“东亚”“大东亚”概念，不是日本近代史过程中发展起来的亚洲主义话语的政治性概念，而是日本对中国乃至亚洲国家发动一系列战争之后，引发各种意识形态汇聚而成的概念，进而又发展为“东亚新秩序”理念。所以，无论用何种理念去粉饰“大东亚共荣圈”，都掩盖不了日本帝国主义战争的实质，“而建立在亚洲诸民族的假扮代表逻辑之上的日本，其‘大东亚战争’只不过是一场使亚洲诸地域、民族对于日本丧失信赖的战争”②。

四 地缘政治的力学作用：战争发源地的朝鲜半岛

在日本看来，“朝鲜半岛位于亚欧大陆最东端，与世界屈指可数的大陆国家中国和俄罗斯接壤，其对岸横亘着海洋国家日本，也连接着地缘政治中最大的海洋国家美国。从历史上看，朝鲜半岛是大陆国家势力和海洋国家势力的冲突点，构成了地缘政治上的要冲，具有缓冲地带的战略价值”③。所以，历史上，日本一直把朝鲜半岛作为重要通道，多次谋求征服和控制，而中国为了“保全朝鲜”则多次受邀出兵拒倭抗日，朝鲜半岛成为中日战争的发源地。

日本史书《古事记》和《日本书纪》记载神功皇后200年渡海征讨朝鲜半岛，迫使新罗投降、高丽和百济“从今以后，永称西蕃，不绝朝贡”④，虽说神功皇后征服三韩的虚构性已是史学界共识，但这一最早对外征战的传说，却足以说明日本对朝鲜的觊觎之心由来已久。

---

① 参见子安宣邦：《东亚论：日本现代思想批判》，赵京华编译，长春：吉林出版社，第41页。
② 同上书，第56页。
③ 柿原国治：《朝鲜半岛问题的地缘政治分析与我国的对策》，世界和平研究所研究报告，2003年。
④ 安万侣：《古事记》中卷“仲哀天皇”，北京：中国对外翻译出版公司，2001年，第79页。

4 世纪中叶开始，统一日本列岛的大和国在朝鲜南部不断扩张势力并达到全盛。5 世纪后半叶，日本在朝势力开始衰退。6、7 世纪之交，为恢复日本在朝鲜任那的势力和巩固天皇的地位，圣德太子发兵征伐新罗，但没有达到目的。其后，朝鲜半岛三个国家的争斗愈演愈烈，形成高句丽、百济、日本为一方，新罗和唐朝结盟为另一方的对立阵营，最终导致唐朝与日本的白江口海战（659—663 年），这是中日两国第一次兵戎相见。日本惨败，被迫撤回本土，非常恐惧中国反击，再加上后来元蒙军的侵袭，所以直到 1592—1598 年丰臣秀吉远征，日本再未敢进攻朝鲜半岛。

丰臣秀吉统一日本后，为巩固政权，解决国内矛盾，转移国内尚未驯服的封建领主的视线和满足商业资本势力的欲求，提出征讨朝鲜、进占中国和印度，进而称霸亚洲的狂妄计划。1591 年丰臣秀吉发布《征讨朝鲜令》，1592 年第一次远征朝鲜，途中下达《二十五条觉书》，提出请天皇巡幸北京、他本人移住宁波、让高山国（菲律宾）朝贡等计划，完全暴露其欲建立以日本为中心的华夷秩序的野心。[①] 结果，日本海军被中朝联军歼灭，被迫停战议和。可是他对明朝皇帝视其为属国国王一事非常恼怒，1597 年再次征韩，但不久病死，第二次侵朝战争也宣告失败。丰臣秀吉的侵朝战争，为日本后继的"海外扩张"和"大东亚共荣圈"等扩张行动，提供了思想依据和历史案例。大明王朝则在战后陷入全面的政治和经济危机，军事实力大为削弱，不到 50 年终告灭亡。

明治初年，日本感到面临着地缘政治的危机，认为如果俄国吞并朝鲜，将成为日本的永世大患，所以日本急于同朝鲜建交，但朝鲜实行严格的锁国制度，对日本文书中自称"皇上"极为反感，拒绝谈判。于是，"明治维新三杰"之一的木户孝允提出"征韩论"，认为"韩地之事，乃是确立皇国国体之基础，且以今日宇内条理推之，愚以为，生光辉于东海，当由此开始"[②]。外务大臣柳原前光则对俄国扩张进行了分析："朝鲜是为北连满洲、西接鞑清之地，昔使之绥服，实为保全皇国之基础，将来经略万国之根本也。若使他人领先，则国事于此休矣。何况，近年来各国也探察彼地之国情，频繁窥伺者不

① 参见姜长斌：《认识日本之一：从丰臣秀吉到吉田松阴》，《探索与争鸣》2005 年第 7 期，第 51—52 页。

② 渡边几治郎：《日本战时外交史话》，千仓书房，1937 年，第 16 页。

少。即如鲁西亚（俄国）者，吞食满洲东北，其势欲吞朝鲜，皇国岂能有一日之轻疏，更何况列圣垂念之地耶?"[①] 1873年，"明治维新三杰"的另外两人——西乡隆盛和板垣退助把"征韩论"推到高潮，但木户孝允在考察欧美各国之后，主张优先发展国内资本主义，反对立即"征韩"。然而，自1875年日本制造"江华岛事件"开始，逐渐把"征韩论"变成现实，先从打破朝鲜对华朝贡关系入手，通过与朝鲜缔约，否定中朝间的宗藩关系，排除清政府对朝影响，一步步解构着中国的"华夷秩序"，并通过甲午战争和日俄战争扩大了对朝控制，最终于1910年吞并朝鲜为殖民地。从20世纪20年代后期开始，日本再以朝鲜半岛为跳板入侵中国大陆，并与美国反目成仇。

对于朝鲜自身的态度，韩国学者认为：朝鲜与中国形成最为"典型的"朝贡关系，不是因为中国强迫其参与朝贡体系之中，而是为了朝鲜本国的政治利益，即朝鲜通过与中国的同质化，形成与其他周边国家的差距，来提高自身在东亚文明共同体内的地位，通过与"大国"的政治联合，确保了国家的安全，并借助"天子"的权威，获得了政权的正统性，所以才主动而积极地运用了朝贡关系。[②]

朝鲜半岛给予日本的启示是：无论是唐朝早期的"白江口战役"，还是明朝晚期的丰臣秀吉侵朝，以及近代的"日韩合并"，结果都是以日本大败、其势力完全退出朝鲜半岛告终的。可是，对于日本的国家发展来说，每次都是在战后迎来了辉煌的发展时期，像大化改新后全面模仿唐朝的律令制时期，培育出日本独特文明的江户时代，以及二战后受益于"朝鲜特需"、迅速获得经济大国地位的"昭和景气"时期，足以证明日本侵略必败、有和平才有发展的道理。朝鲜半岛是日本武家政治文化的演绎场，同时也是其反躬自问的调教场，所以希望今天仍将朝鲜作为第一假想敌的日本牢记历史的因果规律。

五　领导人的治国理政：历史担当与义利观

中日两国在不同的历史发展时期，一些杰出的政治领导人或政治核心人

---

① 转引自《日本外交文书》第3卷，第149页。

② 参见郑容和：《从周边视角来看朝贡关系——朝鲜王朝对朝贡体系的认识和利用》，《国际政治研究》2006年第1期，第87页。

物，展现了他们个人独特的领袖气质和鲜明的执政风格。他们共同遵循着中华传统文化的义利观，既维护了本国的尊严和地位，同时又对中日两国关系的根本定位与长远发展作出了战略性的布局，真正体现了政治领导人的历史担当与政治使命。当然，我们也充分肯定在两国交往中更多的一个个具体个人的积极作用，尤其是在两国处于非正常状态的时期，个人的作用更显得弥足珍贵，所以中日之间才有了民间外交、以民促官的外交传统，直至今天。

古代日本最具开创性的改革家、政治家和思想家圣德太子（574—622年），可被称为践行日中“和平共处、世代友好、互利合作、共同发展”关系的奠基者，用中华文化为日中两国打下了“同文同种”的文化共识根基，同时也让日本保持着自身的主体地位。

推古天皇593年即位后，起用圣德太子摄政，全面负责日本的内政外交事务。为建立世袭君主制，统一日本的民族精神，建设强盛的国家，圣德太子对旧制度进行大刀阔斧的改革，引进了中国的行政和司法制度，建立了以儒家思想为指导的政府机构，引进道家思想来确立天皇信仰，把佛教定为天皇和贵族们信仰的国家佛教，主持制定了日本第一部官法“冠位十二阶”和第一部宪法“十七条宪法”。他首派遣隋使出访中国，首倡编撰日本国史，亲自注释佛教经典，对日本国家和民族文化的建立和发展，作出了空前的巨大贡献。圣德太子也因此成为日本历史上的传奇人物，日本于1958—1984年流通的一万日元纸币的头像，就是他的画像。不过，在外交实践上，他一改过去向中国请封朝贡的做法，采取同中国对等的立场相处。譬如，小野妹子第一次使隋递交的国书中有“日出处天子致书日没处天子无恙……”[①]，第二次使隋国书中的“东天皇敬白西皇帝……”[②]，两度向朝鲜新罗国派遣征讨军，意欲恢复原来的势力范围，其根本目的是牢固树立日本天皇“现人神”的神位，皇位被赋予神权，就不允许再有革命的观念，确保天皇制不像中国那样被“易姓革命”，为日本树立不同于中国的政治哲学。

室町幕府（1336—1573年）的足利义满在统一日本后，为满足日商的贸易需求和日本上层对中国商品的爱好，也为了充实幕府财政，并借助大明帝国的声势来巩固幕府地位，恢复对明邦交。明成祖朱棣于1404年允许日本进行

① 参见《隋书·倭国传》。
② 参见《日本书纪》推古天皇16年（公元608年）9月条。

勘合贸易，再次将日本纳入朝贡体系之中。足利义满和朱棣把中断近500多年的日中外交关系接续起来，两国开创了继唐朝以后的第二个经济、人文交流的繁荣时期，日本也由此获得丰厚的经济利益。

中国近代民主革命先行者孙中山，其一生的对日外交思想主线是联日救国。“像孙中山这样真正从内心里对日本及日本人怀有好感的亲日家，在中国的志士中也是没有的。”[①] 孙中山革命生涯的近三分之一时光在日本度过，因此他对日本怀有特殊感情，多次声称日本是其“第二故乡”、中国与日本为“兄弟之邦”，日本的发展之路就是中国的强国之路；中日两国“情谊最亲”，文化上同种同文、一脉相通，地理上又非常接近，“故为东亚之大局计，维持平和，实中日两国国民之义务”。[②] 中国实行“亲日外交”是“外交上之最妙着”。[③] 可是，信奉强权政治的日本政府，并没有把孙中山作为外交上的关注对象，因为当时中国的政治权力掌握在北洋政府手里。

继承孙中山衣钵的蒋介石，在济南惨案前主张中日提携，这一思想体现在他下野后1927年访日期间的思考[④]，以及拜会日本首相田中义一的对话中。“九一八”事变后，蒋介石在1934年发表《敌乎？友乎？——中日关系的检讨》一文，成为他和国民政府对日外交路线和国际战略谋划的理论基础。文中，蒋介石以中国存亡的思考为核心，把中日友好作为理想原则，通过国际形势的分析，阐述日本扩张政策的局限性和危险性，认为日本最大的对手不是中国，而是英国、美国和俄国；中国不会亡于日本，因为中国民众认同三民主义，有国民党及其领袖的存在，还具有民族意识坚强的群众。[⑤] “解铃还须系铃人”，他最后希望日本承当“打开难关的责任”。[⑥]

中共早期的主要领导人李大钊、陈独秀、毛泽东和周恩来等人，早年都赞赏日本是一个伟大的民族，这种对日观成为他们一贯主张中日友好的思想基

① 转引自山口一郎：《孙中山的对日观》，《孙中山研究论丛》第六集，1988年，第159页。

② 《在日本东亚同文会欢迎会的演说》，《孙中山全集》第三卷，北京：中华书局，1981年，第14页。

③ 《在东京中国留日学生欢迎会的演说》，《孙中山全集》第三卷，第27页。

④ 参见《蒋中正总统五记》之《困勉记·上》，台北市国史馆，2011年，第120—125页。

⑤ 参见彭敦文：《30年代蒋介石对日思维——以〈敌乎？友乎？——中日关系的检讨〉一文为中心的考察》，《民国档案》2009年第2期，第99—100页。

⑥ 蒋介石：《敌乎？友乎？——中日关系的检讨》，腾讯网，http：//view. news. qq. com/a/20150416/052375. htm[2018 - 09 - 30]。

础；他们主张把日本人民和日本军国主义政府区分开。[①] 新中国成立后，团结全世界受压迫的人民反对帝国主义、推进“世界革命”，是毛泽东外交思想的主线，他甚至说过“日本帝国主义当了我们的好教员。第一，它削弱了蒋介石；第二，我们发展了共产党领导的根据地和军队”[②]。毛泽东的战略胸怀非常广阔，在他看来，日本帝国主义的侵略起到反面教员的作用，客观上促使中国人民的觉醒。正如周恩来阐释的那样：“如果仅仅是甲午战争、日俄战争，还不能教育中国人民，最大的教育是后来日本军国主义发动的那场侵华战争。”[③] 作为毛泽东外交思想坚定执行者的周恩来，在参与制定对日政策中，特别注重两点：第一点是严格区分日本人民与日本军国主义；第二点是正确对待两千年的友好与50年的交恶。可以说，周恩来既是这两条对日政策原则的制定者，也是贯彻执行的典范。[④]

邓小平继承了第一代中共领导人的对日思想，他两度访问日本，在外事活动中会见最多的来宾也是日本客人。他对中日关系发表过多次谈话，或深谋远虑，或一语中的，展现了他胸怀博大、智慧过人的伟人风范。他在1982年会见日本首相铃木善幸时说：“中日关系有很多话要说，但概括起来就是一句话：中日两国人民世世代代友好下去。我们党的十二大强调这一点，说明是中国长期的国策。”1984年会见中曾根康弘时说：“要把中日关系放在长远的角度来考虑、来发展。第一步放到21世纪，还要发展到22世纪、23世纪，要永远友好下去。这件事超过了我们之间一切问题的重要性。”[⑤]“毛主席、周总理多次重申我们要世世代代同日本友好下去的政策，这个政策不会因为中国领导人的人事变动而改变。中日两国和两国人民没有理由不友好下去。”[⑥] 不过，“中日之间并不是没有任何问题，比如钓鱼岛问题、大陆架问题。这样的问题，现在不要牵进去，可以摆在一边，以后从容地讨论，慢慢地商量一个双方

---

① 参见高凡夫、李天刚：《中共主要领导人早期中日友好思想述论——以李大钊、陈独秀、毛泽东和周恩来为中心》，《安徽史学》2010年第2期，第33页。

② 《毛泽东外交文选》，北京：中央文献出版社、世界知识出版社，1994年，第535页。

③ 金冲及主编：《周恩来传（1949—1976）》（下），北京：中央文献出版社，1998年，第1116页。

④ 参见钱嘉东、王效贤：《周恩来与中日关系述论》，《党的文献》2007年第6期，第58页。

⑤ 1984年3月25日，邓小平会见日本首相中曾根康弘时的讲话，《邓小平文选》第三卷，北京：人民出版社，1993年，第53页。

⑥ 1987年6月28日，邓小平会见第五次中日政府成员会议日方代表时的讲话。

都可以接受的办法。我们这一代找不到办法，下一代、再下一代会找到办法的。"[①] 邓小平晚年曾对日本客人说："我虽然退休了，但还是关注着中日两国关系的发展。我们两国毕竟是近邻，我对中日友好有一种特殊的感情。……对一小撮不甘心中日友好的人，唯一的办法就是用不断加强友好、发展合作来回答他们。"[②]

在中日关系中，中日两国的政治家和领导人，他们的历史担当与价值取向，对两国关系的发展走向往往具有决定性的意义。新中国成立之后，尤其是中日邦交正常化以来的历史反复证明，中日两国最高领导人的勇气、智慧与决断，对两国关系的改善和发展起到关键性的作用。

从古至今，日本表面上大量"借用"中西文明，却从未放弃自身的"内在文化堡垒"，构建出亨廷顿眼中的新的东亚文明——日本文明，并率先在近代找到了应对西方侵略的成功模式，甚至包括今天应对美国的模式以及调适对中国的模式。而中国在18世纪以前，一直是以"天朝"的心态俯视日本，无视日本文明的悄然发展直至成熟，在"学生教训了老师"之后才开始"师法日本"。改革开放后，中国迅速崛起，当经济总量超过日本后，则从邦交正常化后20余年的"师法日本"转为轻视日本，沉睡的"天朝上国"的历史记忆似乎又被唤醒，不能平视而近距离地观察真实的日本，由此对日政策再正确合理，最终贯彻落实也会大打折扣。最先摆脱西方中心论的汤因比认为，文明与文明之间通过种种渠道进行双向沟通，是增进互相了解、消融冲突的最有效方式。[③] 当前，到了开启中日两个文明双向沟通的时刻，中日关系发展的历史哲学规律应是最为基本的预备知识。

① 1978年8月10日，邓小平会见日本外相园田直时的讲话。
② 《邓小平文选》第三卷，第349页。
③ 转引自余英时：《余英时文集·第十二卷》，南宁：广西师范大学出版社，2014年，第194页。

世界变局与中日合作

姜跃春*

2018年是《中日联合声明》签署40周年，也是中国改革开放40周年。当今世界正在进入大调整、大变革的新时期。中国在经历了改革开放40之后，正在进入对外开放的新时代。在国际格局巨变、中国开启新征程的背景下，中日合作也应该在世界变化中寻求新的合作空间。

一　中日两国应协调立场，共同反对贸易保护主义，维护多边自由贸易体制

美国挑起的“贸易战”是单边主义与多边主义之战。它严重冲击现行多边贸易体制，也给世界经济复苏带来负面影响。中日两国作为经济大国，应该协调立场，共同反对贸易保护主义，维护多边自由贸易体制。

（一）中美贸易战将是“持久战”

当前，由于全球经济总体维持平稳复苏态势，国际贸易出现回暖势头。然而值得注意的是，2017年以来世界经济领域中出现的贸易保护主义倾向不断蔓延，成为贸易增长的最大阻碍。尤其是2018年上半年以来，特朗普政府高举“单边主义”大旗，对全世界强调“美国第一”的口号，大力推行“美国优先”的进攻性贸易政策，“单挑全球”，使得主要经济体之间贸易摩擦全面加剧，为全球贸易复苏蒙上阴影。一方面是中美经贸争端深度发酵。从“关税战”到“科技战”，从单纯贸易失衡问题到制约中国经济发展，问题的性质

* 姜跃春，中国国际问题研究院世界经济与发展研究所所长、研究员。

已经产生变异。这里需要指出的是，中美贸易失衡除贸易统计方式不同、美国限制对华高科技出口等诸多原因之外，在全球价值链分工体系中，中国作为“世界工厂”改变了原有由日韩等国直接面向美国出口的东亚“三角贸易”格局，构建了一种中国从日韩等亚洲国家进口中间产品、零部件加工组装后出口到美国的“新三角贸易”格局，中国对美国贸易顺差本质上包含了亚洲主要经济体对美国的贸易顺差。由此可见，中美贸易失衡是美国金融和经济结构变化的结果，是结构性、长期性的，短期内难以根本解决，更是无法通过贸易战能够得以改变的。

（二）美单边主义政策不是单对中国

除中国外，美国还就贸易不平衡问题向包括欧盟、加拿大等盟友在内的贸易伙伴国施加压力，试图以高压措施攫取更多利益，其贸易政策尽显交易性特点。2018 年 3 月初，美国决定对进口钢铝产品分别征收 25% 和 10% 的关税，这引起欧盟等伙伴国的强烈反对。美国以此迫使贸易伙伴国寻求同其进行双边谈判，其中韩国通过和美重谈 FTA，获得了钢铝关税永久豁免权，但条件是韩国需对美国加大开放汽车市场。欧盟、加拿大等国曾进入美豁免名单，但 6 月初到期后，美贸易伙伴国纷纷开始酝酿反制措施对美进行报复，欧盟、日本、印度等国还就美钢铝关税举措向 WTO 起诉。

美国的单边主义将使全球产业链遭到破坏。全球价值链构建了一个不同国家或不同地区的不同公司，利用不同的工序和功能，实现产品的生产和销售和最终使用的顺序。也就是说，在全球化背景下，有些国家专业化“生产”知识与研发，而另一些国家专业化于制造业，或者品牌营销。因此，一个产品的增加值不再是完全属于某一个国家，而是整条价值链上的参与者都可以分一杯羹。通过 20 世纪 90 年代开始的信息扩散和技术交流，国际生产变得细分和碎片化。单个国家不再负责整个生产流程，而更多是专业化地负责某一个有比较优势的生产工序。从不断增长的中间品国际贸易，我们可以看出，一个产品的生产与价值创造往往分布在多个国家，而这种全球化生产被称为全球价值链。

（三）严重冲击现有国际贸易体系

特朗普政府全球治理观也突出“美国优先”特点，认为现有的以 WTO 为核心的国际贸易体系在应对不公平贸易行为方面亟待改革，希望重塑“自由且公平”的贸易体系，同时阻止WTO开启上诉机构法官甄选程序，阻碍WTO正常运营。除此之外，美欧在自由贸易问题上的分歧也越发突出，在2018年加拿大七国峰会上美欧围绕贸易问题进行激烈交锋，特朗普甚至不承认主张“自由、公平和互惠贸易”的联合公报，再次撼动自由贸易体系。从国际贸易体系来看，特朗普政府不断挑战WTO权威，阻止WTO开启上诉机构法官甄选程序，阻碍WTO上诉机构正常运营，对战后美西方国家自己建造起来的国际经济体系形成严重冲击。同时，在经济全球化深入发展的当今世界，世界各国已经形成“你中有我、我中有你”的相互依存关系，很多产品都是不同国家的零部件共同完成，世界各国通过多年形成的产业链互通有无，取长补短，不仅有效降低了生产成本，也大大促进了国际贸易的便利化。而美国特朗普政府当前表现出来的单边主义做法，不仅对全球产业链造成强烈冲击，也给正在复苏的世界经济增加了不确定性。

（四）中日两国应该在维护自由贸易原则上有所作为

中日作为世界第二、第三大经济体的亚洲大国和全球化与自由贸易的倡导国和维护者，两国在推动贸易和投资自由化、便利化，维护多边贸易体制等方面发挥更大的、负责任的作用，在维护以WTO为代表的多边自由贸易体制，开启新一轮全球化进程等方面日益拥有更多共同利益。日本作为一个以贸易立国的“出口主导型国家”，同时在历史上无数次被贸易保护主义伤害过的国家，对维护世界贸易组织规则的重要性、维护贸易自由化应当有着深刻理解。中国一贯坚持反对贸易保护主义，支持贸易投资自由化与便利化，维护多边贸易体制权威的立场，本质上不仅是在维护中国的正当权益，也是在维护世贸组织的规则，维护全球自由贸易体制，维护包括日本在内世界各国的共同利益。在博鳌亚洲论坛2018年年会上，习近平主席宣布了中国进一步开放的四大措施，并强调中国对外开放的大门只能越开越大。这也得到了包括日本在内地区各国的热烈欢迎和积极评价。在中国对外开放进入到新时代的背景下，中日两国在共同反对贸易保护主义，维护多边贸易体制，推动建设开放型世界经济当中具有共同诉求和契合点，要抓住当前中日关系转圜的机遇，加强重点领域务实合作，引领双边经贸关系提质增效升级，共同推动经济全球化朝着一个更加开放、包容、均衡、普惠和共赢的方向发展。

二　在美国相继“退群”、亚洲国家努力“建群”的背景下，中日应在推进亚太经济合作进程中努力实现突破

（一）美国退出多边行动连续不断

2017年特朗普上台后推行“美国优先”政策，先后退出《跨太平洋伙伴关系协定》（TPP）、联合国气候变化《巴黎协定》《全球移民协议》、联合国教科文组织、伊核协议、联合国人权理事会等。TPP作为高标准和高水平的自由贸易协定模板，原本是美国主导的亚太区域经济合作的重要支柱，美国的退出不仅有损其在TPP伙伴国中的地位和影响力，还会重构亚太区域经济合作格局。北美自由贸易协定在2017年进行了五轮重谈，然而谈判并未取得任何实质性进展，美国在谈判过程中提出了设置五年“日落条款”、调整原产地规则等主张，有损加拿大和墨西哥经济利益，这成为谈判的主要分歧，作为20世纪80—90年代以来区域经济合作的典范，在特朗普任内北美自由贸易协定（NAFTA）将面临较大不确定性。此外美国重塑自由贸易协定（FTA）网络。特朗普上任后，提出用双边自贸协定取代多边协定，并且要重新审查现有FTA，《2017年总统贸易政策议程和2016年度报告》指出特朗普政府贸易政策的首要目标为促进贸易政策更自由和更公平，目标的实现依赖于双边自贸协定谈判而非多边谈判。另外，在重审现有FTA的进程中，美国指责韩国从双边FTA中获益太多，要求重谈，虽然美韩已就重谈FTA达成一致，但美国以牺牲贸易伙伴国利益为代价重塑本国FTA网络，无益于推动区域经济合作深入发展。

（二）亚太区域合作各有进展

1. 岘港会议勾勒新前景。2017年APEC越南岘港会议表现出三大亮点：一是释放维护自由贸易、扩大区域开放信号，会议通过了《APEC互联网和数字经济路线图》和《APEC跨境电子商务便利化框架》等文件，与会领导人承诺继续实现亚太地区自由开放贸易和投资的茂物目标，致力于最终实现亚太自由贸易区，深入推进区域一体化进程；二是促进区域互联互通，会议倡议成员国开展合作，促进政策沟通、贸易畅通、设施联通、资金融通、民心相通；三是打造“后2020愿景”，2020年实现茂物目标后APEC如何进一步发展也是

此次会议的重要关注点，与会领导人表示欢迎成立 APEC 愿景小组协助制定 2020 年后合作愿景，探索合作新领域。①

2. RCEP 谈判取得新成果。RCEP 覆盖亚太地区 16 个国家，约占全球一半人口，占全球产出的 31.6% 和贸易额的 28.5%，吸引全球 1/5 外国直接投资，将对亚太区域经济增长起到重要作用。2017 年，RCEP 谈判进行四轮，还举行了 RCEP 首次领导人会议，发表联合声明并披露出 RCEP 协定框架。从协定框架看，RCEP 谈判包含货物贸易、服务贸易、金融服务、投资等 18 个章节，在综合考虑成员国经济发展水平的前提下，致力于达成一个现代、全面、高质量、互惠的自由贸易协定。② 2018 年 7 月，中日印和东盟等 16 国在东京举行了《区域全面经济伙伴关系协定》（RCEP）部长级会议。会议发表的《联合新闻声明》表示，“努力在年底前形成一揽子成果”，针对为年内达成妥协而加快谈判的方针达成一致。据《日本经济新闻》2018 年 7 月 2 日报道，《联合新闻声明》表示“在当前全球贸易面临单边主义挑战的背景下，尽快结束 RCEP 谈判至关重要”，与日本一起担任联合主席的新加坡贸工部部长陈振声表示，“力争年内达成实质性协议”。报道指出，如果 RCEP 达成协议，将诞生覆盖世界人口约一半、国内生产总值（GDP）和贸易额约三成的自由贸易区。规模超过《全面且先进的跨太平洋伙伴关系协定》（CPTPP），在企业进军海外等方面，将给各方带来巨大利益。如果 RCEP 达成协议，不仅将对加强保护主义的美国形成牵制，也容易向中国和印度等提出高水平的自由化框架。当然，要实现这一目标还面临诸多课题。目前为止，在全部 18 个领域里只有两个领域汇总出结果，在个别条款上，各国的对立依然存在，而现在距离达成协议的目标时间（2018 年 11 月）只剩下几个月了。不管贸易额等规模有多大，如果自由化水平较低，成员国获益将变得非常有限。因此，需要通过充实的内容来尽早达成协议。

3. CPTPP 谈判取得新进展。美国宣布退出 TPP 后，日本取代美国成为 TPP 的主导者。APEC 会议期间，TPP 11 个成员国达成框架协定，将 TPP 更名为《全面且先进的跨太平洋伙伴关系协定》，即 CPTPP，试图依靠 CPTPP 继续在推动亚太区域

① 参见《亚太经合组织第二十五次领导人非正式会议宣言》，2017 年 11 月，http：//www.fmprc.gov.cn/web/ziliao_674904/1179_674909/t1510012.shtml[2018-08-01]。

② 参见中国商务部：《驱动经济一体化 促进包容性发展——〈区域全面经济伙伴关系协定〉（RCEP）谈判领导人联合声明》，2017 年 11 月，http：//fta.mofcom.gov.cn/article/rcep/rcepnews/201711/36158_1.html[2018-07-28]。

合作乃至重构全球贸易格局方面发挥作用。CPTPP 在保留 TPP 大部分内容的基础上做了部分改动，最主要的是冻结了 TPP 中 20 项条款，其中 11 项与知识产权保护有关，还冻结了涉及投资、电信等领域的条款，此外，生效条件也发生改变，只要任意六个成员国批准后 60 天内即可生效，否决权不再掌握在大国手中。尽管 CPTPP 已初步达成框架协定，但距离签署生效仍有距离，成员国之间仍对部分条款存有异议，如加拿大仍希望在劳工、环境和知识产权原则等条款上保持高标准。无论如何，在日本的主导下，CPTPP 的发展仍然彰显了亚太区域经济一体化的趋势未变。

（三）中日在亚太区域合作进程中的作用不可或缺

不可否认，经济全球化在促进各国经济增长的同时，也出现了一些负面影响：经济增长动能不足，贫富分化日益严重，地区热点迟迟无法解决，恐怖主义、网络安全、气候变化等非传统安全威胁持续蔓延，这些挑战是对人类社会的共同考验，凸显加强国际合作的必要性和紧迫性。中日作为东亚地区最大的两个经济体，双方经济关系已远远超出双边范畴，日益具有地区乃至全球影响。中日两国有责任和义务在亚洲经济一体化进程中发挥重要作用并扮演重要角色。

众所周知，在亚太地区诸多经济合作路径中，中日韩三国的经济合作不仅自身进展缓慢，在一定意义上也拖了东亚地区经济合作的后腿。而三国的经济规模已经分别位居世界第 2 位、第 3 位和第 14 位，GDP 总量约为 15 万亿美元，占全球 GDP 的 20%，占东亚 GDP 的 90%。[①] 然而，中日韩三国的内部贸易额仅占三国外贸总额的 19.2%，说明三国之间的合作潜力还有很大的发展空间。而其中的中韩两国已经签署自由贸易协定，中日之间的经济合作还有很大的发展余地。如果中日携手合作，不仅有利于提升亚洲地区抵御外部经济风险的能力，更决定东亚乃至亚太地区经济一体化能否取得决定性进程。由此可见，中日合作进展如何，在一定意义上是决定东亚乃至亚太地区经济一体化进程中的关键因素。过去，中日也曾共同倡议和推动“区域全面经济伙伴关系协定”、中日韩自由贸易区的启动和运行。在东亚金融合作领域，两国以最大出资国身份联手推动了以清迈倡议多边化为核心的地区金融安全网建设，并促成了东盟与中日韩宏观经济办公室这一“亚洲版的 IMF”的建立。在当前世界

① 根据国际货币基金组织 2015 年 4 月 14 日公布的“2014 年世界各国 GDP 排名”数字计算，http：//www. imf. org/external/chinese/index. htm［2018－07－28］。

经济面临困难、亚太区域合作面临困境的情况下，中日两国更应该携手共进，加紧商谈地区自贸安排，共同推进区域一体化进程发展。

三　中国进入建设富强、民主、文明、和谐、美丽新时代，中日经济合作面临转型升级、开启下一轮经贸合作新阶段共同课题

（一）中国进入中国特色社会主义新时代

中国已经进入习近平中国特色社会主义新时代，中国领导人已经把新时代的重要目标锁定在现代化强国建设上，那就是于21世纪中叶把中国建成“富强、民主、文明、和谐、美丽”的现代化强国。与过去的发展目标相比，一个很大的变化在于把“和谐”“美丽”纳入社会主义现代化强国之列，说明中国已经把构建更加公平的社会、生态文明建设和生态环境保护作为新的时代目标。就生态文明建设而言，到2020年，坚决打好污染防治攻坚战；到2035年，生态环境根本好转，美丽中国目标基本实现；到21世纪中叶，把我国建成富强、民主、文明、和谐、美丽的社会主义现代化强国。从这个层面来说，发展绿色、环保和低碳经济是中国经济的重要选项。从这个意义上说，开展节能环保领域的合作，应该成为中日两国深化合作的首选领域。众所周知，日本在该领域积累了不少独有的技术和成功经验，如果中日两国发挥各自的优势，发展以节能环保产业为重点的绿色经济，不仅可以为两国的产业发展注入新动力，为两国经济的可持续发展带来广阔的合作空间，也将为本地区乃至世界经济，尤其是对解决气候变化这一人类共同的课题作出更大贡献。当然，和谐美丽中国目标的提出，也将为深化中日两国在各领域的合作提供新空间。

（二）中日经贸合作面临转型升级的新机遇

中日经贸合作经过40多年的发展，近年来已经进入结构转型升级的新阶段。这个新阶段的主要特征是：双边贸易从加工出口型单纯商品贸易向市场开发型技术服务型贸易转变，这标志着中日贸易开始从中低端商品贸易向中高端服务贸易的方向转型。直接投资从过去日本单方面对华投资向中日双方双向投资的方向转变，这标志着直接投资也在从单向向双向的重大升级。中日经贸领

域的这一划时代变化，将为中日经贸关系的进一步发展、经贸合作的进一步深化提供更大空间和可能。中国经过改革开放40年的发展，总体上已经基本实现了从“贫困”到“富有”的历史跨越，未来将开启从“富有”到“富强”的时代征程。在这一发展过程中，中国经济的潜在市场将进一步变成现实市场，中国对外经贸合作也将为对象国带来更大的商业机遇。截至目前，中国的中产阶级已经达到1.09亿人（根据瑞信标准）[①]，占全国成年人口的11%，位居世界第一。中国拥有14亿人口和12.7万亿美元GDP市场。这些都是不争的事实。而日本，在泡沫经济破灭以后，长期处于低迷状态，人口下降和老龄化问题始终是制约日本经济健康发展的两大障碍，它导致日本国内总需求不断萎缩，是日本经济短期内摆脱低迷的两大“魔咒”。发展良好的双边经贸合作，利用区域自贸协定拓展海外市场，对于推动日本经济增长至关重要。随着中国经济不断向内需主导的方向转变，服务业在中国经济结构中的比重必将不断提升，金融保险、医疗保健、教育文化、休闲娱乐、旅游养老等行业消费需求日趋迫切。日本作为后工业化国家，服务业发展十分成熟，尤其是日本老龄化社会时间较长，在医疗、保险、养老等产业领域都具有成熟的经验和成果。中国对外进一步开放的大门将越开越大，对外开放的速度“宜早不宜晚，宜快不宜慢”。未来中日两国在这些领域的合作空间将日益扩大。

（三）“一带一路”建设将成为中日合作的新平台

在贸易投资领域，2017年，中国与沿线国家贸易额达7.4万亿元人民币，同比增长17.8%，增速高于全国外贸增速3.6个百分点。其中，出口4.3万亿元人民币，增长12.1%，进口3.1万亿元人民币，增长26.8%，对国际贸易的贡献逐渐增大。中国企业对沿线国家直接投资144亿美元，在沿线国家新签承包工程合同额1443亿美元，同比增长14.5%，对激活这些国家和地区经济发挥了重要作用。[②]“一带一路”建设作为经济合作创新模式的一个突出特征，是主张各国经济发展目标实现相互对接。一方面包括双边层面上的对接。这里最典型的是与俄罗斯的欧亚经济联盟实现对接。此外，还有中国与蒙古国的

① 瑞信标准，即瑞士信贷银行股份有限公司，是全球顶尖级的金融服务机构，隶属瑞士信贷集团。

② 据中国商务部2018年1月25日发表的数据，http：//www.mofcom.gov.cn/xwfbh/20180125.shtml[2018-07-28]。

"草原之路"、与哈萨克斯坦的"光明之路"、与英国的"北方增长计划"、与波兰的"琥珀之路"等有关国家规划等。另一方面是多边层次的相互对接，即把双边协议扩展到多边领域，在多边层面进行政策协调与区域合作，形成多边合作的新路径。比如通过"一带一路"框架内的第三方合作，以及在一些项目上的共同投标，或者"一带一路"借助亚投行等新型金融机构，加强与美国、欧盟等国家和国际组织在融资方面的合作，与中亚、俄罗斯等国在原材料供给方面的合作，共同打造跨区域的价值链、融资链和产业合作链，以实现合作共赢的双收结果。中国"一带一路"《愿景与行动》[①] 中强调的是与对方国家的共商共建共享，与沿线国家的发展计划对接，同时强调这一倡议的开放性特点，因此，在这个意义上可以认为，"一带一路"没有地域界限，任何国家和地区都可以参与，实现共赢。

日本是东北亚地区的重要国家，是中国重要的经济合作方，与中国有着紧密的经贸合作关系。中日作为地域相邻的两大经济体，弱化彼此的经贸关系既不合理也无必要，更不符合双方的利益。通过参与"一带一路"中的互联互通等基础设施建设，可为中日贸易提供更加便捷的发展空间。中日双方未来可以在合作开发第三方市场、物流通道、融资、产能等领域合作。

当然，中日两国在"带路"框架下的合作也将面临一些困难和障碍。目前日本国内仍有不少质疑"一带一路"的声音；安倍在努力实现日中关系转圜的同时，也在不断推进"印太战略"构想和日印之间的"亚非自由走廊"计划，尽管两者之间存在一定的不同点，但随着中日两国关系的转圜，以及该地区大国之间关系的调整和演变，我们确信可以找到两个构想的兼容性或包容性，共同促进该地区的和平和繁荣。

四　如何发展未来的中日关系

当前中日关系的主要特征是合作与竞争同在，局部对抗与整体平稳并行。我们必须承认，当前在两国关系总体转暖的同时，两国之间的老问题均未得到根本解决。为此，我们希望在新时代中日两国都能够以全新的"历史观、大局观、

① 《推进共建丝绸之路经济带和21世纪海上丝绸之路的愿景与行动》，新华网，2016年3月28日，http://news.xinhuanet.com/gangao/2015-06/08/c_127890670.htm[2018-07-28]。

角色观”呵护中日关系的发展，学会在竞争中强化合作，在碰撞中谋取发展。

所谓“历史观”，就是说不仅仅要看中日两国关系的历史，更重要的是需要从历史记忆中吸取教训，从而以更加长远的眼光面向未来。众所周知，中日两国有过难忘的战争历史，如果不从这段历史记忆中吸取教训，两国关系更不可能有美好的未来。仅仅盯住这段历史，不看未来是不对的，否定历史甚至歪曲历史更是错误的。中日之间之所以缺乏信任，很大程度上是由于中国看两国的不幸历史更多一点，而日本不信中国发展之后的未来更多一点。这样，中国民众记忆较深的往往是日本部分右翼分子否认侵华战争的言行，深深地伤害了中国人民的情感；日本民众印象较深的却是日本舆论臆造的“中国威胁”，从而对强大起来的中国是否会称霸世界感到担忧。因此，如何实现中日之间的相互信任，始终是两国关系得以健康发展的重要因素。我们呼吁中国民众不忘历史，但也不能只看过去，还要看到变化中的日本和走和平发展道路的日本。同时，我们也呼吁日本民众对奋起直追的中国，以及强大之后的发展方向给予正确的客观判断。历史是走向未来的基石，只有本着吸取教训的反省态度面对过去，才会有光明的未来。

所谓“大局观”，就是双方要坚持两国之间达成的“四个政治文件”和“四点原则共识”，将其作为处理中日关系的原则。四个文件的核心强调：“建立两国间持久的和平友好关系”“用和平手段解决一切争端，而不诉诸武力和武力威胁”“长期和平友好合作是双方唯一选择”“双方决心正视历史、面向未来，不断开创中日战略互惠关系新局面”“两国互为合作伙伴，互不构成威胁”“相互支持对方的和平发展”“双方坚持通过协商和谈判解决两国间的问题”等。中日双方均应恪守两国间的四个政治文件以及2014年中日达成的四点原则共识，努力保障中日安全关系的发展态势处于这些基本框架之下，而不至于脱离。四点原则共识中则包括“双方认识到围绕钓鱼岛等东海海域近年来出现的紧张局势存在不同主张，同意通过对话磋商防止局势恶化，建立危机管控机制，避免发生不测事态”。

所谓“角色观”，中日都是全球性大国，并且各有各的代表性，在未来世界不确定的因素迅速增加，原有国际秩序、地区秩序走向难以预测的背景下，绝不能仅仅把目光局限于两个国家的内部和双边关系，而必须立足于世界大格局进行观察和作出判断。中日也都是地区性大国，在亚太地区正在构建地区新格局新框架的背景下，日本必须清醒地看到两国在地区秩序构建中的特殊地位和作用。确保中日关系的平稳发展，不仅涉及两国人民的福祉，也将对亚太地区和世界的和平与繁荣带来重大影响。

从国际经验看中国式大国之路

[日] 五百旗头真*

中国正处于巨大发展过程中，从邓小平先生开创性地实行改革开放政策以来，在30年的时间里，中国持续保持着10.5%以上的超高速增长，而日本10%的高速增长仅持续了十五六年，中国经济超高速增长的时间是日本的一倍，这在人类历史上都属罕见。当然，这也给全球带来了重大影响。在中国改革开放十年之后（也就是冷战结束之后），中国的国防预算大幅度增加。中日两国签署《中日和平友好条约》时，日本首相是福田赳夫，他此前在马尼拉发表了和平主义的演讲，并发表誓言说，日本成为经济大国也不会成为军事大国。然而，中国在经济大国基础上，似乎也要成为军事大国，中国的实力依靠军事大国和经济大国两个轮子实现。从历史的角度来看，这是非常正常的。在人类漫长的历史上，我们可以看到每个国家基本都这样做。不过，战后日本是一个例外，虽然成了经济大国，却没有成为军事大国。

众所周知，2010年，中国GDP超过了日本，成为亚洲最大以及全球第二大经济体。中国急剧且巨大的发展，自然引发很多议论声音。例如，2010年以前，中国每年的经济增速保持着两位数，随后这一数字却下降到了6%—7%。于是，很多人便对中国的经济发展产生怀疑，在我看来，这种怀疑大可不必。日本战后以10%以上的增长速度保持着经济增长的方式其实是粗放式的。经济的增长引发了公海环境污染等问题。进入80年代后，日本经济增长速度下降到5%左右，经济发展质量却相当好。虽然经济增速下降了一半，但因为蛋糕做大了，因此绝对值的增长非常可观。由此，日本解决了环境污染问题，使受到污染的国土得到恢复。同时，日本还积极向包括中国在内的各个国

---

* 五百旗头真，日本兵库县立大学理事长、亚洲调查会会长，日本防卫大学前校长、教授。

家提供支持，以保持本国经济的稳定增长。这个做法更为值得肯定。追求数量的增长已经过时，应该提升质量。解决环境污染问题，并为世界面临的共同问题发挥作用，这是日本稳定增长时期所做的事情，中国也应该这么做。

日本在经济高速增长时期，面临着很多批评的声音。现在，中国也面临着与日本当时类似的境况。有批评声音指出，中国经济除了通过合资从欧美发达国家取得先进技术以外，更主要的方式是通过模仿，而不是独创，因此中国并没有真正意义上先进的东西。同样，日本在战后很长时期也被如此批评。实际上，好的学习者在学习之后一定能够创造出新的东西。发达国家因为自己的先进性，总会批评后进的国家只会模仿。然而，一个国家只有经历模仿学习阶段，才能够真正进入到创新阶段，这也是后进国家需要经历的必不可少的阶段。

发展中国家要成长为发达国家乃至领先于世界的国家，是不是必须要跟别人做得一样呢？显然并非如此。更重要的是要着眼于自身。成为一个超级大国的时候也要考虑各方的利益，既能顾全大局，又能发挥自身的作用，这才是应该追求的目标。中国已经成为全球第二大经济体，而且，中国要成为与美国并肩的超级大国也指日可待。但是，中国要成为怎样的一个大国，这是一个问题。无论哪一个国家（包括美国在内），都认为自己是例外的，认为本国是一个特别的国家，现在特朗普就表现得十分明显。

中国一直是东亚地区超越常规的存在。日本紧邻中国，一直不断向中国学习，并寻求自己的发展。在唐朝，中国是罗马帝国衰退之后世界上最发达的国家。日本吸收了中华文化优秀成果，提升了自己的文明水平，甚至接近世界水平。663年的白江口之战中，日本派了两万多军队前往朝鲜，但是两天之内就被唐军彻底击败，日军全军覆灭。日本从此认识到唐代文明的强大，因此持续50年向唐朝学习。711年，日本建立了类似于唐朝的律政国家，建都奈良。奈良的很多遗迹均是借鉴中国唐朝文明的结果。譬如闻名遐迩的东大寺，还有里面精巧的大佛，就是当时遗存下来的。此外，653年，鉴真和尚经历千难万险来到了日本。这些交流活动，使日本从文明发达的国家学到了很多东西。也正是因为不断学习，日本才能够达到世界先进水平。此后，日本文明虽然衰败过，但一直保持着与世界先进水平相当的程度，这正是努力向中国学习的结果。

然而，进入近代以后，在面对近代西方文明时，中国开始落后了。中国认为自己是超级大国，甚至希望超越于法律之上。实际上并非如此。因为西方文明是新的文明，当时中国也处于清朝的衰落时期，两者相重叠。当时的中国无视现实，依然认为自己是独一无二的先进国家，因此栽了跟头。日本此时却能够迎头赶上。过去，日本通过学习中国的先进文明使自己得到发展，此时，日本采用相同的做法，学习当时更为先进的西方文明来获得自身的发展。例如，美国人佩里率领的黑船舰队迫使日本开放门户以后，日本能够通过改革，在1905年打败了超级大国俄国，成为亚洲唯一一个拥有现代军队的国家，甚至战无不胜。如前所述，作为一个强者，必须考虑地区全体的利益，并且为此作出贡献。日本当时应该利用自己强有力的地位为亚洲作出贡献，但是很遗憾，日本的做法却南辕北辙，反而付诸武力给亚洲带来了灾难。

二战结束以前，日本没有很好地利用所得的、可以作为法律例外的地位，这不得不让人深刻反省。2018年6月下旬，日本前首相福田康夫参加了在上海举行的研讨会。福田前首相去南京参观了大屠杀死难者纪念馆，纪念馆里陈列了很多珍贵的资料图片，展示了当时的史实。福田前首相非常重视这些图片资料以及历史事实，表达了自己祈求和平的真实愿望。

如今，中国通过改革开放，成了一个大国。问题在于，中国下一步想要作为一个怎样的国家存在？在新中日友好21世纪委员会，我们曾经讨论过这样的话题。中国如果像过去的日本、德国一样，向全球对外彰显自己的武力是绝对不可以的，当时中方也承诺绝对不会成为这样的国家。美国说我们也不会成为美国式的国家，那么，美国式的国家是什么呢？美国有两个特点比较明显。其一，罗马文明覆灭了，但是罗马文明所留下的具有普遍价值的东西还存在，它是基督教文明。在精神方面也有一些遗产，它非常重视普遍的标准价值。在这样一个传统之下，美国继续推进西方文明，尤其是在二战之后它非常热衷于建立新的世界秩序，美国成为中心，如果拥有压倒其他任何国家的实力，它就能够建立一个在此之前没有的普遍的价值，并且充满了热情。

然而，美国也有自己成为例外的冲动。美国不愿意被自己所建立的规则所束缚，它希望自己不受约束，这是美国的苦恼所在。但是，另一方面又必须在普遍规则之下来开展行动，这可以说是另外一个特点，也是罗马法以来美国所表现出来的特征。美国不仅仅应该成为一个强者，也许特朗普并不这么想，但是美国无疑还会遇到这样的问题。

中国不会成为日本式、德国式的大国，也不会成为美国式的大国，那么，中国式的大国到底是什么呢？2008年，就在北京奥运会取得巨大成功之后，世界金融危机爆发。当时世界经济面临困境的时候，中国积极的财政政策发挥了很大作用。此前，中国践行邓小平主张的韬光养晦政策，低调而谦虚地去做自己的事情。现在，一方面，中国认为自己可以从韬光养晦的时期“毕业”了，不少中国人认为，现在美国、欧洲都处于低谷，中国要建立新的世界秩序。如果朝着建立人类命运共同体的方向走，就必须提供国际公共产品，比如维护全球自由贸易体制，推动《巴黎公约》的履行，等等。另一方面，中国想把南海变成自己的势力范围，在国际社会包括美国、日本、欧洲引起很大反响。国际社会对中国产生了担心和疑虑，认为中国会威胁乃至取代美国的霸权，应该对中国进行遏制。这种思路根深蒂固。

对于国际体制的挑战者而言，面临这种情况，实际上必须要特别巧妙地加以应对。例如，像英美霸权交替的时候，当时是英国控制世界，但是英美之间没有发生战争。原因是德国成为两者的共同敌人。美国因此顺利接替英国，成为世界的中心。我认为，中国应该从中汲取智慧。总而言之，中国成为大国的同时，要关心周边国家的利益，同时对全球发展负担起更大的责任。

中日缔约40年来的国际环境与双边关系

吴怀中*

国际环境乃至世界体系，作为一种结构规范和宏观要素，始终对中日关系产生着重要影响。从《中日和平友好条约》缔结的20世纪70年代末开始，直至整个80年代，中日关系总体良好，处于一种“蜜月期”，背景就有在冷战结构下中美日在战略上联合抗苏的需要，这也是条约倡导“反霸”的原因。冷战结束及苏联解体后，美日在战略上对华需求锐减、“亲近”中国动因不足，于是从20世纪90年代中期开始，将过去主要针对苏联的战略方针逐渐转向对华，例如1995年出台的《日美安保联合宣言》、1997年日美达成的《防卫合作指针》、1999年日本出台《周边事态法》等。但这个时期，一直到2010年前后，中国相对于日美，无论经济总量还是军事实力，都是相对的弱势一方，日美对华仍显“宽裕”和“自信”，对华的大战略是“接触”加“防范”但以接触为主，认为可以通过“接触”“融合”及“规范”战略改变中国，将中国拉入西方主导的规则体系和秩序中。而且，美国的对外战略、美中关系的大战略框架也影响了日本的对华政策取向，毕竟21世纪的最初十年，美国对外战略的主要精力基本放在了反恐方面，再加上全球金融危机影响，对中国的“关照”力度不足，所以即便从21世纪第一个十年的中期前后起，日本开始重视“中国威胁”，但制定的两份《防卫计划大纲》（2004年和2010年），预警和戒备成分居多，实际操作和部署并没有“跟进”多少。中日关系有时“政冷”但“经热”基本得以持续。

然而，进入第二个十年期后，从国际环境的结构条件而言，美国推行

---

* 吴怀中，中国社会科学院日本研究所政治研究室主任、研究员。原文发表于《日本学刊》，收录本书时做了修改。

"亚太再平衡战略"，中日GDP逆转，促使2012年二次上台执政的安倍在面对中日紧张局势时，即便由于经济所需没有反对务实交流，但在战略和安全上明显采取了高度制衡、激烈对抗的措施。后期，安倍在认识到美国的"再平衡"落实不力、中日对抗代价高昂的情况下，从2014年开始逐渐回调对华政策，谋求解冻与缓和。而从2017年前后开始，在进一步感受到"特朗普冲击"带来的体系不稳、中国"带路"构想持续推进的明显进展后，安倍政府虽不忘以"印太战略"等举措实施对冲和保险，但也明显加快了对华关系转圜和改善的步伐，提出中日关系"新时代"构想。可以看出，当前两国正开始摸索构建一种新型国家关系，处于决定未来关系走向的十字路口。

一　40年来中日关系的逻辑演变

《中日和平友好条约》缔结40年来的中日关系，可以从不同的维度，例如从国际格局因素规范、客观力量态势对比的变化、主观认识的变化、互动关系及模式的变化，来划分为若干各具特征的演化阶段进行分析。40年关系的演化，内含一定连贯的逻辑与特性。据此，可以将战后中日关系划分为如下三个阶段。第一阶段，70年代末至80年代，天时、地利、人和等各种有利因素，形成中日关系史上一段独特的"友好蜜月期"。第二阶段，友好的条件和环境发生改变，蜜月期逐步结束，大约从90年代中期到21世纪头十年，进入复杂多变的关系转型期。第三阶段，大约从21世纪第二个十年的中前期开始，中日关系进入"新常态"通道，总体有"大稳小乱""政凉经温"的状态。

（一）第一阶段（1978年—冷战结束前后）：有利条件下的"友好蜜月期"

1972年实现复交后，经过1978年缔结《中日和平友好条约》，中日在70—80年代总体上进入了一段堪称蜜月期的友好相处阶段。这个蜜月期是由多方因素造成的，首先是冷战结构以及美中关系的影响，具体则有：（1）双方具有对抗苏联威胁的战略关系基础，中国是"一条线"战略联日，日本是通过"环太联盟"联华；[①]（2）日本出于对战争的赎罪感，帮助中国推动经济

① 渡辺昭夫『日本の対外政策』、有斐閣、1985年、45頁。

建设和现代化事业，成为世界上第一个对华提供政府贷款的国家；（3）中国经济建设需要日本，中国对外政策调整到以经济建设为中心的全方位外交；（4）有限交流（主要是官办）带来的美好感和正面印象；（5）双方老一代领导人的高超指导与政府协商。总之，是这个时期天时、地利、人和三结合的条件，造成了中日关系史上罕见的友好局面。

友好的一个重要标志，是双方签订了《中日和平友好条约》这份极其重要的法律文件。这一条约的签订，在中日关系史上具有划时代意义，它是中日之间第一个既完全平等又和平友好的条约，因而启动了两国关系的大发展。它对缔约双方都有硬性约束，因其以下三点内容，到现在还具有重大的现实意义①：（1）睦邻友好，以和平手段解决一切争端；（2）不在亚太地区谋求霸权，反对其他国家谋霸；（3）进一步促进经济文化交流、人民往来。条约是真正结束战后的标志，也是开辟睦邻友好关系的新起点，所以是个里程碑式的存在。签约后的80年代，中日领导人又相继提出中日关系“三原则”和“四原则”②，邓小平则更是直接指出“永远友好——这件事超过了我们之间一切问题的重要性”。为此，中日双方还在1984年成立了“中日友好21世纪委员会”。由此，中日关系发展的深度和广度都得到了大幅提升，中日经贸（日元贷款、中长期贸易协定等）和文化科技交流进一步发展扩大，高层互访及政府成员会议等频繁举行。当时，“新篇章”“新局面”等正面用语成了中日媒体评论双方关系的高频词。③

当然，这个阶段中日之间并不是没有问题，历史认识、日台关系、钓鱼岛主权归属、贸易不平衡及摩擦等问题，也时有发生。但是，这些最终没有成为大问题，没有影响大局，双方顾全大局，均愿通过政治协商加以稳妥解决。总体上看，此期两国关系呈现出健康发展、走上坡路的良性态势，“条约缔结以来，两国关系发展极快，无论深度和广度都超过了任何历史时期”，“在中日关系史上造就了一段黄金时期”。④ 中日关系的黄金时期和国际环境的变化基本同步，这也与国家间关系理论中结构现实主义的假设和论证大致吻合。

---

① 日本和周边邻国之间，唯有和中国签订了和平友好条约，日苏、日韩、日朝皆无此类条约。

② “四原则”的内容是“和平友好、平等互利、相互信赖、长期稳定”。参见《战后中日关系文献集1971—1995》，北京：中国社会科学出版社，1997年，第521页。

③ 例如，《人民日报》1992年10月3日社评，《朝日新闻》1992年10月日社论等。

④ 何方：《论和平与发展时代》，北京：世界知识出版社，2000年，第329、371页。

（二）第二阶段（冷战结束前后—2010年前后）：航程多舛的调整转型期

不可否认的是，这种友好蜜月期，未必是建立在充分了解与磨合基础上的，大概像“先结婚、后恋爱”，不排除有一定的想象和泡沫成分。当形成蜜月期的内外条件，特别是像应对共同威胁的战略基础等发生激变时，中日关系不可避免地要面临调整和转型。从其后表现来看，这种转型并不顺利，尤其是在战略及安全领域，这对其后给两国关系带来的影响应该说是较为深远的。

从不同角度来看这段关系，可以得出不尽相同的观点。从战略、政治与内在逻辑的角度看，这个时期的中日关系中可见四个小的螺旋形演化周期，即不断出现问题又不断修复的四个轮回阶段。总的看来，双方的战略、政治和安全关系，并不是越修越好、螺旋上升的趋向，而是呈现螺旋徘徊甚至不时沉降的局面，双方的战略隔阂和安全互疑总体是显出越来越大、居高不下而不是在短期内可彻底改善乃至解决的状况。这种局面，通过安倍2012年底二次上台执政后的所作所为①，进一步得到加强并“固化”下来。中国对此走向当然也是越发关注和警惕，双方的互疑和防范呈现加深的趋势。

此期的主要部分，即从90年代中期开始，中日关系总体上被认为是“政冷（凉）经热”的时代。② 广义上，它可以被解构为如下四个螺旋演化中徘徊蹇滞的阶段。③（1）1989—1994年前后的阶段。因北京政治风波及日本参与西方对华制裁，中日交流陷于停顿。但经中日共同努力，并通过1992年江泽民总书记访日、日本天皇访华、纪念邦交正常化20周年等活动，双方修复并在一定程度上发展了关系，1992年的中日关系甚至一度被称为“历史最好状态”④。但是，此次高潮不久就遭到破坏，日本很快在军事安全上显现对华防

① 尤其是2013年制定的《国家安全战略》《防卫计划大纲》与2015年4月公布的《日美防卫合作指针》）以及随后一系列实际举措等。

② 王輯思・ジェラルド・カーティス・国分良成編『日米中トライアングル』、岩波書店、2010年、247頁。

③ 对于中日关系这个阶段的定位，尚有不同看法。部分观点认为，鉴于日方对中国打开外交困局的帮助以及1992年高层互访的成功，此期应该划入80年代以来“友好蜜月期”的尾声阶段。在这个阶段，“友好框架”的效果仍在发挥作用。国分良成「冷戦終結後の日中関係—「72年体制」の転換—」、『国際問題研究』2001年1月号、42—46頁。

④ 高原明生・服部龍二編『日中関係史』、東京大学出版会、2014年、260—280頁。

范的政策倾向，造成1995—1996年两国关系的矛盾和倒退。[①]

（2）90年代中期—1998年的阶段。中日之间原有的历史、台湾、领土等问题不断发生，而新的问题，例如日本出台新防卫大纲、日美进行安保再定义并制定防卫合作指针、中日围绕台海危机产生分歧等，又不断出现。所以，当时中日双方面临着消除问题、稳定关系、承前启后、把良好中日关系带入21世纪的任务。为此，1998年江泽民主席访日（也是中国国家元首首次访日），两国签订第三个政治文件《中日联合宣言》，提出建立面向21世纪的中日关系基本框架及方向，对中日关系重新定位，即“致力于和平与发展的友好合作伙伴关系”，双方不但要加深双边合作，而且要面向亚太与世界进行合作。当时，中日的很多评论是“标志着中日关系进入了一个新的发展阶段”。然而，进入21世纪后，两国之间很快便出现了其他问题。

（3）2001年小泉内阁诞生—2008年前后的阶段。由于发生了小泉连续多年参拜靖国神社等历史问题，中日关系显现“政冷”僵局，直到小泉下台、安倍继任，中日才正式开始修复关系。经过“破冰、融冰、迎春、暖春”等系列高访活动，2008年中日签署关于全面推进战略互惠关系的第四个政治文件，开始“摆脱只以‘友好’为前提的双边主义”[②]，推动中日关系在“基于共同战略利益的互惠关系”轨道上发展前行。但是，“现实的日中关系并没有朝这个期待的方向顺利地前行，战略互惠关系从出发点开始就面临很大的困难”[③]，其后中日关系很快就出现了因领土争端而大幅恶化的问题。

（4）2010年前后—2014年的阶段。2010年9月发生的“钓鱼岛撞船事件”、2012年9月发生的日本“购岛”事件，加上安倍2013年底参拜靖国神社，以及中日在军事安全和国际外交领域的一系列摩擦，使中日关系一度陷入冷战结束以来的最低点。2014年11月，以APEC会议期间中日领导人实现会见为契机，双方迈出改善关系的重要一步，陆续开始关系的修复。广义上，直至2018年的当前，这一过程也仍在进行中。

总的来说，国际关系两个结构性因素，在这个时段的东亚世界体现得非常明显：一个是结构现实主义里面讲的结构因素，就是权利、安全的竞争和联合

---

① 参见何方：《论和平与发展时代》，第371页。

② 国分良成「序」、王輯思・ジェラルド・カーティス・国分良成編『日米中トライアングル』、ix頁。

③ 国分良成・添谷芳秀・高原明生・川島真『日中関係史』、有斐閣、2013年、231頁。

关系；另一个是自由制度主义讲的相互融合相互依赖，这两个都在发挥作用。这两种因素作用的直接结果，就是中日关系的发展里面政治和经济不太同步，主要是“政温”“政凉”“政冷”，加上“经热”“经温”等多种因素的复杂配对关系。这里面不知能配多少类型，但是政热和经热基本没有同时出现过，而政冷+经冷的情况也没有出现过。政经同时非常好或非常坏的情况没有出现过，非常符合这个时期的国际环境、国际体系和结构的影响。

（三）第三阶段（2010年前后—?）：进入大稳小乱的“新常态”期

关于中日关系进入21世纪后何时进入重要转折点，日本战略界和学界倾向于主张“2010年节点论”和“2012年节点论”。前者的标志性事件被认为是中国GDP超过日本、中国在“撞船”事件上对日采取强硬姿态①；后者则被认为是围绕“岛争”中国全面采取强硬应对举措、改变了之前韬光养晦的外交方针②。这些论断在中方看来难以成立。综合国际环境尤其是中美关系变化、中日双方国力对比变化、国家战略及对外政策调整，可以判断，经过2010年双方GDP逆转后，到2013—2015年前后，两国关系初步站到了一种关系结构或模式成型的入口处。

其理由是：（1）日本安倍内阁于2013年12月制定二战后首份《国家安全战略》以及新版《防卫计划大纲》，正面宣示了防范和应对“中国威胁”的决心和措施，迈出了日本对华战略的较为决定性的一步，这首先应是双方关系一大转折的标志事件。③ 并且，日本国家安全战略——一种融合了外交、军事、内政的国家大战略规划，不同于之前仅由防卫部门作出的计划纲要，而是作为政府总体就如何应对中国崛起提出了系统的见解和方略。2015年，日美完成修订防卫合作指针、通过“新安保法”，某种意义上，

---

① 北岡伸一「尖閣衝突」、『読売新聞』2010年10月3日。谷内正太郎編『日本の外交と総合的安全保障』、ウェッジ、2011年、402—420頁。国分良成・添谷芳秀・高原明生・川島真『日中関係史』、235頁。

② 参见园田茂人、丸川知雄、高原明生：《面向新型的中日关系》，载《日中关系40年史》，北京：社会科学文献出版社，2014年，第180—181页。伊藤信吾・宮本雄二・川島真「日中関係の潮目は変わったのか」、http：//www. genron - npo. net/studio/2015/08/0828. html［2015 - 8 - 28］。

③ 例如，在当今时代，世界主要大国，包括日本，已很难在公开的政策文件中公然将中国描述为敌人。美方近来在讨论中美关系是否越过临界点的问题，但美国政府要人以及系列国防文件，在军事安全关系上也并没有像日本这样描述“中国威胁”的。

这些主要是通过法律和同盟的手段，为日本国家安全战略和防卫计划大纲服务。（2）通过 2012 年的中共十八大、2013 年的周边外交工作会议、2014 年的中央外事工作会议，中国新一届领导集体制定了完整清晰的国家战略、国际及周边战略体系，中日关系及中国对日政策得以纳入这一系列整体战略架构中进行设计和操作。中国对日政策的战术调整仍会持续，但大的战略及方针，至少在一段时间内应该是可以得到确定的。因此，2013—2015 年前后应该是中日关系发生重要变化的标志性年份，这个节点应该说是具有象征意义的。

所以，当前中日两国对对方的战略层面的考虑，已经得到基本思路和大致答案，双方将在顶层设计、内外统筹中，考虑对对方的定位及政策问题。当然，中日都会推动进一步的战术调适、措施落实，双方中微观层级的磨合和磕碰，仍会持续不断。但这主要是程度的问题，全面超过 2013 年“政策节点”的战略变调与方向转换，在一定时期内应该难以发生。因此，可以说，大约从 21 世纪第二个十年的最初几年开始，中日关系进入了一种称之为“新常态”的阶段。“常态”是指回到历史上中日之间最长期、最常见的“中强日弱”态势，中国体量庞大并占有相对优势，但是因这种相对优势而形成的政经秩序圈也很难完全覆盖或吸纳日本，因而中日之间难免有边际磕碰与摩擦。“新”是指新时代条件形成了与过往常态所不同的新特征，而不是过去常态的简单复制。具体而言，它是由以下四点特征构成的“综合之新”：和而不同（战略及政治关系上有对立、摩擦但寻求基本和稳）、斗而不破（军事安全领域，包括在部分争端上有对峙、争斗但难以发生正面战争）、互惠互利（正常的经贸关系以及相互依存）、往来不绝（人文及社会交流频密但未必亲近）。[①] 在这个阶段上，中日关系不会回到 70—80 年代的“友好”状态，但也不是完全敌对和正面冲突的状态。较长的一段时期内，中日关系可能都是处在这样一种新常态的历史隧道里。[②]

---

① 这个现象是历史上没有过的。历史上的常态，有过四点中的某一种或若干种特征，但没有过这种“四合一”的新常态。

② 目前尚难以准确预估中日战略格局何时出现颠覆性的变化，但正如前述，至少到 21 世纪第三个十年的前期，即中国在全面实现小康社会及第一个“百年目标”之前，很难在软硬实力上全面占有压倒性的对日优势。

二　40年来关系总体演进的特征与脉络

缔约40年来，中日关系总体上演化的主要特征与脉络有以下四点：

（1）从40年小周期看，以缔约为无可争议的重要历史节点，战略、政治及安全关系，明显地发展到了有交往、基本友好的状态。90年代中期尤其进入21世纪以后，中日政治及安全关系的不时震荡与波动，在正常化后的总体正常中屡显不太正常的状态。但若从中日关系的大历史周期看，在回归“中强日弱”常态的错肩期中，这种碰触与摩擦的不太正常其实合乎历史的正常逻辑。

（2）经贸及人员往来呈现不断增长的可喜状态。邦交断绝时代自不必说，冷战条件下1972中日复交时的双边贸易额也只有10亿多美元，但缔约之后，80年代加速发展，冷战结束后的90年代迅速发展，到了21世纪第二个十年期已基本稳定在3000亿美元左右，规模比1978年翻了近300倍。人员往来呈现同样的趋向，1978年的规模极为有限，只有以万计算的人次规模，但到2017年双边人员往来已超800万人次，增长400倍以上。中日作为世界第二与第三大经济体，经济高度相互依赖，人员往来密切，虽然这一状况没有促使政经同步发展，为政治关系向好发挥巨大作用，但在避免关系极度恶化、正面碰撞方面，应该说起到了压舱石的作用。

（3）两种“政经分离”现象，在不同时期困扰着中日关系的发展。第一种是邦交断绝的冷战时代，日本政府采取“政经分离”方针，坚持生意要做但敌视或不承认新中国的立场。另一种是，日本政府尤其是安倍内阁，采取保持经贸互利往来、但在战略与安全上防华制华的方针，这也是他们从低层次上所理解的“战略互惠关系”的含义。中国政府对日本的这两种方针都进行了坚决的反对，针对第一种的斗争最终取得了胜利，但第二种实际上成了中日关系的一种现实，在某种程度上即是安倍推动的低层级的“战略互惠”关系。[①]中日的政经关系显然没有互相促进并得到同步发展，政经两张皮、双轨制，且其间的张力已到临界点的边缘。并且，作为大政治的一环以及两国关系政治基

① 「日中関係は政経分離の原則で」、安倍晋三『美しい国へ』、文芸春秋、2006年、152頁。

础的国民感情，也没有随着人财物和信息交流的扩大而同步得到改善和提升①，反之却大约从90年代中后期尤其21世纪初开始，呈现螺旋形下行、不断恶化的趋势。缔约后翌年的1979年，大平首相访华，曾言：“如果只在一时的气氛或情绪上的亲近感，或者只在经济上的利害得失的算盘之上建立中日关系的各个方面，那就最终会成为犹如空中楼阁的、昙花一现的脆弱关系。……在国与国的关系上，最重要的是双方国民心与心之间结成的牢固的信赖。”②由于种种原因，大平首相的忠告给人以有先见之明的感觉，这应当引起中日双方尤其是日本领导层的足够重视与深刻思考。

（4）影响中日关系的干预变量逐渐扩增，日显复杂。第一，从内外因素来看。首先是外部因素和国际环境。美苏冷战结构当初对中日关系乃至复交进程都有深刻的影响，中日美三角关系也总是受到美国对外战略的规制。例如，同盟的制约使得日本错误地选择缔结“日台和约”、大大晚于英法等国开启对华官方关系进程等。但是，相对于中国改革开放后实行全方位均衡外交以及全球伙伴外交，日本外交在缔约40年来却始终受到日美同盟的刚性约束，例如近年强化同盟军事合作、日本配合美国“亚太再平衡”、推动“印太战略”等举措，对中日关系又持续造成负面冲击与影响。美国对日本外交政策以及中日关系始终具有结构性的制约作用。其次是内部因素。双方的“政治特殊期”，例如，日方内阁政权的频繁更迭、特殊强势领导人的出现、军事安全政策的调整等，对中日关系均有不同的影响。第二，从纵向历史来看。缔约之前是国际格局以及中美苏大三角关系，缔约之后基本固定为四大问题：历史认识、领土争端、日台关系、安全军事。但这四个问题在20世纪90年代中期之前尚没有激化为严重问题。90年代中期以后，军事安全因素上升，早期主要是日美同盟强化及扩展动向，进入21世纪特别是第二个十年起，日本自身的安全防卫调整政策也成为单独变量因素。同时，舆情民意、国际多边博弈也日渐影响中日关系。

当今，以下几大因素对中日关系的影响是越来越大，尤需注意。第一，国际格局变动、美国对华战略走向以及第三方因素的牵连及干扰作用；第二，两

① 参见园田茂人主编：《日中关系40年（1972—2012）》，北京：社会科学文献出版社，2014年，第2—3页。

② 高原明生・服部龍二編『日中関係史』、118—125頁。

国各自的国内发展深度转型与内外政策加速调整，带来的双边新磨合与调试问题；第三，历史问题“现实化”、现实问题“历史化”，新旧问题交织形成热点摩擦和突发性事件；第四，是国民感情整体恶化、大众传媒与舆论影响日增、民族主义情绪有所抬头的局面。尤其由于第四点，双方决策层在进行有关中日关系的重要决策时，从冷战条件下相对可以“忽视”舆情民意，到越来越需要承受信息社会化和利益多元化等国内因素的压力和影响，使共识凝聚和政策选择受到很大的限制。①

三　40年来关系发展的重大特性变化

以40年来的长时段来观察，中日关系演变的特征和走向将呈现较为清晰的脉络。厘清这一点，可为双方思考如何正确构筑面向未来的两国关系，提供应有的经验参照。

（1）战略关系发生了很大的变质，有固化之虞。非常明显的是，1978年缔约时，由于国际格局的规范，两国是处于友好甚至准盟友关系。直至90年代和21世纪第一个十年，日本对中国的定位仍有自信和宽裕，认为中国对日本造成“威胁”尚需时日。例如，小泉首相公开宣称中国的发展对日本不是威胁而是机遇，而且出于这份自信和宽裕，尽管知识精英层已开始思考某种对华战略②，但日本政府出于政策惯性，只是在军事安全战略上象征性地提出“岛屿防卫”。现在，日本国内“中国威胁论”已大行其道。安倍主导制定的战后日本首个国家大战略《国家安全战略》，从政府总体角度提出了对华方针和策略。现实中——即便从2014年开始，中日关系已开始缓和、改善，但同时安倍还是在推动很多具体的软硬措施，包括在国际场合采取拉朋友圈、动用价值观工具等方式来制衡中国。同时，反过来，中国对日本的动向比以前变得

---

① 例如，冷战时代的50—60年代，日本公众对中国的好感度处于5%以下的相当低位，但这并不妨碍日本政府还是能够推动邦交正常化。参见：『図説戦後世論史』、NHK出版会、1982年、180—185頁。

② 小泉首相的智囊机构“对外关系工作组”在2004年出台了《21世纪构想战略报告》，但正如该报告分析的，在对华战略上是单薄而贫困的。参见：刘江永：《中国与日本——变化中的“政冷经热”关系》，北京：人民出版社，2007年，第330—350页。冯昭奎：《21世纪的日本：战略的贫困》，北京：中国城市出版社，2002年，第407页。

更加担忧和警惕，对安倍推动的“战后最重大的军事安全政策调整”，中方领导人和外交部等近年一再提醒日本要走和平发展道路。无论如何，当前中日之间相互的战略互疑和防范，与1978年缔约时是不可比拟的。未来，在安全及防务领域，日本对中国的疑虑与防范难以止步，中国也将会对此保持戒备并采取应对措施。

（2）经济贸易关系，基本健康、成熟、良性，但喜中带忧，忧从喜来。1978年缔约后，两国经贸关系发展迅速，对双方都带来了巨大的实惠和利益，并对政治关系起到了压舱石和推进器的作用。其后，直到进入21世纪的十多年间，中日双方遵守世贸规则，推动互利合作，贸易规模在不断扩大，这个良好的基本面没有根本改变。良好的经贸关系，未必能直接改善、促进中日关系，但在现代国家间相互依存的环境下，它是“压舱石”，能防止双边关系决定性的恶化以及单边暴走主义。但是，进入21世纪第二个十年后，持续的“政冷”肯定对经贸往来带来不利影响，助推了“经温”甚至“经冷”的不正常局面。而且，由于中国的发展和竞争力的提高，中日经济结构的互补性比以往更弱，而且将越来越弱，所以在国际和地区的经济竞争关系，包括在对外承建基础设施建设等方面，则比以前显得越来越强。在经济贸易作为“压舱石”作用下降的情况下，中日关系的运营之道需要再思考和再总结。2017年开始，安倍政府表示在条件具备的情况下，愿意围绕“一带一路”对华开展包括针对第三方在内的互利合作。日方的积极表态和意愿，中日双方对此的初步互动，能否持续开展下去并打造两国经贸合作的新局面，有待观察但值得期待。

（3）安全关系上的某种非良性变化应当是最明显并令人担忧的。自1978年缔约直到90年代，中日之间的“安全保障”及“军事议题”，并没有成为问题。但从2004年版防卫大纲提出了重视西南的“岛屿防卫”口号开始，日本在军事安全上显示对华防范的方向，直到近年，日本针对中国的军事防范措施，在安倍政府的主导下变为“真抓实干”、尽速到位，例如公开推动整军经武、日美军事一体化、在西南群岛加强军事部署和防卫体系等。2015年日美合作指针出台及日本通过新安保法，双方进一步加剧了这种联合制华的态势。与此同时，中国对日本这些动向的担心和批评也更明显、更直接。例如，习近平主席在2014年11月APEC会议期间应约会见安倍时就直接表示“希望日本采取审慎的军事安全政策”“希望日本同中国一道沿着和平发展的道路走下去”。[①] 中国领导人在近年就日本的军事安全政策及国家发展道路问题当面对其领导人提出担忧和忠告，应该说是前所未有的，其间表达的意思是不言而喻的。[②] 由于日本军力的南下，中国海空力量加速走向大洋，中日军事力量在西太平洋及第一岛链开始直接照面、对峙，双方发生危机的可能性比以前大大增加。显然，在东海方面，中国对日也在采取相应的防范措施，双方的海空力量在钓鱼岛周边海域现在常发生直接照面、对峙的行为。

（4）国民感情和认知方面，双方总体上出现了下行和恶化的走向。并且，相比于中方的变化，日方的恶化态势更令人忧虑。从缔约的1978年直到整个80年代，中日处于历史上罕见的友好蜜月期，国民感情、舆论导向都呈现积极、正面的基调。在经过90年代到21世纪初对华“亲近”与“不亲近”比率大体相当（都在50%左右）的相持阶段后，从2005年前后开始，基本是一直下降，从2010年开始是急剧下降，即便是中方有几百万人次的规模赴日旅游和“爆买”，这个趋向也没有得到有效缓和。现在，即便从2014年起双方关系开始缓和、从2017年起加速改善，但中日之间相互的“不亲近感”或“否定评价”仍在高位运行，而“亲近感”与“肯定评价”则在低位徘徊，没有得到强有力的提升改善。双方的政治关系容易影响国民感情的走向和好坏，反过来双方的国民感情及舆论情况又影响政治关系的发展，形成了恶性循环的态势。并且，相对于中方尚有较大调节余地，日方的这一现象呈现出某种结构性和强迫观念的现象。根据以往的经验，双方的对外认知及国民感情易受本国政府对外政策的影响，所以随着政府政策的调整与诱导，两国对对方的舆论及国民感情可以得到一定程度的缓和与改观。然而现在令人担心的是，由于长期的负面宣传作用，日本对华舆论及国民感情可能面临跨过“临界点”而在较长时期内都无法复原的问题。[③] 在全球化以及信息化的时代环境下，这已成为中日之间一个很大的新问题点，使得中日关系的基础受到严重损害，真正的战

---

① 2015年4月23日新华社电。

② 中国外交部发言人就日本解禁集体自卫权、通过新安保法等动向，多次严肃指出“日本在军事安全领域采取了战后前所未有的举动，与和平、发展、合作的时代潮流格格不入”。http：//world.people.com.cn/n/2015/0919/c1002－27607663.html[2015－09－19]。

③ 参见黄大慧：《日本大国化趋势与中日关系》，北京：社会科学文献出版社，2008年，第230—243页。

略信任和真正友好变得十分不易。

四 中日关系的走向展望

从20世纪70年代末80年代初开始，中日双方就在展望、憧憬新世纪的两国关系前景。[①] 而从冷战后的90年代中后期开始，有关中日关系进入“转折期”或“十字路口”等的论述也是屡见不鲜。对于中日关系的走向，中日复交尤其是1978年缔结和平友好条约后，双方对“世代友好”都曾有很乐观的估计；1998年第三份政治文件诞生后，对于把健康稳定的中日关系带入21世纪，双方抱有比较乐观的估计；2008年有关构筑战略互惠关系的第四份政治文件，使双方对两国关系发展的估计调适为谨慎乐观。[②] 站在战后70周年的节点上，包括就2014年达成的、问题应对型的“四点原则共识”的内容来看，如果对中日关系进行过于乐观的估计，似已不合现实。中日关系在和平友好条约缔结40年的节点上呈现的状态，相当一部分已经比较符合此前有关各方在展望21世纪中日关系时作出的“上中下”与“好中坏”三种前景评估中的中偏下的一种。[③]

但是，很显然，我们也无必要对此形势作出过度悲观的认知。全球经济一体化与相互复合依赖已达到广泛深入而难以撼动、逆转的程度，国家间竞争在加剧，但合作需求也在上升，各国都希望大局不至失控、政治和安全形势基本稳定。中日都希望自己的民族复兴、国家转型与过渡能在大局不失控的情况下得以完成，包括在彼此战略竞争的过程中避免发生直接对抗和正面冲突。这在一定程度上为两国实现和平共处提供了基础条件。而从以上对中日客观、主观和互动因素的三点分析可见，未来一段时期内，中日关系虽然

① 例如，1979年12月，大平首相访华时进行了题为《迈向新世纪的日中关系——寻求新的深度和广度》的讲演，提出日中“作为善邻，要向着21世纪发展和平友好而稳定的日中关系”。进入80年代后，胡耀邦和中曾根康弘等中日领导人明确提出了构筑面向21世纪的中日关系的“三原则”和“四原则”。

② 例如，当时，中国社会科学院日本研究所撰写的分析报告就持有该种立场。参见蒋立峰等：《未来十年的中日关系与中国对日政策》，《日本学刊》2009年第5期，第3—17页。

③ 参见张香山：《中日关系 管窥与见证》，北京：当代世界出版社，1998年，第176页。蒋立峰等：《未来十年的中日关系与中国对日政策》。其主要指标为：日本右翼势力坐大、修改“和平宪法”、迈向军事大国、强化日美同盟对付中国等。

难觅直线上升、一路向前的“政热经热”良好前景，但正面冲突、全面对立的“政僵经冷”最坏前景也基本可以排除。作为较现实的走向，两国关系大约有三种大的可能性，即较好、一般、较坏的三种前景：“较好”是指有效地管控了负面能量和危机事态，政治和解跟进，经贸往来活跃，国际及地区事务合作有序开展，中日关系在和平稳定的情况下较为顺利地向前发展，此为“政较热经较热”或“政温经热”的前景；“一般”是指小风小浪不止但能得到搁置或平息，务实交流和经贸往来所受影响不大，中日关系在震荡曲折中缓慢地向前发展，此为“政温经温”或“政微凉经仍温”的前景；“较坏”是指仅仅能避免最恶事态发生，对立严重、摩擦不断，务实交流受影响，东海的军事紧张对峙和对抗局面没能消除，中日政治安全关系在低水平上徘徊或出现较大的停滞及倒退，中日陷入战略互疑、政治交恶、安全受困的情景，面向未来和世界的合作共赢事业无法提上日程，此为“政凉经凉”或“政冷经凉”的前景①。

中日之间近年进入了一种历史上没有过的“新常态”。这种新常态，大致位于上述“一般”前景的前后区间，算是一种终究要稳定、和谐起来之前的“复杂的调整过渡期”②，其特征是“和而不同、斗而不破、互惠互利、往来不绝”。在新常态的下一阶段，即中日力量对比变化和主观愿望调整所导致的“大共识及战略基础重建”以及“稳定结构生成”之前，这种复杂曲折的动态平衡进程或会持续较长的一段时期。③ 在这种双边关系的格局下，中日关系发展模式中的友好、健康状态不易做到，各种麻烦、摩擦和争端概不会少，但正面冲突和全面破局很难发生。“只要中美两国没有成为公开敌人，中日关系就存在着管理的空间”④，所以经过双方凝聚共识、共同努力，和平、稳定的局面大约是可以实现的。对此现实，中日可在推动战略互惠关系、力争补足

① 在这种前景的形成中，国际环境的剧烈变化、中美关系的冲突和破裂等，也会起到重要影响作用。美国的一些主流报纸，也包括中国和日本，都说是特朗普对中日关系的贡献非常大。特朗普让中日走到了一起，这个有点夸张，关系变好变坏一般来讲一个巴掌拍不响，是双方接近的结果，跟国际环境变化与综合影响是有关系的。

② 参见《唐家璇在第五届中日友好21世纪委员会全体会议发言》，2014年12月3日，http://www.chinanews.com/gn/2014/12-03/6841200.shtml[2014-12-03]。

③ 中日1978年缔约后形成的大共识和战略基础，例如关于应对共同敌人、中国融入“体系”、对对方的战略定位等，确实面临松动、变质、瓦解而尚未得到真正的重构和重建。

④ 郑永年：《中国国际命运》，杭州：浙江人民出版社，2012年，第83—85页。

"政治互信"与"安全保障"两块短板的同时，尝试建立基于新常态、共谋地区安定与繁荣的东亚新型大国关系。这种关系原则可概括为"和平共处、互信互尊、良性竞争、合作共赢"，除了常见的"和平稳定"与"共赢"提法，鉴于中日关系的历史与现实特点，提倡互相尊重对方的核心利益、重大关切和民族情感①，开展公平良性而不是恶性互损的有序竞争，也显得尤为重要。在此16字方针指导下，通过防坏、维稳、促好的配套举措，双方相向而行、共同演进，将中日关系逐步过渡到下一阶段相对健康与友善的新型国家关系状态，应该是可以期待的。

① 面对现实，发展中日关系，尤其需要务实解决以下两大问题：（1）两国关系中夹杂了很多历史情感因素，时而对两国关系的正常发展起到干扰作用。（2）双方的四份政治文件，尤其是后两份，分别规定了33项和70项合作项目，这是做了对双方都有利有益的事业。但是，针对中日关系的实际情况，双方也应适时开列一份"负面清单"（negative list），即阐明不能做、不该做的事情。中日之间的"好文件"，可能是中外、日外关系中最多的（中美之间只有三份公报，而且主要是针对台湾问题的），但当前对发展中日关系而言，处突、避害、止跌等具有紧迫性，也同样重要。

日本的安全保障政策与日中关系：国际秩序的变局及其应对

［日］细谷雄一*

我们应当重新审视日中两国过去40年的历史，来探讨如何让两国关系变得更好。我认为，日中友好需要从现实主义的角度来进行强化，具体来说，是日中两国都应该理解对方的不安，并以此为前提来改善关系。

中国曾遭到为数众多的欧美列强的侵略，因此，我们能理解中国要加强安全保障。此外，中国并不像日本有盟国，必须独立自主保卫国家，因此必须要维持一个庞大的军力，这一点从现实主义的角度也可以理解。

日本有和平宪法，且由于经济实力的限制，也不能以一己之力持有强大军力。如果日本放弃日美同盟，日本国民内心会非常不安，反而会使日本走向错误的道路，或者使本国大幅增强军备。因此，我们也会理解如果日本放弃日美同盟，反而会使日本更加不安，从而走上扩张军备的道路。

日中两国在安全保障方面都有各自的担心和不安，于是分别以此为前提，建立了自己的安保政策。20世纪70年代，日中两国缔结《中日和平友好条约》的背景，就是日中两国都面临同样的不安。具体而言，当时的苏联不断扩张军备，中国对此深感不安，要求在《中日和平友好条约》中加上反霸条款。日中两国都面临同样的不安，才能够走到一起。日本在东亚地区发挥一定安保作用，中国当时对此表示欢迎。因为中国当时最大的威胁是苏联，苏联在中苏边境有百万兵力。同理，日本的安全保障政策也是顺应这种国际环境变化的结果。可以认为，这个因素的影响非常之大。

---

* 细谷雄一，日本庆应大学教授。

进入 80 年代，国际形势正好和当今的安保形势有相通之处。美国当时由于越南战争军费支出非常巨大才从亚洲撤军。现在的特朗普政府也是由于伊拉克战争和阿拉伯战争造成军费过度开支而要缩小在外的美军规模。美国甚至向日本提出更多要求，日本不得不在自我防卫方面要付出更大努力。1976 年，日本制定了第一个防卫大纲，以日本承担更多的防卫责任为前提。1978 年，日本与美国之间又签署了日美协议。另外，当时苏联要保卫自己的海上运输线，而中国为了遏制苏联的扩张，在各个场合对日本的做法都表示支持。随着日本军力的扩张，引发中方的担心和不安也理所当然。然而，在当时，比起日本军备扩张的威胁，苏联的威胁更大且更现实。

现在，美国如果缩小在亚洲的影响力，日本就必须要自主建设自己的国防。而此时并不存在类似于当时来自苏联的威胁。因此，当出现了目前在日中之间没有共同威胁存在的情况时，日中两国就会出现直接对抗的局面。

冷战结束，安保环境发生了巨大变化。冷战的终结，给日中关系带来了巨大的影响。在此之前出于安全保障的战略考虑而被冻结的历史问题再次显现。不仅日中关系，还包括日韩关系，以及欧洲很多国家之间的关系，在冷战结束之后，都面临着领土争端、历史观相关的问题与矛盾不断突出和升级的紧张关系。此前，世界格局是两极对抗，很多问题被埋没了，冷战一结束，这些问题就都浮现了出来。

另外，随着冷战的结束，日本必须承担起更大的安全保障作用。五百旗头真教授同样指出：一方面，冷战的终结意味着苏联威胁的结束，过去是两极世界，但是过去两极格局里被埋没的地区问题都纷纷涌现出来，因此必须对其加以解决。另一方面，在国际安全保障方面，日本需要更积极的参与，虽然这会让日中关系变得更加困难。日本为国际公共产品作出贡献，但是这会引发中国对日本军国主义复活可能性的担心。此外，过去中国经济在实现现代化的过程中获得了日本的合作和支持。如今，中国经济已经取得长足发展，中国的经济关系也变得更加多元化，日本的相对重要性随之下降。

关于今后如何加强日中关系，我认为，需要一个与过去不同的全新逻辑：第一，现在日中关系是全球第二、第三经济体之间的关系，第一大经济体美国在全球范围之内如果不发挥自己的作用，很多国家就寄希望于日本和中国。如果日中关系出现对立，那就不仅仅是一个东亚的问题，而会成为一个全球问题，会形成全球经济的问题。因此，日中关系被全球所关注，两国必须肩负起更大的责任。

第二，东亚地区是如今全球发展最快、最有活力的增长中心，因此要保持东亚的活力，而东亚活力的源泉是日中关系的发展和日本经济的发展，两国能够为此做的事情还很多，很有潜力。

第三，日中两国有一些敏感的问题涉及两国国民的感情，应该选择那些不直接涉及国民情感的问题，诸如环境问题、老龄化问题、能源问题，来加强两国的合作。通过这种做法来扩大两国合作的领域，形成互信关系。

第四，此前日中两国政府在媒体方面所做的工作远远不够。日中两国的政治领袖对此非常敏感，问题很难处理，它涉及一些国民的感情，也很难采取相应措施，两国政府必须有更大的使命感和责任感，向自己的国民来阐述两国关系的重要性。

关于中日钓鱼岛主权依据的辨析

江新凤*

钓鱼岛及其附属岛屿位于中国台湾岛的东北部，由钓鱼岛、黄尾屿、赤尾屿、南小岛、北小岛、南屿、北屿、飞屿等岛礁组成，总面积约 5.69 平方公里。其中，钓鱼岛面积最大，约 3.91 平方公里。钓鱼岛及其附属岛屿自古以来是中国的神圣领土。我国拥有充分的历史、地理和法理依据，证明钓鱼岛主权属于中国，日本关于钓鱼岛是“日本固有领土”的主张是站不住脚的。

一　中国拥有钓鱼岛主权的主要依据

从国际法上来讲，确认一个地域的领土主权的原则是：最早发现、最早命名、最早开发经营、最早连续不断地进行有效的行政管辖。一个国家只有在具备这四个要素的情况下，才可证明不管距离远近都具有该地域的领土主权。据此，中国对钓鱼岛及其附属岛屿拥有无可争辩的主权。主要依据如下：

（一）中国人最早发现并命名

据史料记载，中国最晚是在 14、15 世纪就发现并命名了钓鱼岛。最早记载钓鱼屿、赤尾屿等地名的史籍，是 1403 年（明朝永乐元年）出版的《顺风相送》，该籍原书藏于英国牛津大学鲍德林图书馆。① 此后，明、清历朝皆使用“钓鱼屿、黄尾屿、赤屿”等名称，并把钓鱼岛作为明清两代册封使出使

* 江新凤，军事科学院战争研究院研究员，大校、博士生导师。原文发表于《军事历史》，收录本书时做了修改。

① 中华人民共和国国务院新闻办公室：《钓鱼岛是中国的固有领土》白皮书，人民网，http://world.people.com.cn/n/2012/0925/c1002-19105462.html[2012-09-25]。

琉球时海上必经之路的标志。这比1884年日本人古贺辰四郎“发现”钓鱼岛至少早480多年。日本在过去的文献和地图中长期使用“鱼钓岛”“黄尾屿”“赤尾屿”等中国的称呼，至1900年才把钓鱼岛等岛屿笼统地改名为“尖阁诸岛”，比中国的命名晚了将近500年。

（二）中国人最早连续有效管辖和经营开发

中国自明代已经开始对钓鱼岛实施了有效管辖，并将其纳入福建海防范围内。1561年（明嘉靖四十年），明朝驻防东南沿海的最高将领胡宗宪主持、郑若曾编纂的《筹海图编》一书，将台湾、钓鱼岛、黄尾屿、赤尾屿等岛屿编入“沿海山沙图”，记录了钓鱼岛等岛屿属于福建海防范围内的情况。1605年（明万历三十三年），吏部考功司徐必达根据《筹海图编》中的“万里海防图”重绘《乾坤一统海防全图》，图中钓鱼岛明确标示在明朝海防范围内。1621年（明天启元年）茅元仪《武备志》海防二《福建沿海山沙图》，明确把钓鱼山、黄毛山、赤屿绘入中国福建海防区域。

清朝不仅沿袭了明朝的做法，继续将钓鱼岛等岛屿列入中国海防范围内，而且明确将其置于台湾地方政府的行政管辖之下。清代《台海使槎录》《台湾府志》等官方文献详细记载了对钓鱼岛的管辖情况。1871年（清同治十年）刊印的陈寿祺等编纂的《重纂福建通志》卷八十六将钓鱼岛列入海防冲要，隶属台湾府噶玛兰厅（今台湾省宜兰县）管辖。日本至1972年美国将冲绳及钓鱼岛的所谓“施政权”归还日本后，才把钓鱼岛纳入其“防空识别圈”，比中国至少晚400多年。

在经营开发上，钓鱼岛海域是中国渔民世世代代从事渔业生产活动的传统渔场，中国台湾和福建等地的渔民很早以前就去该海域捕鱼、避风。钓鱼岛作为航海标志，在历史上被中国东南沿海民众广泛利用。据记载，清代使节出海还曾举办过“过沟（指中琉海沟）祭海”仪式，清朝政府巡视大员在1722年之前就实地考察过钓鱼岛等岛，并曾建港泊船。而日本人古贺辰四郎1884年才开始私人经营，远晚于中国的经营和利用。

（三）钓鱼岛是中国台湾的附属岛屿，同属中国领土

在地质结构上，钓鱼岛与中国的台湾省同属于一个大陆架的延伸面上，而与琉球群岛之间有一个2000多米深的“中琉海沟”（即“黑水沟”，亦称“冲

绳海槽”，为中国与琉球之自然分界），因而钓鱼岛不属于琉球群岛的附属岛屿，而是台湾的附属岛屿。

中外各种地图均标绘钓鱼岛属于中国。1579 年（明万历七年）明朝册封使萧崇业所著《使琉球录》中的“琉球过海图”、1629 年（明崇祯二年）茅瑞徵撰写的《皇明象胥录》、1767 年（清乾隆三十二年）绘制的《坤舆全图》、1863 年（清同治二年）刊行的《皇朝中外一统舆图》等，都将钓鱼岛列入中国版图。[①] 1719 年徐葆光所绘《琉球国地图》和《琉球国三十六岛图》中标示的琉球国 36 个岛屿中，不包含台湾附属岛屿东北诸岛中的任何一个岛屿，钓鱼屿、橄榄山、黄尾屿和赤尾屿从来就不属于琉球而属于中国。[②] 该图后被林子平等日本学者接受并广为引用。1785 年日本学者林子平所著《三国通览图说》的附图“琉球三省并三十六岛之图”中，将钓鱼岛列在琉球三十六岛之外，并与中国大陆绘成同色，意指钓鱼岛为中国领土的一部分。1719 年日本学者新井君美所著《南岛志》一书中提到琉球所辖 36 岛，其中并无钓鱼岛。1875 年日本出版的《府县改正大日本全图》中也无钓鱼岛。1879 年，中国清朝北洋大臣李鸿章与日本就琉球归属谈判时，中日双方仍确认，琉球由 36 岛组成，其中根本不包括钓鱼岛等岛屿。

1809 年法国地理学家皮耶·拉比等绘《东中国海沿岸各国图》，将钓鱼岛、黄尾屿、赤尾屿绘成与台湾岛相同的颜色。1811 年英国出版的《最新中国地图》、1859 年美国出版的《柯顿的中国》、1877 年英国海军官图局编制的《中国东海沿海自香港至辽东湾海图》等地图，都将钓鱼岛列入中国版图。

（四）钓鱼岛是甲午战争后日本从中国攫取的领土，应按《开罗宣言》和《波茨坦公告》归还给中国

1895 年 4 月，清政府在甲午战争中战败，被迫与日本签订《马关条约》，其中第二和第三条规定，把“台湾全岛及所有附属各岛屿”和“澎湖列岛”割让给日本。钓鱼岛及其附属岛屿是“台湾全岛及所有附属各岛屿”的重要组成部分，完全包含在“台湾全岛及所有附属各岛屿”之内。也正是依据这

---

① 参见中华人民共和国国务院新闻办公室：《钓鱼岛是中国的固有领土》白皮书，人民网，http：//world. people. com. cn/n/2012/0925/c1002 - 19105462. html[2016 - 09 - 25]。

② 参见鞠德源：《日本国窃土源流 钓鱼列屿主权辨》上册，北京：首都师范大学出版社，2001 年，第 355 页。

一条款，才把钓鱼岛等“台湾附属岛屿东北诸岛”割让给了日本。

1943 年 12 月 1 日中美英三国发表的《开罗宣言》明确规定，“使日本所窃取于中国之领土，例如满洲、台湾、澎湖列岛等，归还中国。日本亦将被逐出于其以武力或贪欲所攫取之所有土地”。1945 年 7 月 26 日中美英三国敦促日本投降之《波茨坦公告》强调，“开罗宣言之条件必将实施，而日本之主权必将限于本州、北海道、九州、四国及吾人所决定其他小岛之内”。这两份国际法律表明：钓鱼岛及其附属岛屿是日本因贪欲通过战争方式窃取的中国领土，日本应遵照《开罗宣言》把它归还给中国；《波茨坦公告》中公认的日本领土，不包括钓鱼岛，连冲绳都不包括在内；《波茨坦公告》明确解释了日本作为战败国在领土问题上不具备自我解释能力；日本是接受《波茨坦公告》投降的，从法理上讲，钓鱼岛及其附属岛屿业已回归中国版图。日本称钓鱼岛是“日本固有领土”，是对世界反法西斯战争胜利成果的公然否定，是对战后国际秩序的直接挑战。

（五）中国政府通过法律的形式明确向世界宣布“钓鱼岛等岛屿是中国领土”

1992 年 2 月 25 日，第七届全国人民代表大会常务委员会第二十四次会议通过《中华人民共和国领海及毗连区法》，其中第二条明确规定：“中华人民共和国领海为邻接中华人民共和国陆地领土和内水的一带海域。中华人民共和国的陆地领土包括中华人民共和国大陆及其沿海岛屿、台湾及其包括钓鱼岛在内的附属各岛、澎湖列岛、东沙群岛、西沙群岛、中沙群岛、南沙群岛以及其他一切属于中华人民共和国的岛屿。”根据该法，钓鱼岛及其附属岛屿作为中国不可分割的领土，具有 12 海里领海及与领海相接的 12 海里毗连区。中华人民共和国对此领海的主权“及于领海上空、领海的海床及底土”，对毗连区“行使管制权”。

2012 年 9 月 10 日，中国政府依据《中华人民共和国领海及毗连区法》，划定并公布了钓鱼岛及其附属岛屿的领海基点基线，并于 9 月 14 日向联合国秘书长潘基文交存了中国领土钓鱼岛及其附属岛屿领海基线基点的坐标表和海图，从而完善了钓鱼岛及其附属岛屿属于我国领土的法律体系，为维护我国对钓鱼岛及其附属岛屿的主权及其附近海域的管辖权提供了更加明确的法律依据。

（六）中国用常态化巡航实际行动，宣示和捍卫钓鱼岛领土主权

2012年9月11日，日本政府不顾中国反对，从2012年度预算中拨出20.5亿日元，“购买”钓鱼岛及其附属岛屿的三个岛屿，将其非法实施“国有化”。针对日本所谓“购岛”行为，中国政府发出严正声明：日方所谓的“购岛”完全是非法的、无效的，改变不了中国对钓鱼岛及其附属岛屿的领土主权，并于9月14日派出海洋局海监总队船只进入钓鱼岛12海里巡航，宣示中国对钓鱼岛及其附属岛屿的主权。2012年9月以来，中方定期派出海警（海监）舰艇编队赴钓鱼岛海域巡航，形成了常态化巡航机制。虽然受到日本海保厅巡视船的跟踪监视、喊话“警告”等阻挠，但中国海警执法船严格履行体现存在、宣示主权、行使管辖的使命，有力地捍卫了钓鱼岛领土主权。

（七）日本学者佐证钓鱼岛为中国领土

日本著名历史学家井上清教授于1972年撰写了一部题为《“尖阁”列岛——钓鱼诸岛的历史解析》的专著。他指出，作为一个历史学家，他经过查阅历史文献后断定：钓鱼岛在日本染指之前并非“无主地”，而是中国的领土。他认为，明代以来各种各样的中国地图和文献都把钓鱼岛、黄尾屿、赤尾屿标注在中国的版图内。并指出，“被日本称为尖阁列岛的岛屿本来是属于中国的，并不是属于琉球的岛屿。日本在1895年占有了这些地方，是借甲午战争胜利之际进行的趁火打劫，绝不是堂堂正正的领有行为。这一历史事实是不可捏造的，必须有实事求是的认识和客观科学的分析态度”。日本横滨国立大学教授村田忠禧在2004年出版的《尖阁列岛·钓鱼岛争议——对21世纪人们智慧的考验》一书中，用详细史料说明日本所谓的“无主地论”是不成立的，认为钓鱼岛是中国的固有领土。

二　日方关于拥有钓鱼岛主权的主张及对其的驳斥

1972年3月8日，日本发表了《关于尖阁诸岛[①]所有权问题的基本见解》，日本政府当局在钓鱼岛问题上的立场基本沿袭此“基本见解”，并在外

① 即我钓鱼岛及其附属岛屿，下同。

务省网站上发表了其基本立场及主要依据。其基本立场是："尖阁诸岛是日本固有领土，这无论是在历史上还是在国际法上都很明确，实际上我国有效控制着该诸岛。因此，根本不存在围绕尖阁诸岛要解决的领有权问题。"① 其主张及依据主要有以下几点：钓鱼岛是"无主地"，是日本政府经再三实地调查确认尖阁诸岛是无人岛且无清朝统治的痕迹的情况下，于1895年1月14日通过内阁决议编入日本领土的；自此之后钓鱼岛在历史上一直是日本"西南诸岛"的一部分，不包含在《马关条约》规定的由清政府割让给日本的台湾及澎湖列岛的范围之内；不包含在《旧金山和约》第二条规定的日本所放弃的领土之内，而是根据该和约作为西南诸岛的一部分被置于美国施政之下，并根据1971年6月17日签署的《归还冲绳协定》将施政权"归还"给了日本；中国对钓鱼岛包含在根据《旧金山和约》第三条由美国施政的区域内从未提出过任何异议，表明当时中国并不视钓鱼岛为台湾的一部分，直到70年代后半期才开始提出钓鱼岛的所有权问题；钓鱼岛是"日本固有领土"，与中国不存在主权争议。

日本的上述主张严重违背了历史事实，经不起历史证据检验，是完全站不住脚的。

（一）"无主地"与"1895年编入日本领土"说

首先，钓鱼岛至少从明朝时起便已不是"无主地"，而由中国明朝政府作为海防区确立了统治权。这些岛屿是由中国首先发现、命名、记载、利用、管辖的。在1884年日本人古贺辰四郎"发现"钓鱼岛时，早已不是"无主地"了。其次，日本政府以"无人岛"偷换了"无主地"的概念。日本政府称，"在再三实地调查确认尖阁诸岛是无人岛且无清朝统治的痕迹的情况下"，才通过内阁决议，将"尖阁诸岛"编入日本领土。"无人岛"并不等于"无主岛"，如果因为钓鱼岛是"无人岛"日本就可以纳入自己的领土，那么，中国是否也可以把日本的无人小岛以人民代表大会表决的方式纳入中国的领土呢？这显然是行不通的。再次，1895年日本通过内阁决议窃取钓鱼岛时，对钓鱼岛属于由清国治理的"有主地"心知肚明。史料证明，日本早在1885年就想

① 参见日本外务省网站首页"尖阁诸岛问答"，http：//www.cn.emb－japan.go.jp/territory/senkaku/question－and－answer.html#q1［2018－08－27］。

霸占钓鱼岛，但当时就发现钓鱼岛由清朝管辖，担心“招致清国之猜忌”而未敢轻举妄动。1890年和1893年冲绳县政府又两次提出将钓鱼岛划入自己管辖范围的要求，均被日本明治政府搁置起来。直到1895年1月14日甲午战争行将结束，日本趁清政府败局已定，便秘密通过关于在岛上设标桩的国会决议，妄图非法窃取我钓鱼岛。而这一切都是背着中国清政府秘密进行的，未对外公布，是违反国际法的。也就是说，日本在甲午战争爆发九年前就妄图侵占钓鱼岛，直到甲午战争行将结束、胜券在握时才伺机秘密窃取。关于这一点，井上清在其《“尖阁”列岛——钓鱼诸岛的历史解析》一书中也明确指出，日本政府觊觎钓鱼岛诸岛的时机长达九年之久。上述表明，日本政府将钓鱼岛“编入日本领土”，并非对无主地的“先占”，而是日本在甲午战争中的秘密偷盗行为，是典型的侵略窃土行为，根本不符合国际法上的先占原则，其对钓鱼岛的主权主张不具有国际法规定的效力。

（二）“非《马关条约》割让”说

日本称，钓鱼岛不在《马关条约》割让的范围内，因而不在《旧金山和约》规定的放弃领土之内。但《马关条约》第二、第三条明确规定，把“台湾全岛及所有附属各岛屿”和“澎湖列岛”割让给日本。钓鱼岛及其附属岛屿作为台湾的附属岛屿，完全包括在“台湾全岛及所有附属各岛屿”之内，钓鱼岛及其附属岛屿是根据《马关条约》割让给日本的。事实上，中日在谈判《马关条约》时，均参考1877年英国出版的《中国东海沿海自香港至辽东湾海图》。该图标注的“台湾全岛的附属岛屿东北诸岛”包括花瓶屿、棉花屿、彭嘉山、钓鱼屿、橄榄山、黄尾屿、赤尾屿等岛屿，不存在任何遗漏或例外。①《马关条约》签订后，日本天皇派首任台湾总督桦山时发布的《谕示》中用的头衔称号清楚地包含了台湾所属岛屿：“大日本帝国钦派台湾及所属各岛屿併澎湖列岛总督海军大将子爵桦山。”②《旧金山和约》签订后至1972年“基本见解”出笼前，日本政府对“和约”关于“日本放弃对于台湾及澎湖列岛的一切权利”的内容未提出异议，在公开实行的行政措施方面，履行了放

① 参见鞠德源：《钓鱼岛正名》，北京：昆仑出版社，2006年，第59页。

② 鞠德源：《日本国窃土源流 钓鱼列屿主权辨》下册，北京：首都师范大学出版社，2001年，书尾附录实验证据之22。

弃“台湾全岛及所有附属各岛屿”和“澎湖列岛”的承诺。例如，根据1961年4月4日国土地理院第878号文件批准出版的《日本地理》第7卷“九州编”所附的《九州地方图》及《西南诸岛图》内，完全“放弃”了“尖阁诸岛”之图形与总括地名。① 日本妄图以决议窃土为由把钓鱼岛与《马关条约》之割让条款和《旧金山和约》之放弃条款撇清，妄图永久性霸占我钓鱼岛及其附属岛屿，但历史是不容篡改的，狡辩是难以掩盖事实真相的。

（三）“西南诸岛的一部分”说

为了谋图霸占钓鱼岛，日本政府还编造了“自1895年后尖阁诸岛在历史上一贯是日本西南诸岛的一部分”的谎言。西南诸岛（日文称“南西諸島”）的名称是日本从1877年英国海军官图局绘制的《中国东海沿海自香港至辽东湾海图》② 中的“NANSEI SHOTO”（南西诸岛）抄袭过来的。英国海图上的西南诸岛仅涵盖先岛群岛和冲绳群岛，不包括钓鱼岛及其附属岛屿。日本窃取钓鱼岛后，1897年日本海军水路部《第二百十号海图》首次袭用“西南诸岛”的名称，但位置却从原海图“先岛群岛”“冲绳群岛”的东南侧，挪移到了日本新窃取的中国领土钓鱼屿、黄尾屿、赤尾屿与先岛群岛、冲绳群岛、奄美大岛之间。这表明，日本袭用“南西诸岛”的名称，将从中国窃取的钓鱼岛等岛屿囊括其内后标注在地图上，明显是窃土扩张行为。但该海图上尚无“尖阁诸岛”的名称。1900年黑岩恒氏发表《尖阁列岛探险记事》一文时，才私自将钓鱼屿、尖阁诸屿和黄尾屿暂时冠以“尖阁列岛”，但当时这一命名并不包括赤尾屿。在以后的日本官方批准出版的各式地图上，在所谓“南西诸岛”的统辖范围内，从未正式标出“尖阁诸岛”字样。只有1930年日本帝国陆地测量部测绘的《吐噶喇及尖阁群岛图》和《一般图》，才将钓鱼屿、尖头诸岛、黄尾屿、赤尾屿，冠以“尖阁群岛”而纳入“南西诸岛”的统辖范围内。自此至日本投降，在日本出版的正式地图里，再也没有过“尖阁群岛”或“尖阁诸岛”之名列入西南诸岛图之内者。1961年政府批准出版的《日本地理》之附图《西南诸岛图》中完全“放弃”标绘从中国窃取的“尖阁诸

① 参见鞠德源：《钓鱼岛正名》，北京：昆仑出版社，2006年，第347页。

② 参见鞠德源：《日本国窃土源流 钓鱼列屿主权辨》下册，北京：首都师范大学出版社，2001年，书末附图50。

岛”。后来出版的其他《西南诸岛》图，亦均遵守该政府文书，放弃标绘钓鱼岛、黄尾屿、赤尾屿等岛屿。[①] 这些都是“尖阁诸岛”并非自1895年一直是西南诸岛一部分的例证。“自1895年编入日本后，尖阁诸岛就一直成为西南诸岛的一部分”这句话本身，就是日本对窃取我钓鱼岛领土之侵略行径的自我告白。

（四）“固有领土”说

所谓固有，是指本身就有，而非外来之物，而钓鱼岛则分明是当年日本帝国从中国窃取的，所以根本谈不上“固有”二字。日本把钓鱼岛作为冲绳（即琉球群岛）的一部分，但琉球群岛原来是独立的王国，是1879年被日本吞并的，原本就不是日本的，何来钓鱼岛是日本固有领土说？日本主张钓鱼岛历来是西南诸岛的一部分，但连西南诸岛的名称都是抄袭英国海图的，根本不是日本固有的名称，而且明显是甲午战争后日本借用“西南诸岛”之名把窃取的钓鱼岛等岛屿囊括其中，分明是窃土扩张行为，根本谈不上是日本的“固有领土”。

（五）“美国归还后属于日本领土”说

日本政府称，根据1971签署的《归还冲绳协定》，美国已将钓鱼岛的施政权交给了日本，因而钓鱼岛属于日本的领土。这是美日之间将中国领土私相授受的非法行为，完全是一种强盗逻辑。

第一，二战后日本的版图不包括钓鱼岛及其附属岛屿。二战结束后，美军曾于1946年1月29日发布《联合国最高司令部训令第667号》，其中第三项明确规定日本版图所包括的范围为“日本的四个主要岛屿（北海道、本州、四国、九州）及包括对马诸岛、北纬30°以北的琉球诸岛的约1000个邻近小岛”，钓鱼岛不在其列。

第二，美国接管日本时钓鱼岛不在其接管范围，是后来美国擅自扩大将钓鱼岛纳入其管辖范围的。1951年9月8日，美国等一些国家在排除中国的情况下，与日本缔结了《旧金山和约》，规定北纬29°以南的西南诸岛等交由联合国托管，而美国为唯一施政当局。根据该条约的说明，“北纬29°以南的西南诸岛”是指“琉球群岛与大东群岛”，即原琉球王国所属国土，并不包括钓

① 参见鞠德源：《钓鱼岛正名》，北京：昆仑出版社，2006年，第346—347页。

鱼岛。1953年12月25日，美国发出一份美国民政府第27号令“琉球列岛地理界线”，称“根据1951年9月8日签署的对日和约”，有必要重新指定琉球列岛的地理界线，并将当时美国政府和琉球政府管辖的区域指定为，包括北纬24°、东经122°区域内各岛、小岛、环形礁、岩礁及领海。该布告擅自扩大美国管辖范围，将中国领土钓鱼岛及其附属岛屿裹挟其中，完全是美国对钓鱼岛的非法侵占。

第三，美日两国私相授受他国领土是非法和无效的。1971年6月17日，美日签署《关于琉球诸岛及大东诸岛的协定》（简称“归还冲绳协定”），并于1972年5月把琉球群岛和钓鱼岛的“施政权”一起“归还”给了日本。对此，海内外中国人均表示强烈谴责。1971年12月30日，中国外交部发表严正声明指出：“美、日两国政府在‘归还’冲绳协定中，把我国钓鱼岛等岛屿列入‘归还区域’，完全是非法的，这丝毫不能改变中华人民共和国对钓鱼岛等岛屿的领土主权。”美国把冲绳及钓鱼岛等岛屿的“施政权”交还给日本，是继战后片面宣布对钓鱼岛等岛屿实施管辖之后的又一次非法错误行为，也是违背《波茨坦公告》精神的。美日两国对他国领土的私相授受是非法和无效的，丝毫也改变不了钓鱼岛是中国固有领土的事实。

第四，美国向日本“归还”的是“施政权”，而非“主权”。在中国方面强烈反对下，美国公开澄清了其在钓鱼岛主权归属问题上的“中立”立场。1971年10月，美国政府表示：“把原从日本取得的对这些岛屿的施政权归还给日本，毫不损害有关主权的主张。美国既不能给日本增加在他们将这些岛屿施政权移交给我们之前所拥有的法律权利，也不能因为归还给日本施政权而削弱其他要求者的权利。……对此等岛屿的任何争议的要求均为当事者所应彼此解决的事项。”① 同年11月，美参议院批准“归还冲绳协定”时，美国务院发表声明称，尽管美国将该群岛的施政权交还日本，但是在中日双方对群岛对抗性的领土主张中，美国将采取中立立场，不偏向于争端中的任何一方。美国“归还”给日本的是施政权，而非主权，跟领土主权无关。施政权不等于主权，把钓鱼岛的施政权交给日本，并不等于钓鱼岛的主权归日本。况且，中国的领土怎么能由日美两国的协议来决定呢？在战后领土归属问题上，日本只能严格遵守1945年其所接受的《波茨坦公告》及《开罗宣言》。

① 美国参议院外交关系委员会听证会，第92届《国会记录》，1971年10月27—29日，第91页。

（六）“中国未提出异议”与“不存在主权争议”说

对于美日私相授受中国领土的非法行径，中国政府从一开始就表示坚决反对。早在1950年6月，周恩来外长便强烈谴责美国的行径，声明中国人民决心收复台湾及一切属于中国的领土。1951年9月18日，周恩来外长便代表中国政府宣布，《旧金山和约》因无中华人民共和国参与准备、拟制和签订，所以是非法的、无效的，中国绝不接受。1953年12月，中国要求美国遵守《波茨坦公告》精神妥善处理琉球群岛和钓鱼岛等岛屿。1958年9月4日，中国政府发表领海声明，指出中国领土包括台湾及其周围各岛。1970年和1971年，《人民日报》多次发表文章，反对美日侵吞我国领土钓鱼岛等岛屿。1971年12月，中国外交部发表声明，指出钓鱼岛等岛屿是台湾的附属岛屿，自古以来就是中国领土，而不属于琉球。此外，中国民间和台湾、香港等地还多次举行反对和抗议活动，怎么能说中国在70年代后期前未提出异议呢！

中国方面对于美日私相授受我钓鱼岛行径的强烈抗议以及美国方面关于“移交的是施政权与主权无关”的澄清，表明中日之间在钓鱼岛主权问题上一直存在争议。在1972年中日邦交正常化和1978年缔结《中日和平友好条约》谈判中，两国老一辈领导人从东亚地区和平稳定及中日关系大局出发，达成了“钓鱼岛问题放一放，留待以后解决”的重要共识。正因为有了这个共识，中日关系才取得了40年的巨大发展，东亚地区才有了40年的稳定与安宁。但日本政府的“购岛”行为打破了“搁置争议”的现状，试图以法理和实际行动达到实际占有我钓鱼岛的目标。对此，中方采取了发表政府声明、公布钓鱼岛等岛屿领海基点基线并交存联合国、我公务船进入钓鱼岛海域巡航执法等一系列反制措施。通过上述中方的法理和执法行动，不仅中日两国，连国际社会都知道两国的钓鱼岛主权之争。2014年中日“四点原则共识”的“双方认识到围绕钓鱼岛等东海海域的紧张局势存在不同主张”，也表明双方承认在钓鱼岛主权问题上主张不同，存在争议。如果日本当局仍顽固坚称“不存在主权争议”，那只能说是强词夺理、自欺欺人的说辞，俨然是一种“鸵鸟政策”。

（七）对日本举证的反驳

一是日方指称中国政府曾在1953年1月8日《人民日报》上承认“琉球群岛包括尖阁诸岛”。这是中方工作中的失误，也是值得我们引以为戒的事例。但报刊上的评论文章，并不能完全代表中国政府的立场，不能完全作为中国承认钓鱼岛属于琉球群岛的证据。二是台湾在1965年10月出版的《世界地图集东亚诸国》第一册和1970年1月《国民中学地理教科书》第四册中曾使用“尖阁诸岛”的日文名称。台湾长期受日本统治，在许多名称上习惯用日本的称呼，这不足为奇。甚至我们至今还能看到台湾当局“经济部”在2018年8月24日外交网站上发文时，还用“日本平成30年”称呼2018年，看来台湾的日本殖民心态至今仍有残余。[①] 三是日本《产经新闻》登出1920年5月20日中华民国政府驻长崎领事的一封“感谢状”中提到，“中华民国八年福建省惠安县渔民郭和顺等31人遭风遇难漂泊至日本帝国冲绳县八重山郡尖阁列岛内和洋岛”，称这是中国“承认过尖阁列岛是日本领土最有力的证据”。其实，这份所谓“感谢状”是根本不足为据的。这是因为，早在1895年4月日本便通过不平等的《马关条约》霸占了中国的台湾省，而钓鱼岛又是台湾的附属岛屿，这种状态一直持续到1945年日本战败投降。所以，在这期间所谓“感谢状”中的表述，充其量只反映了当时一些人在日本霸占台湾地区及钓鱼岛情况下的一种认识，而根本不能用它来证明钓鱼岛是日本的“固有领土”。据史料记载，1941年，同在日本统治下的冲绳与台湾曾因渔业问题就钓鱼岛发生争执，东京法院将钓鱼岛判给“台北州”管辖。由此可见，当时日本在法律上也并未承认钓鱼岛隶属于冲绳县。

综上所述，无论从自然地貌特征，还是从历史或国际法角度，都可以证明钓鱼岛及其附属岛屿是中国的固有领土。日本应尊重史实，尊重战后国际秩序，严格履行《开罗宣言》和《波茨坦公告》等国际法律条款，彻底放弃霸占中国领土钓鱼岛及其附属岛屿的妄想。但目前，日本政府在钓鱼岛问题上仍持强硬态度，顽固坚持不存在争议的立场，并加大舆论宣传力度，同时军警配合对我海警公务船维权执法行动严加戒备，竭力维持其所谓“实际控制”。这种行为只会加剧紧张局势，不利于钓鱼岛问题的妥善解决，更不利于中日关系长期健康发展。正如外交部部长王毅所说：“不是我们的，一分不要；该是我们的，寸土必保。”[②] 在钓鱼岛领土主权问题上，我们没有任何退让的余地，在坚持对话谈判解决争端的同时，应做好在外交、舆论、法律、军事等各领域进行长期斗争的准备。

---

① 《台湾8.23豪雨已超过“日本平成30年”》，新浪网，http：//mil. news. sina. com. cn/2018－08－27/doc－ihifuvph3956731. shtml［2018－09－27］。

② 参见《王毅谈领土主权：不是我们的一分不要，该是我们的寸土必保》，新浪网，http：//news. sina. com. cn/c/2014－03－08/105829656008. shtml［2017－10－10］。

日本高质量基础设施合作伙伴关系的构建与中日关系

孟晓旭*

世界各国需要不断扩充和完善城市功能，城市间、国家间和地域间也有大量的互联互通需求。根据亚洲开发银行2009年的推算，从2010年到2020年亚洲基础设施建设资金需求达8万亿美元。① 经济合作与发展组织认为，2000—2030年世界范围内的基础设施投资额达71万亿美元。而根据世界经济论坛分析指出，到2030年全球基础设施项目年需求至少在4万亿美元。② 日本高质量基础设施合作伙伴关系是由日本首相安倍晋三于2015年提出并持续推进的对外基础设施输出新战略。③ 在中国"一带一路"建设深化和区域经济一

* 孟晓旭，国际关系学院国际政治系教授。原文发表于《国际问题研究》，收录本书时做了修改。

① アジア開発銀行研究所（ADBI）：Infrastructure for a Seamless Asia（2009），https：//www. adb. org/sites/default/files/publication/159348/adbi - infrastructure - seamless - asia. pdf[2018 - 07 - 28]。

② World Economic Forum，"Strategic Infrastructure Mitigation of Political & Regulatory Risk in Infrastructure Projects"，February 2015，http：//www3. weforum. org/docs/WEF_ Risk_ Mitigation_ Report_ 2015. pdf[2018 - 07 - 22]。

③ 2015年5月21日，日本首相安倍晋三在第21次国际交流会议"亚洲的未来"晚餐会上做了题为《投资亚洲未来》的演讲，明确提出构建高质量基础设施合作伙伴关系，主张在亚洲范围内推广高质量的基础设施。安倍反复提及"高质量"，强调高质量基础设施在建造时显得昂贵，但由于好使耐用加上对环境友好又具抗灾能力，从长远来看是便宜的。安倍主张亚洲基础设施不只是"质优于量"，而是"求质又求量"。2015年11月21日，安倍在东盟商务与投资峰会上就"高质量"又说："（日本）不惜分享拥有的高端技术、经验和诀窍，以及'日本制造'的可靠性"，强调"会一直贯彻日本的做法。经济性卓越，与环境相协调，极限追求节能，使用寿命长久"。参见：『第21回国際交流会議「アジアの未来」晩餐会　安倍内閣総理大臣スピーチ』、2015年5月21日、http：//www. kantei. go. jp/jp/97_ abe/statement/2015/0521speech. html[2018 - 07 - 03]；『「質の高いインフラパートナーシップ」のフォローアップ策（詳細版）』、2015年11月21日、http：//www. mofa. go. jp/mofaj/gaiko/oda/files/000112659. pdf[2018 - 07 - 25]。

体化加速的背景下，日本构建高质量基础设施合作伙伴关系具有较强的战略性，并与中日关系密切相关，需要我们深入研究。

一 高质量基础设施合作伙伴关系的提出

2015年5月21日，在第21次国际交流会议“亚洲的未来”晚餐会上所做的题为《投资亚洲未来》的演讲中，安倍明确提出构建高质量基础设施合作伙伴关系，主张在亚洲范围内推广高质量和创新型基础设施，并宣布“在与亚洲开发银行（ADB）合作的同时，计划在五年内向亚洲提供总额约为1100亿美元、13万亿日元规模的基础设施创新基金”①，资金额度比之前的五年提高了30%。

日本高质量基础设施合作伙伴关系后由日本外务省、财务省、经济产业省和国土交通省联合推出，其包括四个支柱：支柱一，充分调动日本的经济合作工具加快和扩大援助。包括：（1）通过日元贷款、技术合作、无偿资金合作等方式强化海外投融资，对亚洲基础设施的援助（ODA）增加25%；（2）通过更有效地利用新设的ODA，促进发展中国家政府为官民合作基础设施项目提供资金和保证，促进民间资本参与基础设施项目；（3）加快日本ODA贷款程序。支柱二，加强日本与亚开行（ADB）之间的合作。包括：（1）支持亚开行增加其50%的融资能力、扩大对民间部门的贷款及缩短项目准备期限；（2）欢迎讨论亚开行将来的增资问题；（3）利用国际协力机构（JCIA）的海外投融资，在JCIA和ADB间建立新的协作机制，促进官民合作的基础设施投资。支柱三，强化日本国际协力银行（JBIC）的功能，对相对高风险的项目资助翻倍。包括：（1）促进国际协力银行在风险项目上积极向官民合作基础设施项目提供基金，改变以前向当地政府要求保证的做法；（2）活用新设的海外交通都市开发事业支援机构。支柱四，促进“高质量基础设施投资”国际化。包括：（1）让世界周知日本高质量基础设施投资成功实践；（2）提供感受日本先进技术的机会；（3）和世界银行、亚开行等国际机构和伙伴关系国一起召开高质量基础设施投资研讨会；（4）在G20及联合国等场合强调高

① 『第21回国際交流会議「アジアの未来」晩餐会　安倍内閣総理大臣スピーチ』、2015年5月21日，http://www.kantei.go.jp/jp/97_abe/statement/2015/0521speech.html[2018-07-03]。

质量基础设施投资的重要性；（5）强化高质量基础设施投资必要的技术支持。①

日本侧重在重要国际场合宣传这一战略，促进其在世界层面的被接纳、影响力与引领力，吸引其他国家加入。2015 年 6 月，在德国巴伐利亚 G7 峰会上，安倍在首脑会议上对高质量基础设施多次要求发言，呼吁“基础设施建设必须考虑到对人权、环境和社会的影响”②，突出“高质量”的“理念”。最后，峰会通过的首脑宣言表示促进质量高的基础设施投资。2015 年 11 月 16 日，在土耳其安塔利亚举行的 G20 峰会上，安倍又积极主张应该扩大价格虽高但能长期保证质量的高质量基础设施投资，而日本将对此继续推进。③ 针对 G20 各经济体的特点，安倍表示，高质量的基础设施投资“除了有助于（相关地区的）增长和投资以外，从可持续发展的观点来看也十分重要”④。2015 年 11 月 19 日，在菲律宾马尼拉召开的 APEC 会议上，在日本的推动下，体现日本高质量基础设施理念和标准的文件——《APEC 战略：强化高质量增长》被作为首脑会议的附属书纳入大会通过的文件中。日本外务省认为：“高质量基础设施伙伴关系的重要性已在首脑级层面得到了再确认。”⑤

二　高质量基础设施合作伙伴关系的扩展

在一番国际推介之后，日本又进一步扩展了高质量基础设施伙伴关系。在 2015 年 11 月 21 日的东盟商务与投资峰会上，安倍宣称：“在未来五年，日本国际协力机构与亚开行将进行 100 亿美元的合作融资。日本国际协力机构今后

① 外務省、財務省、経済産業省、国土交通省『「質の高いインフラパートナーシップ —アジアの未来への投資—」』、2015 年 5 月 21 日、http://www.mofa.go.jp/mofaj/gaiko/oda/files/000081296.pdf [2018 -07 -05]。

② 「G7、新興国の腐敗対策の必要性でも一致　サミット開幕」、『日本経済新聞』2015 年 6 月 8 日、http://www.nikkei.com/article/DGXLASFK07H25_X00C15A6000000/[2018 -07 -25]。

③ 「G20 アンタルヤ・サミット（概要）」http://www.mofa.go.jp/mofaj/ecm/ec/page4_001554.html[2018 -8 -15]。

④ 『日本、「質の高いインフラ」訴え　環境配慮で中国に対抗』、『日本経済新聞』2015 年 11 月 16 日、http://www.nikkei.com/article/DGXLASFS15H3E_V11C15A1NN1000/[2018 -07 -15]。

⑤ 「フィリピン APEC 首脳会議」、http://www.mofa.go.jp/mofaj/ecm/apec/page4_001567.html [2018 -07 -15]。

五年也将通过亚开行新设的信托基金向民间项目最多投融资15亿美元。此外，日本不仅是融资，还将积极出资，将在国际协力银行开设新账户等，修订制度，以便更加容易承担风险。”安倍还说，日本“不惜分享拥有的高端技术、经验和诀窍，以及‘日本制造’的可靠性”。最后，安倍强调：“今后我们还会一直贯彻日本的做法。经济性卓越，与环境相协调，极限追求节能，使用寿命长久。让我们一起将‘高质量的基础设施建设’推广向亚洲。”① 这也成为日本构建高质量基础设施伙伴关系的新宣言。

对于何为“高质量基础设施”，日本政府在安倍演讲后发布的“高质量基础设施伙伴关系的进一步措施”中加以明确：（1）经济性（寿命周期成本低）；（2）安全性；（3）应对自然灾害的强韧性；（4）考虑环境和社会；（5）对当地社会和经济的贡献。② “进一步措施”从12个项目层面具体细化“四个支柱”，集中改善日元贷款及海外投融资制度。③ 具体包括：（1）迅速化日元贷款。在政府审批时间上，重要项目和其他项目审批期限分别缩短至1.5—2年。（2）迅速化海外投融资。对民间企业提出的申请原则上一个月内展开评估。（3）导入“特别准备金”。对不确定性比较高的项目及政治经济形势不稳定的国家提供贷款的时候，导入增加“特别准备金”制度。（4）扩大海外投融资的对象范围。（5）加强JCIA和其他金融机构的合作，包括和民间金融机构的合作融资。（6）推进试点项目实施。（7）和中等收入国家进行货币互换型日元贷款。（8）建立以美元计价的ODA贷款。（9）设立优惠贷款。（10）设立取得项目经营权的ODA贷款。（11）对向发展中国家地方政府提供的贷款，日本相关阁僚会议将视具体情况免除当地政府的担保。（12）日本政府以JICA金融与投资账户下资金支持的技术向承包商提供帮助，以实现“高质量基础设施”。此外，“进一步措施”还包括与亚开行展开新的合作，积极参与规则制定以及继续国际化高质量基础设施投资等内容。包括：（1）JICA与ADB合作设立信托基金，未来五年，JICA信托基金投融资拟达到15亿美

① 「ASEANビジネス投資サミット 安倍総理スピーチ」、2015年11月21日、http://www.kantei.go.jp/jp/97_abe/statement/2015/1121speech.html[2018-07-20]。

② 『「質の高いインフラパートナーシップ」のフォローアップ策（詳細版）』、http://www.mofa.go.jp/mofaj/gaiko/oda/files/000112659.pdf[2018-07-15]。

③ 『「質の高いインフラパートナーシップ」のフォローアップ策の公表』、http://www.mofa.go.jp/mofaj/gaiko/oda/about/doukou/page23_000754.html[2018-07-16]。

元；（2）未来五年，JICA 与 ADB 将提供 100 亿美元的联合贷款，推进高质量公共基础设施建设；（3）通过日本国际协力银行（JBIC）增加对高风险项目的援助；（4）和其他国际开发金融机构一起进行基础设施投资合作；（5）将日本先进的技术向全球推广；（6）在联合国、G20、G7、APEC、东盟等相关的领导人级与部长级会议上强调高质量基础设施投资的必要性，并形成文件加以确认。[①]

在 2016 年 5 月 23 日召开的“经济合作基础设施战略会议”上，日本又主张高质量基础设施伙伴关系超出亚洲，并把在世界范围内扩大高质量基础设施作为 G7 伊势志摩峰会的主要议题。[②] 会议决定并发表了“主动扩大高质量基础设施”战略，以三个支柱为中心，战略性地扩展高质量基础设施伙伴关系。第一个支柱是向世界范围内的基础设施投资项目扩大风险资金供给，今后五年的目标，对基础设施投资 2000 亿美元。（1）投资范围从亚洲扩展到全世界；（2）基础设施方面，从狭义走向包括广义的石油、天然气、医院等在内；（3）相关机构也从 JICA、JBIC 扩展到包括 NEXI（贸易保险）、JOIN（交通都市开发）、JICT（通信、广播、邮递）、JOGMEC（石油天然气、金属矿物资源）等机构在内。其他两个支柱分别是“改善高质量基础设施输出制度”（ODA 援助的迅速化及奖励民间企业的投融资）和“强化相关机构的体制和确保财政基础”。[③]

日本的战略扩大之举，主要是看到了基础设施更大的投资市场。全球范围内以新兴市场国家为主，道路、铁路及港湾建设等基础设施开发需求被认为达到约 240 万亿日元。经过调整，日本国际协力机构融资业务将增加欧元的计价手段，这也考虑到非洲基于欧元的资金需求很大。为促进民间资金投入相对风险较高的新兴市场，日本政府还提高了海外贸易保险金的赔偿率。[④] 在七国集团（G7）伊势志摩峰会上，日本又推动达成关于高质量基础设施建设的“G7

① 「質の高いインフラパートナーシップ」のフォローアップ、http://www.mofa.go.jp/mofaj/gaiko/oda/files/000112660.pdf[2018－07－15]。

② 「インフラ開発：22 兆円　5 年間、世界へ供給　政府新戦略」、『毎日新聞』、http://mainichi.jp/articles/20160524/ddm/008/020/108000c[2018－07－22]。

③ 『内閣官房、総務省、外務省、財務省、経済産業省、国土交通省 G7 伊勢志摩サミット「質の高いインフラ輸出拡大イニシアティブ」』、http://www.kantei.go.jp/jp/singi/keikyou/dai24/siryou2.pdf[2018－07－15]。

④ 「インフラ輸出支援に5 年で2 千億ドル　首相、サミットで表明へ」、『日本経済新聞』、http://www.nikkei.com/article/DGXLASFS23H4Y_T20C16A5PP8000/[2018－07－18]。

伊势志摩原则”，再次突出“高质量”这个标准。包括：（1）从基础设施的使用寿命周期出发，注重有效的治理、可靠的运行等经济性及强力应对自然灾害、恐怖主义和网络攻击等风险的安全性；（2）为所在国创造就业、构筑能力及确保技术和经验传给当地；（3）应对对社会和环境的影响；（4）从国家和地区层面确保包含气候变化和环境保护在内的经济与发展战略整合；（5）采取包括 PPP[①] 在内的形式增强资金流动。[②] 至此，日本高质量基础设施伙伴关系形成“高质量”“国际化”“更迅速”“多资金”等特点。

三　高质量基础设施合作伙伴关系的实施

日本首先侧重在亚洲推进高质量基础设施合作伙伴关系，特别是东盟。根据亚洲开发银行的数据，仅东盟每年的基础设施建设需求就达 600 亿美元。其中新建设施费用为 400 亿美元，其余为管理、维护和翻新费用。2015 年 12 月启动的东盟共同体，展示出更大的基础设施投资潜力。2015 年 7 月 28 日，日本向菲律宾马尼拉的铁路建设项目提供约 2400 亿日元贷款，这是安倍提出高质量基础设施合作伙伴关系后的第一笔投资，也是日本 ODA 一次性贷款中的最大规模。[③] 2015 年 12 月，日本与缅甸缔结有关蒂拉瓦港岸壁建设的协定。2016 年 3 月，日本接受泰国曼谷城市铁路订单。2016 年 5 月 28 日，安倍与越南总理阮春福会谈时，表示为胡志明市的城市铁路项目提供约 901 亿日元的日元贷款，同时宣布将提供 250 万美元的紧急无偿资金援助以解决越南的干旱及盐害问题。[④] 11 月 2 日，安倍与缅甸国务资政兼外长昂山素季会谈时提出五年合计给缅甸提供 8000 亿日元规模的政府开发援助（ODA）和民间投资，其中提供 107 亿日元的日元贷款改修老化的水力发电站，两国还就向缅甸派遣培育人才的日本青年海外协力队达成协议。2017 年 1 月 12 日，安倍访问菲律宾并

---

① PPP（Public - Private Partnership）是指通过官民合作包括从基础设施的计划到设备采购、建设、经营等运作的项目模式。

② G7 Ise - Shima Principles for Promoting Quality Infrastructure Investment, Japanese ministry of foreign affairs, May 27, 2016, http://www.mofa.go.jp/files/000160272.pdf[2018 - 7 - 20]。

③ 「マニラの鉄道に2400 億円　政府、ODAで最大規模」、『日本経済新聞』、2015 年 7 月 28 日，http://www.nikkei.com/article/DGXLASGM27H2E_X20C15A7MM8000/[2018 - 07 - 19]。

④ http://cn.nikkei.com/politicsaeconomy/politicsasociety/19813 - 20160530.html[2018 - 07 - 05]。

宣布包括政府开发援助（ODA）和民间投资在内，日本在今后五年里向菲律宾提供1万亿日元规模援助，涉及包括地铁及地方城市的供电基础设施建设等。在国土交通相石井启一访问印度尼西亚并达成一致意见后①，1月15日，安倍访问印度尼西亚时表示，为连接雅加达和爪哇岛东部泗水的爪哇岛铁路（全长约750公里）的高速化提供支援。1月16日，安倍访问越南表示，将提供约1200亿日元的新贷款，除了用于下水道建设及防止干旱、盐害的水管理系统等之外，双方还就在胡志明市郊外的机场建设运营及铁路始发站地下街开发等方面进行了商谈。2018年6月12日，日本确认继续为老挝完善基础设施和培养人才提供协助。此外，高质量基础设施合作伙伴关系还关注东盟国家之间的互联互通，主要涉及东西经济走廊、南部经济走廊以及海洋经济走廊等。② 除具体的基础设施项目投资外，日本在东盟地区的高质量基础设施合作伙伴关系提出关注“秩序”。对于亚洲其他地区，2015年10月13日，日本经济合作与基础设施战略会议决定面向哈萨克斯坦等中亚五国的基础设施输出计划。③ 2015年10月，安倍历访中亚五国，提供的3万亿日元的商业机会中涵盖基础设施项目。2016年5月，日本邀请包括印度尼西亚、孟加拉国等国首脑参加G7伊势志摩峰会扩大会议，讨论高质量基础设施投资。2017年4月，日本对斯里兰卡提供总额450亿日元贷款，包括用于扩充港口。

对于非洲和中南美洲等地区，2016年8月27日，安倍在第六届非洲发展会议上反复强调“高质量”，宣布日本将在未来三年对非洲再投资300亿美元，发展基础设施建设、医疗领域及推动工业化，会议通过的“内罗毕宣言”强调在非洲开展高质量基础设施投资。中南美地区市场潜力巨大。据美洲开发银行（IDB）推算，中南美整体所需基础设施投资每年高达约3000亿美元，加上自然灾害频发，日本认为该地区需要高品质基础设施。2016年4月10日，日本政府宣布与美洲开发银行（IDB）携手加大对中南美地区的基础设施投资，把贷款额度从10亿美元增至30亿美元，并向IDB创设了500万美元的专

---

① 「石井国交相、インドネシア側と鉄道高速化の意見交換」、『朝日新聞』、http://www.asahi.com/articles/ASJDY6V5RJDYUHBI02F.html[2018-07-18]。

② 「第26回経協インフラ戦略会議」、2016年8月24日、http://www.kantei.go.jp/jp/singi/keikyou/dai26/siryou1.pdf[2018-07-05]。

③ 「インフラ戦略会議、中央アジアへの輸出振興策議論」、2015年10月13日、『日本経済新聞』、http://www.nikkei.com/article/DGXLASFS13H39_T11C15A0PP8000/[2018-08-16]。

项基金。[①] 2016年11月19日，安倍出访后发表日秘联合声明，要点包括“在高质量基础设施投资方面达成一致，库琴斯基总统期待日本方面的投资”[②]。

对于欧美澳等发达国家和地区，2017年7月5日，日本第31次经济合作基础设施战略会议的讨论事项涉及这些国家和地区，主要包括美国、加拿大以及除原苏联地区之外的欧洲、澳大利亚等地区。日本认为，这些地区市场规模占世界的一半且地区内各国政府相应提出积极政策，有利于日本展开“高质量”基础设施投资。美国方面，为向特朗普新政权体现日本的贡献[③]，日本把高质量基础设施投资发挥为再确认日美关系“不可动摇”[④] 的一个契机。对于2017年2月10日的日美首脑会谈内容，安倍晋三在2月1日的众议院预算委员会会议上就表示“包括基础设施建设合作在内，希望就重大框架展开讨论”[⑤]。在同年4月的日美经济对话中再次确认，日本在美国的该质量基础设施投资主要集中于东北走廊铁路线、得克萨斯州高速铁路、加利福尼亚高福铁路等。日本在欧洲的高质量基础设施投资建设项目主要包括英国的高速铁路计划（HS2）、波兰煤与天然气复合发电等，而日本对于澳大利亚则主要是关心其东海岸的高速铁路。[⑥]

对于印度和中东地区，2017年9月12日，日本第32次经济合作基础设施战略会议提出有关印度、中东地区的战略计划。在提出“印太战略”之后，日本比之前更为重视印度。主要基础设施投资项目，包括德里—孟买间的产业大动脉构想（DMIC）、孟买—艾哈迈达巴德高速铁路（已设置日印联合委员会）、东北邦的道路网改善等。在中东，日本的主要投资项目有土耳其通信卫星及核电站建

---

① 「インフラ支援：中南米へ融資枠3倍　政府と米州開発銀」、『毎日新聞』、http：//mainichi. jp/articles/20160410/ddm/008/020/067000c[2018-07-16]。

② 「日ペルー首脳会談：TPP早期発効へ協力一致」、『毎日新聞』、http：//mainichi. jp/articles/20161119/k00/00e/020/243000c[2018-07-05]。

③ 特朗普在选举期间曾提出“百日新政”，其中包括今后10年实施超过1万亿美元的基础设施投资。美国土木学会的报告显示，在2020年之前仅修缮交通、电力和学校等主要基础设施就需要3.6万亿美元的费用，其中资金缺口达1.6万亿美元。

④ 2017年2月9日，安倍在出发前往美国进行首脑会谈前在东京羽田机场发表的谈话一再强调这一点。参见：「米国訪問についての会見」、http：//www. kantei. go. jp/jp/97_abe/actions/201702/09kaiken. html[2018-08-16]。

⑤ 「首相、日米会談で雇用の貢献説明　衆院予算委で 」、『日本経済新聞』、http：//www. nikkei. com/article/DGXLASFS01H0Y_R00C17A2MM0000/[2018-07-07]。

⑥ 「第31回経協インフラ戦略会議」、2017年7月5日、http：//www. kantei. go. jp/jp/singi/keikyou/dai31/siryou. pdf[2018-07-07]。

设、伊拉克煤气油田开发、阿拉伯联合酋长国海上油田更新及核发电站建设等。[①] 需要指出的是，自2016年8月日本提出“自由开放的印太战略”之后，日本高质量基础设施合作伙伴关系就开始注重加大对印太地区的投资建设。2018年1月4日到6日，日本外相河野太郎访问巴基斯坦、斯里兰卡和马尔代夫，表示要向这三个印度洋地区国家承诺提供基础设施援助。日本外务省2018年度的预算比2017年度申请的4343亿日元增加10%以上，其中政府开发援助的主要投资项目就是为东南亚提供巡逻艇以及在非洲海湾地区的基础设施援助等。

四　中日能否从“新竞争”走向新合作?

日本高质量基础设施合作伙伴关系从构建之初就具有很强的竞争性和针对性，对象主要就是中国。日本高质量基础设施合作伙伴关系从亚洲走向世界，在全球范围内与中国在基础设施投资领域展开竞争，尤其是侧重在“一带一路”沿线的国家和地区布局。日本努力在全世界“普及”基础设施投资领域内的“高规则”，把“高质量”扩展到注重环保、人才培养及遵守法律等援助上，利用“高质量”的优势来突出与中国所谓“强硬的开发方式”的差异。通过种种手段来显示与中国的不同，以此对抗中国的低价格、“国产技术”，并积极推动，以使“高质量”在地区和全世界形成共识，达到“国际化”，进而挤压中国。这是日本对中国的一种“新竞争”。2014年10月，在21个首批意向创始成员国的财长和授权代表在北京签约共同决定成立亚投行后，日本就在当年11月7日于北京召开的APEC会议上提交了一份指南，呼吁“在基础设施建设方面相比成本等应更加重视质量，提议在区域内共享该指南”[②]，并在会议最终形成的附属文书——APEC《互联互通蓝图》中加入“以人为中心的投资”，强调“高质量”。在同月澳大利亚布里斯班G20峰会的首脑声明里，日本也促成强调“高质量基础设施投资”。[③] 在2015年4月20日“BS富士”

① 「第32回経協インフラ戦略会議」、2017年9月12日、http://www.kantei.go.jp/jp/singi/keikyou/dai32/siryou.pdf[2018－07－07]。

② 「インフラ整備で質を重視　政府、APECで提案へ」、『日本経済新聞』、2014年11月7日、http://www.nikkei.com/article/DGXLASDF06H1A_W4A101C1PP8000/[2018－07－11]。

③ 『外務省・財務省・経済産業省・国土交通省・総務省・JICA「質の高いインフラ投資」事例集』、http://www.mofa.go.jp/mofaj/gaiko/oda/files/000083884.pdf[2018－07－12]。

节目中，当被问及亚投行构想时，安倍称“向声誉不好的放高利贷者借钱，这样的企业最终将失去未来”①，显示出强烈的针对心理。在2015年6月的巴伐利亚G7峰会上，安倍还提出了经济政策的价值观。他说：“对于G7来说，经济政策的价值观难道不重要吗?”安倍指出，亚投行的投资标准等不透明，有可能出现欠缺公正性的运营，而且中国缺乏对环境和人权的关注等问题。对新兴市场的基础设施投资，安倍强调“腐败对策至关重要”，主张应该重视“顾及环境、社会和债务的可持续性”。②

此外，日本注重在重点国家和地区构建高质量基础设施合作伙伴关系，其目的已超出基础设施投资领域，体现出包围中国的战略性与安全考量。日本把东盟选择为应对中国的“前沿”，以经济合作推动安全合作进而包围中国，对“丝绸之路经济带”上的中亚国家给予了更多的关注，重点选择“支轴国家”来构建高质量基础设施合作伙伴关系，特别是在日本空前重视的“印太”地区加强高质量基础设施投资，与“自由开放的印太战略”交互。在2018年1月22日的施政演说中，安倍说，“从太平洋到印度洋”，日本将推动“自由开放的印太战略”，强调日本“在这个大方向的指引下”应对日益增加的亚洲基础设施需求。③日本强调在东海、南海至印度洋一带“强化连接性”，积极致力于岛屿的雷达建设和海湾设备建设，其中重要原因就是日本认为中国实施开发基础设施建设援助的背后有“珍珠链战略”的安全设计，接受中国贷款的发展中国家一旦没有还款能力就会受到中国的“要挟”，而日本就是要通过竞争尽量争取到相对具有优势的安全主导权。

其实，中日是亚洲乃至世界最重要的两个经济体，两国关系影响着区域形势乃至世界形势的走向。在中国发展和逐渐走向世界、贡献世界的过程中，能否构建稳定的中日关系的重要性空前增加。在《中日和平友好条约》签订40周年之际，双边关系可谓步入新的节点，两国应该深刻反思，回顾过去的不足，展望未来之路，谋求建立互信和互助。而为进一步充实和深化中日已经形

---

① 『首相、アジア投資銀は「悪い高利貸」G7で懸念共有』、『日本経済新聞』、2015年4月21日、http://www.nikkei.com/article/DGXLASDE20H1K_Q5A420C1PP8000/[2018-08-07]。

② 「首相、中国けん制 アジア投資銀参加欧州勢にクギ」、『日本経済新聞』朝刊3面、2015年6月8日。

③ 「第百九十六回国会における安倍内閣総理大臣施政方針演説」、2018年1月22日、http://www.kantei.go.jp/jp/98_abe/statement2/20180122siseihousin.html[2018-07-10]。

成的“战略互惠”共识，其实两国除了双边之外，更可以在多边的、国际性的议题上进行合作，而高质量基础设施合作伙伴关系与“一带一路”的合作，就完全可以成为这一新的多边合作的又一平台。在这方面，中日能否化竞争为合作，取决于两国的相关决心和战略眼光。

目前，中日关系正在逐渐改善。2018 年初，安倍在国会施政演说中也明确表示，日本“将与中国合作，应对不断扩大的亚洲基础设施需求”。2018 年 4 月 10 日，日本第 36 次经济合作基础设施战略会议强调与他国企业进行战略性合作。① 2018 年 6 月，日本政府公布的基建领域基本方针《基础设施系统出口战略》修订版中，首次加入了推进日中合作的内容。可以说，高质量基础设施合作伙伴关系的构建，具有为中日关系提供合作的新契机的意义。但是，另一方面，我们也要看到，在美国特朗普政权的“保守主义”下，当前日本的对华合作多少也有一些权宜的考量，这更多地属于“经济上倾向对华合作，安全上侧重对华遏制”的逻辑与选择。因此，中日关系能否在《中日和平友好条约》签订 40 周年的这一新节点开始新的务实合作，还需要两国进一步的努力。

安倍提倡“富有雄心勃勃的高水平的协定”②，强调“高品质将会得到合理的评价，公正的规则也会得以共享”③。高质量基础设施合作伙伴关系是与 TPP 有异曲同工之处的又一个“高水平协定”，是日本国家整体战略的一部分。日本高质量基础设施投资合作伙伴关系以内涵丰富的“高质量”为特征，以“重合作”为主要支柱，在世界广为推进并取得了不少成果。但是，如果日本把这一战略的优势发展成对抗的资本，这对地区和世界的发展并没有积极作用，也很难得到其他国家的支持。在海外基础设施投资建设中，日本可以并应该与中国合作，摆脱“零和思维”，进行优势互补，形成合力，一道为地区和世界的互联互通以及经济一体化作出贡献。同时，应借《中日和平友好条约》签订 40 周年之机，为中日两国进一步深化战略互惠关系创造新的平台。

---

① 「第 36 回経協インフラ戦略会議」、2018 年 4 月 10 日、http：//www. kantei. go. jp/jp/singi/keikyou/dai36/siryou1. pdf[2018－08－07]。

② 「ASEANビジネス投資サミット 安倍総理スピーチ」、2015 年 11 月 21 日、http：//www. kantei. go. jp/jp/97_abe/statement/2015/1121speech. html[2018－07－19]。

③ 「内外記者会見」、2015 年 11 月 22 日、http：//www. kantei. go. jp/jp/97_abe/statement/2015/1122naigai. html[2018－07－16]。

日本对“一带一路”倡议的政策应对与中日关系

卢　昊*

随着“一带一路”的持续推进，作为中国邻国及地区大国的日本对其的关注和重视迅速提升。在过去一年多时间里，日本对“一带一路”的政策姿态明显趋于主动。现阶段，日本在同意与中国在“一带一路”框架内合作的同时，也试图维持、彰显在合作方式上与中方的差异，并在“一带一路”框架外采取针对性竞争措施，体现出“有限度对接”与“多角度对冲”的双重特征。日本的这些政策调整，以其对华政策调整为背景，受到国际、国内多方面因素的影响，也反映出当前中日关系的深刻性与复杂性。

一　日本对“一带一路”倡议的当前政策特征

自中国领导人对外提出“一带一路”倡议至今，日本对“一带一路”的态度变化大体经历了以下几个阶段：忽略与轻视（2013 年下半年到 2014 年上半年）、关注与消极抗拒（2014 年下半年到 2015 年上半年）、局外观望与对策布局（2015 年下半年至 2017 年春）、转向积极参与（2017 年春至 2017 年冬），以及进一步开展合作（2017 年冬至今）。当前，日本政府不仅明示合作意愿，而且开始与中方具体探讨合作方式，筹建官民合作机制，为两国民间特别是经济界在“一带一路”合作创造了条件。但是，日本政府与中方倡议进行对接时，刻意留有余地、保持距离，并采取针对措施，与“一带一路”形

---

* 卢昊，中国社会科学院日本研究所助理研究员。原文发表于《日本学刊》，收录本书时做了修改。

成直接竞争。

(一)日本对“一带一路”的“有限度对接”

在与“一带一路”合作倡议“有限度对接”方面，日本政府的主要对策体现为：

第一，为参与“一带一路”合作设置“前提条件”，并试图以此“约束”中方的行动。此前日本对“一带一路”特别是亚投行持消极态度时，反复就组织公正性、决策透明性以及贷款项目专业性“发难”，质疑中国的合作倡议。在对“一带一路”态度转向积极后，日本政府仍坚持这些质疑。如安倍在2017年6月的演讲中就“一带一路”基建合作提出了四个前提条件：对所有人开放、透明且公平的采购程序、确保项目具有经济效益、不损害借款国家的财政安全。在2017年横滨召开的亚开行年会上，日本财务大臣麻生再次称，日中“一带一路”合作要以坚持规则为前提，“要以开放、透明且非排他的方式加强互联互通”。① 基于这一立场，日本政府仍坚持与亚投行保持距离，政府和执政党高官在表示合作意愿的同时，反复重申这些“前提条件”，来向中方“提要求”，要求中方在合作中“守规则”，在与中方发生分歧时即以“一旦条件具备再进行合作”为理由而后退。

第二，将“一带一路”与日本的地区战略构想进行“融合”。安倍多次在公开场合表示，“一带一路”应与“跨太平洋伙伴关系协定”（TPP）所代表的“自由且公平的经济圈”进行融合，形成“覆盖更广、标准更高”的经济合作体制。2017年底日美宣布共推“印太战略”后，安倍积极主张将“印太战略”和“一带一路”进行融合，安倍12月4日在“日中CEO峰会”上表示：“我国（日本）认为，在‘自由开放的印太战略’下，也可以与倡导‘一带一路’构想的中国大力合作。”② 2018年1月，安倍在国会施政演讲中表示，在与“共享价值观的国家”合作稳定、印太地区和平稳定的大前提下，“我们也将与中国合作，回应亚洲不断增长的基础设施建设需求”。③ 可以预见，围绕“一带一路”，从日本地区战略框架出发，“以我为主”地推进中日合作乃

① 「ADB総裁、米政権の関与継続を期待　総会が閉幕」、『日本経済新聞』、2017年5月7日。

② 「安倍首相、一帯一路と連携へ　対中けん制から転換」、『共同通信』、2017年12月16日。

③ 安倍晋三「第百九十六回国会における安倍内閣総理大臣施政方針演説」、http://www.kantei.go.jp/jp/98_abe/statement2/20180122siseihousin.html[2018-01-30]。

至寻求“战略融合”，将成为日本对外政策设计及表述的一条主轴。

第三，不设官方合作框架，以民间为主进行个案推进。日本政府主张发挥民间作用，支持中日民间企业在第三国投资活动即“第三方市场合作”的方式，在“一带一路”沿线国家开展合作。可采取的方式包括：为日中共同投资项目提供融资支持，协调日中企业联合市场调查、联合竞标及研发合作等。另外，已经先行启动的亚开行—亚投行合作融资体制也将维持。日方指出，尽管中国以政府主导的方式，从国家战略的高度推进“一带一路”，但是“有特定官民合作方式”的日本与中方不同。[①] 日本政府拒绝“一揽子合作”，主张对每个民间合作项目、案例详细研究，谨慎、渐进合作。[②] 日方认为，不以“官方对官方”的方式，而以民间组织出面、通过“个案推进”与中方协调合作。[③]

第四，严格限制与中方的合作领域。在“圈定”环保、民生、制造业和物流网建设作为“推荐合作项目”的同时，日本政府对一些“特殊领域”保持敏感，“强烈建议”经济界对合作项目进行“筛选”，将“一带一路”相关基建项目划分为安保领域和非安保领域。特别是关于港口、铁路和机场等“可作为军事目的”的基建项目，不建议与中方合作。外部观察者指出，日本政府官员“特别关注”中国政府在印度洋和地中海的“地理要冲”支持国有企业开发当地港口的动向，故告诫日本企业“不要涉足”这些领域或“警惕特定风险”，官方金融机构拒批这些项目的融资申请，同时也“提醒”民间金融机构谨慎行事。但另一方面，日本政府大力支持本国企业与中国以外的第三国合作，投资具有战略意义的铁路和港口设施。[④]

（二）日本对“一带一路”的“多角度对冲”

在对“一带一路”实施“多角度对冲”、与中国展开战略竞争方面，日本政府建立、采用了有针对性的政策框架及工具。值得注意的是，在日本同意参

---

① 篠田邦彦「中国の『一帯一路』構想の現状と日本としての経済交流のあり方について」、『日中経協ジャーナル』2017年7月号、22頁。

② 「首相、一帯一路を案件ごと判断」、『日本経済新聞』2018年1月11日。

③ 真家陽一「中国視窓　一帯一路で進む海外進出」、『エコノミスト』2017年5月16日号、59頁。

④ Veysel Tekdal, “China’s Belt and Road Initiative: at the Crossroads of Challenges and Ambitions”, The Pacific Review, October 2017, p. 223.

与“一带一路”合作框架的同时，在框架外运用这些政策手段的力度并未减弱，反而有所增强，出现了新的议程与特点。

第一，积极实施“高质量基础设施出口战略”。考虑到基础设施项目出口在“一带一路”构想当中的重要位置，通过该战略与中方争夺海外基础设施投资主导权，成为日本对冲“一带一路”的核心政策框架。2015 年 5 月，安倍宣布了面向亚洲国家的“高质量基础设施合作伙伴关系”计划。① 日本强调自身基建项目的“高质量公共产品特性”，试图推广其为“国际标准”；② 扩大对海外出口基建项目资金来源，运用政府开发援助（ODA）贷款援助亚洲重点基建项目，强化日本与亚开行的合作，新设融资框架，修改政策法制、简化融资程序，解禁高风险基建项目融资等。在此基础上，日本以“官民并举”方式在海外开展公关，争夺项目投资权。从战略设计到实施，日本表现出扬长避短、“对标中国”的态势。

现阶段，日本在“高质量基础设施出口战略”上进一步加大力度，针对中国的竞争表现为：首先，针对中国的战略投入，加强自身战略设计。2017 年 11 月，日本政府公布了电力、铁路和通信三大领域基建项目出口的“海外拓展战略”。③ 其次，针对中方的“财力优势”，扩大融资来源。2017 年亚开行年会期间，日本宣布与亚开行新设一项交通基建和清洁能源基金，总额 4000 万美元贷款。④ 最后，紧跟中方动向，在“一带一路”沿线各国加大公关力度，组建更具实力的竞标团队争抢重点项目（如新马高铁）。日本媒体特别指出，考虑到中国企业已中标的海外基建项目出现了延期和合同调整的情况，“日本政府正利用这个机会，加紧制定反击政策”⑤。

第二，加速推进“高标准自由贸易体制”。该战略是日本在经济上对冲“一带一路”的另一重要政策框架。这一战略的出发点是：日本认为中国将通过“一带一路”构建并主导新的经贸金融体系，与日美主导的现有体系进行

---

① 2015 年 5 月日本提出该战略时，宣称在 2016—2020 年间向亚洲新兴国家提供基建贷款 1100 亿美元。2016 年 5 月伊势志摩七国集团（G7）峰会上，日本政府宣布将这一数额提升到 2000 亿美元。

② 外務省『「質の高いインフラパートナーシップ」のフォローアップ策（詳細版）』、http://www.mofa.go.jp/mofaj/gaiko/oda/files/000112659.pdf[2018－01－30]。

③ 参见杨伯江、刘瑞：《一带一路推进过程中的日本因素》，北京：中国社会科学出版社，2016 年，第 211—212 页。

④ 「ADB50 年、探る存在感　中国主導 AIIBに勢い」、『朝日新聞』2017 年 5 月 10 日。

⑤ 「政府、インフラ輸出強化計画を発表」、『日本経済新聞』2017 年 12 月 8 日。

竞争。① 因此，日本大力倡导基于西方法律及价值观的“高标准贸易规则”，寻求掌握贸易规则主导权，制约中国在多边经济体制中的影响力增长。日本原计划将日美联合主导的TPP作为“高标准自由贸易体制”的中心，特朗普上台后宣布退出TPP，迫使日本更主动地背负起贸易自由化“大旗”，积极参与各种地区贸易体制特别是“超级FTA”的构建，尽力将“高标准贸易规则”注入其中。

现阶段日本推进“高标准自由贸易体制”，体现为：首先，单独主导继续推进TPP，最大限度加强该体制的规则和影响力。在2017年，日本主办了四次TPP高官会谈，积极弥合各国分歧，促成了新的“全面且先进的跨太平洋伙伴关系协定”（CPTPP）。其次，大力推进日欧经济伙伴关系协定（EPA）。2017年7月，日欧EPA达成框架协议。日本希望借日欧EPA拓展经济影响力，并促使美国“重新考虑参与多边经济框架”。② 最后，日本积极参与“区域经济伙伴关系协定”（RCEP）谈判，并试图主导其规则制定过程。在RCEP各方普遍希望尽快达成协议的情况下，日本经济产业大臣世耕弘成在2017年9月RCEP部长级会谈中，公开呼吁“应当达成高质量的协定”，并争取到了一些东盟国家的支持。③

第三，有针对性地参与、推进地区开发项目。参与别国或区域经济开发，不仅能够推动日本民间资本向海外输出，支持日本基础设施出口战略，而且很大限度上会强化日本与对象国之间的经济乃至战略关系，成为日本推行地区战略的重要资源。目前日本参与的地区开发项目集中在东南亚、南亚，与“21世纪海上丝绸之路”大部重合，这一地区也成为中日通过参与地区开发展开经济竞争的前沿阵地。另外，日本还积极寻求进入中亚、非洲。特别是以“非洲发展会议”（TICAD）为核心机制推进对非经济外交，进一步扩大了在非洲地区开发中的份额。

当前，日本通过参与地区开发项目对冲“一带一路”体现出“以点带面”的特点。一方面重点推进“战略支点”项目，支持印度建设“德里—孟买产业大动脉”和“金奈—班加罗尔产业走廊”，主导孟加拉湾地区开发计划、缅

---

① 大橋英夫「TPPと中国の『一帯一路』構想」、『国際問題』2016年6月号、30頁。

② 「揺れる世界と日本 危険な保護貿易主義の拡大を防げ」、『日本経済新聞』2018年1月6日。

③ 「RCEP年内妥結、各国歩み寄り焦点 あす、比で閣僚会合」、『朝日新聞』2017年9月9日。

甸土瓦地区开发，积极参与东非的蒙巴萨北部走廊、纳卡拉走廊开发等。2017年，日本以建设“海洋经济走廊”为名，加大了对印度洋港口的投资，协助印度、印度尼西亚等国开发离岛。日方承认，这些项目不仅在地理位置上有“战略价值”，而且与中国的开发项目“交错分布”，意在“打入楔子”，以避免中国独占该地区经济命脉。① 另一方面积极构建区域性、中长期开发规划。2017年，日本和印度共同推出“亚非增长走廊”（AAGC）构想，计划在“印太战略”背景下联合构筑跨区域的产业走廊和经济网络。由于该倡议在覆盖地区及合作议程方面和“一带一路”构想类似，因此这也被认为是针对“一带一路”的竞争型政策框架。②

第四，在“印太战略”下强化“海权同盟”与海洋安全合作。日本致力于构建的“海权同盟”以日美同盟为基础，以日本与一些亚太、印度洋国家日益强化的战略伙伴关系为骨干，以维护“海洋国家”共享的所谓共同价值观为名义，重点通过军事合作联络“战略盟友”，以牵制中国“日益活跃的海洋行动”以及在“一带一路”的海路沿线日益扩大的影响力。在这方面，日本重点推进“印太战略”并强化其政治安全特性和对华遏制功能。2017年特朗普访日时，美日宣布共推“印太战略”。日本更为积极地推动日美印澳四国战略合作，强化这一在战略与安全领域对冲“一带一路”的主要政策框架。

当前，日本在“印太战略”背景下强化构建“海权同盟”、推进安全合作的表现包括：首先，重点加强与印、澳的政治安全合作，巩固“战略支点”。2017年，日印进一步“战略协作”，从防卫装备合作与联合训演入手强化双边军事合作；日本寻求与澳大利亚签署《军事到访协议》，进一步强化军事合作框架。其次，继续以“能力建设支援”的系统方式推进与东盟各国的军事合作，加大对这些国家军事能力的扶持。③ 再次，持续作出深度介入南海局势的姿态。支持美国在南海的“自由航行行动”，并派舰船为美航母舰队“护航”，

---

① 新治毅「中国の一帯一路と日本の安全保障」、『治安フォーラム』2017年12月号、51頁。

② Titli Basu, “Thinking Africa: India, Japan, and the Asia – Africa Growth Corridor”, Diplomat, June 3, 2017.

③ 2018年2月日本《ODA白皮书》称，将在“印太战略”之下“在确保海上交通和完善法制方面支援发展中国家”，向东盟国家提供巡逻船，培训安保人员，援建岛屿雷达和港口设施等。参见：「インド太平洋戦略 ODA 活用　外務省方針」、『日本経済新聞』2018年2月19日。

尤其值得关注的是，日本计划加强在南海、印度洋国家港口的“战略性停靠”。[①] 最后，日本进一步加强针对中国的舆论战力度，利用各种场合炒作“中国威胁论”，歪曲中国正当的海洋维权活动，将中国强行界定为地区稳定和秩序构建的威胁。

二　日本加入“一带一路”的政策原因

如上所述，日本对“一带一路”的态度已由消极转向积极，并以“有限度对接”和“多角度对冲”的方式进行政策应对。日本的政策不仅明显具有合作与竞争的两面性，且合作和竞争都在不断强化，不仅是“两面下注”，而且是“两面加注”。日本之所以如此应对，其背后原因如下：

（一）日本对“一带一路”态度转向积极的原因

日本对“一带一路”态度转向的基本动力，来自于改善日中关系的“短期需要”，以及应对美国对外政策变化以“预留行动空间”的需求。日本当前的“一带一路”政策，与中日关系的总体态势以及中日美三边互动直接相关。日本转向与中国在“一带一路”框架内合作，固然不排除参与合作倡议、分享其未来可能红利的长期考虑，但最基本的出发点，还是以满足眼下的政治乃至战略目标为优先。[②] 即以“一带一路”为“杠杆”推动中日关系改善，同时借此应对美国地区战略的不确定性，为己方“预留行动空间”。

中日关系方面，日本倾向于将日中合作推进“一带一路”作为释放对华善意信号的主要方式，以及促进中方对日态度软化的影响手段。这一做法的出发点是：日本认为“低政治”领域的经济合作议题所受到的阻力小，更容易“短期见效”，支持中国领导人亲力亲为推动的倡议，有利于迅速强化领导人

---

① 「海自、インド太平洋の中国が開発主導の港湾施設への『戦略的寄港』」強化」、『産経新聞』2018年2月12日。

② Wade Shepard, “Did Japan Just Jump On China's Belt And Road Bandwagon?”, Forbes, https://www.forbes.com/sites/wadeshepard/2017/07/11/has-japan-just-jumped-on-chinas-belt-and-road-bandwagon/[2018-01-20]。

间信任关系。[①] 日本急于借此改善日中关系，一方面是安倍欲借此拉升国内支持率，特别是在2017年因政治丑闻导致政权支持率创下新低，以及安倍期望推进修宪等敏感政治议题的背景下，为自己捞取政治资本；另一方面是日本希望借此与中方进行"利益交易"，比如在朝核问题上协调立场、借助日中经济合作来提振国内经济等。即使无法与中国进行"利益交易"，通过合作姿态争取日中关系改善这一"现实可见的成果"（比如日中领导人会见），对于日本而言有益无害。

日美关系方面，特朗普退出TPP显然影响了日本的对策，但日本倾向于与中国合作的行为绝对不是单纯的"战术调整"，而是在评估特朗普整体外交不确定性后，进行的更高层次的"战略调整"。日本认为，特朗普执政的美国"国内政治主导外交"倾向加剧，意识形态和党派团体利益随时左右外交决策。[②] 在此情况下，日本需要预留"行动空间"，包括与日美"共同的战略对手"中国缓和关系，以避免美国政策"突变"时陷入被动。尽管中美战略竞争气氛加剧，但只要不爆发公开对抗，日本仍计划借"一带一路"拉近与中国的距离，确保在中美之间的相对平衡位置。正如有日本战略学者谈到，考虑到中美在亚太（印太）的地缘政治竞争势必强化，以及可能出现的"美退中进"的局面，"日本有必要在这一地区构筑起独立网络，而不依赖于美国的支持，也不必承受中国的压力"，"为了确保行动自由，在中美之间保持平衡是必要的"。[③]

（二）日本对"一带一路"采取"有限度对接"的原因

日本在"一带一路"合作中设置各种条件和限度，是外交博弈中自身利益最大化的自主选择，也反映出中日合作欠缺必要互信情境的现实。日本将参与"一带一路"合作不仅看作一项经济合作议程，而且看作一项推动日本外交的"政治交涉"。在这一过程中，日本尽可能设法增强自己的策略弹性，扩大回旋余地，设置各种条件、限度，尤其注重在合作框架内坚持"自主原则"和自我利益主张。日本这一行为模式基于自身利益最大化的目标，这种"理

① 川島真「トランプ政権下の米中関係の行方と日本の対中戦略」、https：//www. nippon. com/ja/in－depth/a05302/［2018－01－20］。

② 「久保文明・東大教授：国際主義への反逆で揺らぐ世界秩序」、『週刊東洋経済』2017年7月14日号、25頁。

③ 中西寛「戦後秩序の動揺と日本外交の課題」、『国際問題』2018年1—2月号、12頁。

性选择”与中日关系当前所处的“情境环境”有直接的关系。

从认知角度出发，一国合作/竞争行为的选择受制于“情境环境”。长期的冲突情境（持续对抗）将抑制当事方的合作倾向，各方会怀疑对方的合作动机，并具有更强的讨价还价以争取利益的倾向。[①] 目前的中日关系正处于从冲突性情境到合作性情境之间的过渡阶段，作为合作倡议响应者的日本在合作倾向上的相对保守，反映出对中方的信任缺失。正如有欧美学者指出的，日本目前的对华政策，包括与中方合作，无不具有鲜明的“风险管理”的特征。比起可能收益更倾向于规避风险和确保“出口”。[②] 因此，日本有意继续保持对“一带一路”合作的暧昧态度，在继续以合作姿态影响中方的同时，确保日本的“行动自由”，“保持不即不离的态度”。[③] 同时，采取“步步为营”的策略，谨慎地设定合作限度，使得日本的合作能够发挥最大的“筹码效用”。另外，试图通过在合作中主张自己的原则，包括以自己的地区战略主张“融合”中方政策，限制中国的行动。正如一些外部观察者指出的，日本有“主动而精巧的设计”，打算“以谨慎而警觉的方式逐步影响中国的行为方式，甚至改变其策略”，使其尽可能有利于日本的国家利益。[④]

（三）日本强化对“一带一路”的“多角度对冲”的原因

日本针对“一带一路”的竞争措施，其主要动力来自对华战略竞争的“长期目标”，以及在国际秩序变动期争取主导权的强烈意识。日本在转向参与“一带一路”合作的同时，也加强了竞争措施。显然，这一趋势受到与中国战略竞争的中长期目标的牵引。特别是在中日权力转移加速的情况下，日本抢抓“机会窗口”的紧迫感不断增强，而2017年以来国际形势的变化，特别是国际秩序重组变革加快的趋势，进一步强化了日本的紧迫感。

近年来，日本对中国的战略定位、走向的判断发生了变化。当前日本战略

---

① Robert Jervis, Perception and Misperception in International Politics, Princeton University press, 1976, pp. 50 – 54.

② Sebastian Maslow and Ra Mason, Risk State: Japan's Foreign Policy in an Age of Uncertainty, Routledge, April 2016, p. 4.

③ Charlotte Gao, "'Aimai': Japan's Ambiguous Approach to China's 'Belt And Road'", Diplomat, November 22, 2017.

④ Titili Basu, "Japan's Belt and Road Puzzle, Decoded", Diplomat, February 28, 2018.

观察者的中心论点是：一方面，中国的国家定位因其国家实力的增长而获得坚实后盾，已经成为世界大国；另一方面，中国的对外战略正趋向于主动乃至“依赖强权”，中国正积极争取对日本的权力优势。“一带一路”成为中国这一倾向的主要佐证。① 日本因此产生的不适感、焦虑感乃至危机感，成为积极针对中国、开展对外战略的动力。进入2017年，日本对国际形势评估的一大看法是：自由主义的国际秩序正陷入前所未有的衰落期，原因是过去主导这一秩序的欧美各国“内部崩溃”。② 同时，中国积极主张自由贸易、环境保护，“成为新全球化运动的领导者”，寻求填补力量空白。③ 在日本看来，原先自由主义国际秩序的动摇对于日本而言，既是“生存环境变化”的挑战，也是提升国际角色的机遇。中日之间势必围绕地区乃至国际秩序、规则主导权展开新一轮的深层竞争，而现在的秩序变革期对日本正是“关键时间”。

与抢抓“机会窗口”，争夺秩序、规则主导权相关，日本认为，尽管在权力转移过程中，日本相对中国处于“总体劣势”，但在特定方面，通过运用特定策略仍然可以与中国抗衡甚至占据优势。因此，日本更主动地参与各种多边机制，致力推广更利于发挥日本技术体制传统优势的“高质量基础设施”和“高标准贸易体制”，以及基于所谓“普遍价值观”的安全合作机制和地区秩序观念，在制度、法律以及舆论领域对中国实施“软制衡”和“消耗战”，增加中国战略实施的成本。④

（四）日本国内对“一带一路”的复杂态度

日本国内支持与反对“一带一路”的力量与观念并存，其复杂态势将影响日本今后对“一带一路”的应对。在日本，经济界被认为是推动日本参与“一带一路”合作的重要力量，但无论经济界内部还是经济界之外，质疑乃至反对“一带一路”的声音依然不少。日本参与“一带一路”合作的“国内基

---

① Richard McGregor, Asia's Reckoning: China, Japan, and the Fate of U. S. Power in the Pacific Century, Vikings, September 2017, p. 10.

② 山本吉宣「国際秩序の史的展開」、『国際問題』2018年1—2月号、2頁。

③ 細谷雄一「トランプ政権成立後の国際秩序」、『NPI／IIPS Quarterly』第8巻第3号、2017年7月、31頁。

④ "Japan Takes the Lead in Countering China's Belt and Road Initiative", Chicago Tribune, February 2, 2018.

础”并不稳定，抵触、反对合作的力量和意识仍会发挥不可忽视的作用。一方面，一些日本企业基于企业利益“保持独立的商业逻辑”，表现出更强的灵活性。① 另一方面，日本企业现阶段参与“一带一路”的行动还是受制于政府政策方针，政府的鼓励措施实施与否，对企业参与意愿有较大影响。② 业务领域不同的日企对“一带一路”的参与热情差别很大，不少日企对投资“一带一路”沿线国家的潜在经济风险相当顾虑，或担心因为中国主导合作倡议，使日本公司在与中国公司竞争时遭遇“不公平对待”。一些日企之所以积极支持“一带一路”合作，与其说是看中参与“一带一路”的收益前景，不如说是为了确保在中国市场的投资和市场份额。③

需要看到，关于“一带一路”框架内的中日经济合作，日本国内仍有较强的怀疑、反对情绪。大多数日本民众对通过发展经济相互依赖关系重建日中关系，乃至创造“战略互惠”并不乐观。④ 随着“一带一路”的推进，日本国内社会对这一倡议的认识也在发展，但是，日本国内民众对“一带一路”发展的客观事实的了解渠道有限，易于受到官方舆论方针的影响。目前的情况是，一方面，日本民间对于日本参与“一带一路”可能获得的直接经济收益（联合投资、共享商业情报等）及间接经济收益（改善对象国贸易环境、推动内需增长等）有了更为清楚的认识；另一方面，日本民间进一步加深了对“一带一路”的“战略性印象”，并从日中战略竞争的出发点理解“一带一路”。他们认为，“一带一路”是中方有意识的国家战略行动，且有扩展成“全球性战略”的趋势。在提供国际公共产品和满足自身战略利益两个目标上，中国会倾向于后者。中国推动的规则、标准在价值观和利益上不利于日本，中国也可能在区域经济合作中排斥、压制日本。⑤ 这也反映出，日本对“一带一路”认识的发展，有着

---

① 根据作者2017年7月10日对三菱商事东亚地区总裁平井康光的采访。

② 根据作者2017年7月10日对东京财团研究员关山健的采访。

③ 根据作者2017年8月27日对《日本经济新闻》政治部主任佐藤贤的采访。

④ 根据中日舆情机构2017年底公布的调查结果，关于日本是否应在“一带一路”和亚投行问题上与中国合作这一问题，支持和反对合作的日本受访民众占比分别为8%和29%，另有61%的受访者表示“难以判断”。而关于中日能否通过经济合作实现互利共赢，41%的日本受访者认为“很难”，比例大于认为可行的27%。参见：言論NPO「第13回日中共同世論調査結果」、http：//www.genron-npo.net/world/archives/6837.html[2018-01-20]。

⑤ 根据作者2017年7月10日对东京财团研究员关山健的采访。另参见：Rumi Aoyama，“One Belt，One Road：China's New Global Strategy”，Journal of Contemporary East Asia Studies，Volume 5，2016.

自身认知的“主观图式”，并非都支持日中合作。

三　“一带一路”视域下的中日关系

由于支持合作与反对合作（防范和竞争）的动因并存，日本的“一带一路”政策体现出合作与竞争措施“复合体”的特征。不可否认，日本政府对“一带一路”的态度转向积极，直接动因是为了应对国际形势变化，特别是在中美日三边互动下为日本争取“行动空间”和博弈筹码，具有“短期应变”的特征和功利色彩。同时，由于中日之间因长期政治对立而导致缺乏互信情境，以及日本抢抓“机会窗口”制衡中国，与中国加强秩序、规则竞争，即便在中方的邀请下，日本的合作倾向仍较为保守，而竞争姿态则在持续强化。日本国内对于中日围绕“一带一路”开展合作的必要性和可能性看法复杂，进一步增强了中日合作前景的不确定性。但是，至少日本官方合作态度的积极化为中日合作创造了前提，在中日关系目前趋向复苏并保持相对稳定的情况下，中日有望围绕“一带一路”逐步创建具体的合作渠道，并促进双方民间企业开展互利合作。从中国的角度出发，带动日本在“一带一路”中扮演建设性角色的可能性也在增大。

在中日关系“新常态”，即保持接触、协调的同时开展战略竞争这一中长期关系格局趋于定型的情况下，中日围绕地区开发和秩序构建的合作与竞争局面也趋于复杂，“非友即敌”的思维显然不适合中日之间的现实情况。中方需要高度关注“一带一路”建设过程中的“日本因素”，并尽可能最大化其价值，利用目前日本政府的积极态度，引导日本参加合作，并充分挖掘日本国内特别是经济界的活力与潜力，通过推进中日合作实践，向日方展示互利前景，起到增信释疑的效果。同时，中方对日本“一带一路”政策中的功利性和两面性应有足够认识，对日本政府的“策略布局”，特别是在国际、地区多边机制中针对中国的竞争性措施应重点予以应对。需要指出的是，从中长期看，中日关系保持稳定，有利于两国相互认知趋向积极化。同时，中方应不失时机，加强对日本媒体、智库和市民组织的经常性往来和机制化交流，促使其对华的“认识图式”趋向理性、积极，这将成为支持、推动日本在“一带一路”建设中发挥合作性作用的基础。

解读日本第三期《海洋基本计划》

修　斌*

当今世界各国的国家战略，往往是通过具有战略意义的法律、政策、规划来体现的。日本也不例外。进入21世纪以来，日本的海洋战略主要是遵循“新的海洋立国”的理念和目标，在《海洋基本法》的指导下，以《海洋基本计划》为主轴制定和展开的。这些规划、政策是战略性的，也是日本海洋战略在实施层面的体现。

一　日本的《海洋基本法》与《海洋基本计划》

“新的海洋立国”始动于2005年。当年11月，日本海洋政策研究财团向日本政府提交了《海洋与日本：21世纪海洋政策的建议》，并于2006年1月公开发表。该建议共分四部分，它提出了日本海洋立国的总体目标，阐述了制定海洋政策大纲、海洋基本法的紧迫性以及完善海洋综合管理体制的必要性，提出了海洋管理的具体措施，强调了树立海洋立国的“三大理念”，即海洋的可持续开发利用、注重国际协调引领海洋国际秩序、实施海洋综合管理。2006年12月，日本海洋政策研究财团和日本海洋法研究会同时发表了《日本海洋政策大纲：以新的海洋立国为目标》和《日本海洋基本法草案纲要》，明确提出“新的海洋立国”的口号，主张日本应从“岛国”转向“海洋国家”。①

2007年4月20日，日本颁布了《海洋基本法》，这是日本全面确立新的海洋立国战略的重要标志。《海洋基本法》规定了日本发展海洋事业的基本原

* 修斌，中国海洋大学文学与新闻传播学院院长、日本研究中心主任、教授。

① 海洋基本法追踪调查研究会后于2009年4月2日又提出《关于“实现新海洋立国”的建议》。

则、纲领、目标、任务、组织框架等。主要内容包括：推进海洋资源开发及利用；保护海洋环境；推进专属经济区等的开发；确保海洋运输；确保海洋安全；推进海洋调查；推进海洋科学技术的研究和开发；振兴海洋产业强化国际竞争力；加强海岸带综合管理；保护离岛；推进国际合作；增进国民对海洋的理解等。在《海洋基本法》出台之前，日本的涉海法律法规有 80 余部。[①] 其中，主要的有 8 部：领海及毗连区法、专属经济区及大陆架法、海上保安厅法（修订）、在专属经济区行使渔业等主权权利的法律、海洋生物资源保护及管理法、水产资源保护法（修订）、防止海洋污染及海上灾害法（修订）、核原料物质和核燃料物质及反应堆限制法及防止放射性同位素造成放射线危害的法律（修订）。[②]《海洋基本法》颁布后，日本更加快了涉海法律法规和规划的制定。如《海上构筑物安全水域设定法》（2007 年 7 月）、《海洋能源矿物资源开发计划》（2009 年 3 月）、《处罚与应对海盗行为法》（2009 年 6 月）、《基于海洋管理的离岛保护、管理的基本方针》（2009 年 12 月）、《为促进专属经济区及大陆架保护和利用的低潮线保全及基地设施整备法》（即低潮线保全法）（2010 年 5 月）、《关于在专属经济区矿物探查及科学考察的应对方针》（2011 年 3 月）、《海上保安厅法》及《外国船舶航行法》（修订，2012 年 2 月）等。另外，在海上安全的维护方面，2011 年日本派遣海上保安官随同海上自卫队护卫舰在索马里海域参与打击海盗、海上保安厅官员登岛执法的权限得到扩大、颁布《有人离岛保护相关特别措施法》（2017 年 4 月）、完成对 273 个无人居住离岛的国有化登记；在海洋资源的利用方面，2011 年又通过了《矿业法》（修订），并由此建立了在其管辖海域进行矿物资源探查的许可制度。

日本海洋战略和政策的推进体制在《海洋基本法》中做了规定，即国家设综合海洋政策本部，由首相担任本部长，官房长官和海洋政策担当大臣担任副本部长，所有的内阁大臣都是成员，在内阁府（2017 年 4 月前是内阁官房）设置事务局。另设有首相任命的由专家组成的“参与会议”作为海洋政策本部的咨询机构。综合海洋政策本部还设有法制、审议、边界海域等各个领域的小组，负责研讨相关政策议题并进行决策。此外，日本有关府省厅内部也有涉

① 连同《海洋基本法》出台后制定的在内，日本涉海法律法规至少 98 部。

② 参见修斌、臧蕾：《近年来日本海洋战略规划的制订和实施》，载《海大日本研究》第二辑，青岛：中国海洋大学出版社，2012 年，第 29—72 页。

海部门，分别侧重政策、规划、科技、法律、外交、安全等方面的涉海问题研究和政策制定。综合海洋政策本部负责组织《海洋基本计划》的制定和实施，并协调相关行政机构的涉海工作。日本海洋战略和政策的具体实施，特别是政府行政方面的工作，主要依据《海洋基本法》和《海洋基本计划》进行“综合而有计划”的推进。

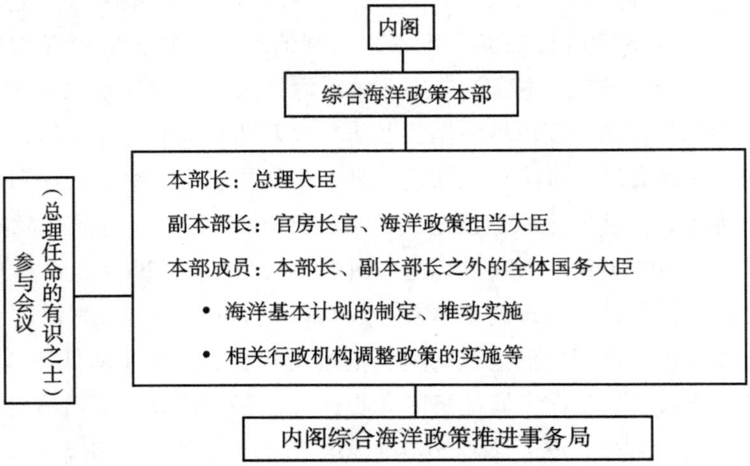

日本海洋政策推进体制示意图①

根据《海洋基本法》，日本于2008年制定了第一期《海洋基本计划》②。计划期内，日本综合海洋政策本部每年都对进展状况进行跟踪评估，及时加以修正，提出要求。第一期《海洋基本计划》主要包括12个方面的内容，这些内容也基本上是对应于《海洋基本法》的内容要求来安排的，包括：海洋保护区的设定和推进、大陆架延长对策、对外国船只进行科学考察和资源探查的对应、能源和矿产资源的有计划开发、海上安全运输的确保、海洋安全制度建设、推进专属经济区的系统调查、海洋信息的一元化管理、海洋研究开发的推进、海岸带综合管理、离岛保护和管理、增进国民对海洋的理解和海洋人才的培育。此后第二期和第三期的《海洋基本计划》分别于2013年4月、2018年

① 本文所列示意图均来自日本海洋政策本部的海洋基本计划概要文件。

② 虽说是五年，但是有些规划内容一直延伸到十年后，可以说是一个典型的中长期战略规划。

5月公布实施。第三期也就是本期的《海洋基本计划》是2018年5月15日由日本综合海洋政策本部会议和内阁会议通过的。[①] 日本海洋战略和政策的具体实施，主要依据《海洋基本法》和《海洋基本计划》进行“综合而有计划”的推进。

二 第三期《日本海洋基本计划》的主要内容

本期《海洋基本计划》的构成主要有以下几个部分：（1）前言；（2）第一部分：总论；（3）第二部分：分论（具体的实施措施）；（4）第三部分：推进计划的必要事项；（5）结语。

“前言”部分是基本评价和现状认知，重点回顾《海洋基本法》制定以来日本海洋事业的发展。

第一部分是“总论”，重点阐述海洋政策的状态，包括理念、目标、基本方针。强调《海洋基本法》的目的是实现“新的海洋立国”，《海洋基本计划》的定位是迎接“新的海洋立国带来的挑战”，并将海洋计划政策指向概况为五点：拥有开放稳定的海洋，以守护国家和国民；海洋能使国家变得富足，必须将富饶的海洋留给后代；探索未知的海洋，努力提高海洋科技能力以掌控海洋；建设和平海洋，参与世界海洋标准的制定；让更多的人亲近海洋，培育海洋人才。

在总论中，还突出强调了两个方面：一是海洋安全保障，把海洋安全保障视为计划的核心，并突出宏观海洋政策中的安全保障内容，让海洋政策有助于海洋安全保障的实现，为此提出要明确政府职责，一体化推进“综合性的海洋安全保障”。二是强调海洋领域工作的综合协调，根据近期海洋局势的变化，除了“综合的海洋安全保障”之外，还要协调好各个领域的具体的海洋政策，包括促进海洋产业的利用、保护海洋环境、充实海洋科学知识、推进北极政策、加强国际合作、培养海洋人才并增进国民对海洋的理解。其中“北极政策”是首次纳入《海洋基本计划》。

第二部分是“分论”，也就是具体领域的政策和措施，共有九大领域，列

① 本文所利用的第三期《海洋基本计划》内容，来自日本内阁府官网，http：//www8. cao. go. jp/ocean/policies/plan/plan03/plan03. html［2018－06－30］。

出370项具体政策。为了确保海洋政策的落实，明确将责任分解落实到各个府省厅。另外，把“加强海洋状况把握（MDA）”① 作为单独项目列出。

第三部分是“推进计划的必要事项”，其中突出强调两点：一是综合海洋政策本部将与综合海洋政策推进事务局实行一体化，发挥政府“司令塔”的职能和作用，推进政策实施；二是为了掌握和评价政策的进展情况，以及确保计划性、综合性推进，将利用PDCA循环管理法，按照图表进行定量的指标化工程管理。

规划的最后一部分是“结语”。

三　《海洋基本计划》对以往的评价和对形势的判断

（一）总结了《海洋基本法》实施十年来的概况

主要有以下方面：

（1）根据《海洋基本法》先后制定了第一期、第二期《海洋基本计划》，并积极推进各项政策的落实。

（2）对于各部委职责交叉的领域，由综合海洋政策本部组织和确定相关法令的制定。

其中列举了日本制定颁布的若干具体法令，如：海盗法应对（2009年）、低潮线保全法（2010年）、国境离岛名称确定（2015年）、无主国境离岛的国有财产化（2017年）、再生能源法案的内阁会议决定（2018年）等。

（3）稳步推进运用工程管理法来评估政策进展情况等。

（4）提升让国民广泛知晓海洋政策的宣传能力。

（5）应对人口减少、少子化、老龄化、全球化的进展，IT领域的技术革新得到加速。

（6）应对海洋安全保障、海洋产业利用局势的变化，改革体制机制和海洋资源开发推进方式。

其中列举了形势变化的具体实例，如：外国公务船的领海侵入，外国渔船的非法作业及漂流船、未经许可外国船的非法调查，向日本专属经济区发射弹道导弹，单方面改变现状的企图等。

---

① 综合运用人工智能、物联网和海洋大数据技术，确立实时海洋状况监测与把握体制，构建可用于海洋安全保障、海洋行政管理、海洋科技开发的海洋情报三级分类信息共享系统。

（二）关于目前海洋政策的状态

1. 未来十年日本海洋政策的理念、目标、推进方略

日本《海洋基本法》确立了日本海洋政策的基本理念，主要有六点："海洋开发和海洋环境保护""确保海洋安全""海洋科学知识的充实""海洋产业的健康发展""海洋综合管理""海洋国际协调"。基于这些理念，《海洋基本计划》提出按照以下思路推进政策实施，以应对"新的海洋立国"所面临的巨大挑战。

（1）营造对日本有利的形势和环境；

（2）最大限度地利用海洋的丰富性和潜力，以确保国力的持续性；

（3）建立以健全的海洋产业为支撑的海洋可持续开发、利用与环境保护之间的和谐友好关系；

（4）开展世界最前沿的创新性研究开发、观测、调查；

（5）继续增进国民对海洋的理解。

2. 实施海洋政策的基本方针

《海洋基本计划》对此分两个方面进行了阐述：

（1）提出了"综合的海洋安全保障"的基本方针，包括：

第一，根据海洋安全保障形势的变化，需要更广泛、跨领域地着眼海洋政策。

第二，在国家安全保障的系统中制定海洋安全保障政策，强化海洋安全保障的基础性措施，政府要一体化推进作为"综合性的海洋安全保障"；

第三，加强与相关国家的合作，推进"自由开放的印太战略"；

第四，在强化防卫和海上保安体制的同时，确立"海洋状况把握"（MDA）体制，尤其是对于国境离岛的保护和管理。

这里所谓的"海洋状况把握"（MDA）是为了有效实施海洋政策，运用多种手段，如舰艇、巡视船、飞机、卫星、调查观测船等有效收集海洋关联情报信息，以图"集约、共享"。采取更强有力的措施强化专属经济区等海域管理，并在第二期《海洋基本计划》执行过程中多方讨论的基础上，推进法律体系的完善。

（2）提出实施其他海洋政策的基本方针，包括：

第一，促进海洋产业发展、确保经济安全和经济增长、确保海洋权益，实现以上各个方面的整体化推进。

第二，推进可燃冰、海底热液、稀土等能源资源的开发，加速海洋风力发

电，完善海域使用制度，提高生产效率和附加值，强化海洋产业国际竞争力，通过“下一代海洋资源调查技术”（SIP）成果的有效利用以及“海洋资源开发技术平台”，支持企业之间的技术交流、扩大邮轮停靠和风险投资，增加海洋产业的活力，开拓市场，确保在外航及内航海运中的海上运输，加强对水产资源的管理（资源调查的彻底扩充，渔业取缔能力的强化），改革流通结构，促进水产品出口，提高收益性和国际竞争力，并加强人才培养。

第三，维护海洋环境，实施在联合国可持续发展目标（SDGS）等国际框架下的海洋环境保护（海洋保护区的设定、微塑料等海洋垃圾的削减、珊瑚礁保护等），推广高效率、尊重生物多样性的“里海”经验，推进海岸带综合管理，为实现濑户内海等“美丽富饶之海”进行调查、研究活动。

第四，推进科学知识的充实，海洋科学技术研发，海洋调查、观测、监控，推进海洋和宇宙两个领域的合作等。

第五，推进北极政策。推进民间企业利用北极航路的行动（例如，雅马尔液化天然气项目），活跃国际交流，重点推进研究开发、国际合作、持续利用的各项措施，发挥日本在观测、研究方面的优势，通过北极研究推进项目（ARCAN）等，在北极圈国际合作基地（例如挪威尼奥尔森基地）进行整修，实施在海冰下也能自主航行或观测的自律型无人探测器（AUV）等的开发和运用。另外，研讨建造具有碎冰功能的北极航行船等。

第六，以国际合作、法律支配、政策实施的科学性为原则，并将其作为国际社会整体的普遍标准而进行各种海洋活动，以此来实现日本的国家利益。

第七，加强海洋教育，培养海洋人才，增进国民理解。包括海洋立国专业人才的养成、外向型国家观的培育、“海洋日”活动；通过下一代SIP“革新的深海资源调查技术”，确保世界领先的技术开发；充分利用“日本学习海洋平台”进行普及，2025年以前实现覆盖全部市、町、村的海洋教育的目标；以培养海洋开发技术人员为目标，强化“日本财团独立创新”功能。

四　本期《海洋基本计划》需要重点关注的问题

（一）海洋安全保障在日本海洋政策中上升到首要的突出位置

《海洋基本计划》可以说是日本的“海洋五年规划”。第三期《海洋基本计划》也相当于日本第三个海洋五年规划。其中，尤其引人关注的是海洋安全保障的内容，其在规划中排列顺序上升到第一位，表述的重要性得到提升，内容得到充实。

众所周知，《海洋基本法》颁布以后，日本加速了海洋领域的法制建设，包括增加执法者海上行动的权限。如《处罚与应对海盗行为法》（也称“海盗行为处罚及应对法”）赋予对“海盗船只”行使武力打击的权限。2013 年开始实施的第二期《海洋基本计划》，基于对海洋形势的判断，加入了对日本周边海域强化警戒监视、强化海上自卫队与海上保安厅的联动、向日本籍船只配备民间武装警备员等内容。2013 年 12 月完成的《国家安全保障战略》明确把日本定位为“海洋国家”，强调面临的海洋安全保障的课题是：如何应对以武力改变现状、如何保卫海上交通线、如何确保公海上空自由等。另外提出日本应采取的路径，诸如强化领域（领土、领海、领空）安全保障、基于国际法和国际规则、在维护“开放安定的海洋”中发挥主导作用。日本首相安倍晋三在 2014 年 5 月香格里拉会议上提出所谓“海洋问题法律支配三原则”，后来在西方七国外长和首脑会议期间也多次提起。在东海和南海问题上，日本也对中国海警正常巡航和海军正常活动进行阻挠。正是在中日围绕海洋问题的对立以及日本强调海洋权益面临前所未有的威胁，特别是渲染来自中国的“威胁”的背景下，本期《海洋基本计划》呈现出这一新的特点。对照以往的规划来看，我们注意到，2013 年的《海洋基本计划》虽然也重视海洋安全保障，但是更强调海洋能源资源开发，而本期《海洋基本计划》则突出强调了海洋安全保障的地位。可以看出其重点出现了一定程度的转移，即从海洋资源开发转向海洋安全保障，这也与日本认为其所面临的资源能源环境和海洋安全环境的变化，以及两者地位有所消长有关。

（二）日本政界和学界人士围绕本期《海洋基本计划》的言论①

在本期《海洋基本计划》公布之际，安倍首相在综合海洋政策本部的会议上强调，海洋形势正在变得严峻，政府各部门要齐心合力，坚决守护海洋权

① 该部分主要参考了笹川和平财团日本海洋政策研究所的会议信息及张建墅《颇具雄心的日本海洋政策纲领》，中青在线，http：//news. cyol. com/yuanchuang/2018 - 07/04/content _ 17351243. htm [2018 - 07 - 05]。

益。作为具体对策，日本政府要求各个部委联合强化“海洋状况把握”（MDA）能力，加强情报收集、监控等方面的部门合作。政界和学界相关组织和人士对计划反应迅速，其中日本海洋政策学会和日本海洋政策研究所是重要言论平台。日本海洋政策学会是一个横跨官、学、经、产各界有相当影响的学术团体和智库。2018年6月下旬，该学会在东京举办了日本海洋政策学会成立十周年纪念研讨会。日本海洋政策领域的权威专家学者和官员与会，围绕刚刚公布的日本第三期《海洋基本计划》展开了研讨，传递出一些重要信息。

日本海洋政策学会会长奥胁直也在致辞中肯定了学会成立十年来扎扎实实地推进研究所取得的丰硕成果，特别是近期一些政策建议被整体纳入第三期《海洋基本计划》。

日本内阁府海洋政策推进局长羽尾一郎在主旨演讲中，阐述了第三期《海洋基本计划》的政策目标和重点。羽尾表示，日本将强化综合性的海洋安保措施，同时也将强化海洋基础性事业，确立海洋状况把握（MDA）体制，充实并加强海洋调查与观测，保护和管理国境离岛，培养海洋人才，增进海洋事业参与者乃至全体国民的海洋意识。羽尾特别提到，日本媒体此前报道日本海洋政策重心将从海洋能源资源开发转向海洋安保，这并不全面和准确，他强调日本第二期《海洋基本计划》的国际协调路线在第三期仍将延续。作为海洋政策推进局长的羽尾还强调要突出实施第三期计划的统合力与执行力。

东京大学执行董事、副校长藤井辉夫教授在研讨会上介绍了他所做的“海洋观测网络构想”项目实施情况、近年研发成功的先进海洋观测设备，以及东京大学价值创造设计实验室所从事的与未来海洋管理和开发利用关联的科研项目。藤井表示，研发高质量、高性能的检测与传感设备，对今后建设海天一体型海洋观测系统尤为重要。

综合海洋政策本部专家委员会成员、上智大学兼原敦子教授在主旨演讲中，阐述了第三期《海洋基本计划》的内在法理内涵。她强调，日本拥有世界上最优秀的官僚系统，在基本计划实施进程中，务必突出内阁府的指挥部权威和职权，推动各政府部门落实综合性安保政策，这样才能真正维护国家利益。兼原表示，海洋大数据具有不同程度的机密性和价值性，在确定某些大数据可否共享之前，首先应建立严格的相关权责机制。

日本海洋政策学会原“海洋、宇宙合作研究”组负责人渡边忠一在演讲中建议组建专门机构，运用海洋和卫星技术，推动海洋大数据的卫星运用。他认为，日本的卫星具有“地缘政治学优势”，方便对鄂霍茨克海、日本海、东海、南海进行实时监测，也可获得北冰洋、白令海的船舶动向与海冰信息，还可使用卫星实现对相关海域的空中巡逻。

日本经团联的海洋开发推进委员会有83名委员、71家公司和12家团体，委员会内设的综合部会则有35名委员、32家公司和3个团体。经团联海洋开发推进委员会综合部会负责人、日本邮船公司董事长长泽仁志则在演讲中介绍，经团联于2017年向安倍首相提交的政策提言中，有一项重要内容就包括实施“Society 5.0时代的海洋政策”，提出日本应积极开发海洋产业，打造高收益的海洋事业。①

日本第三期《海洋基本计划》的内容、动向以及对中国的影响，需要中国的日本问题、海洋问题研究者密切跟踪、深入研究。十余年来，日本连续出台的三个海洋五年规划及规划的实施，使日本的海洋战略和政策得到具体落实和稳步推进。在此过程中，按照日本政府特别是综合海洋政策本部的政策导向，日本海洋政策的决策、执行、联动体制机制日益走向成熟和高效，官、产、学、研相互配合，政府通过加强定期检查和督查，使海洋计划的执行度和落实率较高。日本第三期《海洋基本计划》是在《海洋基本法》的指导和规定下制定和公布的，它既继承第一期、第二期的计划，保持了政策基本的连续性，又根据形势和环境的变化作出了新的安排，呈现出更加重视海洋安全保障、更加重视海洋统一管理、更加重视领域协调和部门协调、更加重视情报信息搜集和共享、更加重视前瞻科技、更加重视国际协调等新的变化和特点。从第三期《海洋基本计划》的内容可以看出，该计划体现出安倍政府的国家战略和价值追求，凸显日本积极推进印太战略，贯彻能动的、外向的海洋安保路线，进一步强化国境离岛防卫，同时着眼海洋未来发展，通过强化政府一体化、官民协同化，来实施和推进国家海洋战略。特别是围绕海洋安全保障，其内容和安排、背景考量、实施效果和未来走向都值得关注，同时也强调了对海洋安全保障有支撑作用的其他领域研究和协同推进的重要性。作为本期计划重要特点之一的“海洋状况把握”（MDA）体制是进一步彰显日本在该领域优势

---

① 所谓Society 5.0（社会5.0）是日本政府为了区别于以德国为代表的工业4.0热潮，于2016年提出的一个战略概念，力图最大限度应用信息通信技术（ICT），通过网络空间与物理空间（现实空间）的融合，创造出人人富裕的“超智慧社会”，不仅着眼于产业，而且要提升全社会的生活品质和便利性。

的内容，其内涵和影响值得深入研究。Society 5.0（社会5.0）所体现的前瞻性以及在海洋领域的开发应用具有借鉴意义。

当前，中日关系呈现出逐步改善的势头，在海洋领域中日两国也需要从大局出发，加强对话，增进理解，寻求共识，管控危机，努力化解矛盾，避免冲突。与此同时，双方各界也都意识到两国在海洋领域合作潜力巨大，如在海洋污染防治、海洋防灾减灾、北极航路开发、海洋危机管控、海上丝绸之路建设的合作等方面。适逢纪念《中日和平友好条约》缔结40周年，中日两国应共同努力，让和平友好、合作共赢的条约精神具体体现为海洋领域的合作，共同维护地区和平，造福两国和两国人民。

公明党对华友好政策再考

——《中日和平友好条约》缔结40周年的思考

汪鸿祥*

40年前《中日和平友好条约》的缔结，不仅是中日两国政府共同努力的结果，也是中日两国民间共同努力的结果。当时作为在野党的公明党为促进条约的缔结发挥了重要的桥梁作用。值此《中日和平友好条约》缔结40周年之际，深入考察公明党对华友好政策的形成，研究公明党努力促进条约缔结的重要作用，探讨公明党对华友好政策的实践和影响，对于进一步改善中日关系，推进新时代中日关系的发展，具有重要启示意义。

一　公明党对华友好政策的形成及其基本目标

1964年11月公明党成立以后，把中国问题放在对外政策的重要地位。60年代后期，公明党逐步形成了对华政策的基本方针。特别要提到的是，1968年9月8日，在近两万人参加的日本创价学会第11届学生部大会上，公明党创始人池田大作发表了近80分钟的演讲，明确提出了解决中日关系问题的三点建议：（1）正式承认中华人民共和国，实现中日邦交正常化；（2）恢复中国在联合国的合法席位；（3）发展中日两国的经济文化交流。[①] 这个演讲以强烈主张日中邦交正常化为特征，在中日关系史上被称为“日中邦交正常化倡言”。这个倡言奠定了公明党对华政策的重要基础，成为公明党制定对华政策

---

* 汪鸿祥，日本创价大学教授、复旦大学日本研究中心兼职研究员。本文发表于《东北亚学刊》，收录本书时做了修改。

① 参见池田大作：《时代精神的潮流》，香港：商务印书馆，2005年，第3—18页。

的重要指针。周恩来总理等中国领导人对池田大作提出“日中邦交正常化倡言”的富有勇气的行动给予高度评价。①

1969年1月，公明党大会通过了《公明党的外交安全保障政策》的文件，关于对华政策明确提出：（1）承认中华人民共和国政府，实现邦交正常化。（2）积极促进中华人民共和国加入联合国。（3）所谓北京和台湾问题是中国的内政，不予干涉。（4）废弃“吉田书信”。②（5）强力促进政府间贸易。（6）积极进行中日文化交流。同时希望实现中日首脑会谈。由此可见，当时公明党对华友好政策的基本目标就是实现中日邦交正常化。这一对华政策对于实现中日邦交正常化和促进中日关系的发展发挥了重要的作用。

进入70年代以后，日本国内外形势发生了一系列重大变化，尤其是中美关系的改善对中日关系的发展产生了重要影响。日本国内要求实现中日邦交正常化的呼声日益高涨。在此背景下，1970年12月成立了以公明党为中心的“日中邦交正常化国民协议会”，有力地开展了中日邦交正常化的民众运动。1971年初公明党进一步调整对华政策，确认台湾问题是中国的内政问题。1971年3月，国务院外事办日本组负责人王晓云访日，与公明党委员长竹入义胜进行了会谈，这是公明党与中国官方正式交流的开始。会谈后，竹入义胜发表谈话，承认中华人民共和国是中国的唯一合法的政府，主张美军从台湾撤走，恢复中国在联合国的席位，还进一步表明必须废除日台条约。由此可见，公明党对华政策（尤其是关于台湾问题的方针）有了新的重要发展，为公明党与中国的关系以及中日两国关系的发展奠定了良好的基础。

为了实现中日邦交正常化，1971年6月公明党代表团首次访华，中国政府对此高度重视，周总理亲自会见。7月2日公明党访华团与中日友好协会代表团发表联合声明，提出了著名的“中日复交五原则”，其内容是：（1）承认中华人民共和国是代表中国人民的唯一合法政府；（2）反对两个中国和一中一台；（3）日台条约是非法的；（4）美国武装力量必须撤出台湾和台湾海峡；（5）恢复中华人民共和国在联合国的合法席位。这个“中日复交五原则”的提出，表

① 汪鴻祥「日中関係における画期的な提言」、『創価教育』第5号、2012年。

② “吉田书简”：第一封是1951年吉田茂作为首相发给美国特使杜勒斯的书信，表明日本政府决定与台湾当局建立所谓外交关系的方针，标志着日本政府亲台反华政策的开始。第二封是1964年吉田茂作为首相特使访问台湾后发给“总统府”秘书长张群的书信，表明日本政府对中日贸易，特别对日出口，不使用进出口银行等利用政府资金的长期延期贷款，实际上就是限制中日贸易的发展。

明公明党正式形成了较为完整的对华友好政策，并成为中日两国邦交正常化谈判的重要基础。1971年9月公明党第九届大会上通过了“大会宣言”和“公明党关于实现中日邦交正常化的政策”，决定根据上述五原则开展中日邦交正常化活动，进一步鲜明地表达了公明党对华友好的政策方针。1972年5月公明党第二次访华团访问北京，周总理在会见时表示，欢迎日本新政府代表访华。

1972年7月7日田中角荣内阁诞生，公明党在田中角荣内阁实现中日邦交正常化的过程中发挥了关键性的重要的桥梁作用。1972年7月25日，公明党代表团第三次访华，

关于中日邦交正常化的重要事项，与周总理进行了三次会谈。周总理根据会谈内容，整理了联合声明的八项草案和关于台湾的三个要点。公明党竹入义胜委员长将这些内容整理成笔记（称为“竹入笔记”）①，回到日本后将“竹入笔记”交给了田中角荣首相，日本政府以“竹入笔记”为基础，制定了日方的联合声明草案。1972年9月，田中角荣首相访华，与毛主席、周总理进行了会谈，29日中日两国发表《中日联合声明》②，实现了邦交正常化。当时公明党虽然处于在野党的地位，但是公明党实行对华友好的政策，积极开展民间外交，以民促官，对执政党自民党的对华政策产生了重要影响，有力地促进了自民党对华政策的转变，为实现中日邦交正常化架桥铺路，发挥了重要的作用，为中日邦交正常化的实现作出了重要的贡献。

二　公明党力促条约缔结并推进中日友好

中日邦交正常化以后，随着中日两国之间友好交流的日益发展，缔结《中日和平友好条约》提上了中日两国的议事日程。早在1974年8月，邓小平副总理受住院治病的周总理委托，会见公明党第四次访华团时，明确表示了中国方面希望缔结《中日和平友好条约》的愿望，并就缔约问题提出了三点具体意见：尽快谈判；要体现友好愿望和形势发展；有些问题可以搁置起来，并让公明党竹入义胜委员长转告田中角荣首相。田中首相对于缔约态度积极，但

① 毛利和子『日中関係　戦後から新時代代』、岩波書店、2006年、68—70頁。

② 「日本国政府と中華人民共和国政府の共同声明」、1972年9月29日、https：//www. mofa. go. jp/mofaj/area/china/nc_seimei. html [2018-08-01]。

此后不久因洛克希德事件被迫辞职。三木武夫就任首相后曾表示要促进条约缔结，但是由于自民党内亲台派势力的牵制，尤其中日双方在反霸条款上分歧严重，三木首相在缔约问题上犹豫不决，导致缔约谈判止步不前。1975 年 4 月公明党创始人池田大作第三次访华，针对缔约谈判止步不前的状况，访华前与福田赳夫副首相见面，明确表示要促进条约的缔结。4 月 16 日，邓小平会见池田大作时对反霸条款问题做了阐述，指出反霸条款有两个含意："一是中日两国都不在亚太地区称霸"，"二是反对任何国家或国家集团在这一地区谋求霸权"。池田大作回国后向三木首相转达了中方关于反霸条款的立场。

1976 年中日两国内外局势都发生重大变化。1976 年"四人帮"倒台后，中国发生了巨变。同年 12 月福田赳夫就任首相后对缔结条约表示了积极态度，园田直外相为条约的缔结做出了积极努力。在此过程中，公明党表明了积极促进条约早日缔结的态度，并再次成为中日两国政府沟通的重要渠道。公明党于 1977 年和 1978 年两次派团访华，促进缔约进程。1977 年 1 月公明党第五次访华团访华，向中国领导人转达了福田赳夫首相"希望进行缔约谈判"的口信。1978 年 3 月公明党矢野绚也书记长率领第六次访华团访华。行前，矢野书记长拜会了福田赳夫首相，福田首相委托矢野书记长向中国政府转达："对缔约抱有很大的热情，希望早日实现"的愿望，并希望中方理解日本关于同任何国家都和平友好的立场。3 月 14 日，邓小平会见了矢野绚也为团长的公明党第六次访华团。邓小平开门见山就对条约谈判关键问题的反霸条款问题详细阐明了中国政府的立场，并对矢野书记长的一系列提问做了具体回答。矢野书记长回国后马上向福田首相报告了中方的见解。福田首相通过公明党等渠道详细了解了中方的立场后，与自民党内的派系和外务省等政府部门以及美国进行了协调后，决心于 1978 年 5 月重开条约谈判。

在中日两国政府和民间的共同努力下，1978 年 8 月 12 日在人民大会堂隆重举行了《中日和平友好条约》的签字仪式。[①] 同年 10 月邓小平作为中国领导人首次访日，23 日在日本首相府大厅隆重举行了条约批准书互换仪式，《中日和平友好条约》正式生效。这个条约确立了中日两国和平友好关系的总体法律框架，是《中日联合声明》后中日关系的第二个重要政治文件。在长达

---

① 「日本国と中華人民共和国との間の平和友好条約」、1978 年 8 月 12 日、https：//www. mofa. go. jp/mofaj/area/china/nc_heiwa. html [2018 - 08 - 01]。

六年多的缔约的谈判过程中，虽然历经波折，但是公明党秉持对华友好方针，积极进行沟通，再次发挥了中日两国之间友好桥梁的作用，与中国政府之间加深了信赖友好关系。

《中日和平友好条约》缔结后，中日两国在政治经济等各个领域的友好合作都出现了迅速的发展。以贸易、投资、援助为支柱的经济关系迅速发展，政治关系也保持良好发展势头。同时，中日两国之间出现了一些新的问题。比如教科书事件①、钓鱼岛问题、首相参拜靖国神社问题、光华寮事件② 等。在新的形势下，公明党积极践行对华友好，与中国有关方面保持密切的关系，继续发展和加强与中国的交流，继续在中日友好合作关系的发展中发挥重要的积极作用。这个时期公明党对华政策主要表现为两个方面：第一，随着中日两国政党交流的制度化和长期化，继续发挥两国之间沟通的作用；第二，针对这个时期中日之间发生的问题，从中日友好的大局出发，表明自己的态度，促进中日关系的健全发展。

整个 80 年代，公明党虽然处于在野党的地位，但是在中日关系的发展中发挥了一般在野党所不能发挥的作用，而且在某些方面弥补了执政党自民党对华政策的不足。这一时期，公明党代表团频繁访华，与中国党和国家领导人多次会谈，通过公明党这个重要渠道，中国政府关于重大问题向包括日本在内的国际社会进行及时说明，消除日本及国际社会的疑问和担心，抑制日本保守势力。公明党通过这种友好交流，为促进中日友好合作关系的发展做出了新的积极贡献。

90 年代冷战结束后，国际格局发生了重大变化。由于苏联的解体，中美日三国的“共同威胁”随之消失，美日两国开始调整对华政策。中国通过十多年改革开放，实力不断增强。日本“泡沫经济”崩溃，进入了“经济低迷”时期，同时，日本政界出现各种分化改组，新保守势力开始抬头。随着中日两国内外环境的变化，中日关系进入了结构变动时期。中日两国在政治经济战略等领域的竞争加剧，两国国民感情上的对立情绪上升，这是中日关系结构变动

① 教科书事件：1982 年日本文部省审定的教科书对日本侵略中国的史实进行了多处修改，严重歪曲历史真相，损害了中日友好关系。中国方面通过外交途径进行了交涉，推迟了日本文科大臣的访华日程。

② 高原明生、服部龍二『日中関係史 1972～2012　I 政治』、東京大学出版会、2012 年、197—198 頁。

时期的基本内容。[①]

在国际格局发生重大变化，中日关系复杂多变的形势下，公明党始终坚持对华友好政策。1992 年中日两国实现了江泽民总书记访日和天皇访华。4 月江泽民访日时会见了公明党石田幸四郎委员长，对公明党在中日关系发展中发挥的作用给予高度的评价。当时，江泽民代表中国政府邀请天皇访华之事引起日本国内各种议论，一些政界人士担心天皇访华被“政治利用”。10 月天皇首次访华取得圆满成功后，公明党市川雄一书记长对天皇访华和天皇访华时的“御言”[②] 明确表示：“御言明确了侵略中国的我国责任，不仅考虑日本，而且考虑今后与亚洲各国的关系，政府应该拿出正视历史的勇气。”公明党表明了正视历史，与亚洲各国加强友好关系的愿望，有益于中日关系的良性发展。

三　公明党联合执政后坚持对华友好

1999 年 10 月公明党接受自民党的邀请成为联合执政的成员以来，除了民主党执政的三年三个月以外，公明党与自民党联合执政迄今达 15 年以上。公明党作为联合执政党不仅在日本政界发挥了重要作用，而且在改善和发展中日关系中也发挥了重要作用。公明党虽然处于与自民党联合执政的地位，某些政策趋同于自民党，但其对华政策并不受自民党的影响，保持对华政策的独立性和连贯性，坚持对华友好的一贯方针，并对联合执政伙伴自民党的对华政策产生了一定的影响。

首先，对保守政治家背离中日关系正确方向的言行进行了牵制。2001 年 4 月小泉纯一郎就任首相后，无视中国民众的感情，连续六次参拜靖国神社，引起中国方面的强烈不满，导致两国首脑互访中断五年，高层次交流几乎停滞，政治关系严重恶化，民众感情和舆论严重恶化。[③] 在中日关系的困难时期，公明党坚持反对小泉纯一郎参拜靖国神社，并为解决问题，改善发展中日关系发挥了重要作用。2005 年 10 月，公明党神崎武法委员长在接受人民日报的采访时，明确表示反对小泉纯一郎参拜靖国神社，并进一步指出日本应该以反省历

---

① 毛利和子『日中関係 戦後から新時代へ』、岩波書店、2006 年、130 頁。

② 竹内実『日中国交文献集』、蒼蒼社、2005 年、414—416 頁。

③ 高原明生、服部龍二『日中関係史 1972～2012　Ⅰ政治』、371—405 頁。

史为基础，构建与包括中国在内的亚洲各国的良好关系。同时，公明党在国内有关场合也明确表示参拜靖国神社有损于联合执政。公明党的一系列表态对保守势力产生了不可忽视的牵制作用。

其次，坚持中日友好的基本方针，围绕中日关系问题向日本社会和国际社会阐述和表明公明党的立场。2005 年 2 月，公明党为了改善处于紧张状态的中日关系，在党内设立现代中国研究会，围绕中日两国的经济、政治、安全保障、历史认识、台湾问题等深入进行研究，并通过公明党有关报刊表明其坚持对华友好的立场和主张。

再次，积极参与中日两国执政党的交流，尤其在中日关系困难时期，积极发挥了政党外交的重要作用。2006 年初中日关系处于紧张状态时期，公明党的井上义久政调会长和自民党的中川秀直政调会长一起访问中国，参加了中日执政党交流协议会第一次会议，2006 年底在东京举行了中日执政党交流协议会第二次会议，这个交流协议会作为中日政党交流的制度实现了长期化的发展。其协议内容涉及中日两国政治经济交流的各个领域，通过政党之间的磋商和协议，对于两国政府之间的沟通发挥了重要的积极作用。

还有，积极推进中日首脑的互访和交流。在公明党的积极推动下，2006 年 9 月安倍晋三就任首相后，将中国作为首访国家，10 月对中国进行“破冰之旅”。此后 2007 年 4 月温家宝总理对日本进行了“融冰之旅”，2007 年 12 月福田康夫首相对中国进行了“迎春之旅”，2008 年 5 月胡锦涛主席对日本进行了“暖春之旅”。在这些中日首脑的互访中，公明党始终主动配合，积极促进。温家宝总理、胡锦涛主席访日期间都与公明党创始人池田大作会见，高度评价了池田大作和公明党以及创价学会在促进中日和平友好关系中发挥的积极作用。

2010 年以后，以领土问题为导火线，中日关系急剧恶化。9 月，发生中国渔船与日本保安厅巡视船撞船事件后，菅直人内阁表示了强硬态度，12 月，新的日本防卫计划大纲决定强化西南列岛的防卫体制，将防卫重点从北方转到针对中国的西南方。2012 年 4 月原东京都知事石原慎太郎突然发表购买钓鱼岛计划，给中日关系带来了重大冲击。同年 9 月，野田佳彦内阁宣布钓鱼岛“国有化”，导致中日关系进入严重的紧张状态。2012 年 12 月公明党和自民党在众议院选举中获胜后，第二届安倍晋三内阁成立，公明党与自民党重新开始联合执政。但是，安倍晋三内外政策的保守主义色彩强烈，一度强化与中国的对抗，历史问题上参拜靖国神社，领土问题上也采取强硬的姿态。以中日之间政治互信缺失为背景，中日两国围绕着历史问题和领土问题进一步对立，中日关系陷入了邦交正常化以来最糟糕的状态。

在中日关系的严重困难时期，公明党坚持对华友好的政策，为改善中日关系发挥了重要的积极作用。公明党山口那津男代表等公明党领导人多次访华，与中国领导人进行会谈，再次发挥了中日两国政府之间的桥梁沟通作用。经过中日双方的共同努力，2014 年 11 月北京 APEC 会议期间，习近平主席会晤安倍晋三首相，迈出了改善两国关系的第一步。中日首脑会晤前三天的 11 月 7 日，两国之间达成了“四点原则共识”[①]，重申了双方恪守中日四个政治文件原则精神，明确了妥善处理中日关系特别是历史、领土问题的准则，为双方逐步恢复各领域交流、重建政治互信作出了政治指引。

四　新时代中日关系与公明党的作用和意义

中共十九大确立了中国新的领导体制，开始了中国改革开放的新时代。日本平成时代即将结束，新的时代即将来临。中日关系历经数年艰难曲折，以 2018 年 5 月李克强总理成功访日为契机重回正常轨道。中日关系已经走出低谷，目前处于持续向好、不断提升的阶段。以《中日和平友好条约》缔结 40 周年为契机，进一步推动中日关系向前发展是中日两国的共同愿望。

近年来中日关系的改善呈现出从量的积累到质的上升的渐进过程。2015 年 4 月印度尼西亚亚非峰会期间习近平主席会晤安倍晋三首相，11 月在首尔举行中日韩三国首脑会议期间，李克强总理会晤安倍晋三首相，12 月公明党井上义久干事长和自民党谷垣祯一干事长一起访华，重新开始了 2009 年中断以来的执政党交流。2016 年 9 月杭州二十国集团（G20）峰会期间，习近平主席会晤安倍晋三首相。2017 年习近平主席与安倍晋三首相的两次会谈进一步推动了中日两国政治关系的改善。在这个中日关系逐步改善的过程中，公明党坚持不懈地发挥了重要的桥梁作用。

2018 年 5 月李克强总理访问日本时，公明党创始人池田大作委托创价学

① 『日中関係の改善に向けた話合い』、2014 年 11 月 7 日、https：//www. mofa. go. jp/mofaj/a_ o/c_ ml/cn/page4_ 000789. html[2018 - 08 - 01]。

会会长向李克强转达了欢迎之意，并向李克强赠送了一首中文诗："无限风光在桃李，几番克捷雪霜寒，强肩一任强国梦，犹记当年握手欢。" 1985 年李克强作为中国青年代表团副团长访日时曾与池田大作见过面。李克强高兴地说："我清楚地记得33 年前与池田先生的见面。衷心祝愿先生身体健康。非常感谢池田先生做了这么好的诗句送我。请代转达我对先生的问候。"① 同月，李克强书写了"金桥永固，风范长存"回赠池田大作。② 这表明了在中日关系发展的新时代，中国政府一如既往地对公明党创始人池田大作为中日友好作出的杰出贡献给予了高度的评价。

公明党在建党 50 周年的 2014 年出版了《与民众一起——公明党 50 年的历程》一书，对公明党 50 年发展历史做了回顾和总结。③ 根据公明党 50 多年的发展历史以及公明党的执政理念和实践，可以说公明党的内外政策主要有两大支柱：第一是坚持和平主义，第二是实行福利主义。公明党之所以长期以来坚持对华友好的政策，在中日关系的发展中发挥重要作用，正是基于其和平主义的理念。公明党创始人池田大作对和平主义理念做过精辟的阐述。和平主义理念与生命尊严思想、非暴力思想、共生思想等密切相关。④ 公明党的和平主义对于今后公明党对华友好政策的走向，具有重要意义。公明党成为联合执政党以后，虽然在国会对策中出现趋同于自民党的倾向，发生了一些新的变化，但是公明党"中道主义"⑤ 的基本理念没变，公明党作为和平主义政党的基本立场没变。

在新时代中日关系的发展中，公明党依然具有不可替代的重要作用。首先，公明党作为日本的联合执政党还将继续对日本的内政外交产生重要影响，作为对华友好的政党将对中日关系的健全发展产生积极影响，依然能在中日两国政府之间发挥桥梁的重要作用。其次，公明党具有比较广泛的社会基础，尤其是创价学会依然是公明党的后援团体，因此能在较大程度上反映日本民众的

① 『東方新報』2018 年 5 月 4 日。

② 『聖教新聞』2018 年 6 月 30 日。

③ 公明党史編撰委員会『大衆とともに—公明 50 年の歩み—』、公民党機関報委員会、2014 年。

④ 参见汪鸿祥：《构建和谐世界的重要启迪—浅论池田大作的和平思想与实践》，载梁桂全主编：《和平·文化·教育：和平发展中的文化与教育学术研讨会论文集》，北京：中国社会科学出版社，2008 年，第 31—45 页。

⑤ 市川雄一「中道政治とは何か」、『公明新聞』，2016 年 10 月 3 日。

声音，当然也能在一定程度上反映日本民众发展中日友好的愿望。最后，公明党依然坚持和平主义的基本理念，将会继续进行对华友好和平的政策实践。维护世界和平不仅是中国民众的愿望，也是日本民众的愿望，公明党与中国具有实现和平的共同目标。公明党的存在有利于抑制日本国内破坏中日和平友好的保守势力。而且，公明党参与联合执政以后，虽然在现实政治中需要对自民党做出一定的妥协，但是在必要的时候，坚持自己的基本立场，以联合执政的伙伴身份可以对自民党的保守势力进行牵制，公明党与自民党之间既有合作又有斗争。因此，公明党依然能够发挥其他政党不能发挥的作用，对保守势力的“暴走”依然能够发挥“刹车”的作用。①

公明党对华友好政策的发展及其实践，对于新时代中日关系的发展具有重要的启示意义。

第一，和平友好是中日关系发展的根本方向，也是中日关系的永恒主题。公明党之所以能够长期坚持对华友好，其根本原因就是公明党始终坚持和平主义的理念。21世纪的国际社会正经历着深刻变化，经济政治中心向东方转移的趋势在加强，全球化推动国家利益高度互融，亚洲面临着历史性复兴机遇。中日两国共同肩负着维护本地区乃至世界和平与发展的重大责任，也承载着国际社会和地区国家的高度期待，必须坚持走和平友好之路。日本军国主义发动的侵华战争给中日两国人民造成了巨大的伤害，现代战争的危害性更是难以想象。中日不能再战！这是中日两国民众的共同愿望。中国强调铭记历史并不是要延续仇恨，而是要以史为鉴，面向未来，珍爱和平，维护和平。东方文化自古就有“和为贵”的传统。中日两国“和则两利，斗则俱损”。必须摒弃“冷战思维”和“零和概念”。日本保守政治家以美日同盟为主轴，构建对华包围圈的企图是不可能成功的。中国民族主义者联合其他国家，制衡日本的设想也是不可能实现的。中日四个政治文件和四点原则共识的根本宗旨都是中日和平友好。只要双方恪守中日四个政治文件和四点原则共识，两国关系就一定能沿着和平友好的正确轨道继续发展。②

第二，民间交流是中日关系发展的重要基础，也是中日关系的优良传统。

① 佐藤優、山口那津男『いま、公明党が考えていること』、潮出版社、2016年、61頁。

② 汪鴻祥「21世紀日中関係の現状と趨勢」、『ビック・ヒストリーの実用』、地球宇宙和平研究所、2016年、35—36頁。

中日邦交正常化实现的一个重要因素就是双方“民间先行，以民促官”的努力结果。当时作为在野党的公明党为中日邦交正常化所发挥了关键性的重要的桥梁作用，可说是中日民间交流的典范。在邦交正常化实现以后，两国友好人士大力开展友好交往，积极参与推动两国各领域交流合作，为增进两国人民相互理解和友谊、推动两国关系改善发展发挥了重要作用。无论中日关系处于什么发展阶段，两国民间友好的重要基础性作用都没有丝毫减弱。近年中日两国民众交流规模持续扩大，尤其赴日中国游客连年大幅增长，2017 年超过 735 万人，日本赴中国游客也出现小幅回升，中日人员往来跨入千万人次新时代。近年日本通过外国人来弥补劳动力短缺的格局日趋突出，对海外劳动力的需求日益增加，在日工作的中国人有增无减。截至 2017 年 10 月底，在日外国劳动者中来自中国的多达 37 万多人，约占整体的三成。同时日本社会中的高端中国人才日益增加，各个领域都有中国人或日籍华人在积极发挥作用。中日民间存在千丝万缕的关系。两国民众通过社交媒体等新手段分享在对方国家的体验，正在有效增进两国社会的相互了解。当前更需要发挥民间交流的优势和传统，努力消除误解和偏见，进一步加强两国社会、文化、教育及青少年等方面的交流与合作，为中日关系赋予新的内涵。期待两国社会能够有更多的人成为中日关系发展的推动者，依托两国间友好城市众多、友好团体活跃的独特优势，真正构筑起中日世代友好的稳固社会基础。

第三，相互信赖是两国关系发展的关键，也是中日关系健康发展的原动力。公明党之所以能在中日两国之间发挥重要的桥梁作用，就是因为公明党与中国的党和政府之间建立了信赖友好关系。相互不信是中日摩擦和对立的深层原因。中日两国究竟是把对方看作是竞争对手还是合作伙伴，这是长期以来困惑中日两国的最大问题。为了新时代中日关系的发展，正确认知对方，增进相互信赖，是中日两国的共同课题。

为了增进互信，要正确认识中国的发展。90 年代以来，随着中国经济的快速发展和日本经济的相对低迷，中日两国的力量对比发生了重大变化，两国经济差距日益缩小。1991 年中日两国的 GDP 分别是 4090 亿美元和 34789 亿美元，而到了 2015 年两国的 GDP 分别是 110077 亿美元和 43830 亿美元。1991 年中国的 GDP 只有日本的 11.8%，而到了 2015 年，中国的 GDP 已是日本的

2.5 倍。[①] 但是，中国的人口是日本的10倍以上，按照人均GDP来计算，日本是中国的4倍以上，中日之间的经济差距依然很大。从中日两国的经济发展阶段，经济结构等多种因素分析，中日经济关系依然存在互补性，中日两国仍然需要发展经济合作。中国的经济发展对于日本不是威胁，而是机会。

为了增进互信，要正确认识日本的现状。有人认为日本“日趋右倾化”，此说有失偏颇。从小泉纯一郎到安倍晋三的自民党主流的确在右倾化，但这种右倾化并没走向极右也不是整体。石原慎太郎在2012年挑起“购岛”风波后试图通过成立新党问鼎首相宝座，然而其极右倾向并没获得日本社会的认同，其本人在大选失利后只得退出政坛。这说明极右思想在日本社会没有市场。安倍晋三第二次组阁后其内政外交的保守主义色彩强烈，但他不仅受到联合执政的公明党的牵制，也受到日本社会的民主和平势力的制约。日本社会并非只有民族主义思潮的影响，民主主义和平主义思潮和中道主义思潮依然产生影响。日本政治右倾化不等于日本社会整体右倾化，不能把部分右倾势力的动向当作日本社会整体的倾向。日本社会整体倾向不是右倾化而是多元化！近年来在西方世界蔓延的民粹主义并没在日本社会发生。日本社会呈现出后现代化社会的特征。一般民众对政治不那么关心，选民中无党派层占一半左右，但是当政治开始侵犯后现代社会的基本价值观时，社会则通过选举和舆论等方式对政治家进行规范。安倍晋三加速推进修宪的行径引发民众的不满，加计学园和森友学园问题的丑闻使其支持率下跌，这反映了后现代社会的民众对政治的制约。还有人认为日本“日趋衰落”，此说也有失偏颇。日本泡沫经济崩溃后虽然经济低迷，但是所谓“失去的20年”其实是日本实现经济软着陆并着手经济转型和产业升级的20年。日本依然是一个拥有强大经济力和科技力的大国。日本社会发展形成了方便的生活环境，洁净的自然环境，安全的社会环境，多元的文化环境。近年失业率创新低，交通死亡率创新低，景气指数创新高。而且健全了应对地震等灾害的有效制度，完善了环保领域的政策和制度，日本社会正在逐步发展。要用平常心来看日本。客观地、全面地认识日本，有利于我们积极推进中日关系的改善和发展。[②]

---

① 参见倪峰：《美国与东亚关系的历史考察——兼论中美日三国互动及地区影响》，《日本学刊》2017年第5期。

② 参见汪鸿祥：《日本社会的变化与中日关系的改善》，《中日关系2017：战略对峙中的转机》，复旦大学国际问题研究院，2018年4月。

《日本学刊》2018 年第 4 期在卷首重要位置刊登了池田大作《培育友好之树　建设和平世界》的文章。池田大作在文章结尾处指出“为了实现日中世代友好，要日日培育新的友好之树，为了建设和平世界，要以作为命运共同体的日本和中国的合作为基础，为地球的利益，为人类的利益携起手来共同行动。”① 池田大作虽然年逾 90 高龄，但是中日友好之情跃然纸上，表明了池田大作为了新时代中日关系的发展“老骥伏枥，志在千里”的坚定信念，也表明了公明党将为中日两国和平友好关系的健康发展作出新的贡献。

公明党不仅在野党时期为中日邦交正常化，为《中日和平友好条约》的缔结发挥了重要的桥梁作用，而且成为联合执政党以后坚持和平主义理念，坚持对华友好。必须充分肯定公明党在中日关系发展中的重要作用和积极贡献，新时代中日关系的发展中也须继续重视公明党的存在及其影响。

《中日和平友好条约》缔结 40 年来，中日之间有摩擦，更有协调；有竞争，更有合作。经过共同努力，中日关系开始进入新的发展阶段。成果来之不易，应该倍加珍惜！我们要温故知新，不忘初心，增进互信，与时俱进。以《中日和平友好条约》缔结 40 周年为契机，进一步推动中日关系的改善和发展，实现中日关系行稳致远，谋求中日两国的互惠共赢和世代友好。

① 池田大作：《培育友好之树　建设和平世界》，《日本学刊》2018 年第 4 期。

民进党再次上台以来“台日关系”动向

王　键*

2016年1月16日，蔡英文以56.12%的得票率当选新一届台湾地区领导人，也成为台湾地区首位女性领导人。此次“大选”，时隔八年再次执政的民进党不仅掌控最高行政权，而且在“立法院”也取得113议席中的68议席，实现民进党一党独大的“完全执政”①。可谓台湾地区一次“彻底的政权交替”②。2016年正值民进党建党30周年，“其存在感前所未有地高涨”③。

一　民进党再次上台与日方反应

蔡英文当选后，岸田文雄外相与安倍晋三首相先后表示祝贺。1月21日，台湾“外交部”对此表示，日本外务大臣和内阁总理大臣先后祝贺台湾地区领导人选举结果，层级之高，“史无前例”，凸显日本非常重视“台日关系”。④为尽速构建日本与民进党当局的高层对话框架，日本交流协会会长大桥光夫则先后三次赴台与蔡英文晤谈。⑤ 1月27日，自民党“日（华）台议员恳谈会”

---

* 王键，中国社会科学院近代史研究所台湾研究室主任、研究员。原文发表于《晋阳学刊》，收录本书时做了修改。

① 《松田康博：从东京看台湾政权交替》，新加坡《联合早报》2016年2月2日。

② 《川岛真：蔡英文执政的日台关系》，新加坡《联合早报》2016年6月10日。

③ 《蔡英文宣誓就职 日媒：展现台湾民主切实发展》，台湾《自由时报》2016年5月20日。

④ 《蔡英文胜选 日本首相、外相祝贺“史无前例”》，台湾《自由时报》2016年1月21日。

⑤ 前两次大桥光夫没有拜会马英九，4月10日第三次访台时，仅与马英九礼节性见面。引自小笠原欣幸：《“冲之鸟岛”事件，日台关系激烈震荡》，台湾《新头壳》，http://newtalk.tw/news/view/2016-05-07/72936[2018-08-02]。

干事长古屋圭司更是携带安倍首相亲笔信赴台与蔡英文晤谈。①

3月8日，蔡英文在与日本交流协会评议会会长佐佐木干夫会晤时表示，民进党与日本长久以来维持密切、良好的互动。在此基础上，她期许民进党执政后能和日本共同发展更多合作项目，深化“双边关系”。首先，蔡英文强调，日本未来可就她提出的“五大创新产业”，包含绿能、精密机械、生物科技、物联网、国防产业，与台湾进行合作。其次，希望双方日后可以携手合作，共同开拓包含印度、东南亚在内的国际市场。蔡英文也表达希望签署台日自贸协议（FTA）的决心，并认为与日本的自贸协议在经济面向上有重大意义。佐佐木回应称，日台在产业方面高度互补，也同意日台共同展开事业构想，期望能为“双边”争取更多扩展海外市场的机会。②

3月21日，日本自民党青年局长铃木馨佑一行在台北拜访蔡英文，安倍首相随后在听取铃木汇报访台情况时表示：“日本与台湾拥有共同的价值观，是休戚与共的关系，希望以青年局为中心加强‘双边’关系。”而蔡英文也在推特上以日文发帖称：“期待台湾与日本的年轻政治家携手，进一步加深交流。”③ 4月27日，前民进党主席谢长廷在接受《日本经济新闻》专访时表示，希望台日从一般伙伴关系，上升到战略性伙伴甚至是命运共同体。④ 民进党为加强台日高层来往，设立超党派“立法院台日交流联谊会”。

2016年5月20日，蔡英文在就职演讲中称：“我们会继续深化与包括美国、日本、欧洲在内的友好民主国家的关系，在共同的价值基础上，推动全方位的合作。……我们会积极参与国际经贸合作及规则制定，坚定维护全球的经济秩序，并且融入重要的区域经贸体系”。⑤ 可见，蔡英文不仅“将日本定位为台湾的‘友好国家’。而且，蔡英文对TPP和RCEP表示兴趣，可以看出其有意和日本签署经济伙伴关系协定（EPA），以及在台湾参加国际经济组织之

---

① 《安倍写信给蔡英文，日本谋求拉拢台湾制衡大陆》，台湾《壹读》，https：//read01. com/2j3n4n. html[2018 - 08 - 05]。

② 《蔡英文：希望签署台日自由贸易协定》，台湾《联合报》2016年3月8日。

③ 《日相安倍：台湾是日本重要伙伴》，台湾中时电子报网，http：//www. chinatimes. com/realtimenews/20170330002446 - 260408[2018 - 07 - 25]。

④ 《谢长廷出任台驻日代表，声称台安定靠美国台日最亲》，凤凰网，http：//news. ifeng. com/a/20160428/48623330_ 0. shtml[2018 - 08 - 05]。

⑤ 《（520就职演说全文）蔡英文：愿与对岸持续对谈》，台湾《自由时报》2016年5月20日。

际，期待得到日本的支持”①。

5月27日，蔡英文任命前“国安会”秘书长邱义仁出任亚东关系协会会长；② 6月3日，蔡英文任命前“行政院长”谢长廷为台湾“驻日代表”；③ 同日晚上，蔡英文陪同安倍首相母亲安倍洋子在台北音乐厅出席日本广播协会交响乐团庆贺蔡英文就职的专场特别演出。④ 据李登辉事后透露，安倍首相最初给他写信提议此事，他随后转交蔡英文，最终促成安倍首相母亲随同日本广播协会交响乐团赴台。⑤

10月6日，蔡英文在接受日本《读卖新闻》专访时表示，日本历届政府都对台湾友善，尤其是现在的日本政府更积极想跟台湾有更多的合作来强化“双边关系”。蔡英文认为，日本首相安倍相当有国际视野与意志力，是熟悉区域与国际事务的领导人，期待与安倍合作，进一步强化“双边关系”并促进区域和平稳定。蔡英文期盼台日加大合作力度，寻求彼此经济上互补与合作的机会。⑥

简言之，2016年民进党再次执政对于促进“台日关系”带来一系列憧憬，但民进党执政两年来的“台日关系”实况并不如意。

二 台日间矛盾难以消融

（一）冲之鸟礁渔业纠纷

台日冲之鸟礁渔业纠纷旷日持久，2016年4月24日，台湾屏东籍渔船“东圣吉16”号渔船长潘建鹏被日方拘押。⑦ 台湾“驻日代表处”与台湾“外交部”先后向日方提出交涉与抗议。4月28日，日本外相岸田文雄称，根据

① 《川岛真：蔡英文执政的日台关系》，新加坡《联合早报》2016年6月10日。

② 《亚东关系协会会长，邱义仁接任》，台湾《自由时报》2016年5月27日。

③ 「台湾総統府、谢氏の驻日代表任命発表，対日重视鲜明に」、『産経新聞』2016年6月3日。

④ 《音乐外交//安倍母来台，与蔡同听NHK交响乐》，台湾《自由时报》2016年6月4日。

⑤ 「（インタビュー）「幸福」な台湾へ、台湾元総統・李登辉さん」、『朝日新聞』、http：//www. asahi. com/articles/DA3S12408955. html。

⑥ 参见《接受日〈读卖新闻〉专访 蔡英文：期待加大与日合作》，新加坡《联合早报》2016年10月8日。

⑦ 参见《台媒：日本在公海抓扣台湾渔船，台忍辱缴百万赎回》，凤凰网，http：//news. ifeng. com/a/20160427/48597540_0. shtml[2018-08-05]。

《联合国海洋法公约》，冲之鸟作为岛屿的地位已得到确立，包括周边的经济水域。日方无法接受台湾的主张，已通过交流协会提出抗议。① 5月6日，马英九在会见岸信夫众议员等人时明确指出，冲之鸟问题如果无法协商解决，希望双方将争议交付国际调解或国际仲裁来解决争议。②

日本最初希冀随着民进党的再次执政，冲之鸟礁渔业纠纷“将会比马英九政府更容易解决”，但迄今没有得到任何实质性的解决，依旧是制约“台日关系”提升的一道巨大屏障。③

2016年5月23日，台湾宣布设立台日海洋事务合作对话机制，协商冲之鸟礁渔业纠纷，但并未取得实质性进展。④

是年8月2日，日本驻香港首席领事井川原贤公开宣称，日台关系仍在框架内，日本对台政策没有变化，也不打算做出“打破性”行动，日方无意炒作日台关系。⑤ 日方这一表态更在很大程度上呈现日台关系“复杂而微妙”的现实态势。

2017年9月30日，台湾“国防大学”法学系教授魏静芬在“西太平洋冲之鸟海域渔权问题”研讨会上指出，冲之鸟礁具有美国重返亚太的重要战略位置与关卡地位，所以对于冲之鸟是岛或礁，美国没有太多的意见，但是对于太平岛或南海的相关岛屿，美国有意见。美国对于冲之鸟的定位认定，会影响其对于南海岛礁的地位认定。⑥

（二）日本食品解禁迟缓

民进党再次执政后，一度宣称将在2016年11月份解除福岛五县食品对台

① 「岸田外務大臣会見記録（平成28年4月28日（木曜日）」、外務省、http：//www. mofa. go. jp/mofaj/press/kaiken/kaiken4_000339. html#topic7［2018-08-05］。

② 《马英九告诉岸信夫：冲之鸟不到这房间1/8》，台湾《联合晚报》2016年5月6日。

③ 《〈东京观察〉日本对蔡英文总统的期待》，台湾《自由时报》2016年5月23日。

④ 《行政院：台日将成立海洋事务合作对话机制》，台湾中时电子报网，http：//www. chinatimes. com/cn/realtimenews/20160523004181-260407［2018-08-05］。

⑤ 《日领馆首席领事：日台框架没有变》，中评网，https：//mp. weixin. qq. com/s? _biz=MzA3MTAyMzAxMg==&mid=2650516848&idx=1&sn=15a1c14d8f9da50996225f1bab4471df&mpshare=1&scene=1&srcid=1218JX7M595PoDmd2vlcNq9c&pass_ticket=7ZCadN%2BgYgUi%2BiI5Dx9jWmcbaxT ZqOQ23E%2FiZWADIELHZ2WhRDPwtWgL7IoH2Y%2Fl#rd［2018-08-05］。

⑥ 《魏静芬：冲之鸟是美国重返亚太重要战略位置》，中评网，http：//hk. crntt. com/doc/1044/0/9/4/104409419. html? coluid=93&kindid=4030&docid=104409419［2018-08-03］。

出口禁令[①]，但台湾社会对此给予抵制。而且，民进党内部亦对日本食品解禁未达成共识。11月6日，民进党“立委”林淑芬与刘建国在“立法院卫生环境委员会”举行“日本食品输台项目报告”备询会上公开反对解禁。[②]

11月16日，台湾当局“行政院”发言人徐国勇宣布，台湾坚持严厉管制福岛核污染地区食品的四项禁止原则。[③] 同日，民进党执政县市亦发表联合声明表示支持。[④] 11月17日，日本交流协会东京本部总务部长柿泽未知指责台方称，福岛周边县市辐射剂量比台北还要低。[⑤] 11月18日，台湾“行政院”反驳称，对日本福岛核污染地区食品继续坚持四项禁止原则。[⑥] 如此，围绕日本食品解禁的台日官方对峙趋于白热化。

11月29日，大桥光夫在台北举行的第41届台日经贸会议致辞称，日本感受到台湾当局对日本食品进口所做的努力，但许多“没依据”的发言，造成对包含福岛在内的日本国民大大的伤害，希望台湾尽早解除日本食品输台限制。[⑦] 12月21日，东京外国语大学教授小笠原欣幸撰直言不讳地指出：“日台间最大的问题就是台湾禁止进口日本食品。”[⑧]

有台湾官员指出：“日本对台湾无法以科学依据处理进口食品问题感到不满，但安倍政府仍努力在象征、实质层面提升对台关系，而日本愿意给台湾更多时间处理包括食品进口等问题”。[⑨]

2017年6月24日，时任台湾行政负责人林全接受《日本经济新闻》专

---

① 参见《幕后/日本核灾区食品 最快11月底解禁》，台湾今日新闻网，http：//www. nownews. com/n/2016/11/12/2258550［2018－08－05］。

② 参见《蔡英文欲解禁日本核灾食品 民进党自家都看不下去》，凤凰网，http：//news. ifeng. com/a/20161107/50217377_0. shtml［2018－08－04］。

③ 参见《行政院：日本食品进口管制措施，坚持四项禁止原则》，台湾TB新闻网，http：//tbnews. com. tw/topnews/20161117－12002. html［2018－08－05］。

④ 参见《日本核灾区食品解禁 民进党执政县市联合声明》，台湾今日新闻网 http：//www. nownews. com/n/2016/11/16/2307082［2018－08－05］。

⑤ 参见《核食安全？“日本交流协会”竟称：台北辐射量比福岛高》，环球网，http：//w. huanqiu. com/r/MV8wXzk2OTE5MjJfMTI2Ml8xNDc5MzUwNTIw［2018－08－02］。

⑥ 参见《台“行政院”：日本核污染食品绝对不会开放进口》，环球网，http：//taiwan. huanqiu. com/article/2016－11/9699408. html［2018－08－05］。

⑦ 参见《日本呼吁台湾尽早解除日产品输台限制》，新加坡《联合早报》2016年11月29日。

⑧ 「小笠原欣幸：“食品輸入規制問題でかみ合わない日台、『急がば回れ』」，WEDGE、http：//wedge. ismedia. jp/articles/－/8500［2018－08－05］。

⑨ 《改名日台交流协会－涉外人士：安倍以国对国方式处理对台关系》，MSN新闻网，http：//www. msn. com/zh－tw/news/other/［2018－08－01］。

访，对于何时开放日本食品的问题，林全表示“没有时间表”。林全坦言，日本福岛食品输入台湾，在科学验证以及风险评估上来看，其实我们是走完了程序；但对于风险沟通上来看，显然是遭遇到非常大的困难。[①] 简言之，这个非常大的困难就是来自台湾民众对蔡英文当局的不信任。

2018 年 2 月 4 日，针对台湾旅日作家刘黎儿在《苹果日报》专栏提出之“白色食品”基准，指“含有放射性铯含量确定低于 0.5 贝克/公斤的食品”一说，柿泽未知提出质疑和反驳称，目前针对日本食品以“都道府县”的单位采取禁止所有食品进口的国家/地区只剩中国大陆与台湾。韩国、新加坡、中国香港、中国澳门、俄国、美国、菲律宾、黎巴嫩皆针对日本部分都道府县产的个别具体品目采取禁止进口管制，并非全面管制。其他 23 个国家/地区对部分日本食品要求附上辐射证明或产地证明，并没有禁止进口。[②] 柿泽表示，假如台湾针对日本食品要求“必须证明辐射量未满 0.5 贝克/公斤才能进口”的条件，日本对台湾的食品出口就马上归零，世界贸易组织肯定不认可台湾这么不切实际的管制措施。[③]

2018 年初，传闻台湾将日本福岛五县食品管制从“地区式管制”改为“品项管制”，并在农历年宣布日本食品解禁。但随后台湾“卫福部”给予否认，强调台湾对食品的辐射标准是全球第一，面对日本食品，更是采比他国更高标准的把关。食安办主任许辅以“卫福部”2017 年公开两份委托民间执行的报告，以及台大教授姜至刚的研究结论等三份报告举例说明，连吃一年福岛五县市进口食品，接收的辐射剂量仅有 0.07 毫西弗，要乘以 14 倍，才接近国际原子能总署建议的安全剂量 1 个毫西弗。[④]

（三）台日经贸合作升级艰辛

日本食品解禁的拖延亦严重制约台日经济合作升级。蔡英文曾以民进党主席身份多次呼吁签署台日 FTA[⑤]，民进党再次执政后亦期盼在签署“双边”投

---

① 《日媒问何时开放福岛食品 林全：没有时间表》，台湾《联合报》2017 年 6 月 24 日。

② 详细内容可参考日本农林水产省整理的资料，http：//www. maff. go. jp/j/export/e_ info/…/kisei_ all_ 180112. pdf[2018 - 08 - 03]。

③ 《日外交官盼台湾勿再给 5 县食品贴污名标签》，台湾中时电子报，http：//www. chinatimes. com/realtimenews/20180205000056 - 260408[2018 - 08 - 03]。

④ 《日核食输台 政院强调没时间表》，台湾中时电子报，http：//www. chinatimes. com/newspapers/20180203000464 - 260106[2018 - 08 - 05]。

⑤ 《蔡英文：希望签署台日自由贸易协议》，台湾《联合报》2016 年 3 月 8 日。

资、税务、电子商务合作等协议的基础上，建立台日经贸战略对话机制，建立多层次的台日产业合作架构，推动实现台日EPA或FTA。然而，民进党再度执政下日本食品解禁依旧延续，已成为牵制台日经济合作升级的最大障碍。在台方未能解禁日本食品的状况下，日本拒绝重启日台经济伙伴委员会（EPC），日台（EPA）的“双边”谈判目前暂告停顿。

简言之，台日经济合作升级与日本食品解禁、冲之鸟礁渔业纠纷等既有矛盾仍将延宕，也是观察民进党执政下“台日关系”走势的三大重要变量。

三　低调前行的“台日关系”

（一）相互更改名称

2016年12月29日，日本交流协会宣布，自2017年1月1日起，交流协会将变更名称为“日本台湾交流协会”。[①] 台媒认为，这是“台日1972年断交后的最大突破，日方首次正视台湾存在……”[②]。台湾“外交部”随即宣称，更改名称“印证‘台日关系’持续朝正面发展”[③]。

2017年3月6日，台湾“驻日代表”谢长廷在东京表示，亚东关系协会理事会已正式决定改名为“台湾日本关系协会”，以回应日本的交流协会自2017年起改名为“日本台湾交流协会”。[④] 5月17日，蔡英文当局核准更名为“台湾日本关系协会”。[⑤] 日台交流协会台北事务所代表沼田干夫随即表示，日台双方对外窗口机构共同于2017年同时更名，这是日台关系具有里程碑意义的一年，而双方在面对各种问题共同应对合作才能进入新的阶段，希望此次更

---

① 《公益财团法人交流协会变更名称》，日本交流协会官网，https：//www. koryu. or. jp/taipei－tw/ez3_contents. nsf/Top/0E7787A8ABC0A92B49258096007E46C0？OpenDocument[2018－07－25]。

② 《日对台机构正名：日本台湾交流协会》，台湾《自由时报》2016年12月29日。

③ 《公益财团法人“交流协会”更名为公益财团法人“日本台湾交流协会”》，台湾“外交部”官网，http：//www. mofa. gov. tw/News_Content_M_2. aspx？n＝8742DCE7A2A28761&sms＝491D0E5BF5F4BC36&s＝2F697F5C866B609F[2018－08－05]。

④ 《亚东关系协会 决更名为“台日关系协会”》，台湾《自由时报》2017年3月6日。

⑤ 《亚东关系会改名台日关系协会17日揭牌》，MSN网，http：//www. msn. com/zh－tw/news/national/%E4%BA%9E%E6%9D%B1%E9%97%9C%E4%BF%82%E5%8D%94%E6%9C%83%E6%94%B9%E5%90%8D%E5%8F%B0%E6%97%A5%E9%97%9C%E4%BF%82%E5%8D%94%E6%9C%83－17%E6%97%A5%E6%8F%AD%E7%89%8C/ar－BBAXJuS[2018－07－25]。

名作为一个契机。①

当日，中国外交部发言人华春莹指出，中国政府坚决反对我建交国以任何方式与台保持官方关系。日本政府与台湾当局合谋将台对日交流窗口“亚东关系协会”更名为“台湾日本关系协会”，企图提升日台实质关系，中方对此表示强烈不满。我们敦促日方切实恪守中日联合声明确定的原则和迄今向中方所做的承诺，坚持一个中国原则，采取实际行动纠正错误做法，不向台湾当局和国际社会发出错误的信息，不要给中日关系制造新的干扰。我们也正告台湾当局，任何制造“两个中国”“一中一台”的图谋都是注定不会得逞的。②

台湾辅仁大学日本研究中心主任何思慎就此指出，这不能算是蔡英文上台后的“政绩”，马英九早就交涉过，希望改变协会的名称。③ 岛内亦有评论认为：“从现实面来看，其实目前台日正陷入前所未有的低荡期，在台湾民意的强大压力下，蔡政府迟迟未能解禁福岛核灾食品进口，反而让单纯的食品输入问题扩大为反日的政治议题，这让安倍政府对蔡政府颇有怨言，也让日本官员百思不得其解。其次之前民进党大肆敲锣打鼓的台日海洋事务合作会议，也因为日本政府在冲之鸟主权问题的寸步不让，而让台日双方只能回到马政府时期的台日渔业会议，这让积极想拉抬‘台日关系’的蔡政府倍感头痛，也让日本政府感觉亲日的民进党上台后，‘台日关系’似乎和马政府时期并未有太大的异同。再从实质面来看，不论是交流协会更名为‘日本台湾交流协会’，抑或是亚东关系协会正名为‘台湾日本关系协会’，在‘财团法人’的大帽子下，并没有根本改变这两个机构，犹是民间机构的政治本质。其次日本交流协会在台官员拥有外交官的政治礼遇，但‘台湾驻日代表处’并未享有相同的礼遇，在日本政府迟迟未承诺给予台湾驻日官员‘准外交官’待遇下，这项更名也没有颠覆台日不对等的政治关系，再从字句上来看，更名之后的日本的‘日本台湾交流协会’与台湾的‘台湾日本关系协会’，除了‘交流’与‘关

① 《更名“台日关系协会”邱义仁：新的责任开始》，台湾苹果即时新闻网，https：//tw. appledaily. com/new/realtime/20170517/1120240/[2018－08－02]。

② 《2017 年 5 月 17 日外交部发言人华春莹主持例行记者会》，中国外交部官网，http：//www. fmprc. gov. cn/web/fyrbt_673021/t1462735. shtml[2018－08－05]。

③ 《日本交流协会变更名字，台日关系提升?》，华夏经纬网，http：//www. huaxia. com/thpl/tdyh/yh/2016/12/5137040. html[2018－08－05]。

系’的异同之外，几乎所有文字都相同，由此可见，亚东关系协会改名为‘台湾日本关系协会’，只是配合之前交流协会正名的一种‘礼尚往来’举动。由此可见，‘亚东关系协会’的更名，只是一场政治烟火，它想要掩饰当前‘台日关系’陷入低潮的窘境”。①

（二）实质性发展的“台日关系”

日本在对台策略上更多遵循的是其国家利益的逻辑走向与展开，如何确保其目的性价值的实现是其最高目标。基于台湾岛的地缘战略价值，决定日本的国家战略绝不会放任日台关系持续“滑坡”，相互更改机构名称仅仅是表象，更重要的提升包括“双边”的实质性关系。

2016年8月中旬，日本外务省审议官垂秀夫赴台“长期蹲点”。台媒称，派遣直接受命于岸信夫外务副大臣的垂秀夫赴台可以“加强联结日台的地下管道”②，显示了日方的“深谋远虑”③。

不论国民党或民进党执政，未来之“台日关系”，“实质性”提升已是定势，亦为台日双方互为提携的现实体现，但这个定势的进展相对迟缓。中国学者指出：“对安倍和蔡英文来说，最大的政治课题无疑是如何面对大陆中国。正因为两人有共同的需求，所以在应对中国大陆方面可以说一拍即合。”④ 然而，在特朗普“反全球化”态势以及中国以强国之势推动“一带一路”的形势下，在合力应对大陆方面，台日面临严峻的战略取舍，骤增重大不确定因素。

2017年3月20日，蔡英文在接见“在日台湾同乡会”时称，她上任后将“对日关系”列为对外事务重点，当局非常重视“台日关系”。⑤ 6月23日，台湾“行政院长”林全在接受《日经新闻》的采访时说，希望加入日本主导的CPTPP。26日，日本内阁官房长官菅义伟表示欢迎台湾加入，并表示将向

① 《台日大动作改招牌 竟是表面的礼尚往来》，台湾《联合报》2017年3月6日。

② 《交流协会人事案，凸显日忧台遭并吞》，台湾《自由时报》2016年9月3日。

③ 《中评关注：日台双方抗衡大陆的重要举措》，中评网，http：//hk.crntt.com/doc/1046/3/1/5/104631567.html？coluid=7&kindid=0&docid=104631567&mdate=0420002440［2018-08-02］。

④ 胡令远、王梦雪：《蔡英文执政后“日台关系”的发展趋势》，《台海研究》2016年第4期。

⑤ 《蔡英文称“台日关系”是对外事务重点 要更上层楼》，凤凰网，http：//news.ifeng.com/a/20170320/50801851_0.shtml［2018-08-05］。

台湾提供必要的信息。①

10月23日，日本自民党在众议院选举中再次获胜，台湾“驻日代表处”随即以蔡英文名义向安倍首相致函祝贺。台湾“外交部”随后表示，安倍首相领导的日本政府，积极支持台日“双边”关系发展以及台湾参与国际组织与活动的诉求。台湾期待在此一氛围下，台日未来能持续深化合作关系。②

11月11日，蔡英文在与美国在台协会主席莫健晤谈时说，台湾是“印度—太平洋区域”的自由民主“国家”，自然是“自由开放的印度—太平洋”战略中的相关者。③ 当日晚上，“日台交流协会”台北事务所代表沼田干夫在“天皇生日庆祝酒会”致辞称：“2017年‘日台关系’开启了崭新的一页，除本协会及‘台湾日本关系协会’双双更名外，开放日本产牛肉进口都在显示，‘日台关系’将迈进另一个阶段”。④“台日关系协会”会长邱义仁则回应称，台湾若能参加印太战略并获日本支持加入CPTPP，将有助于促进区域繁荣，为区域和平作出贡献。⑤

2017年度台日“双边”投资及贸易均呈增态，据台湾“投审会”统计，2017年1—6月日资对台投资金额约为2.85亿美元，件数达177件，投资金额与2016年同期相较增加1.12亿美元，增长64.46%；台资对日本投资金额约1.09亿美元，件数为18件。再据“财政部”统计，2017年1—6月台湾对日出口金额约为98.13亿美元，年增率4.7%，占台湾出口总额6.6%（排名第五，前四依序为中国大陆含香港39.8%、东盟18.8%、美国11.8%、欧洲9.4%）；台湾自日本进口金额约为205.37亿美元，年增率8.5%，占台湾进口总额16.4%（排名第二，第一为中国大陆含香港19.1%），台日“双边”贸易呈现稳定增长趋势。⑥

3月25日，日本总务副大臣兼内阁府副大臣赤间二郎赴台参加并主持

① 「官房長官、台湾のTPP11参加“歓迎”」、日本経済新聞、http://www.nikkei.com/article/DGXLASFS26H2H_W7A620C1PP8000/[2018-08-05]。

② 《日众院选举自民党大胜，外交部：期待深化台日关系》，台湾《自由时报》2017年10月23日。

③ 《蔡总统见莫健：台湾当然是“自由印太”伙伴》，台湾《联合报》2017年12月11日。

④ 《2017年度天皇陛下华诞庆祝酒会》，‘日台交流协会’台北事务所官网，https://www.koryu.or.jp/taipei-tw/ez3_contents.nsf/Top/DEB3025852AB0395492581F500343D94?OpenDocument[2018-08-01]。

⑤ 《我入自由印太 邱义仁吁日支持》，台湾《联合报》2017年12月12日。

⑥ 《2017上半年日本对台投资激增 幕后推手原是TJPO》，台湾“经济部工业局”台日产业合作推动办公室官网，http://www.tjpo.org.tw/news_view.php?p=764[2018-08-05]。

“多彩日本”活动。这是自1972年9月台日“断交”以来的首位日本高层级官员来台。[①] 赤间访台目的“无非为催迫日本核辐射食品进口台湾一事尽快成形”[②]。其实，就在赤间来台前的3月23日，日本政府投诉WTO，要求中国大陆、台湾解除对日本食品的进口禁令。[③]

3月27日，中国外交部发言人华春莹指出，台湾问题是事关中日关系政治基础的重大原则问题。中方在台湾问题上的立场是一贯而明确的。日方现职副大臣访台明显违反日方只同台维持民间和地区性往来的承诺，严重背弃中日四个政治文件精神，中方对此坚决反对，已向日方提出严正交涉。[④]

3月28日，日本内阁官房长官菅义伟辩称：“从加深日台人员往来与经济关系来看，总务副大臣访台很有意义。”菅义伟同时还称：“今后将持续推进日台间的合作与交流。”[⑤] 台媒亦表示，赤间访台“象征相当的意义，显示‘台日关系’的增温”[⑥]。

日本不但直接派出现职高官与蔡英文当局“沟通”，同时也向在野的国民党释放“亲善”。3月21日，在日方“斡旋”下，前“立法院长”王金平以及持反对解禁日本食品的多位国民党籍“立委”访日。[⑦]

5月21日，日本自民党众议院议员长岛昭久在台北举办之“海内外台湾国是会议”上，提议促进日台战略对话，双方应早日缔结日台自贸协议（FTA），并制定日本版“台湾关系法”，由日本“国家安全”保障会议与台湾

---

① 「赤間二郎総務副大臣が訪台、公務では断交後初」、『産経新聞』2017年3月25日。

② 《日本高官访问台湾施压解禁核食 称非政府关系》，大公网，http：//news. takungpao. com/taiwan/shizheng/2017 -03/3434386. html［2018 -07 -05］。

③ 「日本、WTO委で中国、台湾の食品規制の不当訴え」、『産経新聞』2017年3月23日、http：//www. sankei. com/world/news/170323/wor1703230044 -n1. html［2018 -08 -05］。

④ 《2017年3月27日外交部发言人华春莹主持例行记者会》，中国外交部官网，http：//www. fmprc. gov. cn/web/fyrbt_673021/jzhsl_673025/t1449007. shtml［2018 -08 -01］。

⑤ 「菅義偉官房長官、赤間総務副大臣の訪台『意義がある』、中国の反発には言及せず」、『産経新聞』2017年3月28日。

⑥ 《日副大臣 公开访台》，台湾《自由时报》2017年3月25日。

⑦ 《王金平偕蓝委访日　官方亚协秘书长随行》，中评网，http：//hk. crntt. com/doc/1046/1/8/6/104618606. html？ coluid =93&kindid =4030&docid =104618606［2018 -08 -01］；《王金平访日与安倍弟谈冲之鸟等议题》，中评网，http：//hk. crntt. com/doc/1046/2/1/5/104621502. html？ coluid =93&kindid =4030&docid =104621502［2018 -08 -05］。

当局"国家安全会议"应该建立分享情报与累积互信的机制等。[①]

近年来，进一步加强文化互动亦是日台合力推动的重点。2017 年 11 月 22 日，"日台文化交流合作了解备忘录"在东京签署，台湾"文化部"部长郑丽君表示："备忘录的签署代表台日文化交流进一步深化及制度化。"[②] 11 月 27 日，"日本文化中心"在台北成立。[③]

2018 年 2 月 6 日，台湾花莲发生强震；2 月 8 日，安倍晋三首相在首相官邸网站以"蔡英文总统阁下"发表慰问信函。2 月 9 日，中国外交部发言人耿爽就此表示，日方借赈灾慰问之名在国际上公然制造'一中一台'，有关做法违背一个中国原则，违背日本在台湾问题上所作承诺，中方对此极为不满，并已向日方提出严正交涉。耿爽表示，中方敦促日方切实恪守中日四个政治文件确定的原则，立即纠正错误做法，不要给中日关系制造新的干扰。

四　中日关系改善下的"台日关系"

"台日关系"是从属于中日关系下的一个组成部分，致力于全球和平发展的中国战略崛起已是势不可当的历史定势，而中国的战略崛起是制约"台日关系""偏轨"发展的绝对性因素。现在的现实是，虽然国际关系格局急遽变化，虽然中日在"一带一路"框架下呈现战略合作的转圜态势，但台湾问题仍然是影响中日关系的最重要因素，"台日关系"依旧是中日关系中台湾问题以及两岸关系中日本因素的主体，是日本介入干涉台湾问题的主要表现。

2017 年 5 月 29 日，中国国务委员杨洁篪在东京同日本国家安全保障局长谷内正太郎共同主持中日第四次高级别政治对话时表示，在历史和台湾问题上，日方应该言而有信，按规矩办事。谷内回应表示，日方在台湾、历史等问

① 《叶望辉：台美高层对话　才有良好沟通》，中评网，http://hk.crntt.com/crn-webapp/touch/detail.jsp?coluid=46&docid=104687628［2018-07-25］。

② 《台日关系/签备忘录　郑丽君：深化文化交流》，台湾中央网路报网，http://www.cdnews.biz/cdnews_site/docDetail.jsp?coluid=107&docid=104417390［2018-08-05］。

③ 《台日关系/日本文化中心开幕　设日本旅游咨询中心》，台湾中央网路报网，http://www.cdnews.biz/cdnews_site/docDetail.jsp?coluid=107&docid=104423438［2018-08-05］。

题上立场没有变化。[①] 5月31日，安倍首相在与杨洁篪会面时亦强调，在台湾问题上，日方将继续遵循日中邦交正常化联合声明中确定的原则，这一立场没有变化。[②]

2017年7月8日和11月11日，习近平国家主席分别在德国汉堡和越南岘港会见安倍首相时，都重点强调台湾问题。安倍首相在汉堡表示，日本在1972年日中联合声明中阐明的在台湾问题上立场没有变化。[③]

2018年5月9日，中国国务院总理李克强在东京同日本首相安倍晋三举行会谈时强调，在台湾问题上，希望日方信守承诺，坚持一个中国原则。安倍晋三则承诺，日方将按照日中联合声明的规定，仅同台湾保持民间往来。

冷战结束以来的国际关系呈多样化与多元化趋势，大国间战略合作的增强，并不排除大国间仍然持续着战略博弈。同为东亚大国的中日主要表现为综合国力的竞争，日本迄今并未改变对台海问题的政治介入，由此，中日转圜的战略性前景依然是不确定的。日方转变对华强硬路线的主要缘故目前尚不清晰，但特朗普退出TPP的现实与一带一路全球影响力的日趋强势，应该是促使安倍内阁“改弦更张”的重大缘由。

总体来讲，当前的中美关系虽然发生贸易对冲，但矛盾尚处可控阶段，以均势战略为核心的新现实主义仍然是美国外交战略的主导势力。中日关系转圜虽不确定但形势可控，一带一路框架下中日合作以及中日共同推动区域全面经济伙伴关系协定（RCEP）、中日韩自贸区谈判等进行中，中日东海危机管控机制亦逐步加强。当下，台日在外交、经济和安全合作等方面相互存在着持续拉近的一系列内在动机，但主要由于冲之鸟礁渔业纠纷、日本食品解禁等深层次矛盾交织难解，造成台日EPA“双边”经济合作协议谈判等进展迟缓，蔡英文当局亦无力转圜、推动徘徊不前的“台日关系”。

简言之，在中国战略持续崛起以及中美、中日关系战略调整的大背景下，“台日关系”“突破性”发展异常困顿。日本亦意识到“傍美攘华不具可持续

---

① 《中日第四次高级别政治对话举行》，中国外交部官网，http：//www. fmprc. gov. cn/web/wjdt_674879/gjldrhd_674881/t1466169. shtml[2018-08-04]。

② 参见《日本首相安倍晋三会见杨洁篪》，中国外交部官网，http：//www. fmprc. gov. cn/web/zyxw/t1466614. shtml[2018-08-05]。

③ 参见《习近平会见日本首相安倍晋三》，新华网，http：//news. xinhuanet. com/politics/2017-07/08/c_1121286706. htm[2018-08-05]。

性，地缘政治包围网更属空中楼阁，不仅无益地区局势，亦影响本国经济发展”①。日方唯有兑现在台湾问题上的政治承诺，早做战略判断及政治决断，推进中日利益交汇与战略互惠。

笔者以为，为了切实落实中日四个政治文件与四点原则共识，切实推进一带一路框架下中日的第三方经济合作，有必要借助中日和平友好条约缔结40周年的良好势头，创造新时代中日关系发展的新动力新气象，亟待在台湾问题上形成中日高度一致的战略共识，而未来中日关系中最重要的问题就是台湾问题。随着2018年10月安倍首相正式访问中国，以及习近平国家主席2019年5月即将正式访问日本等两国重大政治事态的推进，中日关系改善已驶入正常轨道，中日有关台湾问题的战略博弈亦将进入一个新时期。

① 陆忠伟：《日本缘何对“一带一路”积极表态》，中国社会科学网，http：//intl. cssn. cn/gj/gj_hqxx/201801/t20180108_3807010. shtml[2018-08-05]。

深化条约认知，推动中日关系重返正常发展轨道

杨伯江*

中日缔结和平友好条约与此前邦交正常化一道，改变了百年来中日关系历史走向，对中国改革开放、实现经济社会大发展产生了重要推动作用，并具有重大国际战略意义。和约确立的各项原则精神对中日关系发展、分歧与矛盾的处理具有根本指导与规范意义，同时，又在不同历史时期中日关系的实践中得到继承并不断发展，最终汇成“条约精神”的总内涵。

在条约精神引领下，中日关系40年来发生了深刻变化，尽管历经起伏，特别是自冷战结束以来风波不断，但守住了和平相处底线、坚持了经济合作基调，并在管控突出敏感问题、规范涉台立场、顺应全球化时代潮流、拓展双多边发展空间、把握关系发展方向、抓住机遇深化合作等方面取得重大进展。这些进展不仅有利于中日两国，也贡献于亚太与世界的和平发展。中日和约已缔结40年，但其价值并未随时光流逝而淡去。相反，条约精神历久弥新，其深刻内涵有待中日双方进一步共同挖掘、深化认知、忠实恪守、继承发扬。

一　重温初心，深化对条约意义和价值的认知

1978年8月12日，《中华人民共和国和日本国和平友好条约》在北京签署，以条约形式确认了1972年《中日联合声明》的各项原则并使之法律化，

* 杨伯江，中国社会科学院日本研究所副所长、研究员。原文发表于《东北亚论坛》，收录本书时做了修改。

为此后中日关系的发展提供了政治基础与法律保障。这标志着中日邦交正常化法律程序的最后完成，更为此后中日关系的全面发展奠定了政治基础。中日缔约在两国关系史上留下了浓重一笔，对中国改革开放与经济建设意义重大，也给当时冷战笼罩下的亚太地区及世界战略格局带来深远影响。

（一）改变了百年来中日关系的历史走向

中国近代史是一部任人宰割、浸染血泪的屈辱史，更是一部奋起抵抗、救亡图存的抗争史，而日本与中国近代史的这两个基本面都有着撇不清的关系。20 世纪 70 年代之前中日关系百年的历史，以 1874 年日本入侵台湾为起点，是一部扩张与反扩张、侵略与反侵略的历史。甲午战争后日本逼迫清政府签订《马关条约》，不仅获得巨额赔款及割据台湾，也通过战争完成了对华夷秩序的最后一击，彻底颠覆了东亚地区秩序。《马关条约》第一条即规定：“中国认明朝鲜国确为完全无缺之独立自主国……。”此后，中国历经八国联军入侵、1901 年《辛丑条约》带来的“九七国耻”，彻底沦为半殖民地半封建社会。1931 年日本发动“九一八事变”，1932 年扶植伪满洲国，1933 年退出国际联盟，1937 年发动“七七事变”，中日关系进入历史上最黑暗的一个时期。1949 年新中国成立后，中日关系处于隔绝、对立状态。1952 年 4 月 28 日，日本依据《旧金山和约》[①] 赶在其生效前几小时与台湾当局签订“《中华民国与日本国间和平条约》”，即所谓“日华和约”，制造“两个中国”，使中日关系正常化面临严重障碍。[②] 中日排除万难最终实现邦交正常化进而缔结和平友好条约，从根本上改变了近代以来两国关系的总基调，使之走上和平合作道路，开启了历史新纪元。

① 1951 年 7 月美英公布对日和约草案，美国宣布将召开旧金山会议、签订对日单独和约，中国政府授权周恩来以外交部长名义发表声明。声明由周恩来亲自起草，于 8 月 15 日发表，并刊于 8 月 16 日《人民日报》。声明强调，美英对日和约草案“破坏了 1942 年 1 月 1 日的联合国宣言、开罗宣言、雅尔塔协定、波茨坦公告和协定及 1947 年 6 月 19 日远东委员会所通过的对投降后日本之基本政策等重要国际协定”；重申“对日和约的准备、拟制和签订，如果没有中国的参加，无论其内容和结果如何，中国政府一概认为是非法的，因而也是无效的”。参见《关于美英对日和约草案及旧金山会议的声明》，载《周恩来外交文选》，北京：中央文献出版社，1990 年，第 38、46 页。

② “日华和约”的签订引起新中国人民强烈抗议。1952 年 5 月 5 日，周恩来外长发表声明：中国政府“对于公开侮辱并敌视中国人民的吉田蒋介石‘和约’，是坚决反对的”，坚决不予承认。

（二）对亚太国际关系格局产生重大深远影响

中国和日本同为亚太主要国家，是二战中东方战场主要敌对方，两国通过邦交正常化、缔结和约实现战后和解，不仅结束了两国间战争状态、改变了双边关系，也维护了地区和平、形成此后亚太“两个半”战略格局，为中国作为一支独立的战略力量登上地区世界舞台、有力维护自身利益创造了条件。此后，亚太地区基本形成以美国及其盟友为一方、苏联及其小伙伴为另一方、中国及东盟等为“第三极”的“两个半”力量格局基础上的战略均势。“第三极”力量的形成与作用的发挥，成为亚太始终没有形成欧洲那样“典型性冷战格局”的重要因素，给当时东西方冷战打开了一个缺口。1973 年 9 月，日本内阁官房长官二阶堂进曾就中日邦交正常化一周年发表谈话，认为邦交正常化“不仅对日中关系，而且对亚洲与世界和平都具有重要意义”，而且“随着岁月的流逝变得更加重要了”。[①] 继邦交正常化之后，耗时六年、时断时续的条约谈判过程进一步表明，中日和解并非仅仅是两国之间的事。和约签订之际，时任日本首相福田赳夫表示，条约使中日之间的桥梁从木桥变成了铁桥，“不仅对两国的未来，而且对亚洲和太平洋地区以及世界的和平与稳定，也是一个巨大的贡献”。[②]

20 世纪 70 年代中日都面临来自苏联的军事压力，而中日缔约“与此后亚洲国际关系的变化相互作用、成为日本明确在亚洲四大国关系中的位置——面对苏联、强化与美中关系——的一步”[③]。此后，在安全与国际事务上，两国结束了长期敌对状态，一度形成一种“微妙的、间接的战略合作”；双方都反霸，都不称霸，为维护世界特别是亚太地区的和平、安全与发展，作出了各自的积极贡献。[④] 从日方看，缔约“加之 1978 年底美中建交以及日美安保条约，使美国和中国、日本在东亚逐渐形成相互合作之格局，以共同应对增强军备的苏联”，“总体来说，在日本安全保障方面创造出了好的环境”。[⑤] 就中方而言，

---

① 田桓主编：《战后中日关系史（1945—1995）》，北京：中国社会科学出版社，2002 年，第 325 页。

② 田桓主编：《战后中日关系史（1945—1995）》，第 341 页。

③ 田中明彦『日中関係 1945—1990』、東京大学出版社、1991 年、106 頁。

④ 参见张沱生：《历史的回顾与启示——中日关系（1972—1992）》，《太平洋学报》2000 年第 3 期。

⑤ 高原明生、服部龙二主编：《日中关系 40 年史（1972—2012）》政治卷，北京：社会科学文献出版社，2014 年，第 78 页。

构筑友好合作的中日关系与中国实行改革开放、推进现代化建设这个国家核心利益，以及为此争取一个和平稳定的周边环境之间高度关联。中日缔约的重大意义就在于，“将日本争取到反对苏联霸权主义的阵线上来，形成了中美日联手对付苏联社会帝国主义威胁的统一战线”①。1978 年 10 月 23 日，为出席条约批准书互换仪式而访日的邓小平副总理在会见日本天皇时曾寓意深远地指出，《中日和平友好条约》可能具有超出我们想象的重要意义。②

（三）为中国改革开放、实现经济社会大发展创造了外部条件

《中日和平友好条约》解决了当时两国迫切的阶段性战略需求问题。在抵御苏联威胁的同时，中国在 1976 年粉碎“四人帮”后“明确当务之急是实现经济的快速发展”，开始全面推进“四个现代化”。1977 年 8 月，中共十一大宣布“文化大革命”结束，并在党章中加入实现“四个现代化”内容，此后党和国家工作重心逐步转向经济建设。“邓小平再度复出后致力于引进科学技术，其在下台前的 1975 年日中条约谈判中倾向于从以对抗苏联为主的政治立场出发把握中日关系，而现在也对日本的经济力量和技术能力表现出强烈的兴趣。”③ 为实现“四个现代化”宏伟目标，“中国重新审视过去的自力更生政策，决定从发达国家大规模引进资金、技术、工业设施与设备。日本自然而然地成为技术、生产设备以及中国所需贷款的主要提供者”④。日本则在经济高速增长后面临市场消化能力不足的问题，经济界强烈要求构筑长期稳定的对华合作关系，避免在对中国市场的竞争中败给欧美国家。⑤

中日缔约后，日本首相大平正芳于 1979 年 12 月访华，正式启动对华“政府开发援助”⑥。这对改革开放初期的中国而言极为宝贵。据日本官方数据，从 1979 年起 30 年间，日本向中国提供各类资金合作，包括开发贷款、技术合

---

① 冯昭奎：《中国的改革开放与日本因素》，《世界经济与政治》2008 年第 10 期。

② 田桓主编：《战后中日关系史（1945—1995）》，第 337 页。

③ 高原明生、服部龙二主编：《日中关系 40 年史（1972—2012）》政治卷，第 78 页。

④ Joseph Yu - Shek Cheng，China's Japan Policy：Adjusting to New Challenges，World Scientific Publishing Co. Pte. Ltd.，2015，p. 288.

⑤ 方连庆、王炳元、刘金质主编：《国际关系史（战后卷）》上册，第 547 页。

⑥ 大平访华期间，承诺 1979 年度对中国港湾、铁路、水力发电等六大建设项目提供约 5000 亿日元资金援助。参见：国分良成、添谷芳秀、高原明生、川島真『日中関係史』、有斐閣アルマ、2013 年、137 頁。

作、无偿援助等共计达到3.4万亿日元，折合300多亿美元。[①] 通过对日合作，中国学到的不仅有先进技术，还有产业政策、企业管理经验、对外开放与国际合作的经验以及先进理念。更具有战略意义的是，中日合作为中国对世界开放打开了一扇窗口，为此后中国与欧美发达国家合作、更广泛有效地利用国际资源和国际市场、加速现代化建设，积累了宝贵的早期经验。中国与日本缔结和约、与美国发表建交公报、召开中共十一届三中全会，这样三件堪称改写中华民族历史、铸就新中国外交史的大事在1978年下半年相继发生，是有着深刻的内在联系的。

二　条约精神引领规范下中日关系的实践

和平友好条约奠定了中日关系的政治法律基础，为两国和平合作提供了依据和保障。条约所确立的各项原则，在不同历史时期中日关系的实践中得到继承并不断发展，共同汇成"条约精神"总内涵，对两国交往与合作起着根本指导与规范作用。历史证明，中日关系发展得顺不顺、问题处理得好不好，与对条约精神坚持得好不好呈正相关关系，忠实践行条约精神是中日关系健康稳定发展关键所在。

（一）管控突出敏感问题，细化规范涉台立场

1978年缔约后，中日关系进入堪称史上最好时期的"辉煌十年"，总体"发展顺利，变化巨大，为两个不同社会制度的大国进行国际合作，实行和平共处，提供了宝贵的经验"。[②] 但进入90年代，随着苏联解体、日本泡沫经济崩溃，美国开始视中国为亚太地区下一个主要对手，加大"扶日制华"力度。1992年中共十四大确立社会主义市场经济体制改革目标，中国经济进入高速增长通道，中日"两强并立"格局初现。日本政治"1955年体制"崩溃，否认侵略历史、主张修改宪法第九条、否定东京审判势力上扬。中日在历史、台湾以及安全、经贸等领域摩擦多发，条约原则和精神遇到挑战。

① 参见日本外务省网站，http：//www.mofa.go.jp/mofaj/gaiko/oda/shiryo/kuni/09_databook/pdfs/01-04.pdf[2018-07-23]。

② 张香山：《20年来的中日关系及其展望》，《外交政策》（英文版）1992年9月。

1998 年 11 月，江泽民主席访日，双方发表第三个政治文件——《中日关于建立致力于和平与发展的友好合作伙伴关系的联合宣言》，为两国关系跨世纪发展奠定了政治基础。特别是，宣言就中日关系中的台湾问题做出进一步规范，日方首次将“中国只有一个”条文化，其在台湾问题上的立场得到更明确的限定。[①]

《开罗宣言》《波茨坦公告》构成处置战后日本、包括规范日本与台湾关系的法律基础。宣言规定：（盟国目标）“在使日本所窃取于中国之领土，例如东北四省、台湾、澎湖群岛等，归还中华民国。”公告第八条规定：“开罗宣言之条件必将实施，而日本之主权必将限于本州、北海道、九州、四国及吾人所决定其他小岛之内。”1972 年中日联合声明中，关于台湾问题，表述为“中华人民共和国政府重申：台湾是中华人民共和国领土不可分割的一部分。日本国政府充分理解和尊重中国政府的这一立场，并坚持遵循波茨坦公告第八条的立场”[②]。日方以“理解”“尊重”中方立场的表述方式，回避了正面明确承认“一个中国”“台湾是中国一部分”原则，也回避了对台湾地方政权（即所谓“中华民国”）性质及日台关系性质、层级的界定。

至 1998 年宣言，日方相关表述发展为：“日方继续遵守日本在日中联合声明中表明的关于台湾问题的立场，重申中国只有一个。日本将继续只同台湾维持民间和地区性往来。”这一变化具有重大意义：一是日方立场不再是“理解”“尊重”中方立场的间接式表述，而是清晰表明“只有一个中国”，从而明确了日方“一个中国”的官方立场。二是“重申”这一表述实际追溯确认了 1972 年联合声明有关条款“一个中国”的含义。三是日方对与台湾关系的定位也更加清晰——仅限于“民间和地区性往来”。这一变化排除了日本对台发展官方关系的法律空间，限制了未来日本适用国内法插手台海问题、升级日台合作的政策选项。2007 年 12 月 28 日，日本首相福田康夫在人民大会堂与温家宝总理会谈，就台湾问题进一步阐明日方“四不”立场：不搞“两个中国”或“一中一台”；不支持“台独”；不支持台湾加入联合国；不支持台湾当局

① 杨伯江：《以理性思维谋求中日关系的跨世纪发展》，《现代国际关系》1999 年第 9 期。

② 《波茨坦公告》第八条所指“开罗宣言之条件”为：“剥夺日本自 1914 年第一次世界大战开始以后在太平洋所夺得或占领之一切岛屿，在使日本所窃取于中国之领土，例如满洲、台湾、澎湖列岛等，归还中华民国”。参见法学教材编辑部《国际关系史资料选编》编选组：《国际关系史料选编》上册，武汉：武汉大学出版社，1983 年，第 725 页。

搞“入联公投”。①

（二）顺应全球化时代潮流，拓展双多边发展空间。

21世纪初，由于日本政治领导人顽固坚持参拜靖国神社，中日关系陷入政治僵局，高层互访中断，直至2006年10月继任首相安倍晋三对华开启“破冰之旅”。这一时期，世界范围内非传统安全问题凸显，能源、环境、气候等全球性议题增多，同时经济全球化、区域一体化步伐加快，大国关系加速并轨多边网络。中国加入世贸组织，迅速融入国际经济体系。中日关系面临新情况，两国合作面临新机遇。2008年5月，胡锦涛主席访日，与福田康夫一道重新定位、定向中日关系，签署了第四个政治文件——《中日关于全面推进战略互惠关系的联合声明》。这份“未来志向型”新政治文件，将主要篇幅用于阐述加强相互合作的内容，在继承前三个文件原则的基础上，依据新形势，确立两国关系长远发展的指导原则，规划两国关系未来。

声明宣布长期和平友好合作是中日双方唯一选择；双方决心全面推进战略互惠关系，实现和平共处、世代友好、互利合作、共同发展的崇高目标。明确“中日关系对两国而言都是最重要的双边关系之一。两国对亚太地区和世界的和平、稳定与发展有着重要影响，肩负庄严使命”。双方确认互为合作伙伴，互不构成威胁；重申相互支持对方的和平发展；坚持通过协商和谈判解决问题。相约“不断增进相互理解和相互信任，扩大互利合作”，最终实现和平共处、世代友好、互利合作、共同发展的目标。

2008年声明带有鲜明的时代感，使条约精神在新的历史条件下得到进一步丰富和发展。双方确认，1972年声明、1978年和约及1998年宣言是发展中日关系的政治基础，要继续恪守；要使两国关系的发展方向同和平与发展、经济全球化、地区经济一体化、国际格局多极化等世界潮流保持一致，共同积极应对气候环境变化的挑战。在和约要“对亚洲和世界的和平与安定作出贡献”的基础上，声明对中日关系的定位进一步突出全球视野，第四条“两国互为合作伙伴，互不构成威胁”、第六条“共同致力于亚太地区的发展”既继承和约反霸条款的原则精神，又进一步将中日双边关系与世界相联系，凸显“两

① 参见《温家宝总理同日本首相福田康夫会谈》，新华社2007年12月28日报道，http://politics. people. com. cn/GB/1024/6713867. html[2018－07－21]。

国的发展离不开地区和世界，地区和世界的稳定与繁荣也需要中日和解合作、和谐相处”的战略共识。①。

（三）把握关系发展大方向，开创深化合作新机遇

在冷战终结、苏联解体1/5世纪后，现代生产力跨国界扩张势头愈发强劲，中日合作成为全球化浪潮在亚太地区的典型体现，成为亚洲网络经济与产业分工的最重要组成部分。但面对中国全面崛起态势，日方战略焦虑感上升，对“中日战略互惠关系”产生认知与行为偏差，表现出以“互惠”绑架中日关系的倾向。② 2012年以后，日方非法“购岛”、引发中日关系新一轮恶化，政治领导人提出“侵略未定论”，否认从军慰安妇等战时罪行，悍然参拜靖国神社。在钓鱼岛问题上，日方否认曾就搁置争议与中国达成共识，坚持不存在主权争议、没有谈判余地的“两不”立场。在地区多边层面，日本政治领导人提出“民主安保菱形”构想，多方介入南海问题。这些都导致中日之间“增进政治互信”成为空谈，两国关系距离“战略互惠”渐行渐远。

中日“战略互惠关系”原本为安倍2006年访华时最先提出，并得到中方赞同。根据2008年声明，中日构建“战略互惠关系”，首先是基于“新时代赋予两国的庄严使命”，共同为地区与世界和平繁荣做出设计并付诸实践，在此过程中实现和扩大两国利益。其次，“战略互惠关系”内含道义标准，不是无原则的利益交换，不是“利”字当头、为求“实惠”而罔顾是非曲直。③ 2008年声明体现了中日两国领导人的战略视野与政治智慧，而落实声明同样需要国家责任与历史担当。不能一面奢谈“互惠”，一面试图为历史翻案，一面赚取经济利益，一面搞政治安全对抗。

---

① 参见杨伯江：《中日关系：“暖春”时节的形势与任务》，《现代国际关系》2008年第6期。

② 在中国日本研究界，质疑日方对“战略互惠关系”认知的意见一直存在。如，认为“思考战略互惠关系，不能局限于‘你给我恩，我给你利’的‘小恩小惠’模式，而应是全方位、高层次的、非排他性的合作关系，要有大视野、大规划、大手笔、大项目”。“讨论战略互惠关系，应该从更长远、更高端、更广泛的领域来思考中日之间真正的、共同的或接近的战略利益”。参见蒋立峰：《中日和平友好条约，核心是“和”》，《中国社会科学报》2008年11月11日；《深化战略互惠，构筑东亚和谐——纪念〈中日和平友好条约〉签订30周年国际学术研讨会综述》（蒋立峰发言），《日本学刊》2008年第6期。

③ 参见杨伯江：《中日“战略互惠”——日方认知与行为有损两国关系大局》，新华网，2013年3月7日，http：//www. xinhuanet. com/world/2013 - 03/07/c_ 124407766. htm［2017 - 07 - 20］。

在对日方言行予以有力反制①的同时，中国继续与日本探索管控分歧与摩擦、改善和规范两国关系。2014 年 11 月，两国达成四点原则共识，“确认将遵守中日四个政治文件的各项原则和精神，继续发展中日战略互惠关系”，“同意利用各种多双边渠道逐步重启政治、外交和安全对话，努力构建政治互信”，针对“围绕钓鱼岛等东海海域近年来出现的紧张局势”，“同意通过对话磋商防止局势恶化，建立危机管控机制，避免发生不测事态”。至 2018 年 6 月，两国政府正式启动东海“海空联络机制”，从海上和空中无线通信开始，逐步实现防务部门间热线通话，以规避偶发冲突与纠纷，从而朝构建危机预防与管理机制迈出了关键一步。

2017 年以来，国际形势的剧烈变化给中日关系外部环境带来重大影响。美国特朗普政府奉行贸易保护主义政策，对中日等经贸合作伙伴造成压力，给世界经济前景蒙上阴影。被称为“冷战活化石”的朝鲜半岛局势明显缓和，东北亚酝酿“地壳变动”。面对新情况，中日共同利益凸显，合作需求增大，抓住机遇推动关系改善和发展成为双方共识。安倍内阁一改此前消极观望态度，对中国“一带一路”倡议趋于积极，多次表示愿与中方探讨在倡议框架下展开合作。2017 年 11 月，中国领导人在与安倍会谈中，敦促对方提升双边务实合作水平，推动“一带一路”框架下的合作尽早落地；② 强调中日应抓住对方发展的机遇，着眼大局加强经贸投资等互利合作，探讨第三方市场合作，共同推动区域全面经济伙伴关系协定（RCEP）和中日韩自贸区谈判。③ 至 2017 年底，日本政府各部门提出并汇总了“日中在第三国民间经济合作”方针，相关合作正式启动。中日关系由此企稳向好，并可望借助“一带一路”广阔平台持续深化扩大合作，最终带动两国关系全面重返正常发展轨道。

---

① 2014 年 2 月，中国十二届全国人大常委会第七次会议决议将 9 月 3 日确定为中国人民抗日战争胜利纪念日，将 12 月 13 日确定为南京大屠杀死难者国家公祭日。同年，中国正式向联合国教科文组织世界记忆遗产秘书处提交《南京大屠杀档案》列入世界记忆名录的申请，并于 2015 年 10 月 9 日获得通过。该档案由三个部分构成：关于大屠杀事件（1937 年至 1938 年）；关于中华民国政府军事法庭在战后调查和审判战犯的文件（1945 年至 1947 年）；中华人民共和国司法机构的文件（1952 年至 1956 年）。

② 参见《习近平会见日本首相安倍晋三》，新华网，2017 年 11 月 12 日，http：//news. xinhuanet. com/photo/2017 - 11/12/c_1121941146. htm［2018 - 07 - 22］。

③ 参见《李克强会见日本首相安倍晋三》，新华网，2017 年 11 月 14 日，http：//news. xinhuanet. com/world/2017 - 11/14/c_1121950016. htm［2018 - 07 - 25］。

三　新形势下如何发展好中日关系？

确立于和平友好和约、经不同历史阶段中日关系实践得到丰富和发展的条约精神，基本内涵概括起来包括：正视和正确认识历史；世界上只有一个中国，台湾是中国的一部分；坚持和平相处，用和平手段解决一切争端而不诉诸武力；两国不称霸，也反对任何其他国家谋取霸权；互为合作伙伴，互不构成威胁；坚持“求大同，存小异”。新形势下，条约精神所具有的指导意义与规范作用更显突出，对当前及今后发展好中日关系具有重要启迪。

（一）中日和平合作符合双方利益，也符合地区与世界利益

缔结和约是周恩来总理在中日邦交正常化谈判期间提出的，得到日方积极响应，并写入《中日联合声明》第八条。当时曾有人说缔约目的就是为对付苏联威胁，周恩来对此反复强调中日友好不是权宜之计，不是单纯受形势的影响，将来形势好了也要友好，而且要世世代代友好下去。[①] 历史和现实都证明，建立和发展中日理性友好、和平合作关系，是由双方的根本利益决定的，保持并巩固这种关系不仅有利于两国，而且也有利于地区与世界。新形势下，更需要把这种关系坚定不移地发展下去。当前中日关系外部环境出现一系列重大变化，这不是偶然的，它印证了在冷战结束近30年之际，世界特别是中日共处的亚太地区进入了一个“大发展、大变革、大调整”的历史新阶段。充分认识这一点，就能够对中日关系缓和改善、加强合作的重要性、必要性、可持续性有更深入、准确的把握，看到中日关系的积极变化、健康发展是符合时代潮流与世界大势、符合两国根本利益及地区与世界利益的必然选择。

（二）条约精神没有过时，其重要价值历久弥新

譬如和平友好条约的反霸条款。1975年4月16日，邓小平在会见日本创价学会会长池田大作时就中国的反霸立场作了清晰表述：“在中日和平友好条约中写进反对霸权主义的内容，含义有两点。一是中国和日本都不在亚洲、太

① 参见曾作为中国外交部日本处处长参与《中日和平友好条约》谈判的丁民的回忆，载《纪念〈中日和平友好条约〉缔结25周年报告会概述》，《日本学刊》2003年第5期。

平洋地区谋求霸权，都不搞霸权主义。我们中国愿意用这点来限制自己，中国承担了义务，不在亚太地区谋求霸权。日本承担在亚太地区不谋求霸权的责任，这是经过两次世界大战和近百年的历史总结出来的经验。由于长期的历史渊源，日本在亚太地区的形象是受了影响的。写上这一条，对日本改善同亚太地区国家的关系，不但是有益的，而且是必要的。二是反对任何国家、任何国家集团在这个地区谋求霸权的努力。现在确实有超级大国在这个地区谋求霸权。写上这一条不是干涉谁的内政，而是干涉它们的行动，要侵略、奴役、控制、欺负人，这是应该干涉的。"① 今天，国际环境与中日两国情况都已发生很大变化，但反霸原则并未过时，在世界及地区形势复杂多变、美国亚太战略出现调整、美日同盟持续走强的背景下，"反霸"无疑更具重要的现实意义。

（三）新形势下中日合作的战略基础更趋多元，重在挖掘

苏联解体使中日合作失去了一大战略基础，但随着经济全球化的不断深入，中日合作的战略支撑点非但没有减少、反而在空前增多。其中，双多边经济、非传统安全等领域的共同利益与合作需求尤其突出。实际上，共同反对"苏霸"的需要虽是中日实现邦交正常化、缔结和约并在此后取得非凡合作成就的重要驱动力，但并非唯一驱动力，甚至不是首要驱动力。1977 年缔约谈判恢复之后，在中国党和国家工作重心即将转向经济建设、即将实行改革开放的背景下，发展经济合作就成了与"共同抗苏"相并重的出发点之一。"文化大革命"结束后，中国领导人即开始酝酿调整国际战略，此后随着工作重心的转移，外交目标也从重点维护国家传统安全利益转移到实现和维护国家发展利益上来。② 1978 年 12 月十一届三中全会后，中国领导人对战争问题的看法开始有所变化，虽仍坚持"世界大战不可避免"，但不再认为"迫在眉睫"，而是强调有可能争取延缓战争的爆发。③ 至 1982 年 9 月中共十二大，中国正式改变"一大片""一条线"的"联美抗苏"国际战略，奉行独立自主不结盟的和平外交战略方针，与美国适当拉开距离，中苏关系也开始走向缓和。此后，中日和平友好条约对苏性质逐渐淡化，指导规范中日关系的意义和功能则越来越突出。

① 《邓小平思想年谱（1975—1997）》，北京：中央文献出版社，1998 年，第 78 页。

② 参见王巧荣：《上世纪 80 年代初中共对外交战略的调整》，《北京党史》2014 年第 1 期。

③ 《邓小平文选》第二卷，北京：人民出版社，1995 年，第 241 页。

概言之，中国“与美中建交同时进行的日中围绕和平友好条约、长期贸易协定而展开的谈判，是在中国面向‘四个现代化’的路线转换背景下展开的”[①]。在中日缔约前后，两国合作的战略基础既已开始发生变化，实现了从共同对付“北方威胁”向满足“以经济社会领域为核心的多元化合作需求”的转换。此后40年的历史经验进一步证明，相较于苏联威胁等外部因素，在经济全球化时代背景下，在中日两国都坚持和平发展的政策前提下，内在因素特别是经济领域、非传统安全领域的现实合作需求对中日关系发展所起的作用越来越重要，也更具持久性。

（四）坚持和平相处，以和平手段解决争端，妥善处理分歧

钓鱼岛争端是中日之间长期悬而未决的领土争议问题，在邦交正常化、缔约过程中，两国政治家明智地决定将其搁置一边。从周恩来的“暂时避开”[②]到邓小平的“留待后人去解决”及“搁置争议，共同开发”[③]，不仅为两国在当时条件下处理这一争端提出了现实途径，也为将来找到最终解决办法开辟了广阔思路。中日分歧不仅限于双边关系问题，以战后秩序观为例，中国主张《开罗宣言》《波茨坦公告》是战后国际秩序的法理基础，而日方强调《旧金山和约》。中日对战后国际秩序认知的不同，能从一些细节中窥见一斑。例如中国将United Nations译为“联合国”即“联合起来的国家”，这契合英文原文、原意。日本则译成“国际联合”（国際連合），简称“国联”，以此淡化United Nations“二战中盟国”的初始含义，淡化联合国成立的历史背景，淡化这一国际组织惩处德意日“轴心国”的原始指向。这类例子很多。中日之间消除分歧、化解矛盾是一项长期任务，需要做大量深入细致的工作。

目前中日关系在企稳向好、缓和改善的同时，分歧与争端依然存在，东海钓鱼岛、台湾、历史“三大结构性问题”一个都没有得到根本解决。中日同处东亚板块，比邻而居，有分歧和矛盾并不罕见，但关键是以何种态度、何种思路对待和处理。严格恪守条约精神、妥善处理分歧与争端，是确保中日之间始终能够和平共处、友好合作的“必修课”，必须要考试“及格”，并争取

---

① 国分良成、添谷芳秀、高原明生、川島真『日中関係史』、有斐閣アルマ、2013年12月、135頁。

② 张锡昌等：《峰峦迭起——共和国第三次建交高潮》，北京：世界知识出版社，1998年，第252页。

③ 《邓小平文选》第三卷，北京：人民出版社，1993年，第87页。

“良好”成绩。对于短期无法根本解决的问题，可以继续“求同存异”，同时实施有效管控。东海“海空联络机制”的启动，是中日构建危机管理机制的一项重要进展，但还只是一个开端。双方应当此为契机，通过持续性对话、沟通与磋商，改善安全关系，增进战略互信，构建政治互信。

（五）抓住机遇扩大合作，持续强化两国间现实利益纽带

中日经济合作成就斐然，惠及彼此，深刻影响了两国经济发展与社会进步。1972年邦交正常化时两国贸易额只有约11亿美元，1978年缔约时不足50亿美元，而目前超过3000亿美元。日本经济总量居世界第三，人口居世界第11位，而国土面积仅在第60位，国内市场无法完全消化巨大的产能，这天然注定了寻求扩大海外市场是日本面对的恒久课题，注定了日本对国际合作的依赖是长久的、恒定的。中日发展阶段、产业层级不同，又决定了中日合作的结构性机遇。而且，与一战前欧洲的情形不同，经济全球化时代中日合作与相互依存不是局部的，而是系统性的，不仅是双边的，更是深深嵌入国际多边分工体系之中的。

只有建立在深厚的现实共同利益基础之上的国家关系，才可能是稳定、牢靠的。而且，与其他领域合作相比，经济合作更容易做成“正和博弈”，它所产生的共同利益不仅可以抑制分歧与摩擦，而且可以为缓和与解决矛盾、通过深化合作进一步巩固关系纽带奠定物质基础。当前中日关系出现的好势头来之不易，值得倍加珍惜，而扩大双多边经济合作是将其固定下来的重要路径。东亚区域经济一体化面临新问题、新情况，也需要中日加强对话与合作。同时，“一带一路”为中日扩大合作搭建了新平台。2017年10月中共十九大提出要“推动形成全面开放新格局”；在2018年4月博鳌亚洲论坛上，中国宣布在扩大开放方面将采取四方面、共计十项重大举措；5月李克强总理访日期间宣布，将首次为日本提供2000亿元人民币（约合314亿美元）的投资配额来购买中国股票和债券等资产。这些重要举措，都为中日深化务实合作开辟了新天地。

（六）从时代与文明高度思考中日关系、规划中日关系

欧洲工业革命以来，人类文明经历了“西风东渐”的几百年。过去20多年来，世界经济政治重心稳步从大西洋向太平洋转移、向亚太地区转移，亚洲

在经济上的卓越发展成就能否成功带动亚洲文明的复兴与繁荣，中日关系将在其中扮演着关键角色。1978 年 10 月邓小平访日之际，自民党众议员、被周恩来誉为“中日友好掘井人”的古井喜实曾从文明繁荣的角度评价《中日和平友好条约》的历史价值，指出 21 世纪将是亚洲的时代，日中两国以和平友好条约为基础发展合作，将促进亚洲文明的繁荣和发展。[①] 1979 年 12 月大平访华期间，曾在北京政协礼堂就中日关系前景发表演讲，其中特别强调促进两国文化交流的重要性，指出“如果忘掉这一点，而只注重一时的气氛或情绪上的亲近……那么，这种关系就会像空中楼阁，最终只能如昙花一现般迅速消亡”[②]。

纵观全球，冷战后世界形势极其复杂，国际秩序仍在“无序”中摸索徘徊，有乱局、有迷局、有危局，也酝酿着变局。中日之间如果胸无大局，就很容易坠入战略博弈持续加剧的历史惯性之中。着眼下一个 40 年，两国需要从时代与文明的高度重新审视彼此关系，以双多边合作的持续深化为基础，加强在秩序构建、规则制定方面的沟通与协调，为维护两国利益、为促进地区及世界和平与繁荣携手努力，平息乱局、化解危局、防止破局、赢得变局。

---

① 参见田桓主编：《战后中日关系史（1945—1995）》，第 340 页。

② 转引自高原明生、服部龙二主编：《日中关系 40 年史（1972—2012）》政治卷，第 91 页。

中日关系转圜：新的契机、新的起点

吴寄南*

2018 年 5 月 8 日至 11 日，李克强总理抵达东京参加中日韩领导人会晤并对日本进行正式访问，就改善和发展中日关系与日方达成一系列重要的共识。这是双方在《中日和平友好条约》缔结 40 周年之际，致力于改善和发展双边关系取得的历史性进展。

那么，究竟是哪些内外因素促使中日双方捐弃前嫌，彼此接近？中日关系在近一时期释放了哪些利好消息，未来又可能出现怎样的局面呢？本文试图对近期中日关系改善的动向进行梳理、分析，提出一些粗浅的看法。

一 中日关系在世界形势大发展大变革大调整背景下迎来难得的改善机遇

新世纪进入第二个十年后，中日关系由于众所周知的原因，陷入了邦交正常化以来的最低点。两国间的战略互信、经贸往来和国民感情不同程度地受到伤害。最突出的表现是两国高层互访中断了七年之久。① 这不要说在中日邦交正常化以后是绝无仅有，在世界主要大国的交往史上也是极为罕见的。

近一时期，中日在经历关系持续多年的僵冷状态后出现明显回暖迹象。2017 年 5 月，自民党干事长二阶俊博率领日本代表团出席了在北京举行的"一带一路"国际合作高峰论坛，并向习近平主席递交了安倍晋三首相的亲笔

* 吴寄南，上海国际问题研究院咨询委员会副主任、研究员。

① 自从 2011 年 12 月 25 日至 26 日，日本首相野田佳彦应国务院总理温家宝的邀请，对中国进行正式访问后，两国高层互访中断了近七年。

信。这标志着安倍政权对“一带一路”倡议的态度由消极观望、警惕猜疑变为客观对待和积极参与。此后，安倍首相在与习近平主席、李克强总理的会谈中，多次表示希望以日中邦交正常化45周年、《日中和平友好条约》缔结40周年为契机，改善和发展双边关系。中方对安倍首相表达的这一意愿做出了积极的回应。

中日关系转圜应该说是双方互有需要、相向而行的结果。在两国领导人审时度势、抓住“机会之窗”的决断背后，主要有三大驱动因素：

（一）应对外部挑战、改善战略态势的共同需求拉近了中日两国的距离

当前，世界形势可以用“大发展大变革大调整”这三个“大”来概括。和平与发展两大时代主题从来都没有像现在这样面临严峻挑战。

拉近中日两国距离的首先是朝鲜半岛局势。2017年，朝鲜连续举行核导试验，美国则以与日韩两国的大规模军事演习予以回应，导致东亚地区一度濒于战争边缘。联合国安理会在一年内接连通过四项涉朝决议。但是，从2018年初的平昌冬奥会以后，朝鲜半岛局势又出现了戏剧性的缓和。南北首脑会谈、中朝首脑会谈和美朝首脑会谈相继举行，半岛无核化初现曙光。然而，与其他相关国家相比，日本似乎被撇在了一边。特朗普突然宣布与朝鲜领导人金正恩会谈，又一次让日本尝到了被“越顶”的滋味。安倍在修补日美同盟关系的同时，迫切希望中国能支持日本参与朝鲜半岛和平进程的谈判，协助解决被绑架日本人质的问题。中国作为“六方会谈”的东道国，自然也希望看到日本在朝鲜半岛缓和进程中发挥建设性的作用。

现行国际经贸秩序面临的严峻挑战，也让中日两国捐弃前嫌，彼此走近。近两年来，以英国脱欧、特朗普上任为标志，世界范围内出现了一股反全球化的逆流。特朗普政权秉持“美国优先”的宗旨，露骨推行单边主义和保护主义，严重动摇了WTO等现行国际经贸秩序的根基。目前，中国固然是美国贸易战瞄准的重点对象，但美国对进口钢铝强征关税也触动了欧盟、加拿大和日本等盟国的“奶酪”。安倍三个月内两度访美，恳请特朗普对日本“网开一面”却无功而返。无奈之下，日本不得不在向WTO投诉美国违规行为的同时，就应对贸易摩擦与世界主要经济体进行协调。中国为抗衡美国的贸易攻势，自然也愿意扩大自己的“朋友圈”。

（二）深化结构改革、克服发展瓶颈的内在要因推动中日两国携手合作

习近平在中共十九大报告中提出了从现在起到2020年、2020—2035年、2035—2050年的中、长期奋斗目标。目前，最紧迫的任务是要通过“弯道超车”，实现经济结构转型升级。2018年是中国改革开放40周年。在改革开放初期，日本政府和企业曾经伸出援手，向中方提供了宝贵的资金、技术和管理经验。日本是唯一对华直接投资总额超过1000亿美元的国家，也是提供对华政府开发援助（Official Development Assistance，ODA）最多的国家。中日经济互补性强，已形成“你中有我、我中有你”的格局。中国在改革进入“深水区”、开放面临新挑战之际，亟须与包括日本在内的世界各主要经济体取长补短、扩大互利合作。而目前构成中国经济发展瓶颈制约的节能环保、医疗养老等领域，日本恰恰在世界上居于领先地位，是中国不可或缺的合作对象。

安倍复出后致力于推进“安倍经济学”，取得了不俗的成绩，但通货紧缩、消费疲软等痼疾依然未能克服，不能不寄希望于外部市场。中国是日本最大贸易伙伴，中国市场更是全世界规模最大、最具发展潜力的。在安倍复出的这五年里，中国的GDP由人民币54万亿元增至82.7万亿元，差不多等于增长了一个日本。其结果，一方面是日本国内对华认知发生微妙变化，长期盛行的“中国崩溃”论趋于“崩溃”；另一方面日本财界也从中国经济增长中得到了实实在在的好处。中国日本商会的调查表明，日本在华企业盈利的占60.4%，持平的15.9%。[①] 2016年，日系汽车在华销售量突破425万辆，逼近日本国内市场495万辆的规模。[②] 未来两三年内有望超过日本国内市场销售量。此外，中国访日游客2017年突破735万人，每四个访日外国人中就有一个中国人，且中国游客的人均消费额高于绝大多数国家。日本各地方自治体都将吸引中国游客作为刺激地方经济增长的支柱。中日关系如能克服人为的障碍，势将给两国人民带来更多的实惠。

（三）两国民众对睦邻友好、互利合作的渴望促使双方高层领导人积极响应

“国之交在于民相亲”，中日关系的改善和发展需要有坚实的社会基础。

① 『中国経済と日本企業　2016年白書』、中国日本商会、http：//www.cjcci.biz/public_html/whitepaper/2016/hakusho_full_JP.pdf[2018-07-29]。

② 《日系车企在华销量看涨 最好的时代来了》，搜狐汽车，2017年1月9日，http：//auto.sohu.com/20170109/n478199051.shtml[2018-07-29]。

2017 年，日本言论 NPO 和中国外文局进行民意调查表明，虽然两国民众对对方国家的总体认知依然是负面看法为主，但正面评价开始增多。中国受访者对日本印象“很好”和“较好”的比例占总数的 31.5%，比上年上升 9.8 个百分点；日本受访者对中国印象“很好”和“较好”的比例为 11.5%，比上年上升了 3.5 个百分点。值得注意的是，认为中日关系“重要”和“比较重要”的比例，在中国受访者中占 68.7%，在日本受访者中占 71.8%。此外，有 73.5% 的中国受访者、59.2% 的日本受访者赞同中日两国应该构建更加牢固的新型合作关系。[①] 显然，中日关系改善在中日两国都是可以得到民众认同和舆论支持的。

日本发行量最大的《读卖新闻》从 2018 年 4 月 30 日至 5 月 5 日发表系列文章，正面报道中国改革开放 40 周年的成就。标题分别是《资金人才驱动中国科学大发展》《中国在科技前沿领域突飞猛进》《中国实验设施瞄准世界一流》《中国正在爆买“世界级头脑”》《中国科技初创企业迅猛成长》和《中国核电高铁技术走向全球》。在近些年来日本媒体对华负面报道占据主流的背景下，这组系列文章仿佛是一股驱散阴霾的清新春风。联系到近年来日本各界人士频繁造访深圳等地，日本媒体对中国新一轮改革开放浪潮的正面报道逐渐增多。这一变化无疑会推动日本朝野两大阵营政治家在改善和发展中日关系上采取积极的行动。

二　中日关系改善取得阶段性的成果，2019 年有望迎来这一轮转圜的巅峰期

中日邦交正常化 40 多年来，逢“8”的年份往往会给人们带来惊喜：《中日和平友好条约》是 1978 年缔结的，2018 年恰好是 40 周年；1998 年，江泽民主席访日，这是历史上中国国家元首首次东瀛之行；2008 年，中国国家主席再次访日，签下了第四个政治文件。

2018 年 5 月 8 日至 11 日，李克强总理借出席中日韩领导人峰会之际对日本进行正式访问。与 2011 年 4 月温家宝总理访日相比，日本政府将这次李总

① 『第 13 回日中共同世論調査』、2017 年 12 月 12 日、http://www.genron-npo.net/world/archives/6837.html[2018-07-29]。

理访日升格为仅次于国家元首的“公宾访问”，接待规格明显提高：一是增加了明仁天皇的宫中会见；二是安倍首相在国会会期内破例离开东京随李总理赴北海道出席“中日省长知事论坛”，且在北海道全程陪同李总理参观工厂和农场；三是安倍首相临时动意，亲赴机场为李总理送行。

李总理访日前在《朝日新闻》上发表署名文章，强调中日关系正“站在重返正常发展轨道的路口”[①]。安倍首相在欢迎宴会上回应称李总理此次访问“实现了两国关系重回正常轨道”，中日关系“开始进入协调的时代”。[②] 双方的评估略有差异。但有一点是毫无疑义的：那就是这次访问标志着中日关系开始回暖。这是两国人民之福音，也是东亚地区之幸事。

李总理此次访日的主要成果可以概括为以下三方面：

（一）重申《中日联合声明》《中日和平友好条约》等四个政治文件是中日关系健康发展必须牢牢坚持的政治基础

李总理和安倍首相在回顾总结过去经验教训基础上，就推动中日关系重回正常轨道，实现长期健康稳定发展的目标达成一系列重要共识。安倍首相将《中日和平友好条约》比喻为引领两国克服困难、不断前进的“指南针”。[③] 这是近年来日本领导人对《中日和平友好条约》最积极的表态。安倍首相还承诺将按照《中日联合声明》的规定，仅同台湾保持民间往来。这是他本人首次在公开场合作上述表态。此举不仅与美国特朗普政权通过《与台湾关系法》、批准售台潜艇技术拉开了距离，也牵制了日本少数政治势力和台湾民进党当局试图提升日台实质关系的倒行逆施，自然是有利于中日两国弥补信任赤字、重构战略互信的。

（二）签署海空联络机制的备忘录，为中日两国管控分歧、防止对抗开启了一个良好的开端

这是两国历经十年的艰难谈判，在增信释疑、化解矛盾上迈出的关键步

① 李克強「中日平和友好事業の再出航を」、『朝日新聞』2018年5月8日。

② 安倍晋三「中国文化展示会及び日中平和友好条約締結40周年記念 李克強中華人民共和国国務院総理歓迎レセプション」、2018年5月10日、http：//www. kantei. go. jp/jp/98 _ abe/actions/201805/10china. html［2018－07－29］。

③ 同上。

伐。早在2007年，中日两国领导人同意就建立海上联络机制进行磋商。2012年6月，双方防务部门已就联络机制的框架达成一致，但由于日本政府的“购岛”致使谈判陷入停顿。2014年11月，中日两国就管控分歧、缓和对立达成四点原则共识。其中第三条明确：“双方认识到围绕钓鱼岛等东海海域近年来出现的紧张局势存在不同主张，同意通过对话磋商防止局势恶化，建立危机管控机制，避免发生不测事态。”这就为重启交涉铺平了道路。2015年1月，根据中方建议，“海上联络机制”改为“海空联络机制”。2018年5月，李克强总理和安倍晋三首相决定启动两国已经敲定的“海空联络机制”。两国防务部门签署的备忘录主要内容为：（1）确定日本自卫队和中国军舰、飞机等一旦相互接近时，直接通信所采取的无线电频率以及使用英文联络；（2）两国防务部门定期举行局长级、科长级会议；（3）日本海上自卫队、航空自卫队和中国海军、空军官员之间设置专用联络热线。备忘录没有就机制适用范围是否包含钓鱼岛周边领海和领空做出明示。这种体现高度外交智慧的模糊化处理为双方留下的解释的余地，摘除了有可能引发日本自卫队和中国人民解放军直接冲突的“引线”，为双方进一步磋商建立军事互信措施奠定了基础。

（三）围绕深化双边经贸合作和推进区域一体化建设，达成一系列有重大突破性意义的共识

李克强总理与安倍首相共同见证了十份合作文件的签署，涵盖了社会保障、服务业、医疗养老、金融、节能环保等诸多领域。例如，中方同意给予日方2000亿元人民币合格境外机构投资者（RQFII）额度，对在东京设立人民币清算行持积极态度；双方就协商重启本币互换协议等达成共识；双方还将合作向第三国出口基础设施，等等。

经过邦交正常化以来40多年的发展，中日关系已经完全超越了双边的框架。中日关系转寒为暖，重构战略互信，不仅有助于压缩域外大国纵横捭阖、挑拨离间的空间，也为同处东亚生产价值链的中日韩三国的全面战略合作奠定基础。中日韩将加快缔结自贸区协定，进而催生“区域全面经济伙伴关系协定”（RCEP）的步伐。

在李总理成功访日的基础上，2018年秋季日本首相将回访中国。这意味着两国首脑互访的机制开始正常运转。2019年6月在大阪举行的二十国集团峰会将是这一轮双边关系改善的巅峰。届时中国国家主席习近平将出席峰会并

对日本进行正式国事访问，中日关系有望走出雾霾，迎来阳光明媚的春天。

三　中日关系回暖基础薄弱，维持企稳向好势头尚需两国相向而行共同努力

毋庸置疑，中日关系回暖的基础目前还比较脆弱。两国间围绕领土和历史问题还存在着一些结构性的矛盾。国民感情的改善也需要持之以恒的努力。中日关系总体上仍处在爬坡过坎、不进则退的关键阶段。进入“小阳春”以后随时可能遭遇冷气旋而出现“倒春寒”。

目前，最大的变数是中美关系的骤然恶化。中日关系从来就不是单纯的双边关系，很大程度上受到美国因素的掣肘。中、日、美关系构成了相互制约、相互交织的三元联立方程式。其中，由于缔结军事同盟的缘故，日本在外交和安全保障领域严重依附美国，它同中国保持怎样的关系首先取决于美国。如果没有20世纪70年代初中美关系的改善，日本当权者很难迈出中日邦交正常化的关键步伐。中美关系发展较为顺畅时，中日关系就比较平稳，而一旦中美关系趋于紧张，中日关系也会风波迭起。

近年来，随着中国综合国力的显著提升，美国朝野越来越将中国视为最有可能挑战自己霸权地位的对手。奥巴马时期推出的“亚太再平衡战略”就是以抑制中国为目标的。特朗普上任后，其对华政策中遏制中国的色彩日益浓重，延续多年的“两面下注”变成了“全面防范”。[①] 2017年底和2018年初，美国接连发表了《国家安全战略报告》《国防战略报告》和《核态势评估报告》，将中国、俄罗斯定位为“战略竞争对手”。特朗普政府随即在贸易争端、美台关系和南海问题上“三箭齐发”，接连对中国发难，致使中美关系遭遇前所未有的严峻挑战。日本和中国都拥有对美贸易的巨额顺差，在应对美国的单边主义、保护主义压力上与中国有共同利益，一定程度上也希望与中国联手抗衡特朗普政府越来越咄咄逼人的贸易攻势，但它毕竟是美国在亚洲最大的盟国，在处理涉华关系上不能不和美国协调行动。在特朗普政府加紧遏制中国的背景下，日本单独改善对华关系的阻力甚大。

---

① 参见薛力：《美国对华战略：从两面下注到全面防范》，《世界知识》2018年第13期，第73页。

第二大变数是日本对华强硬势力故意搅局。日本国内始终存在着一股坚持冷战思维、仇视中国的政治势力。安倍复出后，日本政坛的力量对比严重失衡。在自民党“一党独大”的同时，在野党却日渐式微、软弱无力。在自民党内，作为总裁派系的“清和会”的实力遥遥领先于其他派系。“鸽”派势力已失去制衡“鹰”派势力的能力。近年来，由于日本的 GDP 被中国反超，失去了长期占据的世界第二大经济体地位，人均 GDP 也由 20 世纪世界排名第三，被挤出世界前十名。日本民众中存在着强烈的挫折感和失落感，极端民族主义思潮乘机抬头，出现了“鹰”派政治家煽动民族主义思潮，而民族主义思潮又强化“鹰”派政治家地位的恶性循环。在这种情况下，中日关系改善的进程，很可能由于日本特定政治势力的搅局而出现波折。2018 年底，日本将出台新版《防卫计划大纲》和《中期防卫力量整备计划》。在朝鲜半岛局势明显缓和后，为替引进陆基“宙斯盾”系统、“战斧”式巡航导弹制造依据，不排除某些政要渲染所谓“中国威胁”论，给中日关系改善添堵。

第三大变数是日本政局出现混乱和动荡。2018 年以来，安倍政权接连受到“森友”“加计”两大政治丑闻的牵连，内阁支持率一度跌进 30% 的“危险水域”。2018 年 9 月，自民党举行总裁选举。安倍面临自民党前干事长石破茂的强劲挑战。尽管他在自民党 7 大派系中获得五大派系的支持，可望拿到国会议员票的 70% 以上，但各都道府县的党员和党友却未必希望他连任。民调表明，受访者中希望石破茂出任自民党总裁的比例为 23%，与安倍只差四个百分点。[①] 这次总裁选举中，地方票成为安倍与石破激烈争夺的焦点。如果安倍拿不到半数以上的地方票，即便勉强连任，也很可能成为“跛脚”首相。2019 年是日本 12 年一次的既有地方统一选举又有参议院选举的年份。日本政坛向有“亥年现象”一说，指的是在地方统一选举后不到三个月就举行的参议院选举，执政党总是容易遭受挫折。安倍能否坐稳自民党总裁和首相位置，尚有不少变数。从历史经验来看，中日间的敏感问题在日本强势的保守政治家执政时较易解决。日本政坛的混乱和动荡不是包括中国在内的亚洲近邻所希望看到的。

中日关系的解冻绝非一朝一夕之功。由于存在着一些结构性的矛盾，两国间未来将是互利共赢和战略博弈并存、希望和忧虑交织的局面。对中日关系的未来既不能过分悲观，也不可期待太高。应遵循先易后难、由低到高的方针，

---

① 「日朝会談『早期に』67%、本社世論調査」、『朝日新聞』2018 年 6 月 18 日。

维持中日关系企稳向好的势头，推动两国和平友好合作的航船沿着正确的航向破浪向前。

第一，坚持两国间多层次的信息沟通。在重启首脑会晤机制后，中日两国宜逐步恢复或建立从政府、议会、地方自治体、知识精英、意见领袖和各级智库间的磋商对话机制，展开密切的信息交流、思想碰撞和战略对话，彼此将自己的战略底线清晰地告诉对方，坦诚回答对方的质疑与关切点，避免战略误判和思维惯性加深彼此间的隔阂、分歧和对立。

第二，维护地区稳定促进经济全球化。中日两国应欢迎和推动朝鲜半岛北南双方和美朝间的对话和沟通，为促进半岛无核化、构建和平机制作出贡献。应旗帜鲜明地捍卫现行国际经济秩序，反对单边主义、贸易主义等与经济全球化相抵触的逆流。应该共同推动中日韩自由贸易协定和《区域全面经济伙伴关系协定》（RCEP）谈判取得积极进展。

第三，深化两国经贸领域的互利合作。这是中日关系的“压舱石”。要将李克强总理访日期间两国缔结的一系列协定逐一落实。特别是要在节能环保、金融、医疗养老以及以“5G”为标志的互联网领域深度合作，进一步扩大两国共同战略利益的交汇点，共同应对世界经济减速和新一轮科技革命带来的挑战。

第四，加强两国在第三国的产业合作。目前，还没有迹象表明两国政府会签署有关“一带一路”合作协定。但中方在“一带一路”沿线建立的工业园区已开始有日本企业试探进驻事宜。日本政府对日本企业和中方联手在第三国投资建厂，特别是承接基础设施项目持乐观其成态度。有鉴于此，两国企业可在这些领域优势互补，互利合作，形成多方受益的多赢局面。

第五，推进“冰上丝绸之路”① 的建设。日前，在上海举行了第三轮中日韩北极事务高级别对话，三国认同北极变化带来的全球挑战和国际影响，表达了为北极和平、稳定和可持续发展继续作出贡献的意愿。鉴于北极航道可大大缩短从东北亚到欧洲和北美的航程，中日两国宜发挥各自优势，让“冰上丝绸之路”成为连接亚欧美的交通枢纽，为世界经济回升提供有力的杠杆。

---

① “冰上丝绸之路”一词，始于俄罗斯前任国防部长谢尔盖·库茹盖托维奇·绍伊古。2011年9月，他在阿尔汉格尔斯克举行的第二届“北极——对话之地”期间接受记者采访时首次用“冰上丝绸之路”形容俄罗斯准备全力开发的“北方航道”。参见钱宗旗：《俄罗斯的北极战略和冰上丝绸之路》，北京：时事出版社，2018年，第192页。

第六，促进两国民间交流、人文合作。正如习近平主席所指出的，中日友好的根基在民间，中日关系前途掌握在两国人民手里。越是两国关系发展不顺时，越需要两国各界人士积极作为，越需要双方加强民间交流，为两国关系改善发展创造条件和环境。① 为推动中日关系真正转圜，两国有必要进一步促进地方自治体交往、学术文化交流以及由修学旅行引领的青少年之间的交流。

当然，中日关系要企稳向好，最根本的是要坚持中日间四个政治文件。这是改善和发展中日关系的政治基础。邓小平曾高度评价《中日和平友好条约》是两国关系的“政治总结”，也是进一步发展两国关系的“新起点”。李总理访日期间，两国领导人再次确认了这一条约的重大历史意义。安倍首相将它比喻为引领两国克服困难、不断前进的“指南针”。这是近年来日本领导人对《中日和平友好条约》最正面、最积极的表态。值此纪念《中日和平友好条约》缔结40周年之际，两国一定要将承诺化为实际行动，为中日关系的发展源源不断地注入正能量。

① 参见习近平：《在中日友好交流大会上的讲话》，2013年5月23日，新华社，http：//www.xinhuanet.com/politics/2015-05/23/c_1115384379.htm[2018-07-29]。

抓住新机遇，拓宽中日合作新领域

吕克俭*

中国和日本互为重要邻国，友好交往绵延两千多年，经贸往来始终是双边关系的重要推进器。40 年前，中国吹响改革开放号角，日本率先开展对华务实合作，为中国经济快速发展作出积极贡献，也为自身成长提供广阔空间，成为双边互利合作的典范。

2017 年是中日邦交正常化 45 周年，两国关系改善势头进一步增强，两国领导人在多边场合保持会见，习近平主席和李克强总理分别在 APEK 岘港会议和马尼拉东亚合作领导人会议期间会见安倍晋三首相，两国领导人一致同意要把握和平、友好、合作的大方向，推动两国关系持续改善、向好发展。双方还就携手推动区域经济一体化、推进“一带一路”框架内合作、开展第三方市场合作等达成重要共识。两国经济界积极开展互利合作，为中日关系的改善发挥了积极作用。双方各层级接触与对话逐步恢复，各领域务实合作稳步推进，国民感情呈现回暖迹象。在双方的共同努力下，中日各领域交流合作逐步恢复发展，双边贸易额重返 3000 亿美元大关，人员往来首次突破 1000 万人次，两国关系出现了改善向好的势头。

2018 年适逢中国改革开放 40 周年和《中日和平友好条约》缔结 40 周年，两国关系处于改善发展的关键阶段。因此，李克强总理 5 月的访日对进一步推动中日关系改善发展、深化中日韩合作、促进亚太地区和平稳定与发展具有重要意义和深远影响。双方应重温两国复交时秉持的坚定信念，加强对话，凝聚共识，增进互信。同时，应以更加开放的视野观察和拓展两国经贸关系。中日经贸合作发展到今天的规模和水平，是双方共同努力的结果，也是互惠、互

---

* 吕克俭，全国日本经济学会副会长。

利、合作的结果，来之不易，需要双方倍加珍惜。当前，中日经贸合作面临新的发展机遇，双方应增强责任感，着眼长远和大局，抓住机遇，排除障碍，落实好业已达成的各项共识，深化各领域的务实交流与合作，努力推动两国关系长期健康稳定发展。

一　2017 年中日经贸关系回顾

（一）中日贸易额止跌回升，重返 3000 亿美元规模

近年来，世界经济复苏疲软缺乏动力，全球经济收缩，国际市场需求减少，加之中日关系困难复杂，双边贸易连年下降。进入 2017 年，随着中日关系进一步改善，双边贸易呈现止跌回升态势，重返 3000 亿美元水平。据中国海关统计，2017 年，中日进出口贸易额 3029.8 亿美元，同比增长 10.1%，占我外贸总额的 6.9%。其中我对日出口 1373.3 亿美元，同比增长 6.1%，占中国出口总额的 6.1%；中国自日进口 1656.5 亿美元，同比增长 13.7%，占中国进口总额的 9.0%。中方逆差 283.3 亿美元。日本居欧盟、美国、东盟之后，为中国第四大贸易伙伴（上一年居中国香港之后为第五位）。按国别排名，日本是中国第二大贸易对象国，中国是日本第一大贸易伙伴。进口排在欧盟、东盟、韩国之后，出口排在美国、欧盟、香港、东盟之后。2017 年，中国企业在日本承包工程新签合同额 3.38 亿美元，减少 10.8%；完成营业额 3.28 亿美元，增长 4.9%。此外，日本仍是中国国际服务的第四大发包市场。

据日本财务省统计，2017 年，日中贸易总额为 33.3361 万亿日元，同比增长 13.5%。其中日本对华出口 14.8014 万亿日元，增长 20.5%，占日出口总额的 17.8%；从中国进口 18.4446 万亿日元，增长 8.4%，占日进口总额的 26.8%。日方从上年的 4.6531 万亿日元减至 3.5532 万亿日元，减少 17%，连续两年下降。尽管如此，中国仍是日本第一大贸易伙伴，第二大出口目的地和第一大进口来源地。

值得关注的是，以跨境电商为代表的“互联网 +”模式将为中日贸易增添新动能，许多日本品牌占据各大电商平台畅销前列。

2018 年 1—6 月，中日贸易额 1574.8 亿美元，同比增长 10.7%。其中，中国对日出口 703.7 亿美元，增长 8%；中国自日进口 871.1 亿美元，增长 12.9%。

（二）日本对华投资企稳增长

2015年，日本成为首个对华投资额累计突破1000亿美元的国家，位列中国第一大外资来源国。2017年日本企业对华投资开始止跌回升并企稳向好。据中国商务部统计，2017年，日本企业对华投资项目数590个，同比下降1.5%，实际到位金额32.6亿美元，同比增长5.3%，占我吸引外资总额的2.5%。除香港及自由港以外，日本排在新加坡和韩国之后，为第三位，呈现企稳向好之势。投资领域向多元化发展，服务业投资不断升温。2018年1—6月，日本在华新设立企业377家，同比增长32.3%，实际使用金额18.1亿美元，增长4.9%，除香港和自由港外，日本是第三大外资来源国。截至2018年6月，日本累计在华投资设立企业项目数5.1万家，实际使用金额1100亿美元，占我吸引外资总额的6.0%，在中国利用外资累计总额国别中排名中居首。日本企业加大在高端制造、绿色环保、现代服务等领域投资，特别是汽车、机器人等技术密集型、高附加值型企业对华投资活跃。据日本财务省统计，2017年，日本企业对华直接投资100.04亿美元，占同期日本对外投资总额的6.1%，排在美国、英国、荷兰之后，居第四位。

日本企业对华投资近几年受中日关系困难和日元贬值等影响出现起伏，实际到位金额连年下降，部分日本企业也在加速“中国+1”战略，但据日方的调查显示，多数日本企业仍看好中国市场。如今，中日两国位居世界第二和第三大经济体，双方经贸合作互补性不断增强，逐渐形成了“你中有我，我中有你”的伙伴关系。特别是中国共产党十九大对中国经济建设、生态文明建设做出了全面部署，受到包括日本在内的世界各国的广泛关注。中国将坚定不移全面深化改革，将实施更高层次的对外开放，为全面建成小康社会，实现两个奋斗目标而继续努力奋斗。当前，中国经济形势稳中向好，质量和效益不断提高，国内市场潜力巨大，产业能力完善。随着供给侧结构性改革、城镇化的深入推进、产业结构的优化升级、国民收入的快速提高，必将引发新的投资和消费增长点，这些综合优势对日本等外资企业依然有较大吸引力。可喜的是日本国际贸促协会、日中经济协会、经济团体联合会、商工会议所等经贸团体坚持每年组织经济界代表团访华，“展现日本重视与中国合作的热忱之意”。尽管有的日本媒体报道日本企业“要从中国撤退”，引起各界猜测，但根据日本贸易振兴机构的调查报告显示，目前在华日资企业中有89.4%的企业看好中国市场、将继续留在中国市场。大多数日本企业看好中国经济社会的发展前景和市场的发展潜力，继续重视并加大在华投资合作，包括产品研发、智能制造、节能环保和医疗养老、现代服务业、电子商务、中小企业、物流和人才交流等合作。如丰田、日产、本田等汽车公司、瑞穗金融、三井住友、三菱东京日联银行、索尼、NEC、日立、佳能、欧姆龙、富士通、日本邮船、山九、泰尔茂、YKK、川崎重工、欧力士及三菱、三井、住友、丸红、双日、伊藤忠商事和伊藤洋华堂等。日本国际贸促协会、日中经济协会等经济团体组团访华的企业和人数也在逐年增加。

（三）技能实习生合作面临新机遇，人员往来稳中有进

日本是中国重要的海外劳务市场。据商务部统计，2017 年我向日新派出技能实习生 38670 人，同比增长 5.8%，扭转了连年减少的趋势。2018 年 1—6 月，中国向日新派出技能实习生 6779 人。截至 2018 年 6 月，中国在日技能实习生总数约 14.2 万人，约占中国在外劳务人员总数的 23.4%，主要分布在日本各地的中小企业，涉及制造业，农林牧渔和建筑业等。近来，日本放开了建筑和健康护理行业限制，技能实习生合作面临新的机遇。

中国是日本最大的海外客源国。2017 年双方人员往来突破 1000 万人次，有效增进了两国社会层面相互理解。近年来，赴日中国游客屡创新高。2014 年中国大陆访日游客突破 241 万人次，比上年增长 80.8%。2015 年，达 499.5 万人次，比上年增长 107.1%，跃居各国和地区访日游客人数首位。2016 年为 637.3 万人次，同比增长 27.6%，首次突破 600 万人次大关。2017 年再次刷新纪录，达 735.6 万人次，增长 15.4%，人数和消费额连续三年名列日海外游客首位。另一方面，受日元贬值和中日关系等影响，日本访华游客人数连年减少。2017 年有所恢复，约为 265 万人次，较 2016 年略有增加。

（四）中国企业对日投资不乏亮点，更加重视社会责任

近几年，中国企业加快对外投资步伐，深度参与全球化。中国企业对日“走出去”起步较晚，规模不大，但近几年增长较快。2016 年达 4.71 亿美元，同比增长 117%。据商务部统计，2017 年，我对日非金融类直接投资额为 2.54 亿美元，同比减少 46.1%。2018 年 1—6 月，中国对日本直接投资 1.7 亿美元。截至 2018 年 6 月，中国对日本直接投资额为 36.1 亿美元，中国对日本直接投资企业约 900 家，中方员工约 1800 人。制造业为中国企业对日投资主要

行业。近年来，中国对日投资也逐步向金融服务、电气通信、软件、网络等领域拓展。投资方式多元化，有绿地投资、跨国并购、联合投资等多种方式。

同时，有实力的中国企业看重日本市场和研发环境。例如，海尔集团、华为技术和中兴通讯等中国企业在日本设立了研发中心，中国银行、工商银行、建设银行、交通银行和农业银行均在日本开设分行及多家分支机构。上海电力在“3・11”大地震灾区投资建设大型太阳能发电站，支持灾区重建和日本社会可持续发展。华为、中兴、海尔、百度、京东等企业与日本运营商及生产商开展良好合作。阿里巴巴、腾讯微信等增加在日支付网点，在日本掀起新一轮支付方式革命。摩拜单车等开始登陆札幌等地，中国式共享经济开始登陆日本。在日中国企业协会和日本中华总商会不断发展壮大，热心为会员企业牵线搭桥，提供服务。熊本地震后，在日中国企业协会向灾区捐款1700多万日元，体现了中国企业的社会责任感，获得日本社会赞誉。在日中国企业努力融入日本社会，重视履行企业社会责任，积极实行本土化管理，为当地提供就业岗位，是双赢的合作。但中国企业对日投资能否保持增长，仍需自身练好内功，继续树立良好的企业形象。同时也遇到一些困难和偏见，特别是受到中日关系、经济金融形势等宏观环境的影响和制约。

（五）“一带一路”开启合作新篇章

“一带一路”倡议提出四年多来，得到国际社会广泛响应。日本经济、政治和学者等各界对“一带一路”开始显示出积极意愿。2017年5月，日本自民党干事长二阶俊博率团出席“一带一路”国际合作论坛，受到习近平主席的接见。同年7月，习近平主席与安倍晋三首相在G20峰会期间举行会谈，共同确认将继续推进中日关系朝着正确方向改善发展，并就探讨在“一带一路”框架下开展合作达成一致。11月，日本经济界又派出250人大型代表团访华，受到李克强总理的接见。经团联神原正昭会长表示，包括“一带一路”在内的全球产业链合作不仅对两国，而且能对世界带来繁荣，显示出日本企业参与“一带一路”合作重要性的共识和积极态度。11月30日，“一带一路”日本研究中心在东京成立，两国学者就“一带一路”框架下中日合作问题进行了深入交流，两国围绕“一带一路”开展合作对接的氛围逐渐升温。

实际上，中日企业开展三方市场合作已有基础，包括技术转让、共同研发、相互持股、联合竞标或分包项目等。随着“一带一路”建设的不断推进，已有部分日本企业在装备制造、物流、金融等领域与中国企业对接与合作，共同探讨将中国的优势产能、日本的先进技术和发展中国家的需求有效对接，合作开拓第三国市场，谋求实现“1 + 1 + 1 大于 3”的效果。目前，两国相关部门和研究机构等已开始“一带一路”合作的相关研究。中方欢迎日方参与“一带一路”的国际合作，愿意积极同日方开展相关协商，比如探讨以亚洲为中心开展基础设施、能源、环保、金融等领域的交流与合作，争取双方在“一带一路”的具体合作早日落地生根。相信随着“一带一路”建设的深入推进，不仅会为中国的开放发展创造更大的空间，同时也会为包括日本在内的世界各国的发展和全球的经济增长提供更多的机遇。

（六）金融等服务贸易领域合作成为亮点

金融和服务贸易领域合作成为近年中日经济合作的亮点。两国已实现人民币和日元直接结算，双方相互持有对方国债规模也在扩大。中国中信集团于 2016 年 10 月 20 日在日本成功发行 1000 亿日元武士债券并获得超额认购。中国工商银行东京分行于 2016 年 10 月 25 日在日本成功发行 5 亿元人民币债券，并于 11 月 1 日在东京证券交易所上市，成为在日本首家发行上市的中资银行。日本瑞穗银行作为第一家日资银行进入中国银行间债券市场。人才培训方面，日本瑞穗银行自 1979 年开始连续 37 年举办面向中国学员的金融研修班，人数已超过 1200 人。

（七）政府和经济界等交流增多

随着中日关系的改善和发展，两国间经济交流活动全面回升。2017 年，中国商务部与日本外务省牵头举办跨部间的中日经济伙伴关系磋商，与经产省举行副部级磋商，就两国经贸合作中的重大关心事项深入交换意见，为推动双方经贸合作关系发挥了重要作用。2018 年 4 月在东京举行了第四次中日经济高层对话，5 月李克强总理对日本进行正式访问，两国关系走上改善发展进程，经贸合作全面回升。中国有关部委和省市继续组团访日并与日本各界进行广泛交流，共论合作、共创商机。以河野洋平为会长的日本国际贸促协会和以宗冈正二为会长的日中经济协会以及日本经团联、日本商工会议所、日本贸易振兴机构等经济团体均积极组团访华，受到中国领导人的会见，并与商务部、发改委等就双边经贸合作事项深入交换了意见。近十几年来，中日节能环保论坛、绿色博览会、中日经济合作会议等顺利举办，为两国经济界交流搭建了丰富多样的平台，为促进中日经济合作发挥了积极作用。第11届中日节能环保论坛也在东京成功举行，双方政府官员、专家学者和企业家等近千人与会，双方企业还举行了对口洽谈，签署了多项合作协议，取得了积极成果。

（八）推进区域一体化进程

作为全球化和自由贸易的倡导者和维护者，中日两国应携手推进区域一体化的进程，加紧自贸安排。中日韩三国互为近邻，都是世界经济和贸易大国，是东北亚区域经济的基础。中日韩自由贸易区（FTA）和区域全面经济伙伴关系协定（RCEP）等已进行过多次磋商，争取在求同存异、照顾各方关切的前提下努力达成更高水平的协定。2017年4月，中日韩三方在东京举行了首席谈判代表会议第12轮谈判，三方就货物贸易、服务贸易、投资、规则等领域深入交换了意见。2018年5月，李克强总理赴东京出席中日韩领导人会议，三国领导人就进一步推动中日韩自贸协定和全面经济伙伴关系协定谈判达成共识。中日韩人口占东亚的71%，世界的22%，经济总量占东亚的86%，世界的20%。据分析，中日韩自贸区如成功实现，三国国民生产总值将达到15万亿美元，将为深化经贸合作和推动各国经济增长注入强劲动力，并为三国互惠关系奠定坚实的共同利益基础，有利于东北亚地区的繁荣与发展。

回首以往，1972年中日邦交正常化以来，两国关系虽然起起伏伏、经贸交流也常遇挫折，但在双方的共同努力下，两国经贸合作已经形成“全方位、宽领域、多层次”的合作格局，成为中日关系的“压舱石”和“推进器”。中国改革开放以来，日本通过对华贸易、直接投资、开发援助、科技合作等方式对中国现代化建设给予了宝贵支持，同时，日本也获得了巨大市场和丰厚利益。中日经贸合作为两国人民带来实实在在的利益，也为中日关系的长远发展和本地区及世界经济的发展做出了积极贡献。

二　前景展望

2018年，国际形势仍将继续深刻变化，世界经济复苏缓慢，经济全球化和亚洲区域合作在不确定因素中持续推进，机遇与挑战并存。

应日本首相安倍晋三的邀请，李克强总理5月8日至11日赴日本出席第七次中日韩领导人会议并对日本进行正式访问。李克强总理的访日对进一步推动中日关系改善发展、深化中日韩合作、促进亚太地区和平稳定与发展具有重要意义和深远影响。特别是在经贸领域，中日双方签署了多项紧密合作协议，就共同参与“一带一路”建设进行了深入探讨，双方还签署了《关于中日第三方市场合作事项的备忘录》等。

中国共产党第十九次全国代表大会规划了未来中国发展的宏伟蓝图。习近平总书记在报告中特别讲到“中国积极发展全球伙伴关系，扩大同各国的利益交汇点”。中国将继续为实现全面建成小康社会的目标而努力。日本也在为提振经济做出努力，正在推动科技创新、旅游和“奥运经济”等经济增长战略。当前，中日两国政府都为改善投资环境做出努力，中国的改革开放进程将继续为两国深化在经贸、基础设施、装备制造、高科技、新能源、金融服务等领域合作提供源源不断的动力。新的形势下，双方应重温两国复交时秉持的坚定信念，加强对话，凝聚共识，增进互信。同时，双方站得更高，看到更远，抓住新时期难得的契机，发挥各自优势，推动以下领域的合作向前发展。

（一）共同维护多边自由贸易体系，积极推进区域一体化的进程

近年来，世界经济复苏疲软缺乏动力，全球经济收缩，国际市场需求减少，加之当前贸易保护主义、逆全球化思潮不断抬头，各种不稳定不确定因素日益增多。李克强总理在此时出席中日韩领导人会议，并向外界发出“中日韩应坚定地站在一起，维护以规则为基础的多边自由贸易体系，旗帜鲜明反对保护主义和单边主义做法”这一中国声音，既阐明了中国的立场，也指明了三国合作努力的方向。中日作为亚洲和世界重要国家和自由贸易的受益者，应当在反对贸易保护主义和单边主义方面协调立场，共同维护多边主义、以规则为基础的国际秩序和自由贸易体制，共担时代使命。还应加强协调，围绕应对气候变暖、能源安全等课题开展互动，扩大共同利益支撑点，为其他国家发挥示范效应。还应加强在世贸、亚太经合等多边机制下的协调与合作，共同防止国际贸易保护主义抬头，维护正常的国际贸易秩序和环境。同时，加快中日韩自贸协定和区域全面经济伙伴关系协定谈判，携手推进区域一体化进程，向着早日建成亚太自由贸易区的目标不断迈进。

（二）加强创新交流，拓展现代服务领域的合作

中国国内生产总值2017年迈上80万亿元人民币的新台阶，各项民生事业加快发展，未来中国将是大市场，旅游、文化、体育、健康、养老五大幸福产业将快速发展。这为包括日本企业在内的外国企业带来很多商机。2020年，中国中等收入群体有望达到4亿—5亿人，同时也开始步入老龄化社会。中国已开始实行“一对夫妇可生育两个孩子”的政策，这不但可以为人口红利提供后备军，还是现实的消费增长点。财政金融、社保医疗、教育培训、健康养老、文化娱乐、旅游、物流等多样性服务消费成了新的热点需求。今后中日双方可以在以下领域开展合作。

一是旅游产业合作。未来五年，中国旅游市场总规模达到67亿人次，出境游客将达到7亿人次。中日每周有1000多个航班往返两国60多个城市之间，主要港口之间都已开通了航线。近几年到日本的游客快速增长，2015年以来中国赴日游客每年都以百万人次递增，许多日本朋友已感受到了来自中国的购买力。购物观光、医疗体检成为中国游客访日的热门之选。

二是健康养老产业合作。中日两国都面临人口老龄化挑战。目前，中国65岁以上人口已达1.58亿人，占总人口11.4%，中国是世界上唯一的老龄人口过亿的国家。到2020年，失能老人预计4000万人，仅护理人员就需2000万人，这既是压力也是动力，将会促进服务业增长，形成几百亿元的市场，是潜在的增长力。而日本在老年护理服务和医疗保健技术与设备等领域处于世界领先水平，两国在养老产业的合作方兴未艾。

三是加强软件和信息服务合作。日本是中国重要的软件和信息服务外包市场之一。应继续支持两国企业发展软件和信息服务外包合作，共同推进信息技术研发、交流与合作。

四是加大在以云计算、完善大数据和智能制造、跨境电商、“互联网+”、物联网、电子商务等新兴领域的创新、务实合作。网购有可能成为中日新的合作领域。

五是推动节能环保合作，中国正在创新驱动发展，实施“中国制造2025”，推动制造业向自动化、智能化、服务化转变，由粗放型向集约型转变。特别是要加快生态文明建设，推进绿色发展、构建清洁低碳安全高效的能源体系。日本在节能环保、绿色循环经济和高科技等领域有着世界先进的节能环保技术，也有着成熟的生产和技术出口经验。生态文明建设是中国经济社会发展的必然要求。中日在节能环保领域互补性强，未来合作前景广阔，中日两国企业可以发挥各自优势，实现绿色技术与市场资源的有机结合，不断把“现实需求”转化为“实际成果”，造福两国人民。

（三）契合“一带一路”，开启中日合作新篇章

中日企业开展三方市场合作已有基础，包括技术转让、共同研发、相互持股、联合竞标或分包项目等。随着“一带一路”建设的不断推进，已有部分日本企业在装备制造、物流、金融等领域与中国企业对接与合作，共同探讨将中国的优势产能、日本的先进技术和发展中国家的需求有效对接，合作开拓第三国市场。目前，两国政府和经济团体及研究机构等已开始相关研究。期待双方在共建“一带一路”中密切沟通，优势互补，积极开展第三方市场合作。比如探讨以亚洲为中心，在基础设施、能源、环保、物流、金融、服务业等领域开展合作，争取具体合作早日落地生根，实现共同繁荣与发展。

（四）金融等服务贸易领域合作成为亮点

金融等服务贸易领域合作成为近年中日经济合作的亮点。培育债券市场、相互增持国债等举措有助于提高金融市场的稳定与储备资产的安全。中日互为重要经贸合作伙伴，双边贸易额已超过3000亿美元，相互投资也在恢复和不断增长，目前，两国部分贸易已实现人民币和日元直接结算，双方相互持有对方国债规模也在扩大。金融合作有利于两国实体经济的发展，也有利于贸易投资等经贸领域合作的拓展和提升。中国（上海）自由贸易试验区的设立以及在天津、广东和福建等地进一步实施，必将为中日两国在更高层次的贸易、投资和金融服务等领域的合作带来新的发展机遇。

（五）携手推进两国民间和地方交流与合作

中日两国地方间的交流与合作一直是中日关系的重要组成部分，有着良好的传统和基础。两国友好省县和城市多达250余对，可以说在世界范围内都是屈指可数的。以李克强总理访问北海道为契机，双方应继续挖掘地方间的合作潜力，开发新的合作领域，真正实现优势互补和共同发展。今后应继续鼓励和支持中日地方间发挥各自优势，大力开展民间友好交流与互惠合作，夯实两国关系发展的民意基础，为中日关系和双边经贸合作稳步发展作出贡献。

（六）增进理解，深化合作，推动中日关系行稳致远

新形势下，中日两国在很多新领域都迎来了新机遇。能否顺利开展合作、造福两国人民，非常关键的一个问题就是双方的心态，即是将对方视为“伙伴”还是“对手”。1972年中日邦交正常化以来，尽管两国关系历经起伏波折、经贸交流也常遇挫折，但在双方的共同努力下，中日经贸合作为两国经济的发展和人民带来了实实在在的利益，已经形成“全方位、宽领域、多层次”的合作格局，成为中日关系的“压舱石”和“推进器”。推动中日关系长期稳定健康发展，符合两国人民的根本利益，也是国际社会的共同期待。正如李克强总理所言，中日互利双赢合作正在面临提质升级的新机遇。中方欢迎日本参加首届中国国际进口博览会；将与日方积极对接发展战略，积极推进“一带一路”建设和第三方市场合作，共同应对贸易保护主义，推进区域合作等，实现互利共赢，推动中日关系不断改善和健康稳定发展，为本地区和世界的和平与发展作出积极贡献。

2018年恰逢《中日和平友好条约》缔结40周年，中国改革开放40周年，中日韩合作领导人会议已经在日本成功举办。在两国关系处于进一步改善发展的良好态势下，双方应重温两国复交时秉持的坚定信念，加强对话，凝聚共识，增进互信。同时，双方应以更加开放的视野观察和拓展两国经贸关系，中日经贸合作发展到今天的规模和水平，是双方共同努力的结果，也是互惠、互利、合作的结果，来之不易，需要双方倍加珍惜。双方应增强责任感，切实把两国合作伙伴、互不构成威胁的定位落到实处，抓住机遇，克服困难，努力扩大两国经贸合作，推进中日关系持续稳定改善和向前发展，实现中日和平友好和共同繁荣，为世界和平与发展作出应有的贡献。

日中经济合作与广域合作建议

［日］ 山崎达雄*

在纪念《日中和平友好条约》缔结40周年的场合，很多研究者探讨了日中关系的变化情况。我认为，从经贸的角度看待日中关系非常必要。2010年之后，日本对华出口虽然有所下降，但是2017年日本的对华出口创下了最高纪录。现在，在日本的所有出口之中，对华出口占比20%。中国消费者通过互联网电商从日本购买产品的金额自2013年以来增加了2倍多。目前有3.2万家日本企业对中国进行投资，实际上高于日本对美投资企业的数量，在日本企业的全球投资之中，对华投资占比最高。

人员往来方面，统计数据显示，近年来，一方面，全球各国中赴日旅游观光人数最多的是中国人。另一方面，前往中国旅游的日本游客却增长乏力。从这个角度来看，日中两国民间交流确实取得了长足发展，但是未来仍有较大发展潜力。

日本对华直接投资方面，2012年按美元统计的投资额是现在一倍以上，但现在日元与2012年相比贬值了40%，因此实际上现在比2012年增加了约40%。即便如此，日本的对华投资还是减少了。原因之一是日本国内的设备投资也在减少，从过去的重化工投资转为IT（信息产业），而IT是不需要设备投资的。

此外，日本的通商贸易白皮书统计显示，在产业领域当中，日本拥有很多对中国有相对优势的产业，例如电器、通信、半导体。还拥有一些优势技术，例如环保低碳技术、能源技术、可再生能源、半导体技术等。日中两国各自擅长的领域和技术可以形成互补，日本今后可以与中国展开更多合作，日本很多民间企业就有这样的想法。

与个人消费相关的产业方面，日本在中国的销售额与美国和欧盟相比还是较少。

---

* 山崎达雄，日本财务省前财务官。

而日本擅长的医疗健康护理领域在中国需求非常大，但目前投资的日本企业并不多。这些方面的投资有非常大的增长潜力，日中两国在以上方面开展合作非常重要。

证券投资方面，日本向中国以人民币计价证券投资的余额在过去一年里已翻一番，但目前余额只有5241亿日元。前不久，日中首脑会谈就此达成一个协议，因此，这方面投资今后可能出现较大增长。2018年5月，李克强总理和安倍首相举行会谈时，中国表示要向日本提供2000亿人民币的RQFII额度，因此日本对华证券投资余额会大幅度增加。日本和中国达成共识，在日本设立人民币清算行，让日资金融机构参与到中国证券业务当中。日中双方正在进行进一步协调，希望能够在安倍首相访华之前得以落实。

需要看到，在全球范围之内，由于美国总统特朗普的因素，出现了很多不确定的情况。我曾经和约瑟夫·奈先生进行过交流，他认为，并不是特朗普的出现引发了当今的问题，而是美国的经济社会背景造就了特朗普。这意味着什么呢？过去20年里，美国的工薪阶层的实际收入并没有增加。美国的人均GDP虽然增长了，但这是超富裕阶层增加带来的。此外，在发达国家中，美国的平均寿命在下降，这是为什么呢？原因在于两个方面：一是毒品，二是自杀。现在特朗普所看到的就是过去20年里美国面临的问题。过去这些人支撑了美国的发展，但是现在他们却处于一种被人遗忘的境地。虽然现在特朗普把政策的焦点对准他们，但是效果仍有待确认。

面对如今的美国，我们应该如何与之打交道？美国启动301调查，或是针对日本，或是针对其他同盟国家。在钢铁、铝或汽车方面，美国都以安全保障为由加征关税。实际上，美国之所以宣称援引301条款制裁中国，是因为WTO并不发挥作用。若依照WTO规则，要解决纠纷所花费的时间也会较长，因此无法通过WTO解决问题。不论是WTO、还是日中两国都应该倡议进行改革，只有这样才能够解决目前存在的、不公平的贸易保护主义。

关于应对关税的措施。我认为，通过采取反制报复的做法并不具有建设性。中国采取了反制措施，像大豆这样的商品，中国可以不向美国购买，而向巴西购买。但是，如果巴西大豆的产量不够，就还是必须向美国购买。由于中国对大豆制定了很高的关税，中国的消费者利益也因此受损。我们应该不是通过提高向美国征收的关税，而是通过降低向美国以外的国家征收的关税，从这些国家进口其他更多的产品，如此，美国才会不得不紧张起来。我希望日中韩FTA能够谈成一个内容更加充实、自由度更高的协定，如果能够实现，就会有效遏制美国的贸易制裁做法。

东亚合作与中日关系：回顾与展望

黄大慧*

东亚一体化自20世纪90年代以来不断向前推进，多个地区合作机制的涌现引发了人们对东亚地区主义及其经济新秩序的广泛探讨。① 在诸多地区合作机制中，大国也借助相应的制度平台开展了一系列竞争与合作。中国和日本是东亚地区最大的两个经济体，中国愈发呈现出积极主动的对外战略姿态，日本也加紧了迈向政治大国的步伐，争取东亚合作主导权对两国的意义都十分巨大，这不可避免地使两国在一定程度上形成竞争与对立。不过，尽管中日两国都力图在制度竞争中取得胜利以获得东亚地区合作主导权，但两国客观上还是存在一定的合作共识。两国关系在彼此间往来竞合中不断演变，同时也推动着东亚地区的发展。

一　背景：中日关系的实力基础与政治猜疑

中国与日本是一衣带水的邻国，因具有相对较强的经济实力和地区影响力，两国在东亚地区发展特别是地区机制构建过程中都发挥着举足轻重的作用。不过，难以忽视的是，中国与日本之间的较量与分歧长期存在，两国关系十分复杂。尽管中日之间在经济互利、和平解决朝核问题、维护地区稳定、建立东亚共同体等议题上存在一定的共同利益，但两国却时常因领土争端、历史认知、台湾问题等负面因素而陷入关系冰点。总体来看，中国和日本之间的关

* 黄大慧，中国人民大学国际关系学院副院长、教授。

① 对东亚地区主义研究的综述性阐述，参见黄大慧、韩爱勇：《东亚地区主义研究评析》，《外交评论》2011年第3期，第135—149页。

系发展与其经济实力对比情况密切相关，同时也会受到两国间固有的政治嫌隙的影响。

首先，中日两国经济力量对比变化明显。20世纪中后期至21世纪头十年，日本始终在综合国力上强于中国，同时也是东亚地区经济发展的“领头雁”。但中国的经济实力在改革开放后快速发展，到2010年中国GDP超越日本成为世界第二大经济体，并在短短五年间超出了日本GDP的2.5倍。照此趋势，中日经济实力的差距可能还会进一步拉大。中国实力的快速崛起结束了二战后日本仅次于美国的“经济奇迹”，这种国家间力量对比发生的实质性变化在很大程度上引发了日本对中国的惶恐和猜疑。对于日本而言，中国的崛起是一种“异质性”的存在，对中国“国强必霸”的传统认知加深了日本对中国的不信任，因此日本需要以制衡来应对中国的崛起。这进而加剧了中日之间的战略性竞争和角力对抗，也使得两国的深层次结构性矛盾也有恶化之虞。[①]

其次，中国与日本之间存在一些固有的政治猜疑。一方面，日本在一些历史问题上尚未最终形成正确的认识，这不时挑战着中日开展友好合作的底线。战后70余年来，日本国内始终存在一股不能正视历史的力量。2012年12月安倍再次执政后，历史问题一度愈演愈烈，右翼势力的错误历史观不断酝酿发酵，强大的右倾之风使得日本在处理历史问题及其延伸的中日关系问题上屡屡偏颇。一系列模糊侵略历史性质、淡化历史问题的言行都受到国际社会的关注。可以说，日本在历史认识上也经历了“失去的二十年”。另一方面，中日两国领土争端悬而未决，这一定程度上削弱了两国开展合作的基础。如在钓鱼岛领土问题上，中日民众反应激烈，中国国内多地曾出现示威游行，而日本对华民意基础也一度恶化，导致日本政府可能作出非理性的对华政策选择，形成恶性循环。[②] 中日两国在领土争端的发酵与僵持过程中也爆发了持续的国际舆论斗争，这进一步恶化了中日双边关系氛围，也加大了中日关系转圜的难度。[③] 此外，从外部因素上看，由于日本是美国同盟体系中的一员，它与美国外交政策之间的协同效应明显，因此中美关于霸权国与崛起国之间的角力也很

---

① 参见蔡亮：《“范式均势”视阈下安倍内阁对中国崛起的认知与应对》，《日本学刊》2017年第4期，第43—63页。

② 参见黄大慧：《改善日本对华民意基础任重道远》，《现代国际关系》2014年第1期，第20页。

③ 参见吴怀中：《日本在钓鱼岛争端中的国际舆论动员》，《外交评论》2014年第3期，第83—106页。

大程度上会对中日关系造成影响。

事实上，中日两国对彼此的外交政策在很大程度上是以本国国家利益为基本考虑，根据国内外形势的新发展进行调整，是一种更注重实际的切身利益而非意识形态因素的博弈外交。[①] 两国当前不断变化的经济实力对比情况，以及两国间固有的政治猜疑，都增加了中日两国共同参与地区合作治理的变数。在这样的背景下，中日两国有意识地进行竞争与合作，这样的竞合关系不仅是凭借国家实力的对抗，而是更多地通过制度平台的力量来进行外交往来或实现彼此抗衡的目标。

二　表现：地区合作框架内的中日竞合

中国和日本因经济实力及具体国情不同，在参与地区合作治理时往往作出了不同的制度选择，通过支持不同的制度，力图使自己所支持的制度成为地区合作中的主导，在成为制度主导国后可利用更多的经济资源与议程便利使地区合作进程朝自身意愿的方向发展。在中国与日本之间，为争夺地区主导权而开展的较量在地区制度化建设的过程中逐渐显现。但不可否认的是，尽管中日两国制度竞争比较激烈，客观上的制度合作依然存在。

（一）20 世纪 80 年代至 90 年代末：合作的雏形

日本是东亚最早迈入现代化的发达国家，日本比其他东亚国家更加强盛的经济实力和发展势头赋予了日本推动地区合作的能力与契机。首先，当时的日本在战略重点上充当着东亚经济增长的领头雁，在“经济立国”的国家战略指导下具备了相当的经济实力及能力，领跑着东亚“雁行模式”经济结构的高速增长，这赋予了日本推动地区合作的能力与契机。此外，伴随着日本经济发展与产业结构调整，日本向东亚其他国家进行产业梯次转移及相应的技术转移。中国也承接了从日本转移出来的一些劳动密集型产业，中日两国在经济产业方面形成了一定意义的合作关系。

除了经济产业合作外，日本也率先开始了地区制度合作的步伐。其中最突

① 参见赵全胜：《日本外交政策辩论和大国博弈中的中日关系》，《日本学刊》2016 年第 1 期，第 81 页。

出的表现是，日本与亚太各国进行积极磋商的穿梭外交①，在亚太经合组织（APEC）的成立与发展进程中发挥了积极的推动作用，利用国际制度加速地区合作的步伐。通过APEC这样的国际制度平台，日本可以逐渐发挥经济实力的影响力，使东亚成为由日本所控制或主导的经济圈，在美日欧资本主义经济三足鼎立格局中保持日本经济在全球范围内的竞争力，进而还可能将APEC发展为日本协商亚太安保问题的场所。② 这体现出日本早期阶段争取地区主导地位的雄心，而中国因经济实力尚未足够成熟，还未在地区制度构建中发挥较大作用。此时地区合作的进程总体上由日本发挥主导作用。

（二）20世纪90年代末至21世纪头十年：合作中暗藏竞争

20世纪90年代末亚洲金融危机爆发事实上成为东亚地区主义真正发轫的起点。1997年12月，东盟—中日韩领导人非正式对话合作会议召开，建立起“10+3”系列峰会机制，以共同应对大规模金融危机带来的冲击与挑战，并摆脱对美国和IMF等国际金融机构的过度依赖。③ 2000年5月各方在“10+3”框架下达成了《清迈倡议》（CMI），约定协议相关国家可分别向“共同外汇储备基金”投入一定金额的外汇储备资金，而当一国在出现流动性短缺或严重的国际收支失衡时可通过区域性货币互换网络请求提供援助。2010年3月规模达1200亿美元的东亚区域外汇储备库正式生效，其中中国和日本都是最大的出资国。这体现出中日两国在金融方面的合作，共同为东亚地区发展提供及时有效的公共物品。

在这一阶段，东亚地区合作实际上迎来了一个黄金发展期，主要表现就是，囊括了中国、日本等主要东亚国家的地区合作机制纷纷涌现并如火如荼地发展。地区制度的发展离不开地区大国的支持。日本在其中就表现得非常突出，例如，2002年小泉纯一郎访问东南亚并提出“东亚共同体”设想，主张

---

① 大矢根聡：『国際レジームと日米の外交構想—WTO・APEC・FTAの転換局面—』、有斐閣、2012年、119—133頁。

② 1995年11月19日，日本前首相村山富市在会见记者时表达出了日本不将APEC战略视为完全纯粹的对外经贸战略的立场，而是期待APEC将来能更多发挥出一定的“政治效应”。参见［日］《朝日新闻》合订本，1995年11月，第907页。

③ Charles E. Morrison, “Introduction”, in Charles E. Morrison, Wendy K. Dobson, *East Asia and the International System*, New York: Trilateral Commission, 2001, p. 7.

以“东盟—日本”的合作关系构成东亚共同体的基础，利用“10+3”机制框架改善与东亚其他国家的关系①，以使日本在地区合作进程中发挥主导作用，保持对东南亚的影响，不做合作的“旁观者”。② 2009年鸠山由纪夫重提“东亚共同体”构想并侧重将共同体建设作为日本亚洲外交的核心。他认为，日本与各合作伙伴国可从自由贸易、金融、货币、能源、环境、救灾等领域逐步推进合作深度，最终实现东亚共同体的建立。③ 同时，“东亚共同体”不仅将在合作议题上从经济合作外溢到政治合作对话，还将在成员范围的确定上保持“开放的地区主义”的性质。④ 来自地区大国的主动支持，使得地区合作制度的建立和发展更加顺利。此外，对于中日关系中客观存在的问题，一些学者还提出了双边问题以多边形式帮助解决，这也间接促进了地区多边机制的发展。

不过，与此同时，中日制度竞争态势也已显现端倪。中国始终更为倾向“10+3”，因为“10+3”事实上可帮助中国有效地实施以自身为核心的地区合作战略。尽管日本也曾是“10+3”的支持者，但中国在经济上的快速崛起、在国家威望上的影响力扩大使日本感到威胁。不仅如此，日本先后提出的倡议和举措，包括亚洲货币基金组织倡议、“新宫泽构想”等，都未能成功地使日本提高日元及本国地位。⑤ 因此，日本要借助其他的制度平台争取自身在东亚地区合作中的优势地位，其中一项重大举措就是转而推动东亚峰会“10+6”机制的形成与发展，即应使“10+3”机制加入澳大利亚、新西兰、印度这三个东亚区域外国家。

中日双方发生分歧的原因在于，中国意图以排除东亚区域外各国影响、使本国容易行使影响力的“10+3”为基础构筑东亚共同体，而日本则判断难以将兴起的中国的影响力抑制在“10+3”框架中，便提出要以加上与美日友好的、价值观一致的域外三国的“10+6”为基础构建东亚共同体，这其中有日

① 小泉総理大臣のASEAN諸国訪問における政策演説「東アジアの中の日本とASEAN—率直なパートナーシップを求めて—」、2002年1月14日。

② 『日本経済新聞』2002年1月15日。

③ 「第64回国連総会における鳩山総理大臣一般討論演説」、2009年9月24日。

④ 鳩山総理によるアジア政策講演「アジアへの新しいコミットメント—東アジア共同体構想の実現に向けて—」、2009年11月15日、http://www.kantei.go.jp/jp/hatoyama/statement/200911/15singapore.html[2018-07-22]。

⑤ 李炯喆『宮澤内閣とアジア』、長崎県立大学国際情報学部研究紀要第14号、2013年、86頁。

本外交所固有的对美意识所发挥的作用。[①] 最终，东亚峰会被定位为“10+3”成员国与区外国家进行对话的机制，印度、澳大利亚、新西兰被列为东亚峰会机制成员国，这契合了日本的主张，而出于对中国立场的妥协，“10+3”继续运行而未被废止。[②] 尽管“10+6”与“10+3”成为东亚地区合作进程中并行的两条渠道，两条渠道中都包含了中国和日本两个国家，中日两国都在地区制度框架下开展了一定的合作。然而，中国与日本意图在合作中采用“制度制衡”方式约束对方行为，这种外交态度已经难以掩盖了。

（三）2011年至美国奥巴马政府任期结束：竞争的白热化

2008年金融危机爆发后，特别是2011年美国奥巴马政府大力推行“重返亚太”战略后，日本追随美国外交政策制衡中国，中日制度竞争趋于白热化，合作成分有所下降。美国始终是东亚地区合作中不容忽视的一个重要而关键的外部力量存在。随着美国霸权实力的相对衰落，美国在从全球制度霸权转向区域制度霸权的过程中，重返东亚是其防止自身影响力衰落的重要举措[③]，即美国不愿意被排除在经济快速发展的东亚地区之外，因此对东亚地区合作保持高度关注，尤其对东亚地区中的中日密切合作保持高度警惕。由于美国始终不是东亚域内国家，地理上不占优势，所以美国在某种程度上会考虑让具备相当经济实力、与其关系更密切的日本在东亚地区合作中发挥一定的领导作用。这样一来，美国介入的因素客观上会对中日竞合关系产生比较大的影响，中日竞争的意味更加凸显。

出于对美国同盟体系的支持，以及在地区秩序构建中对中国形成规则牵制的考虑，日本政府即使面对国内强大的反对与不满也依然宣布加入了TPP，力争掌握新一代更高标准的国际贸易规则制定权。与TPP相对，中国则积极参

---

① 西口清胜：《现代东亚经济论：奇迹、危机、地区合作》，刘晓民译，厦门：厦门大学出版社，2011年，第199页。

② 有关更多的对中日以及东盟国家围绕东亚峰会展开的博弈与争夺的论述，参见：Kai He, *Institutional Balancing in the Asia Pacific: Economic Interdependence and China's Rise*, London; New York: Routledge, 2009, pp. 44-45.

③ 美国领导人在多个公开场合明确表态要重返亚太和东亚，其中一个具有代表性的言论是希拉里在参加2010年东亚峰会前夕在夏威夷的讲话，参见：Hillary Rodham Clinton, “America's Engagement in the Asia-Pacific”, October 28, 2010, http://www.state.gov/secretary/20092013clinton/rm/2010/10/150141.htm[2018-07-22]。

加“区域全面经济伙伴关系”（RCEP）的谈判工作。RCEP 旨在建设“现代、全面、高质量、互利的自贸区”，但事实上 RCEP 更侧重经贸合作与整合，规则制定更具有灵活性、渐进性和调适弹性，这与 TPP 形成显著的差别，也更适合中国当前的经济发展情况。[①] 日本虽然也自 2012 年起参与了 RCEP 的谈判，但日本却一直未将其战略重心放在 RCEP 上。由此，中日两国在两个规则制定模式截然不同的超大型 FTA 的框架下也展开了更激烈的制度竞争。

总体而言，在参与东亚地区机制构建的过程中，中国更偏好“10+1”、“10+3”、RCEP 等机制，而日本更偏好东亚峰会、TPP 等机制。[②] 两国的偏好呈现出两种不同的朝向，也衍生出了相互竞争的地区主义理念：中国是内向型的，希望依靠东亚内部的国家力量推动地区合作进程；日本则是外向型的，更多地想要引入并借助域外国家特别是美国的力量，以平衡中国对其自身地位的冲击。中日两国在构建地区机制的理念上有所分化，自然形成竞争态势。在这样的竞争过程中，尽管两国在一些具体的产业、金融等议题上存在一定的事实上的合作，但还是难以改变两国间相互抗衡的局面。

三　变化：地区格局调整下中日合作的可能

不可否认，尽管中国和日本明显处于战略对抗和制度竞争的状态，但这并不意味着中日两国未来没有深化合作的可能。在东亚地区发展中，中国和日本分别为经济实力最强的两个国家，两国关系发展深刻影响着地区发展的未来走向，甚至可以说，中日两国共同合作是东亚地区未来繁荣发展、建设经济共同体的关键。

从历史的角度上看，中日两国的确也存在着实质性推进东亚地区合作的意愿与行为，这主要体现在中日韩三国领导人峰会机制的建立与演变上。1999 年 11 月，时任中国国务院总理朱镕基、日本首相小渊惠三、韩国总统金大中在出席“10+3”领导人会议期间举行了早餐会，并启动了三方在“10+3”框架内的合作；2000 年，中日韩三方领导人在第二次早餐会上决定在“10+3”

---

① 参见孙忆：《国际制度压力与中国自贸区战略》，《国际政治科学》2016 年第 3 期，第 125—161 页。

② 参见李巍：《东亚经济地区主义的终结？——制度过剩与经济整合的困境》，《当代亚太》2011 年第 4 期，第 19 页。

框架内定期举行会晤；2008 年 12 月，中日韩三国开始在“10 + 3”机制框架以外单独举行中日韩领导人会议。中日韩三国合作机制在经贸合作、对外投资等功能性领域都有所深入，制度化程度也有所提高，包括设立秘书处、成立三方委员会、建立央行行长定期磋商机制等。值得注意的是，日本在“10 + 3”框架下也提出了有益的倡议。例如，为加强对区域内经济的监督，日本大力推动“10 + 3”宏观经济研究办公室（AMRO）的建立。作为清迈倡议多边化协议（CMIM）下独立的监督部门，AMRO 从东盟秘书处、亚洲开发银行、国际货币基金组织等相关机构和民间组织处手机数据信息，编制有关地区整体和相关国家宏观经济的报告书，从宏观上对地区经济进行监督与分析。此外，日本还在“10 + 3”区域信用担保与投资基金（CGIF）中承担较大的出资额，日本和中国向该基金各出资 2 亿美元，共同分享基金管理的话语权等。

可见，中日之间存在一定的合作基础，而当前东亚地区形势发生的变化也将进一步加大中日未来合作的可能，但这种可能将更多体现在经贸关系领域。

首先，特朗普就任美国总统后推行的孤立主义、贸易保护主义政策意味着美国可能出现了战略回缩，而这很可能意味着美国在一定时间内难以成为日本可以仰仗的用以制衡中国的外部力量。一方面，特朗普上台后就宣布退出 TPP，而日本已为 TPP 付出了较高的国内政治成本，不得不接替美国的角色继续推动 TPP 早日达成协议并生效。[①] 日本历经重重困难，最终直接促成 TPP 转型为“全面且先进的跨太平洋伙伴关系协定”（CPTPP）。并且，特朗普政府对 TPP 的立场反复无常，这无疑使日本对未来美国对外经济政策的不确定性抱有深深的疑虑。另一方面，日本与欧盟于 2018 年 7 月 17 日在东京达成了一份内容广泛的经济伙伴关系协定（EPA），宣布相互取消大部分产品的关税，并将该协定的签署视为对美国贸易保护主义的抗争。随后，面对美国抛出的签订双边贸易协定的“橄榄枝”，日本政府也表示出了异乎寻常的谨慎态度。可见，尽管日本与美国之间仍保持着较为坚实的同盟关系，但这种同盟关系目前在经济层面上面临着一定的考验，而这正好为中日拉近经济合作距离提供了契机。

其次，日本当前所面临的战略处境，使其短期内缓和对华关系的需求有所上升。例如，2017 年 9 月 28 日，安倍出席中国驻日本大使馆在东京举行的庆

① 例如，2017 年 5 月 15 日日本首相安倍晋三在接受采访时就表示：“我们已经走了这么远，现在日本必须担任起领导角色。”

祝中华人民共和国成立68周年暨中日邦交正常化45周年招待会上，这是安倍执政以来首次出席这样的活动，也是日本的首相时隔15年后出席该活动，意在为日本担任主席国的下一轮中日韩首脑会谈营造日中友好的氛围，这体现出安倍对华示好的态度。2018年4月16日，第四次中日经济高层对话在东京举行，这是中日两国政府间经济领域最高级别的交流机制，前三次对话已分别于2007年、2009年、2010年在中日两国举行。这一交流机制时隔八年后得以重启，是中日关系改善的一个重要缩影。2018年8月31日，第七次中日财长对话也顺利举行。自2006年春天举行首次中日财长对话以来，这一对话机制不仅成为两国推动双边财金合作的重要平台，更是双边战略互惠关系发展的重要见证。此次中日财金对话主要就中日宏观经济形势与政策及结构性改革、中日财政合作、中日金融合作以及中日在G20、“10+3”等多边框架下的财金合作等议题进行了深入讨论，双方还形成了较大的共识，释放出了中日双边关系的多重积极信号。

可以说，在特朗普启动贸易保护主义攻势之时，中国和日本在构建开放的国际经贸秩序上具有一定的利益契合点，日本官方也承认，日中“通过对话和合作，共同努力为世界作出贡献，这是两国唯一的选择”①。目前中日双方主要在共同抵抗贸易保护主义、开放战略性经济合作方面取得了比较令人满意的共识。

在共同抵抗贸易保护主义方面，中日双方显然已经意识到，美国贸易保护主义的抬头使得以世界贸易组织（WTO）为核心的自由贸易体制规则正在遭受破坏。日本国内经济矛盾可借助中国蕴藏的巨大市场加以解决；而中国也需团结各“全球化”力量以应对自由贸易体制的未来变化②，在高科技产业方面突破困局。在这样的背景下，中日关系修复与合作深化成为必然。

中日两国抵抗贸易保护主义的努力将更多是制度性的。在全球层面，中日双方都表示要共同维护以WTO为核心的自由贸易多边体制，按照WTO规则处理贸易问题，推动建设开放型世界经济。中日双方一致认为，任何国家都不能从保护主义中受益，同意共同维护和促进自由、开放和基于规则的多边贸易体系。在区域层面，中日均表示将共同推进地区贸易制度化建设，包括推进中日韩自贸区谈判、RCEP谈判，以及未来可能的亚太自由贸易区（FTAAP）等。

---

① 岸田文雄「変化の年を展望する」、『外交』Vol. 41、Jan. 2017、11頁。

② 参见日本国际问题研究所客座研究员津上俊哉于2018年6月9日CF40—NRI第八届“中日金融圆桌内部研讨会”上所做的主题演讲。

值得注意的是，当前由日本所主导的CPTPP已率先签订了具有较高标准的国际贸易规则，这使得日本目前更多地占领了东亚区域合作的战略先机。在早先的各类研究中，CPTPP总蕴含着制衡中国的意味。如今中日关系转圜，中国或许能与CPTPP展开相对较为良性的接触，逐步实践并适应更高水平的国际贸易新规则，并借机以更高规则水平与日本一道共建东亚经济共同体。

在开放战略性经济合作方面，中国加快推进的“一带一路”建设使中国和日本在开放经济环境下的双边经贸合作面临着新的历史机遇。安倍政府自2017年年底以来在多个场合曾表示考虑就中国倡导的“一带一路”构想展开合作，而中国也对此表示欢迎。如今，日本参与中国“一带一路”建设既有微观基础，即中日两国的企业都具备大规模对外投资的积极性和能力，也有宏观保障，即中日两国外交关系出现回暖，可行性较高。“一带一路”框架是中日开展机制合作的一个平台。更进一步而言，在具体的框架机制或平台下开展双边互动交往，同时积极拓展第三方市场合作，这不仅对中日两国双边关系而言是互惠互利的选项，对东亚乃至亚太区域经济一体化发展也大有助益。由此可见，“竞争性合作”可能更是中日两国未来前进的方向。[①] 在这样的背景下，中日有可能共同为东亚经济共同体的建设更好地贡献智慧与力量。

中国和日本长期存在着复杂的竞争与合作关系。随着东亚地区形势发生重大变化，日本难以像过去一样高度仰仗美国力量来制衡中国，而中国巨大的经济体量也很可能成为日本解决国内经济问题的良方，中日两国未来合作的可能性会有所上升。尽管中日两国的合作深化或许还只局限于经贸领域，但对于两国关系以及地区发展而言，已经释放了巨大的利好。不过，中日关系当前的回暖升温客观上还是会受到多方因素的约束，包括来自中日双方内部的竞争张力，也包括来自诸如美国等域外国家的介入力量。因此，中日双边关系的好转，总体来看，仍然是有一定限度的。

毫无疑问，中国与日本之间的竞争与合作还将持续。若想中日关系的好转与缓和更长久地保持下去，还需要中日双方进一步加强相互理解，不断积累互信，减少政治波动对中日地区及全球合作产生的负面影响。中日两国需共同努力，超越传统的零和的地区主导权竞争逻辑，在新形势下探究新的竞合路径，以助力东亚未来的繁荣发展。

① 参见张蕴岭：《转变中的亚太区域关系与机制》，《外交评论》2018年第3期，第8页。

立足互信、拓展利益，实现中日关系行稳致远

王　珊*

近两年，中日关系呈现持续改善势头。中日通过多层次、宽领域的交往，积累互信，增进不断友好氛围，双边关系总体保持稳定。中日两国高层会晤也围绕着稳定大局、推进双边关系展开。迄今，中国领导人在出席亚太经合组织领导人非正式会议（APEC）以及G20首脑峰会等多边会议期间与安倍首相举行了多次会晤、会谈。2018年5月，李克强总理在参加中日韩首脑会议期间成功访日，这也是中国总理时隔八年再度访日，意义重大。除两国高层良性互动之外，中日地方、民间、青少年以及两国各职能部门之间的交流与合作，也取得积极进展。总体而言，中日关系处在一个新的历史起点。

一　40年的巨变与中日关系

战后中日关系的发展经历一个动荡曲折的过程，其间既有友好与合作，也有摩擦与斗争。纵观战后中日关系的发展轨迹，可以发现，每逢国际局势变动或出现重大调整时，中日关系也会随之颠簸与动荡。

2018年是《中日和平友好条约》缔结40周年，也是中国改革开放40周年。这40年间，一方面，中日在缔结和平友好条约之后，使两国关系进入一种和平、友好的发展状态，中日交流的广度和深度都取得了很大发展。两国在政治、经济、文化、社会以及民间交流等领域，也都取得了重要成果。据不完

* 王珊，中国现代国际关系研究院研究员。

全统计，中日经贸额从1978年的50多亿美元发展到如今的3000多亿美元，增长近60倍。从中国改革开放的进程看，1978年，中国经济总量只有3600多亿元人民币，目前中国的GDP总量已经超过80万亿元人民币，相当于40年前的200多倍，跃居世界第二位。但从整个社会发展水平以及人均水平看，中国还处在发展阶段，属于发展中国家，而日本属于发达国家行列。此外，日本的社会治理水平、国家软实力等方面都领先于中国，有许多值得中国学习借鉴的技术和管理经验，中日目前不是处在同一发展阶段。

改革开放后中国经济进入持续稳定增长阶段，对世界经济的贡献也维持在一个较高水平。自2002年以来，中国对世界经济的增长的平均贡献率接近30%。目前，中国是120多个国家和地区的主要贸易伙伴。中国已经稳步解决13亿多人口的温饱问题，让现行联合国标准下的7亿多人口成功脱贫，占同期全球减贫人口总数的70%以上，为实现联合国千年发展目标和推进2030年可持续发展议程发挥了十分重要的作用。①

自2013年中国“一带一路”倡议提出近五年来，该倡议得到国际社会越来越多国家的赞誉和参与，一些领域的合作项目已经取得早期收获。2017年5月，中国在北京召开了首届“一带一路”国际合作高峰论坛，得到国际社会的广泛响应和参与，来自140多个国家和80多个国际组织的1600多名代表与会。五年来，“一带一路”已经从合作倡议变成推动世界经济增长的强劲动力，有100多个国家和国际组织参与其中，一大批合作项目落地生根，基础设施联通网络初步形成，沿线产业合作形成势头，各国政策协调日益增强，沿线国家民生不断得到改善，民众不断从合作中得到实惠。从中国对世界经济贡献角度看，五年间，中国与沿线国家贸易总额超过5万亿美元，投资累计超过700亿美元，为当地创造了20多万个就业岗位。

客观地说，中国改革开放取得的巨大成就，主要是中国自身解放思想、努力奋斗的结果，也得益于改革开放初期日本对华援助和支持，以及中日关系友好和谐的氛围。同时，中国通过改革开放，融入了世界政治、经济体系，不仅推动了全球产业体系布局、分工，为全球经济发展作出了重大贡献，也给80年代以后的日本经济带来巨大利益，中国也承受了巨大的环境代价。中国真正

① 参见杨洁篪：《携手建设持久和平、普遍安全的世界，推动构建人类命运共同体——在第七届世界和平论坛开幕式上的致辞》，清华大学，2018年7月14日。

意义上的发展是从改革开放时期开始的，与中日关系进入和平友好时代同步并行。所以，从发展的角度看，中国改革开放需要良好的外部环境，需要中日关系的持续改善与发展，而日本对华友好政策无疑是中国实施改革开放最重要的外部条件之一。所以，中日和平友好条约的缔结不仅对引领中日关系发展具有重大意义，也对中国现代化进程具有重大意义。

另一方面，在这40年里，中日之间的矛盾和争端也越来越凸显，使两国关系发展面临不少干扰和挑战。尤其是历史、台湾、领土等问题每隔一定时间，就会给两国关系发展造成困扰。所以，回顾中日关系走过的40年，展望未来40年，乃至更长时间，有必要重新倡导和确认发展中日关系的原则和路径。与40年前相比，当今的世界乃至东亚地区局势面临新特点，出现以前未曾有的新矛盾，而且，如今中日两国国内形势也发生了巨大变化。在新的历史时期，中日关系也需要不忘初心，始终沿着正确的轨道前行。

以往日本在对华合作方面因为顾忌美国的对华政策，而错失良机，可谓教训深刻。作为中国的近邻日本在对华合作上没有发挥中日地缘相近、文化相通、产业互补等方面的优势。如今，日媒似乎有着更为清醒的认识，其主张也更为务实，即中国在经济和安全领域的影响力取得巨大飞跃式上升，想和中国打交道仅有条约中倡导的“和平”“友好”还不够。为了实现中日已经形成共识的“战略互惠”，除了双边议题之外，还要在一些国际性问题上积累务实合作。借中国主导的广域经济圈构想“一带一路”推动合作，或将成为实现战略互惠的试金石。①

日本位于亚欧大陆边缘地带，又是中国的近邻，也应成为“一带一路”的重要参与方。目前，日本的物流企业已经开始利用中欧班列，将货物从欧亚大陆的东端运往欧亚大陆西端，不仅便利了日本企业与“一带一路”沿线国家的经贸合作，也大幅节省货运周期和成本。从这个意义上说，中日已经在“一带一路”合作上取得了早期收获。2018年5月，李克强总理访日时强调，中方愿与日方进一步开展务实合作，让“一带一路”倡议与日本发展战略对接，发挥双方互补优势。安倍表示：“日中合作远比竞争更有益，日中关系从

① 社説「真の互恵関係を築きたい」、『読売新聞』、2018年8月12日。

竞争进入了协调时代。……李总理的这次访日，使两国关系上了一个新台阶。”[①] 两国围绕在“一带一路”框架下合作达成共识，尤其是两国可以在金融、基础设施、物流、共同开拓第三方市场等方面先行合作，尝试带动双方在其他领域的合作。当前，“一带一路”沿线发展中国家普遍资金短缺、基础设施滞后、人才匮乏等问题，而这些又恰是中日两国的优势所在。中日加强在“一带一路”框架下合作，完全可以发挥各自优势，实现互利共赢，共同发展。问题是，安倍政府一方面表示愿与中方就“一带一路”推进合作，另一方面，又刻意与美国对华政策保持协调，推行所谓“印太战略”，标榜“印太战略”重视规则和秩序，意图以此平衡中国影响力。中国“一带一路”完全是经济合作倡议，旨在重振世界经济复苏，实现沿线国家产业互补。但“印太战略”更多注重政治、安全合作。目前，美日澳印合作机制已经显现，针对中国意图明显。

日本对于中国“一带一路”倡议从最初的排斥、疑虑，到有条件认可，再到部分肯定，其过程较为曲折。直到2017年，安倍通过自民党高层政要，或通过其秘书向中方传递参与“一带一路”合作倡议的意愿，安倍本人正式表示推进和改善日中关系的意愿，对中国“一带一路”倡议给予正面回应，但仍没有放下包袱，对华合作仍裹足不前。这种现象在一定程度上可谓安倍政府对华心态的写照，从一个侧面折射出当前中日关系的现实。这种战略思维与和约签订时期相比，呈现倒退趋势。那时，日本在发展对华关系上，注重发展中日关系对日本国家带来的实际利益，不完全以意识形态为先决条件，与当时美国对华政策明显不同，这种做法也成为当时推进中日关系的基础。[②]

二　和平友好条约的历史启示

1972年9月，中日发表联合声明，标志两国邦交实现正常化，但这对战后中日关系恢复和发展而言只是一个初步阶段。两国人民所期待的和平与友好的双边关系并没有真正实现，规范未来中日关系法律地位的政治文件尚未得以

① 参见《外媒关注李克强总理首次访日：中日经贸关系将上新台阶》，人民网，http：//japan.people.com.cn/n1/2018/0511/c35421－29983871.html［2018－08－21］。

② 参见史桂芳：《战后中日关系1945—2003》，北京：当代世界出版社，2005年，第158页。

确立。不过，联合声明为后来和约的签署奠定了政治基础，使签署和平友好条约成为此后两国共同的努力方向和奋斗目标。而且，联合声明中也标明，中日双方“同意进行以缔结和平友好条约为目的的谈判”。从两个文件形成的前后过程看，声明与和约共同构成战后中日关系恢复和发展的有机整体，两个文件较为完整地奠定了战后中日关系的总体原则。从内在逻辑看，和平友好条约是在《中日联合声明》基础上的深化和拓展，一些重要的原则和精神在声明中都有所体现，但签署过程却经历近六年时间。日方在此过程中徘徊犹豫、顾虑重重，面对美苏压力，立场多次动摇，透露出日本政府对发展长期和平友好日中关系信心不足，而日本民众和一些主张发展对华关系的组织和团体作为一股重要力量，一直推动着日本政府在正确的道路上往前迈进。

今天我们重温和约的基本精神，回顾和约签订过程的经验教训，同时，为更好发展未来中日关系，可以得出以下几点重要启示：

（一）规划中日关系的发展应以维护两国人民的根本利益、长远利益为核心，不可因一党之私、一时之利影响对两国人民来说的“千年大计”“万年大计”①

近代以来，日本不断侵略中国，尤其是 1931 年“九一八事变”以后长达 14 年的侵华战争，给中国人民造成深重的灾难和巨大的生命和财产损失。日本军国主义穷兵黩武、国家战争机器恶性膨胀，导致民生凋敝，政治废弛，尤其是第二次世界大战末期，美国在广岛、长崎投下了原子弹，虽然对加速日本军国主义灭亡起到推动作用，但也给日本人生命和财产造成很大损失。所以，战争的惨祸也教育了日本人民，尽早结束战争、过上和平宁静的生活成为包括日本人民在内的东亚各国人民的共同追求，对和平的渴望只有经历过战争的人们才有切身体会。

但是，战后很长时期，中日关系不能恢复正常状态，与吉田茂、岸信介、佐藤荣作内阁所采取的敌视新中国政策有关。中日关系的不正常状态不符合日本人民的利益，也不利于东亚和平与发展。所以，尽早同新中国建立和平友好的中日关系是战后日本政治家不可回避的课题。尽管战后中日邦交的恢复、发

① 1974 年初，刚刚复出的邓小平接见以佐佐木更三为团长的日本社会党访华团时指出：“加强中日两国人民的友好，是符合我们两国人民的根本利益的，它不是百年大计，而是千年大计，万年大计”。转引自史桂芳：《战后中日关系 1945—2003》，北京：当代世界出版社，2005 年，第 150 页。

展有些曲折、漫长，但终于还是走上正轨，两国关系终于以法律条约方式确立下来，为未来中日关系指明了方向。从历史的视野看，日本政治家顺应民意要求，摆脱来自各方的阻力，下决心签订和约，对日本国家来说，无疑具有重大的历史意义。

（二）顺应国际大势，把握历史机遇，以对历史负责的姿态，推进中日关系

从20世纪70年代中后期的国际形势看，苏联霸权主义肆意干涉他国内部事务，欺凌弱小国家，造成多起人为灾难。这一时期，中美关系呈现改善势头，自尼克松访华之后，多位美国政要接连访华，中美积极接触使国际格局向着有益于中国方向转化，美国对中日缔结和平友好条约也展示出积极姿态。从中国国内形势看，经过十年“文革”，到70年代中后期，中国党和国家的各项事业面临一个前所未有的新局面，开始酝酿进行大规模社会主义现代化建设，中国即将进入改革开放的历史时期。这种内外环境的变化，有利于中日关系进一步深化发展。这一时期，事关中日两国人民切身利益的经贸关系也得以发展。1974年，中日两国已经相继签署了“贸易协定”“海运协定”“航空协定”，使中日经贸关系的法律基础得以夯实，大幅提振了日本业界发展对华关系的信心。1978年9月27日，李先念副总理会见了以稻山嘉宽为团长的日本日中经济协会访华团，在谈到缔结中日和平友好条约问题时，稻山向中方表示，“日本经济界人士中几乎没有人反对日中和约”①，这反映出日本经济界对发展中日关系的基本态度。1978年5月，时任日本首相福田赳夫访美，同美国多位政要接触，在得到美方认可后，以日本政界、财界、业界为主体，包括当时日本国内的反华势力以及自民党内的“慎重派”也开始调整对华立场，在日本社会形成一股强大的主张日中友好潮流。此时的日本政府终于鼓起勇气、迈开前进的脚步，以较为积极的姿态与中国讨论缔结和平友好条约问题。风物长宜放眼量，历史表明，中日缔结和平友好条约无疑是正确的选择，只要是有利于中日两国人民友好的事情，都应该积极加以推进落实。

① 转引自田桓主编：《战后中日关系史年表1945—1993》，北京：中国社会科学出版社，1994年，第437页。

（三）坚持中日长期友好，以和平方式解决争端

在中日前两个政治文件中，均把发展中日关系的原则精神、化解双方争端的方法途径作为重要内容。《中日联合声明》第六条规定，中日两国政府同意在互相尊重主权和领土完整、互不侵犯、互不干涉内政、平等互利、和平共处各项原则的基础上，建立两国间持久的和平友好关系。根据上述原则和联合国宪章的原则，两国政府确认，在相互关系中，用和平手段解决一切争端，而不诉诸武力和武力威胁。《中日和平友好条约》正文中的第一条也规定：缔约双方应在互相尊重主权和领土完整、互不侵犯、互不干涉内政、平等互利、和平共处各项原则的基础上，发展两国间持久的和平友好关系；根据上述各项原则和联合国宪章的原则，缔约双方确认，在相互关系中，用和平手段解决一切争端，而不诉诸武力和武力威胁。这项内容的规定具有很强的建设性，它是基于近代中日关系的历史教训，所做出的底线规划和要求，仍然具有现实意义。当今，美国在东西方世界与其军事盟友保持着密切的同盟关系，尤其是日美同盟近年大幅强化、提升，战略指向也渐趋明朗，渲染中国威胁正成为近年日本安全政策不变的论调，以日美为首的多边安全合作机制打着国际正义旗号、实则旨在维护同盟霸权的行径有大行其道之势。日本这种对华政策取向不利于中日关系健康稳定发展，在和约缔结40周年之际，双方有必要重新确认条约基本精神，确保中日关系不偏离正确方向。

（四）推进正义外交，做维护国际秩序的积极力量

无论是《中日联合声明》，还是《中日和平友好条约》中，都涉及反对霸权主义内容，如今看来这项条款具有重大历史意义，反霸是当时第三世界国家所面临的共同课题。当时，日本政府对在和约中是否加入反霸条款问题顾虑重重，有抵触情绪，当然这其中有日本对苏关系上的考虑，但在一定程度上也反映出日本的外交文化传统。包括对一些重大国际问题，哪怕是非分明，当态势不甚明朗时，日本常表现为首鼠两端态度暧昧，不肯明确表露立场，一旦趋势明了，则相机而动。当前，国际经济秩序一方面深度融合不断加深；另一方面，贸易单边主义、保护主义逆流涌动，二战后所确立起来的国际秩序遭到冲击和挑战，在这场全球性动荡与变革之中，维护多边贸易体制、坚持平等协商解决国际争端，已是国际社会的普遍共识，中日需要在此方面共同努力，维护国际正义。

在中日关系的四个政治文件中，《中日和平友好条约》具有独特的历史地位和作用。与其他三个政治文件相比，它承上启下，从国际法层面将战后中日关系引入正确轨道，同时，也为中日两国深化合作与发展奠定了基础。其重要性不仅在于条约内容本身，也在于条约缔结的历史时期，可以说，中国改革开放和中日关系“蜜月期”几乎同时步入中国现代化进程。

三 互信、互惠的精神内涵

从世界范围或东亚局势看，凡是一些带有全球性、普遍性的问题，需要世界各国共同来应对，中日的作用不可或缺。40年前的《中日和平友好条约》，为中日关系的发展奠定了和平友好的总基调，但未来的中日关系应有更大的作为、更大的发展空间，让中日友好结出实实在在的成果，并惠及两国人民。为此，中日应在坚持已有的四个政治文件和“四点原则共识”的基础上，重新积累政治互信，将互信与互惠作为行动指针和发展两国关系的基本路径。

具体而言，中日互信，主要体现在：

一是坚信对方的发展是机遇，以积极善意的眼光看待对方国家的发展，不轻易断定或简单化否定对方国家选择的政治模式和发展道路。多年来中国官方在对日政策方针和原则问题上始终没变，即“认为中日关系是重要的双边关系之一”“中方一贯高度重视对日关系”，主张对日要“建立稳定友好的关系”等。这反映出中国对日发展中日关系认识的一致性以及对日政策的连贯性。而日本政府对华政策方针则具有波动性、周期性，主要体现在执政高层人士的言论以及日本外交、安全政策文件当中。

二是坚信对方国家走和平发展道路的意志，不肆意宣扬对方国家“威胁论”，不要在国际多边及双边外交、安全合作文件中以中日任何一方为政策指向。在地区热点问题上，采取建设性措施，不夸大或加剧危机态势，不应谋求建立以对方为指向的安全合作机制。中方重视以持之以恒的现实行动和具体政策体现中日互为合作伙伴、互不构成威胁的战略共识。1955年10月，毛主席接见上林山荣吉率领的日本超党派国会议员访华团时指出，中日“相互之间不捣乱，我们不捣乱你们的事情，你们也不要打乱我们的事情。各办各的事情，在友好的关系低下办事，对你们有好处，对我们也有好处。”[①] 日本学者刊文指出，那些炒作和相信以“厌华”为题材的“中国威胁论”或者宣扬“中国崩溃论”的做法很愚蠢。[②]

三是坚信中日合作是解决地区及国际问题的正确之路。当前，在世界经济复苏乏力的大背景下，全球化发展既存在机遇，也面临风险。美国贸易保护主义、单边主义逆潮流而动，国际经济秩序面临严峻挑战。中日合作有利于提振国际社会的信心，可以向世界传递积极信号，努力使东亚成为维护世界经济稳定发展的增长极。

四是坚信发展与对方国家关系对两国来说是永久之利。日本对华政策受不同政党政策主张影响较大，政权更迭都会对中日关系造成一定冲击，即使同一党派不同派系对发展对华关系的认识和政策主张也不尽相同。纵观日本战败投降到中日恢复邦交的过程，其间各种阻力重重，曲折不断，但中日友好始终是两国人民的坚定意志，最终两国实现了邦交正常化，时隔不久又缔结和平友好条约。历史的经验证明，发展中日友好合作关系是人心所向，这种信念不应受党派利益或选举政治影响，也不应受第三方因素干扰，双方应坚守四个政治文件中达成的共识和承诺。

事实证明，中日只有在积极践行互信原则的基础上，才能理性对待双边关系中出现的各种问题，在关键时候不至于迷失方向。日本舆论普遍认为，中日在广泛领域实施合作与交流、谋求互信非常重要，且切实推进政府间各种协议不可或缺。[③] 2008 年 5 月，两国签署《中日关于全面推进战略互惠关系的联合声明》，双方认同“长期和平友好合作是双方唯一选择”，决心全面推进战略互惠关系，实现和平共处、世代友好、互利合作、共同发展的崇高目标。

结合近十年来中日关系发展的曲折经历以及国际局势的新特点，中日战略互惠主要体现在以下几个方面：

一是可以共享和平国际环境下的发展机遇，使两国政治家拿出更多精力专注于解决国内民生问题，造福两国人民。当今，日本面临少子老龄化、财政失衡、通货紧缩、劳动力不足等问题。中国面临地区发展不平衡、环境、贫困等问题。这些都是制约两国发展带有根本性的问题。中日只有在良好的国际环境下，才能凝心聚力谋发展，解决国内民生问题。

---

① 转引自刘德有：《风雨几星霜——战后中日关系亲历记》，生活·读书·新知三联书店，2018 年，第 98 页。

② 富坂聡「等身大の中国と向き合うとき」、『潮』2018 年 9 月号、53 頁。

③ 社説「多層な協力で信頼醸成図れ」、『読売新聞』2018 年 5 月 11 日。

二是可以共同应对经济增长、气候变化、摆脱贫困、恐怖主义、移民难民等全球性问题，共同提出具有东方智慧的解决方案。战后，中日都曾为世界和平与发展作出过重要贡献，日本创造的“雁阵模式”，带动了东亚经济的发展。如今，中日应该向世界提供更多“公共产品”“公共方案”，共同应对全球性发展难题。日本政府为何最初对中方提出的“一带一路”合作倡议态度漠然，一定程度上说明了日本缺少从合作的视野看待中方的倡议。

三是可以借助对方国家发展势头、搭乘对方发展“便车”，为本国经济注入活力，解决各自国家在经济发展中面临的问题，在节能、医疗、教育、电子商务、新能源等领域实现优势互补。中国经济正从高增长阶段转向高质量发展阶段，正处在转变发展方式、优化经济结构、转化增长动力的关键时期。中国提出了乡村振兴战略，提出到2020年全部脱贫的攻坚目标。日本在现代化过程中有较为丰富的经验，有值得中国借鉴的做法。同样，中国提出的创新引领发展方式也得到日本的关注，一些优秀的年轻创业者也开始接受中国的商业模式，中日相互影响的时代正在到来。①

四是可以增加中日民间感情融和，培养友好土壤，使互信成为两国人民的自觉意识。中日和平友好历史悠久，民心相通更是战后两国关系大发展的基石。尽管近年舆论调查显示中日国民彼此好感度有所降低，但总体上，共建共享和平环境、实现共同发展仍是两国人民的心声，唯有保持和扩大相互信任，才能更好地维护两国关系长远发展。相较于两国高层、智库学者来说，国民之间的互信更为重要，构筑民间互信的任务也更为艰难。而国民之间的互信是建立在两国政府互信基础之上，需要良好的双边关系作保证。

四　互信是中日关系稳定之锚

中国主张在和平共处五项原则基础上同所有国家发展友好合作关系，率先把建立伙伴关系确定为国家间交往的指导原则。中国已同100多个国家和地区组织建立了不同形式的伙伴关系。② 40年前，中日和平友好条约的签订，标志

① 富坂聡「等身大の中国と向き合うとき」、『潮』2018年9月号、51頁。

② 参见杨洁篪：《携手建设持久和平、普遍安全的世界，推动构建人类命运共同体——在第七届世界和平论坛开幕式上的致辞》。

着两国关系进入和平友好的发展轨道。和平与友好是中日关系的起点，也是两国关系的重要政治基础，不可动摇。中日和平友好条约从政治的视角、长远的战略视野，规划了中日关系。和平条约提出了互不侵犯、互不干涉内政、平等互利和平共处等原则。它的根本意义在于突出中日两国人民之间的友好，并用法律的形式固定下来，表明两国人民世世代代友好下去的决心与信心，这是基于对子孙后代的历史责任感。同时，中日和平友好条约，也体现出两国老一代领导人现实主义的外交思想，即正视问题，不回避矛盾，但又不被矛盾和问题所困扰，不畏阻力，求同存异，采取“向前看”的姿态。在中日和平友好条约的签署过程中，中日始终能够就一些敏感问题坦诚表达各自的看法和主张，争取最大政治“公约数”，这也反映出两国是以信任为基础。

《中日和平友好条约》签订后，两国在各个领域的合作得到加强，两国国内形势也出现兴旺的变化。中国进入改革开放的发展阶段。1978 年底，中共召开了十一届三中全会，全会重新确立了实事求是的思想路线，正确分析了国际国内形势，制定了党在新时期的各项方针政策。在国际关系上，中国更加积极主动地与西方国际合作，重视日本在经济上取得的成功经验。日本领导人也从 20 世纪 80 年代初多次提出“亚太时代正在到来”，提出环太平洋经济合作构想，制定国家长期发展战略。

随着经济全球化以及冷战后国际格局的深度调整，中日关系的内涵和战略定位也不断充实和提升。同时，为了调整两国关系面临的新问题，中日在 1998 年发表了《中日联合宣言》，2008 年又发表了《中日关于全面推进战略互惠关系的联合声明》，2014 年双方又重新确认了发展两国关系的“四点原则共识”。

在这些政治文件中，贯穿一个核心思想，就是中日如何建立和维护政治互信问题，确保双方在一些敏感问题上始终沿着正确的轨道前行。从逻辑上讲，军事和安全互信是政治互信的延伸和表现。近两年，中日相继举行了多次安全对话，这有助于增进了解对方的安全政策。安全互信有助于促进政治互信，但不是根本，包括传统安全和非传统安全的合作都以两国政治互信为前提。例如，当美国与其盟友的军舰在海上偶然相遇时，大概彼此之间谁都不会感到紧张，谁都不会认为对方是威胁，因为他们彼此之间有着牢固的政治基础。所以，政治互信的加深，将为军事安全互信提供动力和源泉，包括开通军事热线、建立危机管理机制、信息共享等，应把解决政治互信作为优先课题。

有日本学者主张，日美应构筑超越“一般利益”的战略合作，以强化日美同盟关系。本人认为，学者所说的“一般利益”大概是指普通的国与国之间的政治和经贸关系。但其背后蕴含的“特殊利益”指的是什么？在全球化背景下，这种“特殊利益”能行得通吗？在全球化时代，国际关系中的所谓特殊利益不符合时代潮流，属于冷战思维，有悖于全人类的共同利益。1979年12月，大平首相访华时曾表示：“日本贯彻和平，同任何国家也不形成敌对关系，拒绝走军事大国的道路，把所有力量专门指向国内外的和平性建设和繁荣，这是国民一致支持的我国基本方针。”[①] 这表明，在《中日和平友好条约》缔结初期日本致力于维护世界和平、追求和平发展的战略意志。同40年前相比，虽然中国比以前强大了，但中日共同致力于和平发展的共同利益追求并没有发生改变，和平友好仍然是中日关系的基本原则，具有深厚的民意基础，日本不应单独追求与美国的“特殊利益”，不应谋求针对中国的“特殊利益”，不做有违和平友好条约精神之事。从中日历史交往、地缘利益、文化渊源等因素看，中日加强互信互惠，进而实现繁荣和世代友好，对于两国来说，不能视为“一般利益”。应属于最高利益范畴。

另外，从现实看，中日关系在短期内难以超越日美关系，中国也不指望日本做出舍此即彼的战略选择，但希望日美之间的利益不应损害中日之间的利益。日本在国家利益选择上，应该基于长远视野，在一定程度上跳出日美同盟的思维禁锢，坚持利益多元化，致力于构建稳定持久的对华关系。中日关系如何克服困难与摩擦的周期现象，摆脱第三方因素干扰，实现两国关系可持续发展、行稳致远是重要课题。当今的中日关系已经进入一个全新的历史阶段，中日作为东亚地区两个重要国家，在国际和地区均具有重要影响力。中国如何面对经济全球化出现的新动向，保持地区乃至世界的繁荣和稳定是两国共同面临的课题。正如日本媒体最近分析指出：“亚洲经济大国中国和日本建立稳定的关系，符合亚洲和世界的利益。双方有必要以和平友好条约缔结40周年为契机，逐渐建立不易被他国左右的信赖关系。”[②]

---

① 转引自田桓主编：《战后中日关系文献集（1971—1995）》，北京：中国社会科学出版社，1996年，第271页。

② 社説「他国に左右されない安定した日中関係に」、『日本経済新聞』2018年8月10日。

全球价值链重塑背景下的中日经济合作

张玉来*

中国加入WTO，也就是融入全球价值链（GVC），堪称中国崛起的核心动力，16年间，中国国内生产总值（GDP）从11.08万亿元猛增至82.7万亿元，增长6.5倍![①] 从世界排名第六跃升至第二位。然而，如今全球经贸秩序却开始发生巨变，标志性事件是英国脱欧、美国特朗普冲击以及欧洲反移民浪潮等，贯穿其中的一条主线就是经济全球化与反全球化。而且，以“美国优先”为旗帜，特朗普总统已经开始着手对既有全球价值链进行“改造”，关税大战便是第一战。如何应对美国驱动的全球价值链重塑，这对参与其中的世界各国形成严峻考验，特别是对“东亚生产网络”发挥“双核心”作用的中日两国更是如此，未来的中日经济合作也将出现重要调整。

一　价值链关联令中日贸易规模不断冲高

作为全球价值链（GVC）早期且重要参与者，在经济环境变迁过程中日本也实现了上位转移：最初日本企业普遍采取垂直一体化的IDM（Integrated Device Manufacturer）模式，但伴随模块化浪潮而国际水平分工模式不断普及，日本企业被迫实施战略转型，积极参与新的全球价值链体系，一大批电子部件以及材料企业发展迅速，实现了向价值链上游过渡，当然，也有些企业怠于改革而遭遇挫折，如夏普等机电巨头们。由于中国企业大部分处于价值链中下

---

* 张玉来，南开大学日本研究院副院长、副教授。本文部分内容发表于《日本经济蓝皮书：日本经济与中日经贸关系研究报告（2018）》，北京：社会科学文献出版社，2018年。

① 参见国家统计局：《2017年四季度和全年国内生产总值（GDP）初步核算结果》，2018年1月9日，http://www.stats.gov.cn/tjsj/zxfb/201801/t20180119_1575351.html[2018-08-01]。

游，与上游日企形成互补关系，加之还有大批日企在中国及东南亚设立生产基地，于是，中日贸易规模不断向上。

（一）日方数据显示“岛争”对贸易冲击并不大

2012年由于日本单方面决定对钓鱼岛采取“国有化”，于是中日之间围绕钓鱼岛问题爆发出一场激烈争端，中日关系骤然恶化，陷入邦交正常化以来的低谷。受此影响，市场对于两国贸易领域充满担心。但事实上，两国贸易受冲击并不是很大，特别是从日方统计口径来看，双边贸易受影响程度并不是很大，甚至远远低于2008年国际金融危机。

这里当然有日本实施的以“安倍经济学”为旗帜的大规模经济改革的影响，因为日本国内需求扩大而拉动了从中国的进口量。但从中国对日进口看，除2012年度（2012年4月—2013年3月）同比上年下滑1.4万亿日元外，2013年度便出现同比上年9.7%的增长，而2014年度超过2011年水平，到2017年更达到14.9万亿的新峰值（参见图1）。而中日双边贸易总额达到33.34万亿日元，创出新纪录。而且，即便换算成美元，中日双边贸易额也再次突破了3000亿美元大关（约合3030亿美元），形成再度冲高的新趋势。

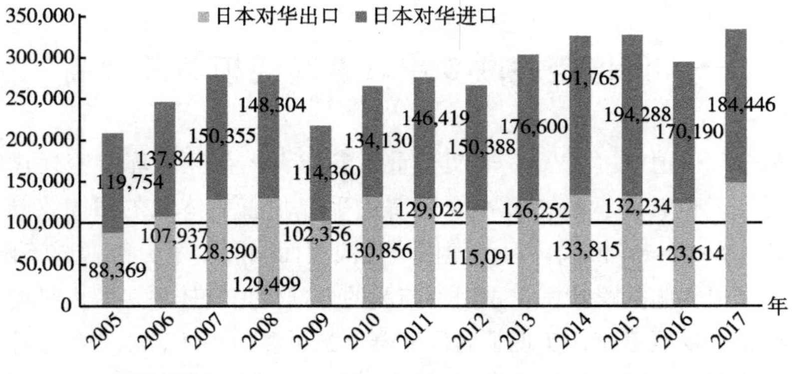

图1　近年中日货物贸易规模发展趋势（2005—2017年）（单位：亿日元）

资料来源：財務省『平成29年分貿易統計（速報）の概要』、5頁。

中日贸易快速增长起步于2001年，正值中国加入WTO之际。2000年度日本对中国出口为3.5万亿日元，从中国进口为6.3万亿日元，进出口规模合计为9.8万亿日元。[①] 到国际金融危机爆发前的2007年度，日本对中国出口已经猛增至13万亿日元，比中国加入WTO之前增加近10万亿日元规模，是前者的3.7倍！从中国进口也骤增至14.98万亿日元，同比七年前增加8.7万亿日元，是前者的2.4倍。[②] 双边贸易总额达到28万亿日元，七年之间规模扩大了将近3倍。

国际金融危机后，中日贸易规模缓慢复苏，2012年遭遇“岛争”而再度下滑，但从2013年开始再次向上，出现了新的冲高态势。很显然，中日贸易发展既反映了双方在全球价值链上的互补特征，也体现了全球经济发展的真实背景。

（二）GVC关联关系推升中日贸易快速发展

中国加入WTO、融入全球价值链之后，中日贸易从量到质都开始随之发生巨变。2000年日本对华出口规模仅为对美出口1/3左右——对美出口额15.5万亿日元，对华出口3.5万亿日元——这其中的关键原因是：当时日本企业普遍采取垂直一体化的IDM（Integrated Device Manufacturer）生产模式，没有深入参与到模块化的国际分工大潮之中。换言之，当时虽然日本企业已经在美国、东南亚、中国等投资建立生产据点，但从日本出口产成品仍是主体结构特征。另外，当时日本企业在中国投资规模较小，所以相关部件对华出口规模也微乎其微。2000年日本对东盟国家出口为7.4万亿日元，也是对华出口的2倍规模。同样，进口方面，这一年日本从美国进口规模超过8万亿日元，从东盟进口（6.7万亿日元）也超过了从中国进口的规模（6.3万亿日元）。

日本对华出口在2001年之后迅速增加，2004年便突破8万亿日元规模，超过了对东盟地区出口规模；2009年以国际金融危机为契机，对华出口又超过了对美出口规模；2012年中日“岛争”之后对东盟出口增加，如今形成对上述三个国家及地区出口在日本总出口占比达到54%。[③] 这充分体现了日本对华投资及对东盟投资增长以及在东亚生产网络中居于价值链上游位置的特征。

---

① 財務省『貿易統計』2000年度：http://www.customs.go.jp/toukei/shinbun/trade-st/2000/200038f.pdf[2018-08-02]。

② 同上。

③ 財務省『平成29年度分貿易統計（確報）』、2頁。

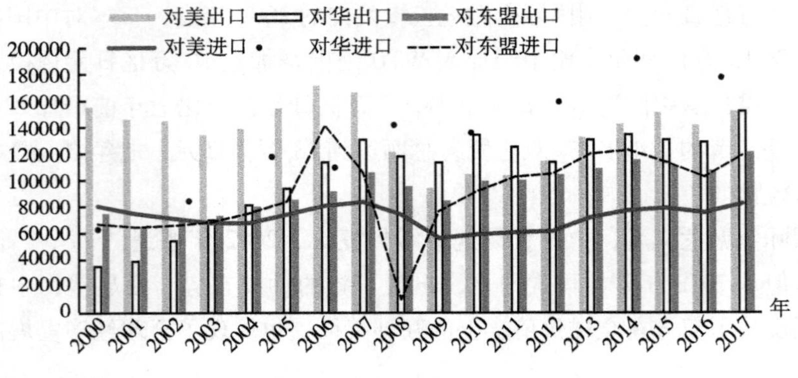

图2　日本对美、对华及对东盟进出口状况（2000—2017年）（单位：亿日元）

资料来源：日本财务省《贸易统计》2000—2007年数据，笔者整理制作。

从进口方面来看，日本从美国进口相对稳定，2000年为8万亿日元，之后有所起伏，到2017年仍为8.18万亿日元。与此形成鲜明对照的是，这17年中日本从中国进口大幅增加，由2000年的不足6.3万亿日元一路上扬至2017年的18.5万亿日元，增长了3倍！日本从东盟地区的进口也在稳步提升，实现了从6.7万亿日元到11.8万亿日元，也几乎是倍增速度。而且，伴随着日本企业不断向东南亚转移的趋势，今后该数字还将有新的提升。

另外，还有一个特征需要注意，那就是2008年爆发的国际金融危机虽然对世界经济形成打击，但之后日本对华及对东盟贸易却出现了快速增长现象。这显然与国际分工加速以及东亚生产网络发展密切相关，一个重要事件是2007年美国苹果公司推出第一款智能手机。以全球价值链为特征的“苹果模式”，显然极大地推动了全球价值链的发展变化。在这股力量的推动下，中国逐步成为“世界工厂”。

（三）中日贸易结构发展与演进

2017年，日本对华出口货物贸易规模创历史最高纪录，达到14.89万亿日元，相较于2005年增长了6万亿日元，增幅将近69%。日本货物出口最大目的国仍是美国，出口规模已经攀升至15.1万亿日元，不过在日本货物出口中，中美之间的差距已经缩小到0.2万亿日元，对中美两国的货物出口已经占日本货物出口总量的将近四成（38.3%）。2009年，日本对华货物出口曾超过对美出口规模，这种形势连续保持四年，其差额最高曾达到2.9万亿日元规模。但是，2013年开始，日本对美货物出口规模又再次超过对华出口，这主要是受到两国关系骤然恶化因素的影响。需要注意的是，日本对华和对美货物出口的结构迥异，对华出口以零部件等中间产品以及生产设备为主，而对美国的出口则是以汽车等成品为主。

首先，从日本对华货物出口方面来看，排在第一位的仍然是电气设备，只是其占比从十年前（2008 年）的 25.5% 滑落至 2017 年的 22.7%，但贸易金额相差不大，十年前是 3.3 万亿日元，2017 年是 3.37 万亿日元。排在第二位的是一般机械，其占比从十年前的 18.7% 上升至 22.2%，大有超过电气设备之势，贸易金额更是从 2.4 万亿日元大幅增至 3.3 万亿日元。这中间还有一个突出特征，十年前的一般机械是以原动机、金属加工机械以及分离机等为主，如今却是半导体装置最具代表性。排在第三和第四位的产品则发生了位移，十年前是钢铁等原材料排名第三，如今却换成了曾是第四位的化学制品，二者占比分别从 16.1% 降至 11.8%、从 12.6% 上升至 15.4%，金额则分别从 2.08 万亿日元下降至 1.75 万亿日元、从 1.63 万亿日元上升至 2.3 万亿日元。排在第五位的是以汽车为主的运输机械，占比和金额都有所提升，分别从 7.4% 上升至 9.4%、0.95 万亿日元增至 1.4 万亿日元。①

其次是中国对日货物出口方面，占比最高的商品已经由十年前以服装为主的“其他类”变成电气设备，其占比从十年前的 20.8% 大幅提升至 29.6%，主要商品从过去以电视机为主变成了以智能手机等通信设备为主，金额也从 3.08 万亿日元大幅提升至 5.47 万亿日元。服装、家具等“其他类”的占比下滑至第二位，从十年前的 32.5% 下降至 26.6%，但金额并没有减少，反而从 4.82 万亿日元微增至 4.9 万亿日元。排名第三的是一般机械，其占比几乎没有变化，十年前是 16.7%，如今是 16.9%，金额则从 2.48 万亿小幅上升至 3.11 万亿日元。接下来就是原材料，占比从十年前的 12.9% 小幅下滑为 11.5%，金额不降反升，从 1.92 万亿日元上升至 2.12 万亿日元。②

总之，相比十年前，中日之间的货物贸易结构已经发生了很大变化。这主要是与两国经济发展和产业升级，特别是彼此之间产业分工密切相关。

---

① 財務省貿易統計『報道発表　平成 29 年分（速報）』、8 頁。『報道発表　平成 20 年分（確定）』、8 頁。

② 財務省貿易統計『報道発表　平成 20 年分（確定）』、16 頁。『報道発表　平成 29 年分（速報）』、16 頁。

二　东亚生产网络与中日“双核心”

进入21世纪，东亚地区成为世界制造中心，形成了所谓“东亚生产网络”，呈现出显著的区域内产业分工特征，该地区的贸易也呈现出鲜明的价值链（GVC）特征——中间品贸易在该地区贸易中的占比高达60%以上。而且，由于中日两国经济规模以及在“东亚生产网络”中的分工特征，两国之间的货物贸易关系更具价值链特征。

（一）东亚生产网络的逐步形成

冷战结束前，全球制造中心是北美、西欧以及日本等发达国家，全球货物贸易显然也是以这些发达工业国为核心的。这种状况持续到1990年，欧美日堪称世界三大制造中心。当时，欧洲经济共同体（欧盟前身）的区域内贸易曾达9923亿美元，是当时东亚区域内贸易的3.4倍；位居其次的是美加自贸区（NAFTA前身），其区域内贸易也达2106亿美元；第三个制造中心就是地处东亚的日本，其贸易也主要围绕欧美展开，而该国贸易规模竟达3730亿美元，是当时中日贸易总额375亿美元的十倍。[①]

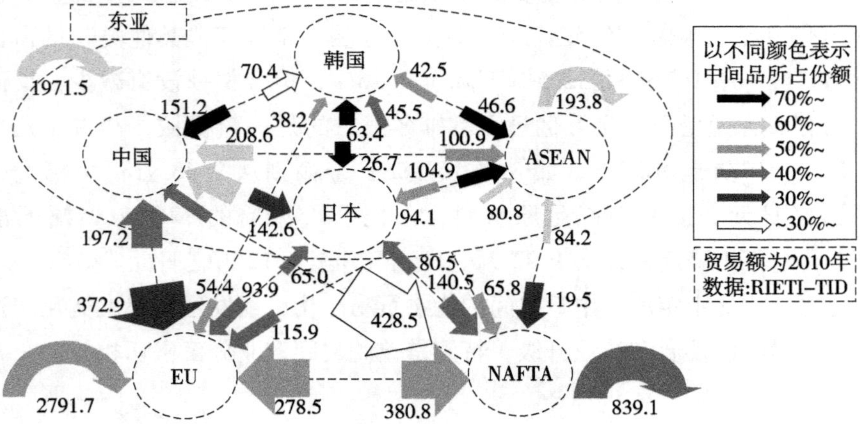

图3　世界三大经济区域间的贸易图（2010年）（单位：10亿美元）

资料来源：経済産業省『通商白書2013』、57頁。

① 経済産業省『通商白書2012』、178頁。

冷战结束改变了世界经济格局，全球制造中心开始转移到东亚，特别是进入21世纪，中国加入WTO、参与全球经济格局之后，这种趋势就愈加显著。虽然欧美日仍是主导世界经济的主导力量，但新兴市场国家大量崛起的东亚逐渐成为全球经济的重要力量。在这个“东亚生产网络”之中，大体形成了两大阵营：一是以中国为主、东盟为补充的生产加工中心；二是以日本为主、韩国为辅的中间产品生产制造中心。特别是由于日本和韩国企业不断加大对中国及东盟地区的直接投资，从而构建起紧密关联、产业互补的区域内分工型的东亚经济圈。

（二）东亚深度融入全球价值链

2008年美国金融危机之前，东亚已经成为名副其实的世界制造中心。此时，东亚区域内贸易规模已经超过1.9万亿美元，成为超过北美自贸区（NAFTA）而仅次于欧盟地区的全球第二大经济圈。不仅如此，就上述三大经济圈之间的经济关系而言，东亚还成为后两者的生产供给中心，东亚地区向美国出口货物中的最终消费品达2500亿美元规模，对欧盟27国的出口规模也达到2200亿美元，二者在东亚地区总出口中的占比分别达到29%和26%。[①]

作为新的世界制造中心，“东亚生产网络”与传统的世界制造中心形成鲜明差异。

首先，该地区形成了区域内生产分工体系。伴随发达国家企业纷纷将生产基地转移到东亚地区，该地区形成了GVC贸易特征——大量中间产品流入该地区，从该地区流出的货物贸易则以最终消费品为主。从区域内中间产品贸易占比来看，东亚的区域内中间产品贸易占比高达60%以上，而欧盟则在50%，北美自贸区甚至低于40%。也就是说，东亚生产加工形成了跨国协作关系，最典型的如苹果公司的生产链。

其次，“东亚生产网络”将该地区内不同经济发展水平的国家组织到一个生产体系之内，既有经济发达的日本以及后来跟上的韩国，也有更后起的中国以及水平各异的东盟国家，在不同水平国家之间建立起了紧密的产业链关联。相反，在欧盟与北美的区域内，虽然经济发展水平也参差不齐，但产业分工却由传统发达工业国家所主导。

最后，“东亚生产网络”形成了以中国为主、东盟为辅的生产加工中心，而日

① 経済産業省『通商白書2012』、180頁。

本和韩国则充当了中间产品“供应商”的角色。以2010年为例，中国成为世界货物供给中心，其对北美地区的货物出口规模达到4285亿美元，对欧盟地区的货物出口也跃升至3729亿美元。中国成为“东亚生产网络”的大本营，这种特征也体现在贸易收支方面，其对美国和欧盟的贸易收支均呈顺差特征，分别为2159亿美元和1190亿美元。相反，对处于产业分工“上游”的日本和韩国，中国又呈现出贸易逆差的特征，对日本为125亿美元逆差、对韩国919亿美元逆差。①

（三）区域内贸易形成“中间品主导”特征

由于形成了生产分工型的“东亚生产网络”，区域内货物贸易主体形成了以零部件和半加工品为主的中间产品贸易特征（整体比率超过60%）。而且形成了以中国为中心的区域内贸易特征，如2010年中日货物贸易规模曾达3510亿美元，而中国与东盟之间的货物贸易规模也达3095亿美元，中韩之间也有2216亿美元规模。（参见图3）

这种特征通过对比分析会更加显著，下面就以2009年与2000年的东亚地区内中间品贸易为例（参见图4）。2000年，中国还未加入WTO，当时，在所谓东亚“四极”——日、韩、中、东盟之间，中间产品贸易总额达2358亿美元，日本居于核心地位，它对东盟、中国以及韩国的中间产品出口总规模达1018亿美元，成为东亚地区最大的“零部件供应商”。此时，东亚地区的跨国生产分工体系尚处初建时期。

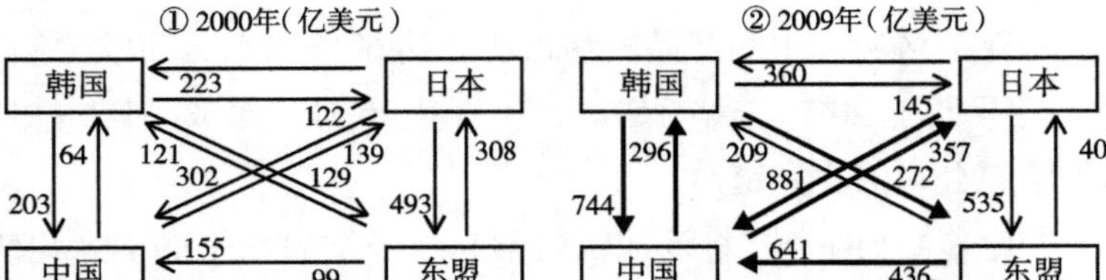

图4　中、日、韩、东盟中间品贸易额（2000年、2009年）

资料来源：柳瀬「東アジア生産ネットワークの变化と震災余波」、『住友信託銀行調査月報』2011年5月号、2頁。

① 参见中华人民共和国海关总署：《统计快讯：2013年12月进出口商品主要国别（地区）总值表》，2014年1月10日，http://www.customs.gov.cn/tabid/2433/InfoID/690424/frtid/49564/Default.aspx [2018-01-16]。

但是，到了2009年，中国的“中心”地位已经变得非常突出，其对日本、韩国以及东盟等的中间产品贸易规模均实现倍增。其中，中日的中间产品贸易额最高，达1238亿美元；其次是中韩，为1040亿美元；中国与东盟之间的中间产品额也突破千亿美元，达到1077亿美元。而从整个地区来看，其中间产品贸易总规模已突破万亿美元（10556亿美元），是2000年的4.5倍。

（四）中日是东亚生产网络“双核心”

在产业分工型的“东亚生产网络”中，中国和日本分别成为生产加工中心和中间产品供给中心，就其经济规模及贸易规模而言，堪称东亚地区的“双核心”。相对于较早成为东亚生产基地的东盟地区而言，中国可算是“后起之秀”。如2000年，东盟地区的中间产品进口额为721亿美元，超过中国的660亿美元；但到2009年双方地位发生了逆转，中国的中间产品进口达到2266亿美元，约是东盟地区进口量1243亿美元的两倍。

再来看作为东亚地区中间产品“供应商”的日本和韩国。2000年，日本对东亚地区的中间产品出口规模已突破千亿美元大关（1018亿美元），而当时的韩国仅为454亿美元，不及日本的一半。但韩国追赶速度很快，到2009年其中间产品的出口规模已实现倍增，达1161亿美元，逼近日本的水平。不过，若从日韩两国之间的经贸关系来看，日本对韩国保持着215亿美元顺差，显然竞争力仍处领先地位，特别是在一些核心部件上，韩国仍有依赖日本的特征。

另外，从直接投资角度来看，不仅日本是“东亚生产网络”中间产品供给中心，而且，大量日企还通过对外直接投资的方式直接参与东亚地区的生产加工活动，也是生产制造商的身份。截至2015年，日本企业的海外生产占比已经突破25%，而在投资海外的2.5万家日企当中，亚洲地区占比将近67%，其中中国为31%、东盟四国为18%、NIEs3（韩国、中国台湾、新加坡）为11%。[①] 另外，从投资金额来看，日本对亚洲地区的累计投资已经超过3683亿美元，其中对中国、东盟四国以及四小龙等的投资均超过千亿美元。[②]

① 経済産業省『第46回　海外事業活動基本調査概要』、8頁。

② JETRO.『日本の直接投資（残高）1996—2016』、https://www.jetro.go.jp/world/japan/stats/fdi.html[2018-01-16]。

三　互补特征显著的中日经济关系

总体而言，中日两国货物贸易关系是与日本企业对华直接投资息息相关的，特别是2001年中国加入WTO之后，日本企业开始大举对华投资，逐步形成了“日本对华出口以零部件等中间产品为主，而中国对日出口则以成品为主”的贸易格局。这种贸易的价值链（GVC）特征一直非常突出。

（一）中国加入WTO为重要起点

尽管中日之间早在20世纪60年代就开启了民间贸易主导的“LT贸易”，但贸易规模一直非常有限，直到1971年仅为9亿美元。1978年邓小平访日打开了日本对华投资的大门，双边货物贸易才真正步入增长轨道。但是，直到2001年中国加入WTO之前，日本企业对华投资始终非常慎重，除1995年一度突破31亿美元之外，其余年份一直徘徊在10亿美元上下，如2000年仅为9.3亿美元。

中国加入WTO之后，日本企业才真正加快进入中国市场。2001年日本企业对华投资21.6亿美元，之后几乎每年上个台阶，如2003年突破39亿美元、2004年超过58亿美元、2005年便达到65亿美元，之后到2010年一直维持该水平。2001年投资中国的日本企业总数为2220家，在12476家投资海外的日本企业中占比不足18%，而到了2010年投资中国的日企总数已经达到5565家，

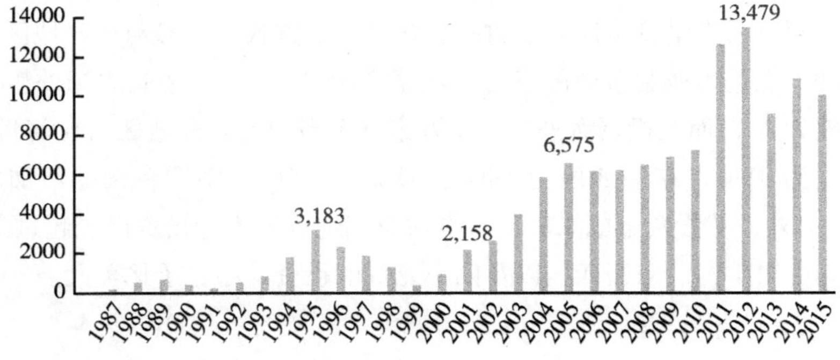

图5　日本对华直接投资（1987—2015年度）（单位：百万美元）

资料来源：JETRO「日本の直接投資」、https：//www.jetro.go.jp/world/japan/stats/fdi.html[2018－01－16]。

在全部18599家投资海外的日企中，占比已经上升至30%。[①] 即便是在2012年"岛争"之后，日本对华直接投资也一直维持在100亿美元规模（参见图5）。

（二）"逆进口"成日本外贸重要特征

所谓"逆进口"，就是投资海外的日本企业，将其在海外生产的商品出口到日本国内。对这些日本企业而言，利用海外生产的成本优势是重要的背景因素。2001年日本所谓的"逆进口"在进口总量中的占比达到15%，金额也达到5.6万亿日元，其中来自亚洲地区的"逆进口"达到4.8万亿日元，占到全部"逆进口"的85%以上。[②] 到2010年，来自亚洲地区的"逆进口"货物贸易规模更是达到8.9万亿日元，相对于2001年几乎实现了倍增。

从中国对日出口来看，2001年占比最高的商品是以服装为主的纺织品，占比为29%，金额超过2万亿日元。排在第二位的是机械设备，主要是以电视机、音响和办公设备为主，占比为28.5%，金额刚刚达到2万亿日元。很显然，这部分就是所谓的"逆进口"部分。[③] 而到了2010年，音像为主的电气设备进口金额超过3.4万亿日元，仅次于以服装和家具为主的"其他类"位居占比排名的第二位（25.8%），此外，一般机械的进口额也达到2.25万亿日元（占比16.8%），这两部分是日本自中国的"逆进口"，总量超过5万亿日元。[④]

（三）对华出口仍以中间产品为主

投资海外的日本企业，最初从日本国内大量采购相关部件。以2001年为例，日本为海外日企提供部件采购的货物贸易量就达到16.4万亿日元，包括对亚洲地区的5.2万亿日元、对欧洲地区的3.5万亿日元和对北美地区的7.6万亿日元。另外，投资不同地区的日企的国内采购比率也有所不同，如亚洲日企的国内采购率为36.1%，投资欧洲、北美地区的日企的国内采购率比较接近，分别为41.5%和42.3%。但到2010年，海外日企的国内采购率都大幅下

① 経済産業省『第41回　海外事業活動基本調査概要確報』、http://www.meti.go.jp/statistics/tyo/kaigaizi/result/result_41/pdf/h2c420nj.pdf[2018-01-16]。

② 経済産業省『第32回　海外事業活動基本調査概要確報』、http://www.meti.go.jp/statistics/tyo/kaigaizi/result/result_0/result_5.html[2018-01-16]。

③ 財務省貿易統計『報道発表　平成13年分（確定）』、16頁。

④ 財務省貿易統計『報道発表　平成22年分（確定）』、16頁。

降，亚洲地区降至28.5%，欧洲地区降至34.4%，北美更是降至29.1%。而且，从采购金额来看，只有亚洲出现倍增式增长，达到9.7万亿日元，欧洲和北美则分别降至2.6万亿日元和4.5万亿日元。[①]

在对华出口方面，中间产品占比呈现增长趋势。2001年的日本对华出口中，电气设备占比最高，超过26%，主要商品是半导体电子部件，总金额将近1万亿日元。再就是一般机械，占比也超过20%，金额为7614亿日元。而到2010年，电气设备和一般机械等中间产品的合计占比仍在46%左右，但金额却增长到将近6万亿日元，增长了两倍以上。除此之外，化学品和钢铁等原材料也相应增长，金额从8000多亿日元增加至3.5万亿日元。

（四）中日贸易GVC特征出现新变化

伴随中国经济与产业的转型升级，日本对华出口产品构成出现新的特征。首先是“一般机械”已经追平“电气设备”类，反映了中国相关产业技术能力与综合竞争力的提高。2001年日本对华出口中的“电气设备”占比26%，远远超过“一般机械”的20%，而2017年，二者占比均为22%。其次是“一般机械”中，半导体装置成为主要商品，目前其出口额已经跃升至7352亿日元，而在2001年和2010年分别以“办公设备”和“原动机、金属加工机械”为主要商品，这充分体现了当前中国产业发展趋势。再次，化学制品的对华出口占比增长迅速，主要是因为日本在材料领域仍具有领先优势，引入高技术材料成为中国企业实现技术突破的新目标。最后是钢铁等原材料的对华出口出现下降趋势，这体现出中国相关领域的技术进步，同时也反映出产能过剩问题的存在。

另外，中国对日货物出口也出现新的变化。最突出的特征就是电气设备成为占比最高领域，这主要是因为全球智能手机大量在中国生产，同时也反映了中国企业在电气设备方面的技术进步和竞争力提高。其次，食品、材料等商品的占比下降幅度较大，如2001年食品出口曾占到中国对日出口的10%以上，而如今已经降至不足5%。此外，服装等纺织品的对日出口下滑更快，2001年的占比高达25%，到2010年降至14%，如今则仅为10%左右。这体现了中国

① 経済産業省『第41回　海外事業活動基本調査概要確報』、http://www.meti.go.jp/statistics/tyo/kaigaizi/result/result_41/pdf/h2c420nj.pdf[2018-01-16]。

产业结构调整与升级，也反映出全球服装巨头撤出中国的事实。

四　全球产业链重塑趋势与中日经济

最近，日美欧似乎正在走出“特朗普冲击”，迈向经贸一体化道路。其拐点是2018年7月17日达成的日欧EPA，这项旨在2019年春季生效的贸易协议将催生出全球最大的自由贸易圈。之后，又上演了一出美欧和解剧，特朗普总统与欧盟委员会主席容克发表一份联合声明，宣称停止纠葛走向协商。两周之后，日美也开始所谓FFR（自由、公正和互惠）的部长级贸易磋商，试图构建双边新贸易体制。接下来又是美墨（西哥）宣布达成新贸易协议，NAFTA似乎也在“起死回生”。

（一）世界经济格局动荡导致全球价值链重塑

近年来，全球社会发展的突出特征是动荡不安——从英国脱欧开始，紧接着又是特朗普上台提出的“美国优先”，欧洲地区出现了大规模反移民运动等，其实，早在2001年WTO陷入多哈回合困境就埋下了全球动荡的伏笔。究其原因，可以说冷战之后世界经济格局发生巨变是问题根源所在，加之，技术进步以及模块化生产方式革命等因素造成了二战后所建立的全球经济秩序遭遇了严重挑战。于是，作为传统规则“缔造者”的美国，却率先揭竿而起，摇身变成了规则的“破坏者”。

首先，发达国家与新兴市场国家之间力量对比骤变让前者难以适应。根据IMF统计数据显示，1980年之际，全球新兴市场国家的GDP总占比仅为22.9%，甚至到2000年也不过25%。然而，之后却形势大变：2010年新兴市场国家占比突破了全球GDP的34%，2015年甚至逼近40%（38.8%）。[①] 与此相反，那些发达国家GDP占比却出现迅速下降，2017年的日美欧全球占比已从2007年63%大幅下滑至52%，降幅高达11%。

这一过程中，中国经济崛起可以说最引人注目，当前其GDP全球占比已突破世界总规模的15%，而加入WTO之前的2000年却仅为3.6%。之后，中

① 日本経済産業省『通商白書』2012年版、6頁。

国对于意、法、英、德、日等G7成员的赶超也仅用了十几年。这些巨变都引发了美国的高度警觉，早在奥巴马时代就试图以TPP对之进行“围剿”，到特朗普时代更是如坐针毡，2018年美国国防战略报告把中国定义为美国长期“战略竞争对手”。

事实上，全球价值链体系的形成与调整对世界经济格局巨变产生了重要作用，也是深层原因所在。冷战结束令“东”“西”之间政治解冻，而随之而来的IT革命、模块化革命又带来了国际分工，最终形成了横跨各国的全球价值链体系，实现了低成本全球资源配置。以最具代表性的时代变革“弄潮儿”苹果公司为例，它组织起一个“美国设计、日韩采购、中国生产、世界销售”的全球价值链。中国因为及时融入了该价值链，向世界展示了迅速崛起的“大戏”，不仅其经济总量迅速赶超至世界第二，其贸易规模更是跃居世界第一，而且，“苹果因素”们也极大推升了对内直接投资的增长，其全球占比迅速提高：从加入WTO前的2.5%提高至2016年的5.1%。

技术变革仍在继续，而各国的利益诉求难以协调和统一，这就导致了“规则落伍于时代”的现象，二战之后创建的全球经贸体制越发难以适应实际需求。以迅猛发展的电子商务为例，这一1979年英国最先创造的“在线销售”模式在“蛰居”近20年之后，终于伴随因特网普及而得以在全世界迅速蔓延，2015年其规模已超过25万亿美元。① 中国再次被世界瞩目，它很快就发展成全球最大的电子商务市场。面对这一新生事物，旧体制无可避免地出现监管缺位，虽然WTO组织早在1998年就开始进行是否课税等讨论，但意见纷杂难达共识，各国均从自身利益出发，制定了各不相同的规则。

面对动荡不定的新形势，奥巴马政府试图以构建TPP的新框架来再次领航，但特朗普上台之后则“另起炉灶”——他标榜要放弃“多边”而提倡构建“双边”关系，其本质无疑是要维护和凸显“美国优先”的理念。在此背景下，全球经济秩序的乱局变得更为严重。

（二）日本对全球价值链的“适应性”与重塑的主导意愿

相较于美国的“焦躁”表现，日本似乎对世界经济新格局显得更具“适

① JETRO『世界貿易投資報告』2017年版、89頁。

应性”，与此同时，它也一直在努力争夺对世界经济贸易体制新框架的主导权。概括而言，日本的“适应性”主要源于三点：它在全球价值链的占位不断上移；日本企业全球化经营不断深化，国际竞争力得到提升；日本经济更依赖全球自由贸易体制，多边框架是其最佳的选择。

人们更多的印象是，日本在泡沫经济崩溃之后就已一蹶不振，而近年频发的企业丑闻似乎更让人对此深信不疑。但事实并非如此。截至 2017 年 3 月日本全行业企业经常利润已达 1992 年的 3.7 倍，企业利润剩余额（除金融保险业）也突破了 406 万亿日元，相当于该国 GDP 的八成以上。[①] 此外，企业的盈利能力也明显提升，制造业大企业销售利润率甚至突破了 8%，实现对英德等欧洲企业的赶超并逼近美国。[②] 再者，向价值链上游转移成为日企盈利能力提升的重要原因。以半导体为例，日本半导体终端产品曾占全球半壁江山，但到 2010 年该数字却已下滑至不足 1/4。但这并不意味着日本企业能力的衰退，因为在高附加值的半导体设备及材料领域，日本却控制了四成和七成市场。

成功的全球经营是日本“适应性”的另一体现。数据显示，“1/4 生产”和“六成销售”在海外已经成为日本企业经营特征，也就是说，仅从 GDP 的视角已很难准确把握日本经济的实力。另外，日本对外投资也印证了这一点，2017 年底其对外直接投资额 15508 亿美元，其中，日本对美投资高达 4913 亿美元，对英、荷以及中国的投资均超千亿美元。

为了确保海外利益，日本高度关注世界新框架的发展，试图获得主导权。以 TPP 为例，日本一波三折的态度转变就是很好例证。早在 2002 年，新西兰、智利、新加坡、文莱等“P4”就倡议构建太平洋 FTA 机制，但这种动向并未激发日本的关注。但是，在美国成为“船长”并确定“航向”（高水平贸易协定）之后，日本开始担心错过这班“轮船”，其态度也骤然变得非常积极。然而，在特朗普宣布“弃船”之后，日本仍以“全面且先进”的贸易体制（CPTPP）为目标继续推进。2018 年 6 月，它还率先在国会通过，试图领航全球多边贸易机制发展，并以此牵制贸易保护主义的美国。

① 財務省「年次別法人企業統計調査 概要」、平成 28 年度、https：//www. mof. go. jp/pri/reference/ssc/results/h28. pdf[2017 -09 -01]。

② 参见张玉来：《日本制造业新特征及其转型之痛》，《现代日本经济》2018 年第 4 期，第 36—39 页。

与欧盟签署EPA其实是日本“围魏救赵”的策略，它试图说服美国继续走多边道路。在记者会上，安倍并没有过分渲染这个全球GDP占比三成[①]、贸易额四成的巨大贸易圈[②]，而是突出强调其“对进一步宣扬自由贸易体制的重要性具有重大意义”。很显然，对美关系仍是日本主导战略的核心。美国不仅是旧秩序制定者，同时它也拥有全球最强的经济力量（2017年世界GDP占比24%），加之，日美同盟又使日本在安全保障方面依赖美国。日本一方面通过TPP等多边框架等“外围”来对美国形成压力，另一方面也从正面出击向美方提出FFR双边磋商，主动回应美国倡导的两国FTA。此外，它还加大进口美国液化天然气（甚至不惜转卖东南亚），显示积极消解贸易逆差的努力，还向美方陈情，告知在美日企不仅促进了当地就业，还创造了700亿美元出口贡献。[③]

（三）中国在全球价值链重塑趋势中应与日本等加深合作

面对风云变幻的世界局势，中国必须保持足够的战略定力与耐力，继续坚持以经济建设为中心，不断推进对内改革和对外开放，通过更积极主动的努力以及调动各阶层民众的智慧，来维护国家的根本利益。而从外部来讲，日本是中国非常重要的进口国，且双方在全球价值链体系中有较强互补关系，这些都推动中国与日本等加深在经济层面的合作。

首先，中美贸易战对中日两国都是挑战，全球价值链重塑也将影响两国利益。中日两国经济关系错综复杂，相互利益也交织在一起。对日本而言，在华直接投资金额早就突破千亿日元，在华日企也在3万家左右，中国市场不仅成为日本企业最重要的利润来源[④]，同时也是未来发展的重要机遇。借用日产公司社长西川广人所言，那就是因为中国正在成为全球科技大国。

其次，日美欧走向经贸一体化难以一蹴而就，各方利益矛盾协调困难。有

---

① 日欧（盟）GDP总和约为21.3万亿美元，占世界的28.4%。

② 2017年欧盟进出口总额117277亿美元，日本进出口总额13682亿美元，二者合计占世界（350620亿美元）的37.35%。参见：JETRO.『世界貿易投資報告』2018年、9頁。

③ 《日本对美贸易的杀手锏是安倍》，日经中文网，2018年7月30日，http://cn.nikkei.com/columnviewpoint/viewpoint/31524-2018-07-30-05-00-47.html[2018-08-01]。

④ 例如，伴随着对华投资的扩大，来自中国的知识产权使用费也在快速增长。参见张玉来：《日本制造业新特征及其转型之痛》，《现代日本经济》2018年第4期，第40—41页。

观点认为必须要警惕某些国家对中国的合谋企图，但事实上日美欧之间有着错综复杂的利益冲突和矛盾，即便是在美国内部也存在着不同利益主体，在经济全球化和利益多元化的今天，是不可能做到步调一致、始终如一的。以日本为例，若美国真的加征关税将使日本出口汽车每台平均增加 6000 美元成本，而仅丰田公司一家的损失将超过 4700 亿日元。

当然，除了保持战略定力和耐力，积极维护自由贸易和多边体制之外，中国也需要更积极地努力，客观认识和深刻反思自身所存在的各种问题，通过深入的改革举措来不断完善市场经济环境，在此基础上，进一步扩大和深化对外开放，主动对接更高标准的国际经贸新框架和新规则。

为中日关系发展行稳致远创造舆论环境

——来自《人民中国》近期报道选题的思考

王众一*

《人民中国》（日文版）创刊于1953年，2018年6月迎来创刊65周年。65年来，作为对日传播的领军媒体，这本刊物见证了中日关系发展的各个历史阶段，通过对民间外交、文化交流大量实例的关注，系统地追踪报道了民间力量推动两国关系发展这一中日间独有的现象，对推动两国民意相向而行作出了持久的历史性贡献。

2017年9月，为纪念中日邦交正常化45周年，人民中国杂志社在东京举办了“民间的力量”主题图片展，展出内容包括本刊当年的报道页面、珍贵的历史图片等第一手资料，引来了日本各界的关注。这些具体的事例、生动的故事，从20世纪50年代说起，一直到1972年中日邦交正常化，以及此后45年来两国民间各个领域的交往，有力地佐证了“中日友好的根基在民间”这句至理名言，验证了民意基础对两国关系的重要意义。

2018年，我们又拉开了纪念《中日和平友好条约》签订40周年的帷幕。中日关系经历了40多年的风风雨雨，在曲折中不断发展。过去几年里，中日关系经历了严峻考验。2017年起，一些向好的势头带来了希望。2018年5月，李克强总理访日，中国政府和日本政府之间就改善关系进行了进一步的沟通，签订了一系列包括经济、安全、人文交流等方面的政府协定。这对中日关系的进一步发展起到了有力的推动作用。在中日关系企稳向好的今天，如何发掘民间的潜力，修复、夯实受损严重的民意基础，为两国关系行稳致远创造更充分

---

* 王众一，《人民中国》杂志社总编辑。原文发表于《对外传播》，收录本书时作了修改。

的有利条件，中日媒体正是到了一展身手的时候。

2018年又是中国改革开放40周年。得益于改革开放的成果，今天两国民间交流的广泛性与规模，早已不可与40多年前的水平同日而语。仅就民间外交而言，除了传统的友好团体继续发挥作用之外，新型民间组织、各种NGO等也积极投入到交流中来，并且发挥着越来越重要的作用。在中国，公共外交的概念不断深入人心，民间交流的主体也呈现出多样化的趋势，这些都为两国媒体报道提供了丰富的选题资源。

十几年前笔者开始参加由电通公司、朝日电视台等民间机构与国新办联合主办的媒体人士对话会，采取闭门形式，与会者可以畅所欲言，坦率交换意见。十多年过去，双方各大媒体的一线骨干，尽管价值观、新闻观都有不同，但通过坦诚交流，大家成为好朋友，也都在一定程度上了解了对方的立场，为相向而行创造了条件。我在对话会上一再强调的观点是，两国媒体的国际报道对本国民众正确认识和了解对方国家负有不可推卸的责任，对两国的民意走向发挥着巨大的引导或诱导作用。我坚持呼吁，应该重视跨文化交流媒体的独特作用，两国媒体的决策层应该进一步加大对话力度，扎实开展务实可行的共采共稿等多种形式的媒体合作。

近年，外文局和日本言论NPO联合主办的“北京—东京论坛”是一个更大的公共外交平台，各个分论坛几乎涵盖中日之间存在问题的所有领域。各路嘉宾在这个平台上，基于每年的双方舆论调查结果，分析两国民意对立的问题点所在，为中日两国消除分歧、扩大共识建言献策，其社会影响日渐扩大。这个论坛作为交流平台的特点之一，就是每年坚持通过民调分析两国舆论对民意的影响，进而将其作为在媒体分论坛交流时的依据，探讨在改进民意方面双方媒体所承担的社会责任。

我认为，媒体在夯实民意基础，确保中日关系行稳致远方面可做的事情有很多。目前，在媒体报道中涉及中日话题的以时政报道、经济报道、军事安全报道最为多见。在发现、放大两国人民之间积极因素方面，一些领域相对受到忽视或重视不够。这是中日双方媒体存在的共性问题。根据近年来《人民中国》在选题报道中的实践，笔者聚焦于民间、社会、媒体、人文等关键词，梳理出一下若干方面可能有助于改善两国舆论环境的选题线索，与各位一道思考，讨论。

1. 地方交流。地方交流是中日交流的一大特征。各地的横向交流，扩大了经贸合作、人文交流，造福了地方人民，同时也为更深入均衡地深化两国人民了解作出了历史性贡献。但近年来许多地方友好城市的交流已经形同虚设，人员来往也大不如从前。一些地方官员，对中日关系持观望态度，开展地方交流的积极性明显下降。这个问题应当引起我们重视。因为广泛的民意基础就在地方。我们不能只注意东京而忽视关西、忽视东北地区、忽视九州。同样，日本和中国的交流也不应该只集中在北京、上海、苏州、广州，还应该对中国广阔的内地也多加关注。《人民中国》每年都向中日双方的地方政府呼吁加强交流，“美丽中国”“知事访谈”等栏目都是为这种交流搭建的平台。近年来《人民中国》杂志社东京支局在日本对多位希望加强与中国地方城市开展对等交流的有识之士进行了系列专访；2017 年和 2018 年春天，江苏省无锡市外办恢复举办的樱花节活动，《人民中国》做了及时的追踪报道；2018 年 9 月青海省外宣办将通过人民中国杂志社东京支局的协助，在日本举办“大美青海”展等交流活动，则是“美丽中国”栏目产生的延伸效应。希望两国的地方政府有更多这样的良性互动，而媒体也应该更加敏感地跟踪报道这类消息。

2. 救灾报道。中日两国都是自然灾害多发国家。两国人民在灾难面前相互守望、帮助，这为推动两国民意改善提供了重要报道资源。2018 年是汶川大地震发生十周年。不论是四川还是福岛，当年大地震发生时，中日两国人民曾相互守望，互相支援。《人民中国》在汶川大地震、东日本大地震、熊本地震发生时，做过形式各异的、有温度、有针对性的及时报道，引起了读者的广泛关注，拉近了人民之间的心灵距离。原本人民中国杂志社曾经探讨过就汶川大地震十周年选题与日本媒体联合报道，但遗憾的是由于一些客观原因，最终这个倡议未能得到落实。2018 年第 8 期《人民中国》独家推出四川地震十周年的特辑报道，图文并茂地介绍了地震灾区这十年发生的深刻变化，以及多位当事人的成长故事，其中还通过东京支局采访到当年日本救援队成员。一些日本读者得知报道预告，表示对这一选题充满期待。

3. 人员往来。一衣带水的地理因素，决定了大规模人员往来是中日交流的特点之一。人员往来的一个重要形式就是旅游。20 世纪 80 至 90 年代，出于对悠久历史文化的向往，日本曾兴起来华旅游热，修学旅行也十分普遍。那时候中国公众还不具备赴日旅行的经济实力，因此双方的旅游是不对等的。如今仿佛一切都倒过来了，中国游客大批赴日旅行，而来自日本的游客却完全不成比例了。旅游是增进彼此了解的最直接途径，但目前的这种失衡却令人感到遗憾。中国经过40年改革开放，各地发生了深刻变化，通过旅游可以非常接地气地了解中国实际发生的变化。然而，日本旅游者、来华留学和修学旅行人数都远远少于从前。据说日本媒体的片面夸张炒作造成心理恐慌是一个很重要的原因。中国游客赴日游也要克服过度的消费主义倾向，增加和当地人交流的比重，以加深对日本社会的了解。《人民中国》策划了“不平衡的中日旅游”等多个针对上述问题的选题策划；连续多年推出的金牌栏目“美丽中国”刊登对地方城市历史、文化的深入报道，引起许多日本读者的共鸣与赞誉。中国的对日报道应该进一步改善报道方法，加大涉华旅游报道力度，吸引更多日本游客特别是年轻游客来华旅游，以“一见”克“百闻”，校正日本媒体对中国片面、失实报道带来的负面作用。

4. 老凤新雏。不论是政府层面还是民间层面，当年推动中日关系发展的那一代人已经老去。中日友好事业的接班人在今天的中生代、新生代。如何在喧嚣的舆论环境中放大老一代人曾经发出的睿智声音，并在今天将后继者的新声推出，也是媒体应该积极面对的课题。2018年春天，92岁高龄的野中广务先生去世，《人民中国》微信公众号转发了国务院新闻办前主任赵启正怀念野中先生的文章，引起很多粉丝的转推。人们为这样一位有良知、有信念、有担当的老政治家的离世感到惋惜，更为后继乏人的现实感到不安。周恩来、田中角荣，或胡耀邦和中曾根康弘那样彼此建立“言必信，行必果”政治信任的老一代人，大部分都已作古，健在的人也年逾古稀。所以，应该加紧推动中生代、新生代政治家或者能够影响政府决策的智库、学者之间建立个人信任关系，形成真正深入的交流。历史上中日上千人规模的交流奠定了广泛的群众基础，今后还可以继续开展这样的交流。但今后更加精准的、机制化的深入交流，将是提升交流质量的关键。如果这些努力都在媒体报道中得到有力体现，并有效地传递到双方手中，对民意的正面影响不难想见。《人民中国》的“中日关系大家谈”在中日关系最为困难的五年中坚持每月推出，引起各方高度关注与好评；结合2018年5月李克强总理访日，以及9月末《中日和平友好条约》签订40周年，《人民中国》连续策划独家重磅特辑，将中日有识之士的声音集中推出，用新的充满睿智的思想影响中日受众。

5. 流行文化。针对年轻一代的兴趣与思想，创新报道方法也是媒体的紧迫任务。年轻人之间往往以动漫、音乐、文学、舞台剧等早已没有交流鸿沟的流行文化进行着富有成效的交流。不可否认，日本的流行文化外宣做得比我们要好。流行文化交流是我们改善年青一代民意基础的重要工具，我们也要善于用好这个工具。为应对年轻读者后续乏力的局面，近年来《人民中国》在报道中增加了两国青少年喜闻乐见的漫画要素，将一些历史话题、传统文化话题运用流行文化要素处理，用这样的办法我们稳步争取到一些年轻读者的关注。同时，策划作文大赛、摄影比赛、动漫创作大赛等多种活动吸引中日双方年轻人参与，在实践中也收到明显效果。其好处是，既照顾到了年轻一代的接受习惯，又注意引导大家避免在交流过程中形成陷入流行文化本身而忽视彼此真正相互了解的倾向。此外，媒体形态的多样化，也为吸引新的年轻读者提供了机会。《人民中国》的微信公众号由于围绕精准的读者定位，立足于中日人文交流设置选题，创办短短三年粉丝数即超过3.3万，而且保持强势增粉势头。结合二十四节气申遗成功连续推出两年的“俳人笔下的节气与花”、每年一度的日本“工薪阶层川柳佳作汉译”等栏目大受欢迎，成为圈粉利器。

6. 国情变化。彼此加深对对方当代历史的了解，也是增进互信的重要环节。对于中日两国在当代发生的深刻国情变化，媒体也应该及时策划出好的选题，以推动两国人民对彼此国家发展的正确认知。2018年，中国迎来改革开放40周年，日本将是平成时代30年落下帷幕的一年。我们彼此对这一段的各自发展有多大程度准确、深入的了解与认识，将决定今后我们如何相处。冷战结束之后开始的平成时代，政治、经济、社会以及人们的意识所发生的变化，值得中国方面认真研究；同样，经过40年改革开放，走进全新时代的中国，也值得日本冷静、客观、全面地了解与面对。中国的和平发展与全面复兴，对日本是机会还是挑战，在日本国内认识很不统一。鸠山由纪夫前首相提出的东亚共同体思想、福田康夫前首相最近在中国强调的“和合思想”，都与习近平主席提出的“人类命运共同体”思想有交集，值得媒体多做文章，推动媒体、智库、学者作为介于政府与公众之间的力量，多多发声，引导民意的积极正面的作用。

7. 文化交流。文化交流能够对民意走向形成有温度的影响，其不可替代的作用值得媒体更多重视。那些动人心弦的作品在中日几代人中形成的潜移默化影响不可低估，并值得在今天发扬光大。40年前高仓健、中野良子主演的《追捕》直到今天还在被记忆，并在2017年由中国导演吴宇森重拍；同样，中国电影《那山 那人 那狗》给日本观众带来的感动至今犹在。四季剧团的音乐剧《李香兰》和中国人物传记电影《周恩来》曾在1992年分别在两国引发感动。2017年松竹大歌舞伎访华公演与中国京剧在日巡演，以及中日合拍的

《妖猫传》在两国的同时公映都为民意回暖营造了气氛。2018年，中国电影节在日本举办，日本的狂言大师也将携经典作品来华演出。

特别要指出的是，李克强总理访日期间两国政府签订的合拍电影协议对人文交流具有特别意义。1982年为纪念邦交正常化十周年，中日合拍了电影《一盘没有下完的棋》，影片讲的是两国围棋棋手如何因战争而改变了命运。这部电影的片名今天看来依然有着高度的象征意义：围棋是古老中国的发明，由日本推广到世界。以围棋为媒介展开的故事就好像中日两国在东亚舞台上相互博弈的命运。历史告诉我们，比邻而居，合则两利，斗则两伤。如何确立一种良性竞赛而非恶性竞争的机制，值得我们认真思考。《人民中国》在2018年7月号"中日关系再启航"特辑中专门就电影合作与交流在近40年中日民间交往中所发挥的作用进行了系统梳理，各方反响强烈。

除了选题内容应注意平衡、调整之外，推动中日媒体之间的交流与合作是一个更加根本性的举措。众所周知，媒体本身对两国的民意的影响是决定性的。前面也提到，近年来在各种对话会、研讨会、论坛上，对媒体责任的讨论一直没有间断。一个大背景是，随着数字技术与网络的发达，特别是移动终端的崛起，人们获取信息的渠道得到拓宽，有价值的信息与虚假新闻也鱼龙混杂，甚至有人提出我们已经进入一个"后事实"时代。情绪化、简单化导致的与民粹主义思潮相伴随的狭隘的民族主义意识，一有机会便成为干扰中日关系理性、健康发展的严重障碍，也成为绑架民意、削弱民众互信的顽固力量。在这种情况下，不仅是传统媒体，新媒体、图书的影响也应该列入我们的关注范畴。如何平衡不同观点，克服商业主义、广告至上主义导致的对受众的误导与迎合，都考验着我们的智慧与良知。媒体一线人员的交流已经有了一些畅通的平台，而媒体高层决策人士的直接交流不论是渠道还是次数都非常不够。因此，除了对话，还应该采取一些行动。从大家有共识的领域做起，比如就灾后重建、精准扶贫、污染治理、生态保护、人口老龄化等话题共同策划、采访，发现彼此的关切与利益共同点，甚至在条件成熟时推进媒体合作。这一切，都是媒体本身在夯实民意基础方面可做的"基建工程"。两国媒体如能相向而行，对中日关系企稳向好善莫大焉。

简言之，夯实两国民意基础，为中日关系发展行稳致远创造舆论环境，媒体"打铁必须自身硬"。期望中日两国媒体在改善选题报道、加强媒体合作方面多做建设性工作。

讲好“人类命运共同体”的故事，助力中日关系改善

葛建华*

进入2018年以来，中日关系处于东北亚大变局中。全球经济同步复苏，亚洲仍是世界经济增长最快的地区。朝鲜半岛形势出现了积极的变化，朝鲜领导人金正恩委员长访华、韩朝首脑实现会谈、美朝“金特会”在一波三折中如期举行，朝鲜半岛局势由一触即发向着积极的方向转圜。但美国特朗普政府推行单边贸易保护主义政策，高调掀起贸易摩擦，有可能直接破坏全球经济复苏的趋势。美国对日本的钢铝制品加征25%的关税，日本则正式通知世界贸易组织，对美国采取报复措施。美国强势的关税保护主义政策所具有的破坏性促使中日韩三国就强化多边自由贸易体制及促进投资自由化达成一致。在此背景下，中日关系持续改善。随着中美两国贸易战的急剧升级，作为美国盟国的日本难以独善其身。中日间业已存在的结构性矛盾短时间内恐难以得到彻底解决，未来仍存在着“倒春寒”的可能性。

中日关系处在承前启后的重要节点，改善关系的机遇稍纵即逝。我们应借两国关系转暖之机，发挥中日民间外交的优势，直指人心，讲好人类命运共同体的故事，为建立新型的中日关系夯实基础。

一　中日关系改善进入了新阶段

近两年中日之间进入了改善关系的窗口期。2017年是中日邦交正常化

* 葛建华，天津社会科学院东北亚研究所副研究员。原文发表于《对外传播》，收录本书时作了修改。

45 周年，2018 年是《中日和平友好条约》缔结40 周年，这样特殊的氛围助推中日关系再正常化，由日本“非法购岛”导致的中日关系“小冰河”期逐渐进入“小阳春”。此期间，习近平主席应约与安倍首相通电话，就本着和平友好条约精神推动中日关系改善和发展达成重要共识。李克强总理与安倍首相就《中日和平友好条约》签署40 周年互致贺电。尽管日本在东北亚安全领域长期致力于以遏制中国为目标的日美军事一体化进程，日美以应对“半岛有事、西南方向有事”为背景的联合作战计划仍在加紧推进，但因形势所迫，安倍政府不得不由俯瞰全球外交向重视和改善与邻国关系转变，提出中日两国“有责任把竞争转为协调”，淡化与中国的对立，重视与中国的合作。2018 年日本外务省公布的《外交蓝皮书》对中日关系的评价较为积极，称“改善的机会空前高涨”“高级别对话频繁”。[①] 自 2012 年经历最困难的时期后，两国关系走出低谷，重回正轨。尽管中日关系向好的磨合过程仍不时出现一些杂音，但双方相向而行的努力正在成为两国关系近期的基本特征。

（一）日本社会开始正视和反思侵略历史

近一年日本媒体不断曝光“731”新闻，除了制作纪录片，经日本民间学者的努力，日本国立公文书馆首次公开了距二战投降半年前，“731 驻华主力部队”的“留守名簿”。日本电视台播放了一部长约 45 分钟的《南京大屠杀2——检验历史修正主义》的纪录片。日本前首相福田康夫 2018 年 6 月份来华期间访问了南京大屠杀遇难同胞纪念馆，向死难者献花并默哀。福田成为继海部俊树、村山富市、鸠山由纪夫之后的第四位访问该馆的日本前首相，他们呼吁日本人应该访问该馆并了解历史，向后世广泛告知事实是现代人的责任。[②] 这反映出日本社会正在回归理性，以史为鉴，反省过去的侵略历史。“不积跬步，无以至千里”，随着反思的逐渐广泛深入，这将汇成阻止战争再次发生的一股清流。[③]

---

① 外務省『外交青書 2018』、2018 年 6 月 27 日。

② 《日本前首相福田康夫参观侵华日军南京大屠杀遇难同胞纪念馆》，新华网，2018 年 6 月 24 日，http：//www. xinhuanet. com/asia/2018 - 06/26/c_ 129900977. htm[2018 - 07 - 26]。

③ 参见高洪：《2018：中日关系走势蠡测》，《东北亚学刊》2018 年第 2 期，第 1 页。

（二）安倍在台湾问题上表态低调谨慎

台湾问题是影响中日关系的重要因素。日台双方以小步慢跑的低调隐蔽方式持续加强双边政治、经济、文化关系。随着中日关系转暖，安倍在台湾问题上表现出了低调谨慎的态度，重申在台湾问题上日方将继续遵循中日邦交正常化联合声明中确定的原则，立场没有改变。[①] 李克强总理访日时，安倍再次提出“按照日中联合声明的规定，仅同台湾保持民间往来”。这一表态，比以往的遵守“一个中国”原则更加具体明确。听其言，观其行，今后随着中日关系的“再正常化”，这也将会成为约束日台关系偏轨发展的制约因素。

（三）重启中日各领域的对话机制

两国陆续开始恢复中断很长时间的政治、外交、经济、政党、议会、海洋事务等多种双边对话机制。主要包括：

一是重启始建于1981年中断了九年的政府间文化交流协商会议机制，这是中日之间关系改善的重要风向标。双方签署了中日电影拍摄制作合作协议，为两国电影在双方国家上映创造基础。二是中日经济高层对话开始恢复，这是自2010年在北京举行最后一次对话以来的重新启动。对话探讨双方在护理、福利和无现金结算等领域的服务贸易合作。三是恢复中日青年军官交流机制，这曾经是中日防务部门交流合作的重要平台。四是重启两国央行间的货币互换安排，融通额度预计达到3万亿日元（约合人民币1860亿元）。始于2002年的中日双边货币安排是为应对1990年末亚洲金融危机而签署。在金融动荡时，货币互换可以向两国企业提供人民币或日元资金支持，从而为抵御金融风险起到安全网的作用。2013年期满未续，此次重新启动预示着两国加强合作的意愿增强，也是双边关系改善的一个象征和风向标。五是政党之间的定期对话机制启动。与自民、公明两党的“中日执政党交流机制会议”预计将在10月召开。六是恢复海洋事务高级磋商，签署了海空紧急联络机制，设立热线，避免擦枪走火，该机制就东海问题保持积极有效沟通，为管控潜在危机、维护东海稳定、促进海上合作发挥着重要作用，它标示着两国已经进入了共建军事互信

---

① 参见《日本首相安倍晋三会见杨洁篪》，新华网，2017年5月31日，http：//www.xinhuanet.com/world/2017－05/31/c_1121064567.htm[2018－04－15]。

的进程。[①] 重新恢复这些交流对话机制，对促进两国国民的相互理解，增进国民感情，消除互厌情绪，保障中日关系的发展将起到支撑作用。

（四）中日关系进入了“新启航”，高层互访频繁

习近平主席与安倍首相在国际多边场合会面增多。全国人大常委会委员长栗战书分别于2018年5月和7月在人民大会堂会见了日本文部科学大臣林芳正率领的日中友好议员联盟代表团和日本众院议长大岛理森。日方表示两国互为邻国，日中愿继承优良传统，为两国关系全面改善贡献力量。中国总理李克强进行时隔7年被称为“新起航”“中日关系上了一个新台阶”的访日活动，并于5月9—11日参加了中断五年之久的中日韩领导人会谈，会后发表了联合声明，声明对朝鲜半岛的融合氛围日益浓厚给予肯定。在经济上就中日韩自贸协定（FTA）和区域全面经济伙伴关系协定（RECP）加速谈判达成一致，提出中日韩+X模式，共同开发第三方市场，同时推动三国在旅游、能源和电商的合作，三国携手推动东亚区域一体化进程。安倍10月访华行程，将举行中日首脑会谈。高层往来将给中日关系吹起暖风。

（五）日本支持“一带一路”倡议力度加强，中日两国拟设立官民协议会

2017年日本自民党干事长二阶俊博参加了中国举办的“一带一路”国际合作高峰论坛，明确表示日本参与“一带一路”建设，这是中日关系发生变化的标志性事件之一。[②] 此后中日两国为加强在第三国基础设施建设方面进行合作，拟成立“一带一路”官民协议会。日本外务省、经济产业省和经济团体联合会等政府机构和民间团体参加，计划在节能环保、提升产业水平、物流三个领域推动日中民间企业的合作。[③] 日本法律界、经济界、学界普遍认为，中日关系改善将为两国开展“一带一路”合作创造有利条件，呼吁日本政府抓住机遇，积极参与合作。日本名古屋市立大学特任教授中川十郎认为，“一带一路”令中国成为推动欧亚大陆贸易、投资、物流等发展的重要动力。在

① 参见吕耀东：《日本对华政策取向对中日关系的影响》，《东北亚学刊》2018年第4期，第25页。

② 参见《二阶俊博：“一带一路”倡议未来一定能得到大力发展》，央广网，2017年5月17日，http://china.cnr.cn/yaowen/20170517/t20170517_523758393.shtml[2018-04-15]。

③ 参见《日本汇总对中国“一带一路”合作方针》，日经中文网，2017年12月6日，http://www.360doc.com/content/18/0517/16/37325853_754730206.sht[2018-04-15]。

英国“脱欧”及美国贸易保护主义抬头的背景下，“一带一路”将为全球化经济合作带来新机遇，日本应积极加入亚投行，积极参与“一带一路”合作，实现共赢。[①] 日本前首相鸠山由纪夫出席2018年8月11日在北京召开的纪念《中日和平友好条约》缔结40周年的国际学术研讨会时指出，“中日在技术和资金方面各有优势，两国存在着巨大的合作空间”，呼吁“日本大力参与‘一带一路’，早日加入亚投行，深化双方互利合作”。[②] 日本如果能抓住此次改善的机遇，在“亚投行”“一带一路”上拿出实际有效举措，将会推动日中两国走出“政冷经热”的怪圈。

尽管中日在安全领域互信程度不高，仍具脆弱性，但都着眼未来，思考合作中日关系的发展，只有遵循“四个政治文件”的原则和立场，才能不断巩固两国的政治基础。但这一回归原点的过程伴随杂音不断。虽然日本越来越重视中国的“一带一路”倡议，但仍存警惕心理，认为这是中国通过经济合作以扩大国际影响力的工具，日方将在弄清项目内容及资金筹措的信息公开等情况后，谨慎推进合作。在安全领域内，仍然以高调行动低调表态的形式来显示其防范中国的政策。在新近日本政府批准的2018年版《防卫白皮书》中仍渲染周边威胁，为继续增加防卫预算及改写大纲进行铺垫，将防卫费用大幅增加到23.97万亿日元，连续五年创历史新高，允许年均增长0.8%的军事预算。[③] 再派直升机航母“加贺”号巡航南海以推动“自由开放的印太战略”，对冲和牵制中国。通过访问东南亚的港口，彰显日本自卫队的存在。由此形成定期“南海印度洋长期舰艇派遣机制”。在环太平洋军演中和美国联合进行岸舰导弹演习，日本文部科学省欲在“地理综合”科目中首次写明“竹岛”和“钓鱼岛”为“固有领土地”。历史问题、领土主权纠纷仍高度敏感，互信仍很脆弱。尽管还有“杂音”出现，但中日之间都在探讨随着中日在地区及全球经济中发挥作用越来越大，“有必要更新视角，思考合作与携手的应有方式”。而中国所倡导的人类共同体思想、合作共赢思想、新型大国关系思想，必将成为中日有关系良性发展的外在保障。

---

① 参见《日本举办一带一路研讨会》，人民网，2018年5月24日，http://world.people.com.cn/GB/n1/2018/0525/c1002-30012696.html[2018-07-15]。

② 此处引用根据笔者参加2018年8月11日在北京举办的“中国社会科学论坛：弘扬条约精神，深化友好合作——纪念《中日和平友好条约》缔结40周年”国际学术研讨会整理。

③ 防衛省『防衛白書2018』、2018年8月28日。

二 中日关系持续改善的原因

中日关系走出了大开大合、大起大落的阶段，逐渐走向平衡和稳定。日本表现出对华改善关系的意愿，对中国采取和解态度有其自身内忧外患的考虑，主要表现在：

（一）美国因素使日本改变对美一边倒政策，对华双面下注

中美贸易摩擦加剧，日美贸易暂入僵局的大背景下，中国和日本这两个世界第二和第三经济大国今后的双边关系会如何发展是摆在中日两国面前的难题。国际观察人士北村淳指出：“美国特朗普政府的上台，给日本接近中国制造了更好的条件。”① 安倍政府执政以来奉行对美国一边倒政策，但美国自特朗普总统执政以来，要求盟国承担更多更大责任的“边界”和自由贸易政策究竟何去如从，“美国优先”主导的孤立主义政策以及以此展开的一系列退群举动，让日本充满着纠结和无奈。日本在朝核问题上被边缘化，在对美贸易关系上遇挫，使其开始思考夹在中美两个大国贸易博弈之间，很难淡然处之。据经合组织和世贸组织数据显示，日本是中国对美增值出口的最大贡献者，整个东亚地区与复杂的全球供应链相互交织，日本经济将受到波及和影响。② 今后日本的对华政策将会存在着两面性：一方面在经济领域对中国释放一些善意，另一方面又不得不考虑盟友美国的感受，在安保、朝核等领域追随美国。这是日本对华政策的两面性，获得利益最大化，也是其一贯作法。

（二）借力中国经济发展摆脱经济发展困境

日本经济近年来一直处于缓慢而又艰难的复苏中，美国政府的贸易保护举措是其经济的最大外部风险源。安倍政府虽然推行了“安倍经济学”“一亿人总活跃社会”以及“促进更多女性进入职场”等政策，但仍难以改变日本经济内需不振和出口增速放缓等不利局面，无法根本改变日本经济低迷的大趋

① 参见《日本2018年上半年对华出口创新高》，日经中文网，2018年7月19日，https：//mp. weixin. qq. com/s/GEbP2gMZCFe8tuWUB0AgWw［2018－07－29］。

② 参见《日本紧张中美贸易争端：担心美国总关税大棒挥向日本》，《参考消息》2018年7月7日。

势，借力中国的经济发展是其摆脱困境的一个不得不做的选项。经贸关系是中日关系的压舱石。中国国务院总理李克强访日后，中日经济加强合作的趋势明显。两国经济部门签署了《关于中日第三方市场合作的备忘录》，同意设立跨部门的"推进中日第三方市场合作工作机制"，举办"中日第三方市场合作论坛"。这将为两国企业开展第三方市场合作，提供较为完善的制度政策保障和有效的合作平台。① 日本企业寻找"一带一路"商机，着眼于中国和欧洲间铁路运输趟数的增加和扩大对中国内陆地区基础设施的投资，日本企业也将加快铺设物流网和基地的建设。中国政府也给予了日本人民币合格境外机构投资者2000亿人民币的额度，双方签署了货币互换协议。2018年上半年日本对华出口创新高，中国赴日游客爆发式增长，占日本接待外国旅游人数的一半，极大地支撑了日本提出的"观光立国战略"。中国政府的这些善意为日本改善对华关系增强了动力。

（三）扭转在朝鲜半岛问题上的被动局面

韩国平昌冬奥会之前，日本极力渲染朝鲜半岛紧张局势，认为日本正面临"国难"，对朝政策采取最大限度施压政策。在安保领域提升对朝的威慑力，以朝核威胁为借口极力扩充军备，在经济上单独对朝施加制裁，在外交上对朝筑多层的包围圈。但冬奥会后，半岛形势出现了峰回路转的变化。朝鲜领导人金正恩三个月内三次访华，韩朝领导人金正恩和文在寅分别于2018年4月17日和5月26日举行了二次"文金会"，第三次会谈也在紧锣密鼓地进行中。美朝也于2018年6月12日在新加坡举行了峰会。各方合力构建半岛和平机制呼之欲出。在此期间日本政府表现出更多的是震惊、不适和不满，如果仍然沿用之前一味对朝强硬政策，担心会错失时机，排除在解决半岛核问题、东北亚和平机制的构建过程中。由于中国在解决朝核问题的作用不可或缺，中国提出的"双暂停"和推进半岛无核化、建立半岛和平机制"双轨并行"的思路正在被多方接受和向前推进。安倍政府认为通过改善与中国的关系，借助中国在半岛问题上的影响力，改变其在半岛问题上的被动局面，顺势推进绑架问题的解决。

---

① 参见程永华：《一带一路，中日互利合作新平台（大使随笔）》，人民网，2018年6月5日，http：//ydyl. people. com. cn/n1/2018/0605/c411837－30035809. html［2018－07－29］。

（四）为挽回下降的支持率，通过改善中日关系争取“得分”

安倍面临自民党总裁选举问题，尽管已经获得党内主流派系的支持，顺利当选的概率比较大。但“森友学园”“加计学园”“自卫队瞒报”“关键性账务造假问题”等一系列丑闻导致安倍内阁支持率下降，安倍强推的“修宪”正面临很大的阻力。《每日新闻》最近的舆论调查显示，安倍虽然在党内处于领先位置，但优势在缩小。① 安倍希望通过访华等其所擅长的外交活动赚到得分。

分析日本改善对华关系的原因可以看出，中日关系发展的呈现“上扬”趋势，无特殊重大事件这种趋势不大可能发生逆转性改变。尽管中日之间在自由秩序和多边贸易上产生出利益共鸣，有关系改善的空间和基础，但这种被动向好仍具脆弱性，还需要夯实基础，将两国关系不断推向正确的轨道。

三　塑造负责任大国形象，讲好人类命运共同体故事

国之交在于民亲，有心则有路。深化中日关系的源泉和动力在于民间，民间交流的不断深化是确保中日关系在爬坡过坎过程中不至于失速和倒退的关键。在发展中日关系的过程中，针对日本国民最为关心的问题，借鉴日本树立国家形象的做法，努力将中国塑造成负责任的大国形象，讲好人类命运共同体的故事，重点从青年、文化和环保三个方面着力推进。

（一）讲好人类命运共同体的故事是助推中日关系发展的推进剂

人类命运共同体思想自习近平主席在2013年4月博鳌亚洲论坛年会提出，发展至今逐渐成为中国新的文明观和价值观，这一理念已经载入多项联合国决议。但相对于其他地区，与日本共建进展缓慢，甚至成为一个薄弱环节。中国与日本是搬不走的邻居，与日本一起探索共建命运共同体的可行性研究恰逢其时。随着中日关系的改善，日本也越来越重视中国“人类命运共同体”思想。日本驻上海领事馆公使片山和之在中华日本学会2018年会的发言表示，“中日两国加强合作，向着人类命运共同体目标迈进”。日本前首相福田康夫在出席

① 『自民党総裁選挙 安倍首相と石破元幹事長の対決』、『毎日新聞』2018年8月27日。

此次会议时也回应了中国提出的“推动构筑新型国家关系与人类命运共同体”大会主题，指出“构建人类命运共同体对东亚稳定具有指导意义”。[①] 为此，需要中国的智库、学者、企业家和官员加强与日本产官学界的沟通交流，专题进行讨论，取得支持和理解，用合作共赢理念回应日本的“中国威胁论”。同时，用日本易于接受、听得懂的语言，国民喜闻乐见的方式，借助新媒体思维，通过与日本知名社交网络服务网站如 LINE、TWITTER、INS 合作，传播中国的好声音，争取由我讲他听，变成我们共同讲、共同建的模式。

（二）扎实做好青少年工作是促进中日关系的催化剂

日本内阁府每年随机选出 3000 名成年男女对各国好感度进行面谈，并发布《外交舆论调查》报告。根据近三年的调查显示日本对华好感度逐年增加。2015 年超过八成即 85.7% 受访者对中国没有好感，创有史以来的最低值，但 73.3% 人认为今后两国关系的发展很重要。随着中日关系回缓，2017 年日本对华好感度首次出现增长，但也只有 18% 人表示好感，另有 36.4% 说不清。但值得注意的是年龄段在 20—29 岁的年轻人对华好感度最高，达到了 7.7%，加上略有好感的 23.8%，共计 31.5%。[②] 分析其中的原因有各种解释，但通过此项调查给我们的启示是，加强中日两国的青年工作让其成为促进中日关系的催化剂刻不容缓。中日关系的前途掌握在青年手中，青年代表着中日关系的未来。[③] 而在日本，中国留学生成为改善中日关系的生力军。日本政府提出到 2020 年留学生人数增加到 30 万人（据日本学生支援机构统计，截至 2017 年 5 月，在日外国留学生人数为 267042 人），来自中国的生源是日本政府实现这一计划的重要保证。据统计自 2012 年中日关系恶化后，在日中国留学生（本科及研究生）仍持续增加。以留学东京大学为例，截至 2017 年 11 月 1 日，东大研究生院的外国留学生总数（包括硕士和博士课程）为 2764 人，而中国大陆留学生已达到 1471 人，超过 53%。日本的其他大学中也出现了这种趋势。为此，应重点做好两国青年工作，使其成为中日关系持久和平的主力。适时考虑成立涉

---

① 此处引用根据笔者参加 2018 年 6 月 24 日在上海举办的“推动构筑新型国家关系与人类命运共同体——纪念《中日和平友好条约》缔结 40 周年”国际学术研讨会整理。

② 『「外交に関する世論調査」の概要』、内閣府政府広報室、2017 年 12 月、https://survey.gov-online.go.jp/h29/h29-gaiko/gairyaku.pdf[2018-07-20]。

③ 参见黄刚：《李克强总理访日：中日关系有心就有路》，《中国社会科学报》2018 年 5 月 12 日。

及人文社科、自然科学的多项基金项目，鼓励中日青年共同申报研究课题，资助他们深入实际、田野调查，加深两国青年对彼此国情和现状的了解。也可在日本高校设立创业基金，鼓励两国青年共同创业，以此培养他们的创业热情，在创业创新过程中培养互惠和互敬精神。同时，举办形式多样的"模联"会议、"辩论大赛""征文比赛"等，在辩论互动中增进了解、凝聚共识。

（三）以文促情是确保中日关系健康发展的黏合剂

由当代中国与世界研究院联合调查机构凯度华通明略共同完成的《中国国家形象全球调查报告2016—2017》显示，中国对全球治理的贡献是6.5分，中餐、中医药、中国高铁等中国文化与科技元素成为国家形象的亮点。[①] 而英国广播公司BBC委托"环球扫描"所做调查也给予了印证。调查结果显示，中国的国家形象逐年稳步回升，2017年中国全球排名第七，与此同时，日本却由2012年第一名下降到第三名。针对中日之间在国家形象上此消彼长，围绕"促进国际理解"这一主题，中国在国家形象设计上应更加具有主动性和进取性。将特色文化介绍作为加强对日本宣传的重点，重视新媒体的作用，以文化、历史、社会、家庭等灵活多样的软性方式，全方位传播中国的声音。中国的古典文学在深化对日交流中占据重要位置。笔者的一些日本同学和朋友对中国古典文化的熟悉和热爱程度超出了想象，有的同学会背唐诗三百首，有的同学喜欢《水浒传》，可以如数家珍地说出书中108将的名字和特点。而中国的创新模式（如新四大发明）则成为深化民间交流的后起之秀。越来越多的中国创新模式走进日本，中国的共享单车进驻日本。中国的移动支付方式、电子商务、网购等，改变了多数日本人仍认为中国是"贫穷和山寨"的刻板印象。如发源中国的本土短视频"抖音"国际版"Tik Tok"自2018年下半年登陆日本至今，一直处于APP下载量的前三名。"Tik Tok"将网上流行元素，做成主题让用户参与，再将有创意的用户视频反推成为主题模仿。用户几分钟就可拍出轻松愉快的个性化大片，用软件自带的剪辑功能进行编辑上传到网上，获得好评和点击量，这成为引领中日青年文化创新的新模式。日本年轻人在学习中国抖音手势舞时，将会用一种全新的视角看待中国的发展，了解中国的国

---

① 参见《中国国家形象全球调查报告2016—2017》，https：//baike. so. com/doc/27115428 -28503711. html[2018 -07 -29]。

情和文化，两国青年在参与感和创意中拉近了彼此在文化和心理的距离。

（四）以生态文明建设树立负责任环保大国形象是促进中日关系的助燃剂

国家形象与承担国际责任息息相关，特别是在美国特朗普执政以来打着“让美国再次伟大”和“美国优先”的口号，以美国利益优先为借口，频频“退群”，退出“TPP”“联合国巴黎气候协议”“伊朗核协议”“联合国人权理事会”等多个国际组织和合作协议。在“美国优先”理念支配下，特朗普政府动作频频，将国际责任当成一种负担，致使全球对美国好感度下降，国家形象受到损伤。与此同时对包括中国在内的许多国家商品加征关税。中美目前正进行“贸易战”，中国在积极应对的同时还要稳住周边。针对日本最为关心和引以为豪的节能环保问题，中国以“生态文明”建设着力打造“负责任的环保大国形象”，开展环境外交塑造良好的国家形象，尝试与日本共建“环境共同体”。中日在环境保护方面自20世纪70年代末就已经合作，中日政治关系阴晴不定，但环保方面的合作一直没有中断，特别是中日民间绿化合作，累计造林逾100万亩，已经成为中日合作的典范。而中日韩三国环境部长会议至今已经是第20次。日本在环保技术和实践水平均处于世界先进水平，日本也将环境合作作为发挥其影响力的重要途径。随着中国将“生态文明、建设美丽中国”写入宪法，中国对建设清洁美丽中国充满着期待。中国巨大的环保市场，使中日之间的合作充满着前景。

中日两国关系具有复杂性，未来的发展仍然有不确定性。但两国应探讨一些新的方法和途径，发展两国关系。“尽管有各种艰难险阻，船只亦能前行，往来亦可持续。”[①] 这需要中日两国以更加宽阔的视野，超越双边关系，“在错综复杂的国际环境下，明智地超越困境，并肩合作找出前进的道路，扎扎实实奠定好地理和文化上皆是‘命运共同体’的日本和中国的互助合作基础，进而为世界做出有长远效益的贡献”。[②]

① 池田大作：《推动日中青年交流：建构一个应对挑战的模范区域》，《东北亚学刊》2018年第4期，第5页。

② 同上。

后　记

2018 年 8 月 11 日，由中国社会科学院主办、中国社科院日本研究所承办、中国公共外交协会协办的中国社会科学论坛“弘扬条约精神，深化友好合作——纪念《中日和平友好条约》缔结 40 周年国际学术研讨会”在北京民族饭店举行。

中国前国务委员戴秉国出席会议并致开幕辞。中国社科院院长谢伏瞻、日本前首相鸠山由纪夫做主旨报告。日本驻华大使横井裕，中国社科院日本研究所党委书记、副所长刘玉宏分别代表日方和会议承办方致辞。中国社会科学院前副院长武寅教授、日本防卫大学前校长五百旗头真等做了学术讲演。

本届论坛围绕 40 年前两国缔结条约的时代背景与历史经验、国际环境与中日关系、新形势下的中日关系等展开学术讨论。出席会议的中日两国专家学者不仅在会前提交了学术论文，而且在会上就会议主题深入研讨，碰撞出宝贵的思想火花。

我们认为，应当将这些学术思想和观点整理成集，作为中日关系发展的历史见证。经作者修改补充，最终形成了这本《弘扬条约精神 深化友好合作：纪念〈中日和平友好条约〉缔结 40 周年国际学术研讨会文集》。

本文集由与会两国代表的参会论文及现场发言汇编而成。其中，既有中日关系亲历者穿越时空的深邃思考，也有资深学者源自长年积累的真知灼见，还有年轻新锐基于最新文献的研究成果。

需要说明的是，在本届论坛召开之后，中日关系积极改善，安倍晋三首相实现访华，书中个别的文章对中日关系预测的内容已经不太符合出版之际的情况，时局变化之快让人有时过境迁之感。好在本书所收录的论文除了嘉宾致辞和现场发言之外，大部分论文都在本届论坛前后在国内学术期刊上公开发表过，收入本文集时又经作者修改、补充，经得起时间和时局变化的考验。

在本文集即将付梓之际，我们要特别感谢书中作者在论坛召开之后，迅速着手对论文进行的认真、细致的补充和完善，才使文集的编辑工作得以如期顺利完成。我们也由衷感谢世界知识出版社的大力支持。本文集的出版得到了世界知识出版社罗洁副总编辑的鼎力支持，张迎辉责任编辑认真尽责地为本书出版做了大量工作。

本文集出版时间紧、编辑工作量大，难免存在瑕疵和疏漏，不妥之处，诚请批评指正。

杨伯江

2018 年 11 月 10 日

图书在版编目(CIP)数据

弘扬条约精神,深化友好合作:纪念《中日和平友好条约》缔结40周年国际学术研讨会文集 / 杨伯江主编. —北京:世界知识出版社,2019.1
ISBN 978-7-5012-5936-6

Ⅰ.①弘… Ⅱ.①杨… Ⅲ.①中日关系—友好往来—国际学术会议—文集 Ⅳ.①D822.231.3-53

中国版本图书馆CIP数据核字(2019)第015735号

责任编辑　张迎辉
特约编辑　叶　琳　陈　祥
责任校对　马莉娜
责任出版　赵　玥
封面设计　林　昶

书　　名　**弘扬条约精神,深化友好合作:纪念《中日和平友好条约》缔结40周年国际学术研讨会文集**
Hongyang Tiaoyue Jingshen, Shenhua Youhao Hezuo: Jinian《ZhongRi Heping Youhao Tiaoyue》Dijie 40 Zhounian Guoji Xueshu Yantaohui Wenji

主　　编　杨伯江

出版发行　世界知识出版社
地址邮编　北京市东城区干面胡同51号 100010
网　　址　www.ishizhi.cn
电　　话　010-65265923(发行)　010-85119023(邮购)
经　　销　新华书店
印　　刷　北京虎彩文化传播有限公司
开本印张　710×100毫米　1/16　21印张
字　　数　354千字
版将印次　2019年3月第一版　2019年3月第一次印刷
标准书号　ISBN 978-7-5012-5936-6
定　　价　65.00元